U0639675

公共外交蓝皮书

BLUE BOOK OF
PUBLIC DIPLOMACY

中国公共外交发展报告
（2015）

ANNUAL REPORT OF CHINA'S PUBLIC
DIPLOMACY DEVELOPMENT (2015)

主　编／赵启正　雷蔚真

社会科学文献出版社
SOCIAL SCIENCES ACADEMIC PRESS（CHINA）

图书在版编目（CIP）数据

中国公共外交发展报告.2015/赵启正，雷蔚真主编.—北京：
社会科学文献出版社，2015.4
（公共外交蓝皮书）
ISBN 978 - 7 - 5097 - 7270 - 6

Ⅰ.①中…　Ⅱ.①赵…②雷…　Ⅲ.①外交 - 研究报告 -
中国 - 2015　Ⅳ.①D820

中国版本图书馆 CIP 数据核字（2015）第 052326 号

公共外交蓝皮书
中国公共外交发展报告（2015）

主　　编/赵启正　雷蔚真

出 版 人/谢寿光
项目统筹/陈　颖
责任编辑/陈　颖

出　　版/社会科学文献出版社·皮书出版分社（010）59367127
　　　　　地址：北京市北三环中路甲29号院华龙大厦　邮编：100029
　　　　　网址：www.ssap.com.cn
发　　行/市场营销中心（010）59367081　59367090
　　　　　读者服务中心（010）59367028
印　　装/北京季蜂印刷有限公司

规　　格/开 本：787mm×1092mm　1/16
　　　　　印 张：25　字 数：416千字
版　　次/2015年4月第1版　2015年4月第1次印刷
书　　号/ISBN 978 - 7 - 5097 - 7270 - 6
定　　价/89.00元

皮书序列号/B - 2015 - 428

主编简介

赵启正 教授，博士生导师，现任中国人民大学新闻学院院长。全国政协十一届常委、外事委员会主任，二、三、四、五次会议新闻发言人。中共第十六届中央委员。曾任上海市副市长、国务院新闻办公室主任。现担任《公共外交季刊》总编辑。主要著作有《向世界说明中国——赵启正演讲谈话录》、《向世界说明中国（续编）——赵启正的沟通艺术》、《中国人眼中的美国和美国人》、《江边对话：一位无神论者和一位基督徒的友好对话》（与美国福音派领袖路易·帕罗合著）、《在同一世界：面对外国人101题》、《对话：中国模式》（与世界著名未来学家奈斯比特先生及夫人多丽丝女士合著）、《交流，使人生更美好——赵启正、吴建民对话录》、《公共外交与跨文化交流》、《公共外交的智慧》等。其中有的被国内外译为英、西班牙、德、俄、日、韩等文出版。

雷蔚真 中国人民大学公共外交研究院副院长、中国人民大学新闻学院院长助理，院聘教授、博士生导师。学院跨媒体教学改革项目负责人之一。中国视协电视纪录片学术委员会副秘书长。中国少数民族地区信息传播与社会发展论坛秘书长。研究兴趣：公共外交与跨文化传播，新媒体与社会变迁，跨媒体与媒体融合生产机制，电视传播。参与多家电视台的策划、培训工作，参与多家媒体数字化转型的研究与策划。从教以来，在国内外期刊上共发表论文50余篇。出版著作、教材10余部。

摘　要

《中国公共外交发展报告（2015）》是第一部针对我国公共外交事业发展做出全面梳理和总结的专业报告。该报告从政府、民间机构、企业界、媒体界、理论界、城市、不同国家等多个角度，对中国当前的公共外交实践进行了深入分析和阐释。

本报告首先从国家领导人、军事领域和第一夫人等几个方面，对近年来中国政府主导的公共外交实践做了详尽的总结。其中，以国家领导人全方位、多层次重点推进，建立全球伙伴关系网络的公共外交战略布局为例，对首脑公共外交的多维效应等重大话题展开了充分探讨。

第二个部分对中国城市外交作为公共外交的一部分进行了总结，尤其是经济发达的长江三角洲等沿海大城市，包括上海、温州、扬州、海南、南京等。各个城市的公共外交活动形式各异、种类繁多，通过详尽的材料分析发现：中国各大城市开展公共外交的内在驱动力是促进城市经济社会的建设与发展。

第三部分着重分析了中国企业的公共外交特征和趋势：既点出了中国企业公共外交意识薄弱的问题，也展示了中国企业法律维权意识和促进文化融合意识正逐步提高的成绩。

第四部分考察了国际传播在中国公共外交事业中的进步。这一部分展示了几个原创性调查报告，对中国驻外记者参与公共外交活动、中国在金砖国家的公共外交效果、中国公共外交在北欧地区效果等做了调查和评估。这些报告可以帮助读者以小见大地了解中国公共外交的真实状况。

从民间交流角度关注中国公共外交的第五部分，重点考察了中国人民对外友好协会、华人华侨组织、孔子学院等对外文化交流的不同机构，也分析了个人精英、网络新媒体这些较新的公共外交形态。

本报告在最后两个部分中，梳理了近几年全球公共外交理论创新，也按照国别整理了中国公共外交的重大事件和特征。

整个报告从宏观层面展示了我国公共外交事业的现状、成绩与问题。

Abstract

The 2015 Development Report of China's Public Diplomacy is the first professional report that comprehensively overviews and summarizes the development of China's public diplomacy. The report analyzes and interprets current public diplomatic practices of China from various perspectives including that of the government, non-governmental institutions, enterprises, media, theory circle, cities and different countries.

The report firstly summarizes fully the public diplomatic practices led by the Chinese government in recent years from the aspects of national leaders, military field and first ladies. In this section, the report has a thorough exploration of the multiple effects of public diplomatic of national leaders and many other important topics with the example of the national leaders' all-dimensional, multi-layered strategic canvas to promote public diplomatic strategic layout of constructing a global partnership network.

The second section has a summary of Chinese urban diplomacy as a part on public diplomacy, especially of the economically developed coastal cities including Shanghai, Wenzhou, Yangzhou, Hainan, Nanjing, etc. Public diplomatic activities appear in diverse forms and genres. It has been discovered with detailed analysis of materials that the inner motive of big cities in China to conduct public diplomacy is to foster the construction and development of urban economy and society.

The third section focuses on the analysis of the characteristics and tendencies of the diplomacy of Chinese enterprises. This section on one hand points out the problem that Chinese enterprises have a rather weak sense of public diplomacy and on the other hand reveals that Chinese enterprises have been making gradual progress in their awareness to use laws to protect their rights and to promote cultural integration.

The fourth section surveys the improvements of China's public diplomacy in international broadcasting. This section demonstrates several original research reports, investigate and evaluate the diplomatic activities of Chinese oversea correspondents, the effects of China's public diplomacy to BRICS and Northern Europe, etc. These reports will facilitate readers to have an understanding of the true state of China's public diplomacy through parachute management.

The fifth section, which observe China's public diplomacy from the angel of non-governmental communications, mainly investigate various forms of cultural communications with foreign countries including The Chinese People's Association for Friendship with Foreign Countries, institutions of oversea Chinese and Confucius Institute, etc. This section also analyzes relatively new diplomatic forms of individual elites and network media.

The final two sections of this report overviews theoretical innovations of public diplomacy around the world. Important events and characteristics have also been collated according to country.

Overall, the report demonstrates the current state, achievements and problems of the public diplomacy of our country at a macro level.

目　录

BⅣ　公共外交与企业的海外发展

BⅤ　国际传播与公共外交

BⅥ　公共外交与民间交流

B Ⅶ　公共外交的理论争鸣

B Ⅷ　国际视野下的公共外交

皮书数据库阅读使用指南

CONTENTS

ℬ I General Report

ℬ II Public Diplomacy of the Government

ℬ III Public Diplomacy of Local Governments and Cities

BIV Public Diplomacy of the Oversea Developments of Enterprises

BV International Broadcasting and Public Diplomacy

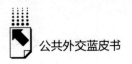
B VI Public Diplomacy and Non-governmental Communications

B.VII Theoritical Contending in Public Diplomacy

B.VIII Public Diplomacy From the Internatinal Perspective

总 报 告

B.1

中国公共外交事业的兴起

赵启正　雷蔚真*

摘　要：　本报告对中国公共外交近几年的发展做了宏观总结，主要包括三个方面：一是公共外交已成为中国国家战略；二是公共外交理念在中国已深入普及；三是公共外交实践在中国广泛开展。本报告还提出了中国公共外交事业面临的两个主要挑战：一是公共外交事业需提升全民观——只有广大公众深度参与其中，才能实现新媒体时代中公共外交应有的价值；二是中国企业需提升公共外交的自觉意识和基本素养——走出去的中国企业要有面对当地全社会对话的本领。

关键词：　公共外交　国家战略　现状　挑战　中国

* 赵启正，中国人民大学新闻学院院长、中国人民大学公共外交研究院院长。雷蔚真，中国人民大学公共外交研究院副院长。

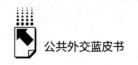
21 世纪以来，公共外交在中国经历了从理念到实践的本质变化。从理念而言，公共外交的定义逐渐从模糊走向了清晰，并进入媒体和政府的主流话语圈；从实践而言，公共外交从边缘走向了舞台中央——更重要的是，自觉的公共外交行动开始深入中国外交、贸易、文化等广阔的领域。

一 公共外交成为中国国家战略

早在 1949 年 12 月，在周恩来总理倡导下我国成立了中国人民外交学会。外交学会的宗旨是，研究世界形势、国际问题以及外交政策，同世界的政治家、学者、知名人士以及有关的社会团体进行交流，促进与各国的友好合作关系。可见我国的"人民外交"的概念涵盖了以后才在国际上广泛使用的"公共外交"的概念。但限于当时冷战的国际形势，"人民外交"没有能在国际流行。

进入 21 世纪后，经济全球化趋势使国家间相互影响和依赖的程度加深，加之世界形势（如金砖国家的兴起、欧债危机、美国重返亚洲）和一些国际事件出现新变化（如美国出兵伊拉克、钓鱼岛事态严峻化），使得公共外交的重要性骤然提高，许多国家都已经把公共外交进一步提升为全球战略布局的重要一环。

与此同时，公共外交在中国的地位也相应提升。2009 年 7 月，胡锦涛在第十一次驻外使节会议上论述了公共外交在中国外交工作中的重要地位和作用，指出开展公共外交直接关乎我国形象，是新形势下完善我国外交布局的客观要求，要进一步加强公共外交，积极配合国家总体外交。

2012 年 11 月，党的十八大报告明确提出，要扎实推进公共外交，开展同各国政党和政治组织的友好往来，加强人大、政协、地方、民间团体的对外交流，夯实国家关系发展社会基础。

2013 年 12 月，习近平在阐述中国梦和提升国家软实力时强调，要注重塑造我国的国家形象，明确了中国政府对外传播中国文化、讲好中国故事、阐明中国价值的基本路径——这也正是中国公共外交的主题。

2015 年 3 月，在两会开幕式上，政协主席俞正声再次强调："按照中央外交工作总体部署，务实开展对外交往，发挥政协专门委员会、中国经济社会理事会、中国宗教界和平委员会等在对外交往中的优势和作用，积极开展人文交流和公共外交，加强对国际形势的分析研判，讲好中国故事、传播好中国声音，努力为国家发展营造良好的外部环境。"

越来越多的事实表明，公共外交在中国已经被提升到了国家战略高度。

二 公共外交理念已在中国深入普及

在中国的公共外交实践中，这一概念也曾遭受争议。新中国成立以来，我国也曾出现过多个相关概念，包括"人民外交"、"民间外交"、"对外宣传"等。"人民外交"作为在改革开放前有中国特色的外交形式，有着作为国际共产主义运动一部分的中国革命的历史渊源，生成于新中国对国际政治斗争的外交需要，对打破西方孤立我国的战略企图有过重大贡献。"对外宣传"最初主要以党和政府为主体向外国介绍说明中国，目的在于促进外国对中国的理解和友好。走向 21 世纪的新中国外交话语中，人民外交、对外宣传等概念已经和公共外交概念有所交融；民间外交也已淡化了政治面纱而更专注于民间的经济文化交流，并日益具有公共外交形态。此种话语变迁与外交转型背后折射的是中国公众爱国自觉的兴起和中国日益融入世界进行跨国交流的趋势。可以说，而走向 21 世纪的中国外交，由于融入公共外交的理念和实践而变得更为成熟、理智。

同时，由于"公共外交"的外延宽泛，媒体在对之进行报道的时候往往按其活动内容、参与主体而冠以各种名称。如"公民外交"、"体育外交"、"文化外交"、"议会外交"、"政党外交"、"媒体外交"、"网络外交"和"二轨外交"等等。近几年，这些概念也逐渐或正在被视为"公共外交"的多种表现形式。

公共外交是一个从国外引进的新概念。美国学者格里恩（Edmund Gullion）在 1965 年首次使用公共外交一词，此后，虽然不同国家有不同学者对这一概念进行过不同的定义和阐释，但是有三点是共同的：由政府主导；以外国公众为对象；以提高本国形象为目的。对公共外交的理解存在差异是合乎情理的，因为国家属性和国际环境不同，公共外交的具体目标就有差异，对于不同的对象国国家，在不同时代，其范畴和重点总是变化的。

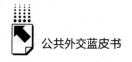

根据公共外交在中国的实践和研究现状，在本报告中，公共外交统一界定为：

一国的政府、企业、社会组织、公众等各方从各种角度向外国公众表达本国国情，说明本国政策，解释外国对本国的不解之处，并同时在国际交流中了解对方的有关观点，目的是提升本国的形象，改善外国公众对本国的态度，进而影响外国政府对本国的政策。

在全球化和信息化的时代，各国的人员往来和交流越来越频繁，政府应当愈加重视公众作为国家形象的构建者和传播者的作用和为国家总体外交做贡献的潜力，应当支持和促进公众参与公共外交的积极性。从这个意义上说，界定公共外交的范畴不妨宽泛些。可以认为，在国家交往活动中，只要是有公众参与的国际交往就属于公共外交的范畴。具体说来，其类型可以有"一国政府对另国公众"、"一国公众对另国政府"、"一国公众对另国公众"（见图1）。

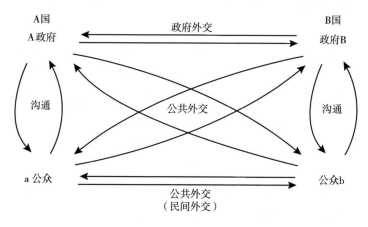

图1　公共外交的定义示意

通过这个定义图，可以更加清晰地知道公共外交的范畴及其与政府外交的关系。"公共外交"指的是"政府外交"以外的各种对外交流方式，包括了官方与民间的各种双向交流。这里的"公众"既包括非政府部门的机构和组织，如媒体、大学、研究所、智囊机构、各种民间组织和非政府组织（NGO）、非营利民间组织（NPO）等，也涵盖了各方面的精英人物（如社会活动家、学者、宗教领袖、演艺界人士等）和广大公众。在公共外交的行为中，政府是主导，民间组织、社会团体和社会精英是中坚，广大公众是基础。而政府的主导作用就体现在与本国公众进行的沟通互动中，包括政府向公众说明情况，如新闻发布、外交部的蓝厅论坛、政府公报等，也包括公众向政府提交政策建议，如媒体评论、大学研究机构提交报告等。

这些交流中，有的是直接以促进外国公众对本国的了解、提升本国在其心目中的形象、促成外国政府对本国政策的改善为目的，这便是狭义的公共外交，而更多的则是围绕经济、文化、教育、旅游等其他具体目标而展开，主观上并非为公共外交进行，客观上却起到了传播和提升本国国家形象的作用，具有公共外交的效果。我们把这些具有公共外交效果的言论行为也纳入公共外交的研究范围，这便是广义的公共外交。对于后者来说，合理有效的引导将会助其由自发上升到自觉，更为科学、规范，取得更好的效果，进而促成个人、组织与国家的多方合力。

目前中国政府的众多部门都是公共外交的承担者，这些部门包括外交、外宣、外贸、文化、新闻出版、广播影视等方方面面的主管机构，广而言之，凡设有新闻发言人的政府机构都在客观上承担着公共外交的使命——向世界说明中国。而在政府部门之外，媒体（包括网络机构）、民主党派、大学、企业、文化团体、教会等等，以及普通的公众，所设计和实施的公共外交活动也正处于蓬勃发展的新阶段。

除了对公共外交的认识日趋一致之外，公共外交理念在中国的普及，还有一个重要的标志——主流媒体开始大量采用公共外交概念，并以此分析重大时事。例如，习近平上任国家主席后，首次对俄罗斯、坦桑尼亚、南非和刚果四国进行国事访问，中新社的报道题为《习近平主席首访解读：为中国公共外交树典范》。之后，习近平访问欧洲、出席冬奥会等活动，均被媒体从公共外交角度充分报道和解读。习近平的夫人彭丽媛在外事活动中有富有成效的表现，中外媒体的大量报道也大都采取了公共外交的专业视角。这些都表明：公共外交进入了中国媒体的主流话语圈，标志着公共外交理念的深入普及。

三　公共外交实践已在中国广泛开展

在本报告中，我们从政府、民间机构、企业界、媒体界、理论界、城市、不同国家等多个角度，对中国近年来的公共外交实践加以总结。如果仔细阅读

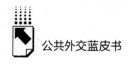
的话，可以充分得出结论：中国的公共外交事业正在蓬勃兴起，并且具有相当的影响力。

首先，本报告从政府、国家领导人、军事领域和第一夫人等方面，对近几年来中国政府主导的公共外交实践做了详尽的总结。从中可以看出，中国推行公共外交，政府的理解和支持是基础，正是由于政府各个部门的观念转变，才有了中国对外形象的明显改变。同时，政府是公共外交的主力之一。国家领导人、第一夫人参与的公共外交活动以人为本，以中华传统文化为底蕴，向世界展现了自信从容的大国领导人风范，吸引了全球媒体以及世界公众对中国外交立场、理念和政策的关注，以个人魅力提升中国国家形象，发挥了公共外交的多维效应，展现了独特价值。

其次，城市作为重要的公共外交主体，在我们的调研中表现突出，尤其是经济发达的长江三角洲和珠江三角洲的各大城市，有着超前的公共外交意识。上海公共外交协会，是中国内地首个成立的公共外交协会，成立于2011年2月25日，旨在总结上海世博会公共外交经验和成果，服务国家整体外交和发展大局，为促进上海改革开放和现代化建设、增进中外人民理解与合作发挥平台和桥梁作用。此后全国有13个省市县也相继成立了公共外交协会。有一些城市的公共外交实践水准并不亚于国外发达国家的城市，也取得了耀眼的成就。城市的公共外交活动形式各异、种类繁多，这些活动在凸显各自个性的同时，也表现出共性特点：中国各大城市开展公共外交的内在驱动力是促进城市对外开放和友好，推动经济社会的建设与发展。在全球化不断扩大与加深的进程中，对外开放程度与地方经济发展的关联越来越紧密，因此，地方政府的对外开放意识越来越强烈，开展城市公共外交的积极性也越来越高。这些城市在开展公共外交前通常都有系统的整体规划，对公共外交的目标有着与自身城市定位相协调的明确追求。目前，我国城市公共外交的主要表现形式是以招商引资、跨国贸易、旅游推广、文艺演出等活动为主。

在多种多样的民间机构当中，公共外交的理念正在不断深入日常活动的细节里。这部分，我们重点考察了中国人民对外友好协会、华人华侨组织、孔子学院等对外文化交流机构，从中可以看出，民间机构担负着繁多的公共外交重任，他们是中国公共外交的主要推动力量之一。此外，随着互联网和社交媒体的兴起，民间交流已经不再局限于传统渠道，而是扩展出新的空间，比如个人精英可以借助网络新媒体，不必出国便可对外发声。如何利用好社交媒体等新技术手段开展公共外交，同时避免其负面影响，考验着中国公共外交实践者的智慧与思维。国家层面的中国公共外交协会也于2012年12月31日成立。这个协会将以兼容并蓄、开拓创新的精神，动员、协调、组织社会资源和民间力量扎实推进中国公共外交事业，为提升国家软实力做出贡献。

同时，在以企业为主体的公共外交领域，部分大型国企央企和部分经济发达地区的民营企业已经了解了公共外交的概念，在对外投资、并购、贸易等经济活动中，发挥了其他社会组织和个人所不能替代的公共外交功能。中国媒体在近年来"走出去"的国家战略中，逐渐完善了公共外交的知识素养，并取得了较为广泛的成绩。

本报告还对近几年来中国公共外交领域较为热点的国家和地区进行了总结，对国际公共外交领域的理论创新做了剖析，对我国国际传播的新进展做了原创性的调查和展示。

四　中国公共外交事业面临的挑战

中国公共外交事业在取得巨大成绩的同时，也依然面临较大挑战。

（一）适应新媒体环境，提升政府及各有关机构的公共外交全民观

在新媒体时代，中国的公共外交工作需要更多地依靠政府之外的力量，更多地调动普通民众的自主能动性。从博客到微博、微信，不断涌现的数字社交媒体给传统公共外交的形式和战略带来了革命性挑战。只有落实以人为本、以互动为理念、以技术为基础的政策解决方案，调动全民参与到公共外交中来，才有可能取得突破性的工作进展。

普通公众在公共外交中作用的一个典型例子就是中国赴海外旅游。现在中国每年出境旅游的人次已经超过1亿（其中到外国旅游的人次约2000多万），他们当中很多人并无公共外交的概念，他们的言行表现却有公共外交的效果，即会提升或损害中国的形象。只有动员每一位民众，让他们在对外交往中有公共外交的意识，即自身言行涉及国家形象的意识，从而自觉地规范自身的言

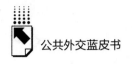

行，国家形象才会更加丰富而有魅力。

除此之外，还应重视并充分发挥民间智库的作用。智库在国家政策制定过程中发挥着十分重要的作用，承担着知识与政策的桥梁、政府与公众的媒介等角色。国外智库的"中国观"对各国政府乃至整个国际社会"中国观"的形成、发展和变化，都具有非常重要乃至决定性的影响。因此，我国在公共外交中也应把外国智库作为突破点，在重大外交政策问题上，通过影响外国智库进而影响外国政府、媒体及普通公众，从而实现良好的公共外交效果。与外国智库打交道，不可用政府权力或资金去硬逼，去胁迫，而宜用思想和观点去影响、去说服、去吸引，行为主体更应该是本国的大学、研究所、思想家和智库等。我国应充分释放本国智库，特别是民间智库在影响外国智库中的潜力和作用，对民间智库的建设给予支持，对他们的研究给予重视，多与他们沟通交流，鼓励他们与外国同行交流，把我们的道理讲出去、讲进去。

在一些具体的实践领域，相关人员仍需提高公共外交的观念和意识，加大对于民众参与公共外交的投入。公共外交的核心观念是最大可能地调动和发挥普通民众的参与。将公共外交工作的重心转移到尽可能广泛的普通民众中去，国家与国家的对话，文化与文化的交流，只有广大公众不断提高文明素养并深度参与其中，才能实现新媒体时代中公共外交应有的价值。在这方面，我国还有较长的路要走。

（二）进一步发挥企业在中国公共外交事业中的作用，提高企业公共外交的自觉意识和基本素养

大部分中国企业只在跨国经营和并购行为中产生部分公共外交实效，但基本上没有明确的传播中国文化、维护国家形象等自觉的公共外交意识。与此同时，在全球化的时代背景下，企业作为资本、知识、技术和人才高度密集的社会组织，又在加强国与国、文明与文明的交流与理解中扮演着越来越重要的角色。

"走出去"已经成为中国有识企业家努力扩展的主要方向之一，这一变化有着丰富的现实基础。实行改革开放政策 30 多年来，中国和中国企业已具备"走出去"的条件和动力：其一，有了足够的外汇储备、一定的技术储备和人才储备；其二，国内经济结构正处于调整之中，在需要继续引进先进水平的企业的同时，日益突出的资源、市场瓶颈和产能过剩的问题依然制约着不少企业

的生存发展，走出去进行国际合作是这些问题解决的途径之一；其三，许多企业为提升技术研发实力和国际化经营水平，或为降低劳动力、土地和纳税成本，而有对外投资、国际合作的积极意愿。

由于经验有限、准备不足，中国企业"走出去"一直面临不少困难和挑战。中国企业家不仅要善于投资经营活动，还需要加强以公共外交的意识与东道国政府、议会、工会、媒体、环保组织、公众等利益相关方进行沟通。如果企业不能对国际政治环境保持敏感，以最大限度规避政治风险，不能及时消弭反对的声音，就会增加失败的可能。因此，中国企业家积极开展公共外交，是克服各方误解、偏见和不信任的重要途径。提高中国公共外交的自觉意识与基本素养，是向国际传播本国形象、提升外国公众对本国的友好态度，进而影响外国政府对本国政策的必由之路。

在中国全面走出去的国家大战略中，公共外交必将发挥更大的实际作用。

政府部门公共外交

Public Diplomacy of the Government

B.2

国家领导人公共外交

欧 亚*

摘　要：　自 2013 年 3 月以来，习近平主席频频出访，足迹遍及世界
　　　　　五大洲，确立了全方位、多层次、平衡性的中国总体外交新
　　　　　格局。为配合中国总体外交战略，习主席出访期间面向当地
　　　　　社会各界公众，以阐述"中国梦"的世界意义为主旨，开展
　　　　　了多种形式的公共外交活动，为新时期中国公共外交描绘了
　　　　　"重点突出，多层次推进"的行动蓝图，奠定了扎实基础。
　　　　　习近平主席的公共外交活动以人为本，以中华传统文化为底
　　　　　蕴，向世界展现了自信从容、讲感情、有能力、敢担当、重
　　　　　道义的大国领导人风范，吸引了全球媒体以及世界公众对中
　　　　　国外交立场、理念和政策的关注，以个人魅力提升中国国家
　　　　　形象，发挥了首脑公共外交的多维效应，展现了独特价值。

* 欧亚，传播学博士，外交学院公共外交研究中心研究员，研究方向：公共外交，媒体与社会
发展，舆论调查与引导。

关键词： 首脑公共外交 中国梦 和平与发展 义利观

国家领导人公共外交，又称首脑公共外交，是以国家首脑为主体同他国公众及企业、媒体、NGO 等各类社会组织进行交流的公共外交活动。与一切公共外交活动一致，国家领导人公共外交旨在使本国的现行政策、制度、理念及文化获得他国民众的理解，营造有利于本国的舆论环境，塑造国家形象，以推动外交战略和政策的实现，服务于国家利益。

中国国家领导人历来善于运用公共外交手段，配合不同历史时期中国外交战略布局，表达善意和诚意，澄清误解、化解分歧，向世界说明中国的立场与政策，打开总体外交局面。回望历史，毛泽东主席同美国著名记者、作家埃德加·斯诺在天安门城楼上亲切会谈；周恩来总理参加日内瓦会议，纵横捭阖、英姿勃发；改革开放总设计师邓小平在美国西蒙顿小镇观看牛仔竞技表演，头戴当地产牛仔帽向现场观众挥手致意；江泽民主席应对美国 CBS 广播公司"60 分钟"新闻节目主持人华莱士，直面尖锐问题，从容淡定；胡锦涛主席出访印度，向柯棣华大夫亲属赠送柯大夫在华工作生活影集，抚今追昔，共叙友谊；温家宝总理身穿 35 号球衣，在日本京都西京极球场同日本立命馆大学学生同场竞技，这些都成为中国公共外交史上定格的经典画面。

继承中国公共外交的历史资源和宝贵经验，新一届中央领导集体高度重视公共外交在中国总体外交中所扮演的重要角色。自 2013 年 3 月上任以来，习近平主席已历 12 次出访，先后到访 32 个国家。习主席出访期间，在同往访国领导人展开战略高层对话的同时，也面向当地社会各界公众开展了多种形式的公共外交活动，展现了自信从容、有能力、敢担当、重道义、讲感情的大国领导人风范，拓展了中国发展多边、双边关系的良好舆论环境，为中国公共外交实践树立了典范。

一 战略布局：全方位、多层次重点推进，建立全球伙伴关系网络

在中国国力提升、推动建立以合作共赢为核心的新型国际关系的时代背景下，2013 年 3 月以来，习近平主席频频出访，足迹遍及非洲、拉美等地区多

个发展中国家，美、俄和欧洲多国以及东亚、南亚、东南亚、中亚等周边地区多个国家，确立了全方位、多层次、平衡性的中国总体外交新格局。① 与此相呼应，首脑公共外交作为习近平主席出访的有机组成部分，以阐述"中国梦"的世界意义为主旨，为中国公共外交确立了全球战略布局，描绘了新中国公共外交发展的行动蓝图。

（一）全方位、多层次重点推进的首脑公共外交格局

习近平主席 2013 年出访 5 次，到访 14 个国家；2014 年出访 7 次，到访 18 个国家。具体往访国家和行程如下图所示。

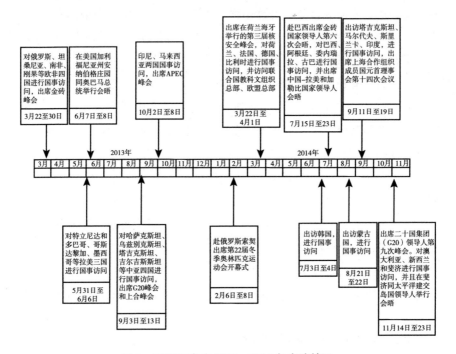

图1 习近平主席 2013～2014 年出访情况

---

① 参见吴洪英《习近平主席首访拉美三国 展示"新全球外交战略"》，http://www.china.com.cn/international/txt/2013-06/06/content_29046593.htm；王逸舟：《升级版的中国外交 新一届领导人外交战略七个关键词》，《人民论坛》2014 年第 6 期，第 22～24 页；倪世雄、潜旭明：《十八大以来的中国新外交战略思想初析》，《人民论坛》2014 年第 6 期，第 72～83 页。

习近平主席上任以来，足迹已遍及世界五大洲。正如他访问阿根廷时引用唐代诗人张九龄的《送韦城李少府》的诗句，"相知无远近，万里尚为邻"，习主席的公共外交活动展现了崛起的中国敞开胸襟、广结善缘的开放姿态。

习近平主席用平实、生动的语言表述中国与往访国之间的关系。例如，2013 年 3 月 25 日，习近平在坦桑尼亚尼雷尔国际会议中心发表演讲说，"无论中国发展到哪一步，中国永远都把非洲国家当做自己的患难之交"，"真朋友最可贵。中非传统友谊弥足珍贵，值得倍加珍惜"；① 2014 年 2 月，习主席在俄罗斯索契出席冬奥会开幕式，对俄罗斯总统普京说："按照中国习俗，邻居办喜事，我当然要专程来当面向你贺喜，同俄罗斯人民分享喜庆"；② 7 月，出访拉美，习近平主席说，"志合者，不以山海为远"；③ 8 月，蒙古国之行，习主席说，"我对蒙古国进行的国事访问是一次走亲戚式的访问，周边国家是邻居，是亲戚，邻居总会越走越近，亲戚总是越走越亲"；④ 9 月，在印度访问时，习主席则说，"我们提出了亲、诚、惠、容的周边外交理念，就是要诚心诚意同邻居相处，一心一意共谋发展，携手把合作的蛋糕做大，共享发展成果"。⑤

习近平主席的出访活动是中国总体外交的有机组成部分，在访问国家和出访时机的选择上，体现了中国崛起背景下的"新全球外交战略"：全方位、多层次、平衡性。习近平主席在这些地区和国家所开展的公共外交配合了这一总体外交战略，推动建立中国的全球伙伴关系网络，同时基于中国同不同地区和国家的历史及现实交往情况，进行了分层次、有区别的重点推进，如图 2 所示。

---

① 陈鹤高等：《习近平在坦桑尼亚尼雷尔国际会议中心发表演讲　中非永远做可靠朋友和真诚伙伴》，新华网，http：//news. xinhuanet. com/world/2013 – 03/25/c_ 124501686. htm。

② 陈赞、钱彤：《习近平：邻居办喜事，当然要专程来贺喜》，新华每日电讯，http：//news. xinhuanet. com/mrdx/2014 – 02/07/c_ 133096114. htm。

③ 侯露露等：《志合者，不以山海为远——国际社会积极评价习近平主席拉美之行》，http：//cpc. people. com. cn/n/2014/0729/c64387 – 25359686. html。

④ 《2014，随习主席走世界》，新华网，http：//news. xinhuanet. com/world/2014 – 11/27/c_ 127255464_ 2. htm。

⑤ 辛俭强：《新华国际时评：以亲、诚、惠、容外交理念推进周边安全与繁荣》，http：//news. xinhuanet. com/world/2014 – 09/24/c_ 1112614559. htm。

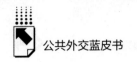

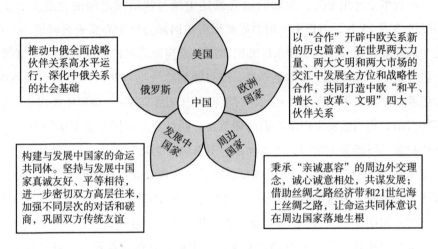

构建不冲突不对抗、相互尊重、合作共赢的中美新型大国关系，以人文交流磋商机制加强和扩大两国人民之间的联系，推进中美新型大国关系建设

推动中俄全面战略伙伴关系高水平运行，深化中俄关系的社会基础

以"合作"开辟中欧关系新的历史篇章，在世界两大力量、两大文明和两大市场的交汇中发展全方位和战略性合作，共同打造中欧"和平、增长、改革、文明"四大伙伴关系

构建与发展中国家的命运共同体。坚持与发展中国家真诚友好、平等相待，进一步密切双方高层往来，加强不同层次的对话和磋商，巩固双方传统友谊

秉承"亲诚惠容"的周边外交理念，诚心诚意相处，共谋发展；借助丝绸之路经济带和21世纪海上丝绸之路，让命运共同体意识在周边国家落地生根

美国　欧洲国家　中国　俄罗斯　发展中国家　周边国家

图 2　中国公共外交全球战略布局

可以说，首脑公共外交活动基本确立和反映了我国公共外交的战略布局和重点，也反映了中国公共外交的基本任务：适应中国国力增强的现实情况，在协调与其他大国、发展中国家和周边国家双边关系、多边关系的基础上，消除其他国家对中国崛起后的疑虑，建立中国爱好和平、负责任的大国形象。

（二）核心主题：向世界说明"中国梦"

习近平主席在不同国家开展了形式多样、内容丰富的公共外交活动，但"形散而神不散"，始终围绕着阐述"中国梦"的世界意义这一主题而展开。

中国梦是中国人民实现中华民族伟大复兴的梦，是中国人民追求和平的梦，追求幸福的梦，奉献世界的梦。2013 年 3 月 23 日，习近平主席在莫斯科国际关系学院的演讲中首次将中国梦与世界相联系：我们要实现的中国梦，不仅造福中国人民，而且造福世界各国人民。

此后的出访中，"中国梦"一词频频出现在习近平主席的讲话和署名文章中。习主席向世界表明：中国梦和其他国家所有爱好和平的人民所追求的国家富强、政治民主、生活幸福的梦想都是息息相通的。

中国梦的背后，是中国高举和平、发展、合作、共赢旗帜，坚定不移走和平发展道路的决心；是中国推动国际关系民主化进程，真诚致力于促进国际秩序和国际体系更加公正合理的大国责任；是中国倡导合作发展理念，政治上秉持道义、伸张正义，经济上坚持互利共赢、共同发展，摒弃零和思维的义利观。

习主席出访正是以"中国梦"为切入点，向世界全面介绍中国立场和外交政策。可以说，"中国梦"不仅仅是一个概念，以此为核心，中国公共外交正建构起自己独立而又能为世界人民所接受和共享的话语体系和价值理念。这堪称中国公共外交发展进程中的里程碑。

二　策略路径：形式多样，手段灵活，重视媒体传播和人文交流

每次出访，习主席都展开了务实创新、卓有成效的公共外交活动：通过出席新闻发布会，接受媒体采访，在往访国主流媒体上发表署名文章，出席经贸、人文交流活动，发表演讲等多种公共外交形式和手段，广泛接触往访国各界人士，传承友谊，增进互信，宣示政策，促进合作。其中，媒体传播与人文交流是习近平主席非常重视的两大公共外交方式。

（一）媒体传播："定调"出访，掌握国际舆论主动权

在利用媒体渠道方面，接受记者采访、同往访国领导人共同出席新闻发布会发布会谈成果，这是首脑公共外交的"规定动作"。

2013年5月31日，在对特立尼达和多巴哥、哥斯达黎加、墨西哥进行国事访问前夕，习近平主席接受了特多《快报》、哥斯达黎加《共和国报》、墨西哥《至上报》的联合书面采访，表达"中国愿同拉美和加勒比各国紧密团结、相互支持、真诚合作，在通往发展繁荣的美好梦想的道路上携手共进"的美好愿景。

2014年2月赴俄罗斯索契出席冬奥会开幕式之际，习近平主席接受俄罗斯电视台专访，就索契冬奥会、中俄关系、中国全面深化改革等问题回答记者

提问。

2014 年 7 月，在出席金砖国家领导人第六次会晤，对巴西、阿根廷、委内瑞拉、古巴进行国事访问并出席中国—拉美和加勒比国家领导人会晤前夕，习近平主席接受了巴西《经济价值报》、阿根廷《国民报》、委内瑞拉国家通讯社、古巴拉丁美洲通讯社的联合采访，就金砖国家合作、中国同四国双边关系、中拉关系、国际关系民主化、中国改革发展、中国外交政策及国际作用等阐述了看法和主张。

十八大以后，习近平主席打破了中国国家主席出访的习惯做法，在出访之前，首先在往访国的主流媒体上发表署名文章，为出访"定调"。习主席通过发表署名文章，向外传递"合作、友好"的意愿，从正面回应出访前国外媒体"种种分析和猜测"，可以说是中国尝试掌握国际舆论主动权的巧妙策略，堪称中国公共外交的创新之举。①

表 1 习近平主席发表的海外署名文章

发表时间	发表媒体	文章标题
2014 年 3 月 23 日	荷兰《新鹿特丹商业报》	《打开欧洲之门 携手共创繁荣》
2014 年 3 月 25 日	法国《费加罗报》	《特殊的朋友 共赢的伙伴》
2014 年 3 月 28 日	德国《法兰克福汇报》	《中德携手合作 造福中欧和世界》
2014 年 3 月 29 日	比利时《晚报》	《中欧友谊和合作:让生活越来越好》
2014 年 7 月 3 日	韩国《朝鲜日报》、《中央日报》、《东亚日报》同时发表	《风好正扬帆》
2014 年 8 月 21 日	蒙古国《日报》、《今日报》、《世纪新闻报》、《民族邮报》、蒙古新闻网网站同时发表	《策马奔向中蒙关系更好的明天》
2014 年 9 月 10 日	塔吉克斯坦《人民报》和"霍瓦尔"国家通讯社同时发表	《让中塔友好像雄鹰展翅》

---

① 《盘点习近平海外署名文章:打破惯例"定调"出访》，http://news.sina.com.cn/c/2014 - 11 - 25/195231201264.shtml。

续表

发表时间	发表媒体	文章标题
2014 年 9 月 14 日	马尔代夫《今晚报》和太阳在线网同时发表	《真诚的朋友，发展的伙伴》
2014 年 9 月 16 日	斯里兰卡《每新闻》	《做同舟共济的逐梦伙伴》
2014 年 9 月 17 日	印度《印度教徒报》和《觉醒日报》同时发表	《携手共创繁荣振兴的亚洲世纪》
2014 年 11 月 14 日	澳大利亚《澳金融评论报》	《开创中澳关系更加精彩新篇章》
2014 年 11 月 19 日	新西兰《新西兰先驱报》	《共同描绘中新关系更加美好的未来》
2014 年 11 月 21 日	斐济《斐济时报》和《斐济太阳报》同时发表	《永远做太平洋岛国人民的真诚朋友》

（二）人文交流：切实推进，促成人文交流常态化

习主席还通过参加面向往访国各类公众的人文交流活动，并在这些场合中多次发表重要讲话，开展公共外交。

2013 年 3 月 22～30 日，习近平出任中国国家主席以来首次出访。他对俄罗斯、坦桑尼亚、南非、刚果共和国进行国事访问并出席金砖国家领导人第五次会晤。随习主席出访的外交部部长王毅谈到习主席此行时说，"习主席一路风尘仆仆，不辞劳苦，或冒着零下 20 度的风雪，或顶着炎炎烈日，完成一站又一站的访问，有时一天内不间断工作 15 个小时。访问期间，习近平主席出席了 66 场活动，与 32 位国家元首及政要举行了会谈和会见，发表了 20 多次演讲和重要讲话，多角度、深层次阐述了中国的外交政策和重大主张，出席了 10 多场人文和公共外交活动"。① 在随后的历次出访中，习近平主席都像首次出访一样，通过内容丰富、形式多样、日程紧凑的公共外交活动增进中国和世界的互相了解，推动合作，传播友谊。

根据媒体公开报道资料，习近平主席所参加的重要的人文交流活动如图 3 所示。

---

① 陈赟、陈鹤高：《继往开来、影响深远的外交开局之旅——外交部部长王毅谈习近平主席对俄罗斯、坦桑尼亚、南非、刚果共和国进行国事访问并出席金砖国家领导人第五次会晤》，新华网，http://news.xinhuanet.com/world/2013-03/31/c_115223459.htm。

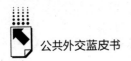
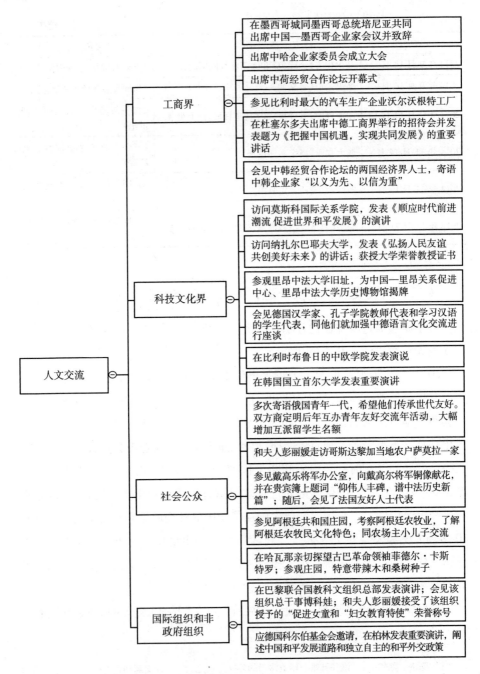

图3 习近平主席出席的主要人文交流活动

习主席还推动了中国同其他国家人文交流项目的切实展开，推进人文交流制度化和常态化。借势习主席出访东风，中国同世界其他国家人文交流的深入化和常态化成果丰硕，如图4所示。

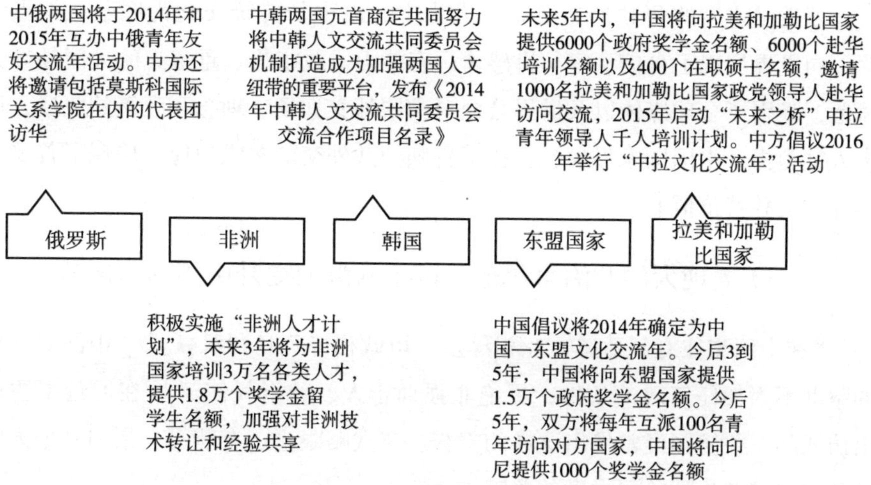

中俄两国将于2014年和2015年互办中俄青年友好交流年活动。中方还将邀请包括莫斯科国际关系学院在内的代表团访华

中韩两国元首商定共同努力将中韩人文交流共同委员会机制打造成为加强两国人文纽带的重要平台，发布《2014年中韩人文交流共同委员会交流合作项目名录》

未来5年内，中国将向拉美和加勒比国家提供6000个政府奖学金名额、6000个赴华培训名额以及400个在职硕士名额，邀请1000名拉美和加勒比国家政党领导人赴华访问交流，2015年启动"未来之桥"中拉青年领导人千人培训计划。中方倡议2016年举行"中拉文化交流年"活动

| 俄罗斯 | 非洲 | 韩国 | 东盟国家 | 拉美和加勒比国家 |

积极实施"非洲人才计划"，未来3年将为非洲国家培训3万名各类人才，提供1.8万个奖学金留学生名额，加强对非洲技术转让和经验共享

中国倡议将2014年确定为中国—东盟文化交流年。今后3到5年，中国将向东盟国家提供1.5万个政府奖学金名额。今后5年，双方将每年互派100名青年访问对方国家，中国将向印尼提供1000个奖学金名额

图4　中国同其他国家的人文交流

值得一提的是，习主席还非常重视城市在中国外交中所扮演的角色。习主席在哥斯达黎加访问期间，在圣何塞市接受该市市长阿拉亚授予的圣何塞城市钥匙，并指出地方交往是两国合作的重要平台。圣何塞市是名不虚传的"花园城市"，双方可以在绿色环保方面进行交流合作。中国政府支持圣何塞市开展对华交往；[①] 在新西兰，习主席出席了中国－新西兰市长论坛启动仪式，指出"中新关系仿佛一幅油画。这幅油画有多绚烂，不仅取决于总体构图，也有赖于局部元素。两国间30多对友好城市就是这些局部元素的有机组成部分"。[②]

---

① 陈赟、俞铮：《习近平接受圣何塞城市钥匙》，新华网，http：//news. xinhuanet. com/world/2013 - 06/04/c_ 116018796. htm.

② 钱彤、徐剑梅：《习近平和约翰·基共同出席中国－新西兰市长论坛启动仪式》，新华网，http：//news. xinhuanet. com/ttgg/2014 - 11/21/c_ 1113343534. htm.

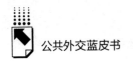

三 特点鲜明，价值独特，首脑公共
外交发挥多维效应

习近平主席的公共外交活动以人为本，以中华传统文化为底蕴，特点鲜明，向世界展现了自信从容、讲感情、有能力、敢担当、重道义的大国领导人风范，吸引了全球媒体以及世界公众对中国外交立场、理念和政策的关注，以个人魅力提升中国国家形象，发挥了首脑公共外交的多维效应，展现了首脑公共外交的独特价值。

（一）展现大国政治家风范，以个人魅力提升中国国家形象

"和中国交往有舒适感，互相尊重、坦诚相待、互利双赢。""中国对我们的帮助不附加任何政治条件，更绝非强加于人、颐指气使。"① 在习近平主席出访期间，往访国经常发出这样的赞誉。有战略眼光、有能力、亲和、令人感动是往访国舆论评价习主席的关键词。

不论交往对象是来自发展中国家还是发达国家，不论是来自大国还是小国，不论什么身份、地位，习近平主席都以人为本，坦诚相待，平等交流。他的双手同往访国政要的手握在了一起，同经济精英、科技人士和知识分子的手握在了一起，也同对华友好人士、往访国普通民众的手握在了一起。

习近平主席珍视中国人民和往访国人民的情谊。出访坦桑尼亚的当天下午，习近平主席就前往援坦中国专家公墓，凭吊 69 位为援助坦桑尼亚国家建设而殉职的中国专家、技术人员和工人。在乌兰巴托机场，欢迎仪式结束后，习近平主席和夫人彭丽媛的专车已经开动。但是，当看到冒雨前来机场迎接、在雨中挥舞中蒙两国国旗的当地民众时，习主席和夫人要求停车，走下车与他们握手。在古巴，习主席专程拜访中国人民的老朋友、古巴前国家领导人卡斯特罗，特意带去辣木和桑树种子，希望它们在古巴茁壮成长，成为中古友谊新的见证。在阿根廷，习主席走进共和国庄园，受到农场主莫内塔家人热情招

---

① 杜尚泽：《习近平访问拉美：新的"中拉时间"开始》，http://www.huaxia.com/xw/dlxw/2014/07/3999331.html。

待。听说莫内塔的小儿子喜欢中国，打算学习中文，习主席希望"下次再见用中文交谈"。道别时，习主席表示这是他出访中最轻松愉快的一天，他会把阿根廷人民对中国人民的深情厚谊带回去，并希望两国农业领域务实合作取得更多硕果。

习主席尊重往访国的历史文化传统，主张不同文明间的交流互鉴。习近平主席到中亚最古老城市撒马尔罕城，参观帖木儿家族历史博物馆，表示深受启发，"我们应该深入了解贵国的历史，夯实两国人民友好的历史基础"。① 访问联合国教科文组织时，习主席说："世界上有 200 多个国家和地区，2500 多个民族和多种宗教。如果只有一种生活方式，只有一种语言，只有一种音乐，只有一种服饰，那是不可想象的。"他认为，我们需要以比天空更宽阔的胸怀，去推动不同文明的和谐共处、交流互鉴。②

习主席自信坚定但谦和从容。他在发展中国家介绍中国发展的道路选择和经验，但绝不强加于人，他多次在演讲中表示，中国的目的是帮助发展中国家实现自主发展和可持续发展。他说，"中国绝不搞势力范围"，"中国举措务实，说话算数"，"一分部署，九分落实，中国说过的话一定算数，合作中有什么问题都可以商量"。③ 这样掷地有声的言语，显示出有能力、敢担当、重道义的大国领导人风范。

作为中国国家形象的代言人，习近平主席赋予了中国国家形象"人格"特征，令中国国家形象更加生动丰富，具有亲和力，有力促进了中国国家形象的建构和传播。同时，习主席也受到往访国政府和人民诚挚的接待。往访国在不同场合一次次以最高规格的外交礼仪，以当地迎接贵客的传统礼节，以鲜花、掌声和欢呼表达对习主席的尊敬和对中国人民的友谊。可以说，习主席的出访在促进世界和平的同时，也令中国人民感受到世界人民的友好和善意，振奋了国人精神，凝聚了人心。

---

① 《习近平主席参观博物馆 卡里莫夫总统亲自讲解》，http://news. xinhuanet. com/world/2013 - 09/10/c_ 117296467. htm。
② 张朔、龙剑武： 《习近平在教科文组织演讲：文明是多彩平等包容的》，http://news. hexun. com/2014 - 03 - 28/163452658. html? frommarket = sh - icity。
③ 杜尚泽：《习近平访问拉美：新的"中拉时间"开始》，http://www. huaxia. com/xw/dlxw/2014/07/3999331. html。

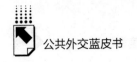

（二）善讲中国故事，聚焦媒体关注，谋取中国外交话语权

由于国家首脑重要而特殊的政治地位，首脑的一举一动通常会成为新闻媒体关注的热点，进而影响公众舆论。换言之，首脑公共外交在扩大公共外交效果方面具有天然优势。国家首脑利用公共外交场合宣示本国外交战略、思想和政策，是一国软实力"四两拨千斤"式的巧妙呈现，微言大义，影响深远。

出访期间，习主席讲故事、打比方、举例子、作对比，用往访国的民间谚语、名言、故事等对方听得懂的语言介绍中国的政策、理念和文化，引发世界媒体的广泛关注。"鞋子合不合脚，自己穿了才知道"的"鞋子论"，是习主席两次在演讲中提到的一个比喻，用来形容一个国家的发展道路合不合适，只有这个国家的人民才最有发言权，主张尊重各国人民自主选择发展道路的权利。在刚果共和国议会大厦的演讲中，习主席引用非洲近代诗人艾列格勒的诗句："向前走，非洲，让我们听到你歌声中胜利的节奏！"，以诗代言中非合作大有可为，前景光明，引起强烈的反响。①

习主席通过高超的公共外交艺术，广为传播"中国梦"、"义利观"、"命运共同体"、"一带一路"等主张"合作共赢"的战略观念，"真、实、亲、诚"对非工作四字方针，"亲、诚、惠、容"处理与周边国家关系的理念，为中国外交话语更好地融入世界政治话语体系提供了契机。

直接回应西方舆论对于中国的误解甚至歪曲，也是习主席公共外交活动的一项重要内容。习主席在莫斯科国际关系学院回答学生提问时指出，对于日益强大的中国产生担心是没有必要也是没有根据的，他说："中国的发展带来的是共赢，中国是很多周边国家的最大贸易伙伴，最大的出口市场和出口国"，"13亿多人口的中国发展起来给这个世界带来的是实实在在的好处，相反中国如果是积贫积弱，这才是世界真正的麻烦，这才是真正值得世界担心的事情。"②

习近平主席到访德国科尔伯基金会，也在演说中从正反两方面阐述"中

① 《习近平在刚果共和国议会的演讲（全文）》，http：//news. xinhuanet. com/world/2013 – 03/30/c_ 124522269. htm。

② 《国家主席习近平在莫斯科国际关系学院的演讲（全文）》，http：//www. gov. cn/ldhd/2013 – 03/24/content_ 2360829. htm。

国威胁论"的荒谬：一方面，他引用德国文学家歌德《浮士德》作品中的人物"墨菲斯托"，指出"中国威胁论"是某些人在戴着有色眼镜看中国，只能再次证明：偏见最难消除；另一方面，习近平主席指出和平、发展、合作、共赢是当今世界的潮流，中国在理念上不认同"国强必霸"的陈旧逻辑，在历史上没有留下殖民和侵略他国的记录，在现实中选择和平发展的道路，一个和平安宁的国际环境符合中国的根本利益。事实上，也正是因为坚持和平发展道路，改革开放 30 多年，中国才取得了巨大的成就。①

真理愈辩愈明。习近平主席讲述的中国故事，以理服人，以情动人，赢得了包括往访国在内的世界主要媒体的广泛关注和报道，为中国外交话语赢取了关注、认同和支持。

（三）以中华传统文化为底蕴，彰显公共外交"中国智慧"

习近平主席将中华传统文化融入首脑公共外交中。他在讲话中提出的多种文明和平共处，中国文化没有称霸的基因，中国外交的"义利观"，都是"己所不欲勿施于人"、"己欲立而立人，己欲达而达人"等中国传统文化哲学的体现。

他多次引用中国古代思想先哲对人与人、人与社会、人与自然关系真谛的论述，以及中国古代文学典籍的优秀篇章。他以"周虽旧邦，其命维新"、"天行健，君子以自强不息"介绍中国改革开放事业和中国人民为之付出的艰苦卓绝的努力；他以"万物并育而不相害，道并行而不相悖"谈中华"和文化"，化解"中国威胁论"；用"穷则独善其身，达则兼济天下"讲述中国梦是奉献世界的梦；谈中俄关系，引用"长风破浪会有时，直挂云帆济沧海"；用"人生乐在相知心"、"授人以鱼，更要授人以渔"描述中非关系及中非合作；用"海内存知己，天涯若比邻"，"潮平两岸阔，风正一帆悬"谈论中巴关系和合作前景。②

值得一提的是，习近平主席到访荷兰，首次穿立领中式服装出席国宴，充

---

① 《习近平在德国科尔伯基金会的演讲（全文）》，http://cpc.people.com.cn/n/2014/0330/c64094-24773108.html。

② 参见李方舟《盘点习近平出访拉美所引古诗词及背景释义解析》，新华网，http://news.eastday.com/eastday/13news/auto/news/china/u7ai2088713_K4.html

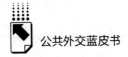
分展现了中国文化的风采。

回顾 2013～2014 年的首脑公共外交，战略清晰，成果丰硕，为新时期中国公共外交描绘了行动蓝图，奠定了扎实的基础。我们有理由相信，以此为起点，以向世界宣讲"中国梦"为主题，中国公共外交将掀开崭新的一页。

B . 3

讲好中国故事

——外交部门的公共外交

陈雪飞 *

摘　要： 我国的外交部门作为开展公共外交最重要的国家行为体，也承担着向外界讲好中国故事、打造中国形象的重要职责。外交部通过借助多种媒体渠道、打造品牌活动以及加强国际合作等多样化的方式，向国内外受众宣介我们的外交政策和基本立场。驻外使领馆则借助使馆的丰富活动和大使的"公众角色"实现着我们的"国情速递"。外交部门的公共外交活动可谓成果显著，但依然需要在行为主体与实践方式上持更为开放的视角，才能更好地赢取人心。

关键词： 外交部　驻外使领馆　公共外交　中国

一　外交部门是公共外交的 "主要责任人"

从经典定义来看，公共外交是一国政府针对他国民众开展的以信息传播和文化交流等为主要形式的非传统外交活动。因为政府形象并不讨巧，所以不少国家在公共外交中淡化政府的角色。正是在这一背景下，行使传统外交功能的外交部门在有关公共外交的研究中并未受到太多关注。而其实，外交部门作为

---

* 陈雪飞，社会心理学博士，外交学院公共外交研究中心研究员，主要研究方向：公共外交，跨文化交流，人际心理学。

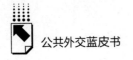
重要的主体，是一国公共外交中不可或缺的角色。在大多数国家，外交部门都是公共外交最重要的国家行为体。① 比如劳特利奇版《公共外交手册》在介绍英国、德国、日本、澳大利亚等国的公共外交经验时，就论及外交部门是各国政府开展公共外交活动的"主要责任人"。②

自发生美国"9·11"恐怖袭击事件、公共外交重回国际民众的视线以来，我国一直在循序推进公共外交的发展。特别是外交部，近年来一直在加大对公共外交的投入，加强公共外交的体制建设。其实在上世纪末，1999年6月，外交部新闻司就设立了因特网主页管理处，负责外交部和驻外使领馆的网站工作。及至2004年，外交部成立了公众外交处，专门负责网站管理以及与国内公众有关的协调工作。2008年，公众外交处更名为公共外交处。尽管只一字之差，但很大程度上，表明了一种理念的转变，外交服务公众的视域从国内向国外拓展。2009年10月，公共外交处升格为公共外交办公室，专司外交部、驻外使领馆公共外交工作的统筹规划和综合协调。2010年8月，外交部为适应外交工作的新形势和新任务，又设立了公共外交咨询委员会，委员会全部由资深外交官和专家学者组成，旨在向国内外公众介绍、解读中国的外交政策和发展理念。体制的建设为我们开展公共外交奠定了坚实的基础。

目前我国外交部门开展的公共外交活动主要有两大块。一方面，外交部本身承担着对外解释本国内政外交的职责，很大程度上就是要做好"信息的告知"，以求更好地增信释疑；另一方面，外交部负责管理的驻各国使领馆，是一国政府开展公共外交的前哨，它们直接面对驻在国的民众，是直接开在他国的窗口，能让他国民众更直观、更形象、更迅速地了解本国的国情。

---

① Ingrid d'Hooghe, 2011. "The Expansion of China's Public Diplomacy System", *Soft Power in China: Public Diplomacy through Communication*. Edited by *Jian Wang*, NY: PALGRAVE MACMILLAN, p. 21.

② Nancy Snow, Phillip Taylor, 2009. *Routledge Handbook of Public Diplomacy*, NY: Routledge, pp. 257, 263, 271, 317.

二 外交部门如何讲述中国故事[①]

（一）外交部多样化的"信息告知"

布莱恩·霍金（Brian Hocking）曾经指出，外交部和国家外交系统充当着守门人的角色，监控着国家内外政策环境的互动，并把控着二者的信息互通。[②] 信息告知，基本是各个国家外交部最基本也是最主要的职责，旨在预设人们理解信息的语境，从而更好地进行政策宣介。我国外交部在不断地探索过程中，在这一点上，已经积累起较为成熟的经验，包括善于利用各种媒体形式，积极打造系列品牌活动，并尝试拓展国际合作等等。

1.重视与媒体沟通，增大信息透明度

政府部门在与媒体的不断互动中逐渐学会与媒体为友，特别是对于公共外交而言。外交部亦愈来愈重视加强与媒体的沟通，不断增大信息的透明度，同时也是在为媒体的报道设定议程。这主要体现在不断完善新闻发布和媒体吹风机制，以及对外国记者的组织与沟通方面。

自 2011 年起，外交部例行记者会从每周 2 次增加到每周 5 次，记者会的时效性和信息量大大提高，从而能帮助大家更为及时、充分地了解中国的外交政策。特别是在一些热点问题、敏感问题以及突发事件发生时，例行记者会第一时间发布信息，极大地增进了世界对中国的了解与信任，减少了误解与疑虑。同时，在遇到我国领导人出访或出席国际会议之前，外交部会及时召开中外记者媒体吹风会，邀请有关部委的负责人向记者介绍背景情况并回答提问。而且，自 2009 年 4 月二十国集团伦敦峰会开始，我领导人出席有关国际会议时，我们都会设立"中国代表团新闻中心"，它不仅是我们释放信息、阐释政策立场的舞台，也是我们传播中国文化、解释中国政制等情况的舞台。"新闻中心"已经成为许多外国媒体的重要信息源和"蹲守据点"，那里常常门庭

---

① 以下内容所涉及的数据与详细资料悉数来自外交部网站，http：//www.fmprc.gov.cn/mfa_chn/。

② Brian Hocking, 2005, "Rethinking the 'New' Public Diplomacy," in *The New Public Diplomacy：Soft Power in International Relations*, ed. Jan Melissen, NY：Palgrave Macmillan, pp. 35 – 36.

若市。

除此之外，外交部也在专门加强与国外媒体的交流与合作，截止到 2014 年初，约 60 个国家的 600 余名记者在华常驻。我们与外媒较为典型的机制性合作形式是成立了外交部外国记者新闻中心，迄今已经走过 14 个年头，其在软件和硬件方面都获得了很大提升。外国记者新闻中心主要负责组织外国记者赴全国各地采访、举办吹风会，以及与我国的国际问题专家座谈等等，以此协助媒体客观报道中国，面向国内外民众广泛宣介我们的国情政策和发展理念。外国记者对于中国愈加开放宽松的采访环境、愈加便利的采访渠道，也纷纷给予了肯定性的评价。

2. 利用新兴媒体，塑造亲民形象

21 世纪被喻为互联网的时代。上世纪末我们刚刚见证了 web1.0 的普及，就要面对今天 web2.0 以几何级数的推进。社会中的每个个体几乎都已经或将要深度卷入其中。以公众为对象的公共外交当然不能自外于此。外交部就很敏锐地联通起"网"与"微"的世界。

目前，外交部官方网站使用 24 种语言发布信息，向国内外民众介绍我国国情和外交政策，邀请高级外交官及专家与网民互动，并提供 243 个驻外使领馆的网站链接，日均点击量约 700 万次。外交部网站还非常注重与时俱进，不断优化网站的内容设置和页面风格，并且开发了客户端，无论是 iphone、ipad 还是安卓系统，都能下载，以求更加及时、便捷地为网友提供服务。

2012 年 1 月，外交部还正式启动了"外交·大家谈"的系列网络访谈，让外交部的相关司局长走进网络，与亿万网友在线交流访谈。这是外交部结合网民关切和媒体报道需求，同人民网、国际在线、新浪网等国内主要新闻网站合作设立的网上即时交流平台。截至 2014 年初，"外交·大家谈"等系列网络访谈和微访谈等网络公共外交活动已举办 25 期，获得社会的积极评价。

外交部还在各部委中率先开通了"外交小灵通"的微博、微信与微视。不断创新外交部与公众就外交议题进行对话的交流平台。各个微平台统一以亲民的风格、幽默诙谐的语言，为大家提供各种外交知识、领保服务，与网友密切沟通、答疑诶惑，甚至直接提供救助等等，受到网友的热捧。迄今，仅"小灵通"新浪微博就已发布信息近 1.2 万条，"通心粉"——"小灵通"微博的粉丝，即"沟通心灵的粉群"已突破 750 万。这真正体现了"外交为民"

的网络力量。

3. 打造品牌活动，提升内外影响力

自 2003 年外交部启动"开放日"活动以来，迄今已经举办了 20 多次规模和影响较大的公众开放日活动，数千名公众有机会到外交部大楼做客，旁听例行记者会，与一线的外交人员零距离交流。

外交部搭建的官方与民间、企业、媒体及学界的沟通平台"蓝厅论坛"，自 2010 年 12 月 1 日首次召开迄今已经举办十届，成为社会各界就国际形势、外交政策等共同关注的问题进行深入研讨的新渠道。

2011 年 8 月 1 日，外交部又同中央人民广播电台"中国之声"合作创办了"外交服务站"，通过外交部新闻司工作人员电话连线的方式，介绍重大外交活动背景，领事服务信息和外交知识等，让外交更加贴近和服务于公众。外交服务站的特点就是要用百姓的视角看外交，让外交更加亲切。

4. 探索国际合作，加强交流互鉴

在新闻与公共外交领域，外交部还在不断推进国际合作。2013 年 9 月，中国与韩国两国的外交部在韩国首尔合作举办了首届中韩公共外交论坛；2014 年 6 月，第二届中韩公共外交论坛在中国北京举办。两国政府力图在文体、教育、媒体、学术研究等领域开展广泛合作，以深化两国人民的相互了解和友好情谊，推进"国之交在于民相亲"的理念。

同时，中国与美国、巴基斯坦、韩国等国的外交部门也积极开展新闻与公共外交磋商，皆在加强双方新闻和公共外交领域的沟通与交流，从而扩大双方国民的共识，为建设互利共赢的合作关系创造良好的舆论环境。

外交部这些突破性的举措打造出了多渠道、多面向的"信息告知"模式，同时他们亦在努力转变着表达方式，力图让国内外受众更及时、准确、全面地听到中国的声音。

（二）驻外使领馆立体式的"国情速递"

外交部立足国内，驻外使领馆则有机会与驻在国的民众面对面接触，是一国政府最立体、最直观的代表。驻外使领馆与国内相关部门开展的公共外交目标相同，都旨在向民众呈现一个更为真实、更为积极的中国形象。但因为使领馆所处的情境与国内不同，领馆工作人员在开展公共外交的时候需要"接

地气"，以更为本土化的方式呈现自己需要传递的信息，使之对目标受众而言更合情理且更易理解。[①]

我国的驻外使领馆就比较重视结合驻在国实际情况，从使馆活动与大使"公众角色"两大块出发，开展形式多样、内容丰富的公共外交，重在展现中国和平、合作、负责任的国家形象。

1. 推动人文交流，促进文明对话

中国有广博的传统文化资源，驻外使领馆也比较注重利用这些资源推进人文交流，向世界展示中国文化的魅力，搭建文明对话的桥梁。

在推进文化交流方面，驻外使领馆开展过主题开放日、中国论坛、中国主题研讨会、图片展、电影招待会以及中国文化节、电影节、文艺演出等各类公共外交活动，在当地社会不断掀起感知中国、了解中国的热潮。

一些外国受众因对中国缺乏了解，从而对中国抱有一定的成见。从心理学上说，消除成见最有效的手段是让抱有成见的人们在互动和接触中产生积极的情感体验。主题开放日、中国文化节等活动是较为有效的路径。

以"主题开放日"为例，它是我驻外使领馆的传统活动，也是我们开展公共外交的重要载体。不少驻外使领馆举办过不同主题的开放日。开放日主要以大、中、小学的学生为对象，也有一些活动针对当地媒体或者当地政要。针对我国华人、华侨、留学生"遍地开花"的情势，我们一些驻外使领馆也会开展针对侨胞的开放日。开放日，除了参观使领馆，通常还能欣赏到中国书画和工艺品的展览、特色文娱表演，以及参与各种丰富多彩的文体活动。使民众在观赏、体验与互动中更好地走进"使馆"、接触"大使"、了解"中国"。

受众对使领馆开放日活动的评价普遍比较积极。而就目前开放日的活动而言，如何利用其放大效应是个关键问题。

首先，机制化的开放日能够产生品牌效应。比如驻澳大利亚大使馆举办的春节开放日活动，自 2005 年开始几乎每年一次（2011 年开始代之以"中国日"活动），目前几近成为澳大利亚的一个固定节日。其次，同一主题多地联动，可以形成规模效应。比如 2011 年 6 月，驻里昂、曼彻斯特、斯特拉斯堡、

---

① William P. Kiehl, 2009. "The Cases for Localized Public Diplomacy". *Routledge Handbook of Public Diplomacy*, pp. 212, 213.

马赛、罗马尼亚、立陶宛等地的总领馆或使馆同期举办"中欧青年交流年"开放日活动，在整个欧洲掀起一阵"走进中国"的小高潮。再次，拓展开放日受众的结构，让受众更加多元，让受众的参与更加方便，这有助于形成口碑效应。比如2014年6月28日，中国驻德国使馆举办首个开放日，迎来了近3000名德国民众。不少德国民众在当地报纸读到中国使馆举办开放日的消息就举家报名参加，而且大多数人都很认可这一活动。当然这类活动必然需要与媒体形成良性互动。此次活动就吸引了包括柏林电视台和勃兰登堡电视台在内众多媒体的报道。

另外，图片展、电影展等因其相对而言比较容易操作，也是驻外使领馆主要的公共外交形式。以我国驻外使领馆主办或参与的图片展为例，总体而言这类活动重在：体现特色，体现发展，体现"交情"。体现特色的，有"雪域新颜——两岸四地摄影家镜头里的西藏"、"魅力新疆"等图片展；体现发展的，有"中国人权成就图片展"、"汶川地震灾后重建图片展"等；体现"交情"的，有两国建交周年图片展等。

因图片展览比较容易举办，所以需尽量避免单纯流于形式的、泛泛的展示活动。其实在"公共外交"于本世纪之初成为"时髦名词"之前，就早有一些国家的驻外使领馆开展过图片展的活动。比如1976年，美国大使馆在斯里兰卡举办的"美国独立200周年向斯里兰卡致敬"的图片展，旨在让斯里兰卡的民众理解美国在过去扮演及未来将要扮演的角色。此次展览最终取得了巨大的成功。[1] 这也是前文所强调的"本地化"的意义。所以，在我们开展图片展的时候，影响效应是一个考虑因素，这是个广度范畴；另一个因素是要设定好与当地民众的对话，这是个深度范畴。

就影响广度而言，多地联动和巡回展览能产生较好的效果。比如2011年，我驻多国使领馆同期举办"世纪回眸——辛亥革命100周年图片展"活动，再比如"脉动中国"与"中国北纬30度"图片巡回展。至于如何与当地民众对话，就需要加入本地人的视角、生活和情感体验。比如在相应驻在国举办的"中墨记者眼中的两个国度"、"中国人眼中的也门"、"非洲人在中国"、"中

---

① William P. Kiehl, 2009. "The Cases for Localized Public Diplomacy". *Routledge Handbook of Public Diplomacy*, p. 214.

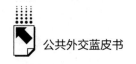
国外交官眼中的瑞典"等图片展，都能较好地扣住当地人的脉搏，带来更多的情感共鸣。

此外，图片展还需要多强调中国特色。中国广袤的大地上，每个地区都有自己的特色，为了让更多的外国受众了解中国的多样性，我们的驻外使领馆可以考虑多与其他部门，特别是国内地方政府合作的方式。比如 2011 年 4 月，新德里的"锦绣天府·文化巴蜀"图片展，就由四川省人民政府、国务院新闻办公室、中国驻印度大使馆以及印度团结国际基金会共同举办。再如 2011 年 11 月，孟加拉国首都达卡的"魅力北京"图片展，由北京市人民政府、中国驻孟加拉国使馆和孟加拉国国家博物馆共同举办。多部门合作能充分实现各机构的优势互补，高效利用资源。而且这种合作形式，也为我国的地方外交、城市外交提供了一条更具创意的思路。

还有中国论坛、中国主题研讨会等，曾被英国前副首相普雷斯科特盛赞为使馆工作的创举，对于增进驻在国对中国全面而深入的了解亦发挥着重要的作用。

2. 借助公共平台，传递中国声音

大使是一个国家最形象的代表。与传统外交时代大使们深居简出、富有神秘感不同，在公共外交时代，大使需要成为镁光灯下的明星，他们需要"祛秘增魅"。

外交部新闻司参赞魏欣曾表示，"现在对外交官的要求越来越高。他们要能写会说，既能够分析政策，也能够阐释政策。"他们有职责更加积极地开展公共外交，利用多种公共平台，传递中国声音。比如驻外大使及高级外交官通过对外发表演讲、出席研讨会、在主流媒体上发表文章、接受采访等方式，与当地各界人士加强沟通交流，以增信释疑，宣介中国发展成就和政策立场。

在各种各样的场合发表演讲是大使、总领事等参与公共外交活动最显见的形式。他们走向前台，与观众面对面，阐释观点，答疑解惑。大使演讲最常见的是走进高校与青年人进行互动。这些学子思想活跃，作为驻在国的知识精英必然是我们开展公共外交的主要对象。再就是参与各种对话会、圆桌会、研讨会、经贸会等，发表专题演讲或主旨演讲，重在阐释中国的发展状况、对外政策、两国关系，以及中国的责任意识。前者如 2013 年，驻德国大使史明德应德国慕尼黑外交政策协会邀请就中国外交政策发表主题演讲；后者如 2014 年，驻孟买总领事刘友法出席"保卫地球"国际研讨会，就"喜马拉雅山脉的发展与保护"发表专题演讲。还值得一提的是，我们的使领馆开始积极参与驻在国智库组织的活动，逐步强化与相关国家在软资源方面的合作。比如2013年1月，驻波黑大使王辅国应邀访问波黑独立知识分子99智库，并发表"认识中国"主题演讲；2013年11月，中国驻肯尼亚使馆与肯尼亚智库"跨地区经济网络"共同举办中非媒体合作研讨会，刘光源大使发表主旨演讲。

发表演讲的意义不仅仅在于我们所传递的内容，还在于使领馆人员自信、开放的姿态所展现出的透明而又积极谋求合作的中国形象。

2013年，由外交部公共外交办公室汇编的《中国大使演讲集》（中英文版）正式出版。书中精选了来自47个我驻外使馆、代表团优秀大使的演讲文稿，题材广泛、内容丰富、面向多元，是对我国使领馆公共外交活动一次很好的经验总结。

除了多场合的演讲，媒体是另一个重要的公共平台。媒体在现代社会所具有的放大效应是任何人不能小觑的，特别是在危机管控方面。前驻英大使傅莹是我国外交使节充分利用媒体开展公共外交的典范。傅莹大使在2008年奥运火炬传递遇阻后，即刻在《星期日电讯报》发表署名文章《火炬传递之后的思考》；2009年，遭遇《太阳报》误传中国使馆不堪英国选秀节目《X元素》歌迷之扰的报道，又迅速给该报写信澄清这一所谓"外交纠纷"，这些案例都已传为佳话。傅莹大使任职期间，积极主动地接受《卫报》、《泰晤士报》、《金融时报》等英国主流媒体的采访，撰写文章，而且她会根据文章内容和英国报纸的受众特点有意识地选择合适的报纸，始终强调倾听与沟通，讲究说话的艺术，所以总能紧扣公众心理，成效显著。[1] 当然因为"傅莹模式"过于依赖大使本身的能力与魅力，所以较难复制。但接受当地媒体采访、在当地主流媒体发表署名文章已经成为我驻外使领馆工作人员的常态，我们还会不定期地举办媒体座谈会等。现职大使、参赞等中高级外交官任职前也都会接受"与媒体互动"及"公众演说"等方面的培训。首要的是意识的转变，我们已经迈出了这一步；其次是经验的积累。在积累经验方面，想更有效地与当地媒体

---

[1] 《在世界的最前线表达中国——外交使节公共外交》，载文君编著《公共外交与人文交流案例第1辑》，世界知识出版社，2013，第22页。

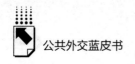

进行互动与合作，也需要外交部门像总结大使演讲一样，有针对性地提炼成功的实践，特别要重视在话语风格、叙事方式以及语言逻辑方面的转型与突破。

三 展望：中国需要更为开放的视角

我国正式开展公共外交的时间并不长，特别是在政府层面。但短时间内达致目前的成果，也说明我们在这个特殊的时代背景中有极强的调适力。我们善于学习，也有充分的自信。不过，外交部门在开展公共外交的时候需要更为开放的视角。

首先，无论是外交部还是驻外使领馆都还更侧重官方行为，而如何加强统筹，充分利用社会资源和多种渠道开展公共外交是需要不断拓展的课题。比如，如何与地方政府、民间组织、跨国企业、智库等社会资源进行交流与协作；如何将公共外交的项目委托给专业机构进行运作——即在公私合营模式中如何确定平衡点；如何与国外的相关机构开展合作，从而更好地实现资源整合与优势互补等等。只有引导更为多元的主体有序地参与其中，才能打造出多层次、全方位的公共外交格局。

其次，需要指出的是，我们的外交部已经在"微世界"游刃有余，但我驻外使领馆还有大量有待开拓的"倾听"空间。不少驻华使馆在中国开通了微博平台，比如美国、英国、德国、俄罗斯等驻华使馆，瑞典、丹麦的驻华使馆还率先开通了微信账号，真正把公共外交做到了中国人的指尖。阿里·费舍尔（Ali Fisher）将公共外交的模式分为七个层级，[①] 其中"倾听"是极为重要的一个层面，即有意识地、公开地听取他人的观点，并认真地阐释和考虑这些观点，从而了解对象国民众的态度和具体的诉求。比如俄罗斯驻华使馆等官微统计中国网友对波音 777 客机在乌克兰坠毁事件的评论。伯森－马斯特勒（Burson－Marsteller）的《推外交 2014》研究报告[②]指出，世界上有超过一半

[①] Ali Fisher, 2009. Four Seasons in One Day－The Crowded House of Public Diplomacy in the UK. *Routledge Handbook of Public Diplomacy*, p. 252.

[②] "推外交 2014"是一份研究世界领袖们对 Twitter 使用情况的年度报告。Burson－Marstellert, *Twiplomacy Study 2014*, http：//uscpublicdiplomacy. org/story/burson－marstellers－twiplomacy－study－2014.

的外交官员及其机构在推特上非常活跃，外交官们正在探索像推特这样的社交媒体平台来设计他们的数字外交战略，并依此重新界定 21 世纪的治国才能。对我驻外使领馆而言，借助驻在国的"微平台"进入民众的"微世界"是推动 E 外交的必要一环。

开放是一种自信的态度，一种宏大的格局，一种能够更好地赢取人心的特质。它能推动我们不断创新对外宣传方式，打造出融通中外的新概念、新范畴、新表述，更好地讲述中国故事、传播中国声音。

B.4
中国军事公共外交的实践创新与发展方向

任远喆*

摘　要：　军事公共外交是由一国以国防部为代表的军事部门针对他国公众进行的公共外交活动。近年来，中国的军事公共外交取得迅速发展，建立健全了军事新闻发言人制度，不断推进军事教育交流项目，定期发布国防白皮书，全面、积极参与国际维和、国际援助与反海盗行动。这一系列丰富多彩的军事公共外交活动，树立了中国军队良好的形象，彰显了中国政府坚持走和平发展道路的信心和决心。军事公共外交已经成为中国特色大国外交重要的组成部分。

关键词：　军事公共外交　软实力　中国形象

在全球化深入发展的今天，公共外交的重要性不断上升。越来越多的国家开始注意到用公众外交来支持实现国家目标，以弥补传统外交的不足。近年来，中国政府非常重视利用公共外交塑造和平发展的国家形象。在刚刚结束的中央外事工作会议上，习近平主席专门强调"要提升我国软实力，讲好中国故事，做好对外宣传"。这为新时期中国公共外交的开展指明了方向。在中国公共外交系统中，军事部门的角色不容忽视。"中国军方是公共外交许多领域的新来者，但是国防部和中国人民解放军已经积极加入公共外交的进程中"。[1] 以军方为主体的军事公共外交已经成为中国公共外交的一大特色，发挥着独特的作用。

---

* 任远喆，外交学博士，外交学院公共外交研究中心研究员，主要研究方向：外交学，东亚安全。

① Ingrid d'Hooghe, *China's Public Diplomacy*, Brill Academic Pub, 2014, p. 143.

一 军事公共外交及其意义

军事外交是国家的国防部队及武装力量与其他国家、国家集团或国际组织之间进行的交往、交涉和活动。它服从、服务于国家政治、经济、外交和军事战略，在国家总体外交中担当着重要的角色，是国家国防政策在对外关系中的直接体现。传统上有一种说法，即"战争止，外交始"，意思是说军队活动与外交活动是不能同时存在的。但实际上，军事与外交之间始终是紧密联系在一起的。孙子兵法曾说"上兵伐谋，其次伐交，再次伐兵"。如果说战争时期外交具有重要的地位与作用的话，那么在和平期间军队之间的交往则是增加互信与友谊、巩固和维护和平最为主要的手段之一。同时，因为军事领域的特殊性、封闭性，军事外交成为一国总体外交中最重要也最为敏感的组成部分。

军事公共外交是由一国以国防部为代表的军事部门针对他国公众进行的公共外交活动，以此树立军队和国家形象，消除猜疑和误解，维护国家利益，促进世界和平。军事公共外交是军事外交和公共外交的有机结合，是国家总体外交的重要组成部分。

作为世界上军事实力最强大的美国，其军事公共外交具有深厚的历史基础和先进的整体战略。根据美国国会报告披露，美国的军事公共外交就试图以正式的方式向国外公众宣传美国及美国的政策，达到军事目的，有时甚至不惜设置骗局。① 2003 年 10 月，美国国防部出台了"信息行动路线图"，讨论国防部在公共事务、公共外交和信息行动中的角色和责任，以及如何同其他政府机构协调同国外公众进行战略性的沟通。这份报告希望建立起国防部门对公共外交的支持战略。根据 2004 年美国国防科学委员会的建议，美国国防部还设有专门负责公共政策的副助理国防部长来协调所有与军事公共外交有关的活动。② 在 2010 年美国国会军事委员会的报告中，特别使用了"军事公共外交"一词，用于形容美国国防部组织的一系列同外国伙伴进行的接触活动，用于推动

---

① Kennon H. Nakamura and Mathew C. Weed, "U. S. Public Diplomacy: Background and Current Issues", Congressional Research Service, December 18, 2009, p. 42.

② "U. S Public Diplomacy: Interagency Coordination Efforts Hampered by the Lack of a National Communication Strategy", United States Government Accountability Office, April 2005, p. 16.

彼此更好地了解，并共同塑造军事能力。这包括科学机构之间的交流，军事人员交换以及专业的军事培训活动。美国国防部"参与了努力使目标公众尽量减少对美国政府制造舆论的了解"。① 在危机时刻，国防部通过军队新闻发言人、新闻播报和媒体简报的形式同外国公众打交道。

近年来随着中国的迅速崛起，国际社会对中国未来发展方向的认知出现了多元化的趋势，所谓中国"自以为是"（assertive）和"侵略性"（aggressive）的言论非常普遍。② 尤其是针对中国的军事现代化建设，许多国家特别是西方国家更是疑虑重重，从智库到社会、从学者到民众开始再次谈论"中国威胁论"，甚至有学者指出中国的威胁已经成为现实。③ 在国内外形势迅速发展变化的今天，一方面，充分利用好军事公共外交，有利于弥合中国国际战略目标和国际社会期待之间的鸿沟，对于消除"中国威胁论"、增进互信、塑造国际舆论有着十分重要的作用；另一方面，军事现代化建设不只是军事战略的发展，以及武器装备的更新和作战手段的多样化，更需要展现军事外交"软"的一面，赢得国际舆论，赢取民心，塑造形象。因此说，军事公共外交是当今军事现代化建设的应有之意。

二 新时期中国军事公共外交的具体实践及成效

中国的军事外交实际上由来已久。中国共产党在执政建立新中国之前就开始了军事交往活动，并在实践中积累了许多有益经验和吸取了许多可资借鉴的教训。④ 新中国成立之后，中国的军事外交全面开展并逐步活跃，在60多年的发展历程中取得了一系列辉煌成就，积极服务了国家总体外交目标，有力维

① U. S. Congress, House Committee on Appropriations, Department of Defense Appropriations Bill, 2010, report to accompany H. R. 3326, 111th Cong., 1st sess., H. Rept. 111 - 230 (Washington: GPO, 2009), p. 67.
② 这方面研究的代表性文章参见 Alastair Iain Johnston, "How New and Assertive is China's New Assertiveness", *International Security*, Vol. 37, No. 4, Spring 2013, pp. 7 - 48。
③ Ely Ratner, "Chinese Assertiveness Has Asia on Edge: How to Respond", *The National Interest*, August 4, 2014.
④ 张芳：《新中国成立前中国共产党对外军事交往实践及其启示》，《军事历史》2011年第6期。

护了中国国家利益，积极推动了世界和平。回顾总结 60 多年来的实践可以看到，随着国内国际形势的变化，中国军事外交的主体不断丰富，客体不断扩大，整体日趋成熟。^① 党的十八大以来，随着以习近平为总书记的新一届中央领导集体对和平发展战略的丰富和发展，军事外交在国家总体外交中的重要地位更加凸显，已成为国家总体战略不可分割的一部分。同时，在军事外交中不断提升军事"软实力"也成为习近平军事外交思想的一个重要内涵。在具体实践上，中国的军事外交更加灵活、多样多元和自信，带有更多公共外交的特点和功能，成为中国特色大国外交中的一个亮点。

（一）建立健全军事新闻发言人制度

2007 年 6 月，中央军委决定建立国防部新闻发言人制度，同年 9 月，批准设立了国防部新闻事务局。2008 年 5 月，国防部新闻局正式对外运行，汶川地震后，国防部新闻发言人登台亮相。从 2011 年 4 月开始，国防部正式建立例行记者会制度。这一方面可提高我军的透明度，有利于强化军队与媒体、公众之间的互动关系，另一方面可增强我军的美誉度和软实力。

2013 年 11 月，经中央军委批准，我军分别在总政治部、总后勤部、总装备部和海军、空军、第二炮兵、武警部队 7 个大单位设立了军事新闻发言人。这是完善我军公共外交的重要举措。军队大单位新闻发言人主要担负对外发布本单位重要活动的权威信息，回应舆论关切，回答媒体求证和提问等职责。

应该说，这是中国军事公共外交发展过程中一个具有标志性意义的事件。此前，我国虽然已经设立了外交部新闻发言人、国防部新闻发言人，但军事新闻发言人更适于表达国家意志和全军意图，其优势在于权威性。落实到具体的军兵种行动，由具备专业背景和军兵种背景的专门人士来回答各方关切，其特点在于针对性。一些涉及个别单位、人员的事件，由相关单位的新闻发言人出面回应，将更为精准和有效。^②

军事新闻发言人制度的设立和完善，是我军推进信息公开化、透明化的又

---

① 赵景芳、朱涛：《新中国军事外交 60 年：历程、特点与经验》，《世界经济与政治》2009 年第 9 期，第 33～44 页。

② 公方彬：《做得好，也要说得好》，《解放军报》2013 年 12 月 6 日。

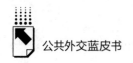
一次有力宣示。除了日常新闻发布之外，中国的军方发言人也利用其他手段发挥公共外交的作用。2014年2月25日，《解放军报》第六版推出专版，刊发空军新闻发言人申进科的署名文章《维护空中安全是全社会的共同责任》。此文通过依法说理、析事明理，集中阐释公民飞行权利和安全义务的一致性，从而引发了社会公众的广泛关注，带动了国内外对这一问题的各种讨论。

（二）不断推进军事教育交流项目

军事教育交流项目一直被视为军事"软实力"和军事公共外交重要的组成部分。美国在这方面的活动有悠久的历史，为各国培养出了众多优秀的军事人才，对于增强美国军方的吸引力、减少其他国家的误解误判有很大的帮助，已成为美国作用明显的军事"软实力"。[①]

近年来，中国军方同许多国家建立起了对外军事教育合作机制，"走出去"与"引进来"并重，成为军事公共外交的一大亮点。国防大学防务学院是解放军对外培训的最高学府，担负培训外国高级军官和政府防务官员的任务，为促进国际军事交流与合作发挥了重要作用。每年有来自世界五大洲100多个国家的近500名外国高级军官和政府防务官员前来学习交流，其中既有发达国家学员，也有发展中国家学员。其特色交流项目一年制防务与战略研究班到2014年10月，已先后举办了35期，培养了大量的外国军官。与此同时，外军学员还可以到中国不同地区考察，以期进一步了解中国的内政外交政策、经济社会发展、民族风土人情和历史文化传统。为此，学院先后建立了6个方向的25个参观见习基地。2012年，国防大学防务学院被总部赋予授予外军学员硕士学位的试点任务。到2014年9月，有61名外军学员拿到了军事硕士学位，进一步增进了外军学员对中国军事职业教育的认可，同时，也标志着我军对外培训向国际军事职业教育迈进一步，是我军对外培训改革的重要步骤。[②]南京陆军指挥学院是另一个有代表性的军事教育交流机构。该校专门成立了国际军事交流中心，近年来已形成多领域、多层次的对外培训格局，年培训量达

---

① Carol Atkinson, *Military Soft Power: Public Diplomacy through Military Educational Exchanges*, Rowman & Littlefield Publishers, June 26, 2014.
② 《国防大学防务学院授予61名外国高级军官军事硕士学位》，《解放军报》2014年9月6日。

到 60 多个国家近 300 余人，到 2011 年已为世界 100 多个国家培训了近 4000 名中高级军官和政府官员。

解放军理工大学从 2005 年开始承办陆军国际学员周，隔年举办一次，迄今已举办了 5 届，共有 19 个国家的 24 所军事院校 130 余名外军学员到南京参加国际学员周活动，其中包括美国西点军校、英国桑赫斯特皇家军事学院等西方名牌老牌军校。这一活动引起了国内外高度关注。2013 年在第五届陆军国际学员周举办之时，BBC 专门派人进行拍摄制作成纪录片，并于 2014 年 4 月以《新型中国军队》为题向全球播放。[①] 这成为近年来我国军事公共外交不断创新的一个直接体现。

通过这些"引进来"的军事教育交流，一方面结合中国传统兵学思想"止戈为武"、"知兵非好战"的追求，大力传播"慎战"、"止战"、"不战"的和平思想，突出中国和平发展理念，突出中国的安全战略、军事战略和作战理论，使中国的和平理念更加广泛地深入人心；另一方面，通过对学员的悉心照顾和热情帮助，培养和发展了与各国军队、各个国家之间的友谊，让世界更多地了解中国。

在"引进来"的同时，中国军队积极开展"走出去"，外派为数众多的合适军官到外国军事院校留学深造，宣传交流中国的国情和理念。从 1996 年到 2009 年的十多年间，中国共向美、英、法、德、意、俄等 37 个国家的 100 多所军事院校派遣军事留学生 2200 多人，他们成为军队作战指挥、装备技术和教学科研的骨干力量。近年来，我军外派人数不断增加，派出国家更加广泛，而留学专业也更加丰富。以汉堡联邦国防军指挥学院为例，从 1998 年建立合作机制以来，到 2013 年已有 48 名中国军官完成培训。此外，空军指挥学院每年都会组织指挥员培训课程，学院可以有两周时间到国外获得一手的外国空军资料。此外，学院也会派出一些教员到俄罗斯、英国、意大利等国家进行 1 ~ 3 年的学习。这已成为中国空军与国际社会和外国军队之间交流的一个重要渠道。[②]

---

① 钱利华：《陆军国际学员周传递"新型中国军队"信息》，《公共外交季刊》2014 年冬季号。

② Kenneth Allen and Emma Kelly, "Accessing the Growing PLA Air Force Foreign Relations Program", in *China Brief*, Volume XII, Issue 9, April 27, 2012, pp. 5 – 10.

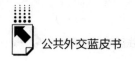

（三）定期发布国防白皮书

针对国际社会对中国国防透明度的质疑，从 1998 年开始，国务院新闻办公室基本上每两年定期发布《国防白皮书》，以正式的官方立场表明我国对国际安全形势的基本判断，阐明我国国防政策的主要内容，指出国防建设的主要方向，并就国防安全合作等方面进行权威发布。到 2013 年，中国已经发布 8 本《国防白皮书》，并于 1995 年发布了了《中国的军备控制与裁军》白皮书，2005 年发布了《中国的军控、裁军与防扩散努力》白皮书。

国防白皮书是国外战略学界研究中国国防安全政策的重要依据和主要资料来源。"许多西方国际政治学者和军事理论研究人员都认真仔细地研究白皮书，其精细程度令人吃惊。"① 有部分研究成果作为政府决策的咨询，而另外一部分则公开发表。正如有专家所言"随着中国融入世界程度的加深，白皮书的公共外交只能越来越成熟，并逐渐成为中国特色大国外交的重要组成部分"。② 军事国防白皮书可以帮助国际社会更好地认识中国军事现代化的现实和进程，减少并消除误解误判，已成为提升我国军事"软实力"的重要载体。

（四）全面、积极参与国际维和、国际援助与反海盗行动

联合国维和行动从 1948 年开始，为冲突地区带来和平和为人民生活带来安定。参与国际维和是一个国家作为大国履行责任和义务的具体体现，对于树立军队乃至国家良好的国际形象具有重要的意义。中国一直是联合国维和行动的坚定支持者和积极参与者。作为一个发展中国家，中国承担的维和摊款比额在所有会员国中已居第六位，在所有发展中国家中位居第一。中国也是安理会五常中派遣维和人员最多的国家。到目前为止，共向联合国维和行动派出两万五千多人次维和人员，17 名中国维和军人和警察献出了宝贵生命。此时此刻，

① 《军科专家陈舟温冰解读白皮书》，中国军网，http：//bbs. chinamil. com. cn/ftgj/2009 – 07/10/content_ 3087105. htm。
② 李少杰、赵可金：《中国白皮书的国际政治功能变迁》，《国际政治科学》2014 年第 3 期，第 113 页。

2100 多名中国维和人员正在全球冲突地区为和平而值守。[1]

面对各种危险复杂的环境，中国维和部队发扬特别能吃苦、特别能战斗、特别能奉献的优良作风，高标准完成各项任务。同时，中国维和官兵恪守联合国维和人员行为准则、交战规则和驻在国法律法规，尊重当地宗教信仰和风俗习惯，严格遵守任务区规定和中国维和部队规章制度，赢得了当地民众的信任。中国军队的形象得到了很大的提升。而在一些外国学者看来，"解放军积极参与国际维和行动，是中国军事外交的重要手段；而军事外交既是中国外交的重要组成部分，又是解放军树立自身形象的重要方式"。[2] 即便是一直对中国军事行动抱有很强疑虑态度的西方国家，也有不少学者对中国的维和行动持正面评价，认为这为国际社会同中国在全球安全问题的合作打开了"机会之窗"。[3] 与此同时，中国的维和部队也得到了维和地区民众的高度赞誉。例如在马里，当地人对中国维和部队评价很高。"中国人在马里修路、架桥和救治伤员有很长历史，中国维和部队很受欢迎，我们需要的就是安全。"[4] 联马团东部战区司令桑贝将中国维和部队称为"联马团的王牌"，并直言不讳地告诉我国维和部队："你们是最好的部队，你们纪律严明、堪当重任，拥有你们是我们的骄傲。"正是这样一支"蓝盔部队"把和平的曙光带到世界上渴望和平、需要和平的地方，生动体现了一个日益繁荣、强大的中国将为建设世界和平做出更加积极和更为重大的贡献。

在国际灾难救援和人道主义援助上，中国军队也发挥了积极的作用，展现了强大的非战争行动能力。为有效实施国际灾害救援，中国政府和军队有关部门建立了"对外人道主义紧急救灾物资援助部际工作机制"。根据 2013 年公布的《中国国防白皮书》中的数字，从 2002 年到 2013 年间，人民解放军已执行国际紧急人道主义援助任务 36 次，向 27 个受灾国运送总价值超过 12.5 亿

---

① 王毅：《让蓝盔闪烁和平的光芒——在联合国维和行动问题高级别会议上的发言》，2014 年 9 月 26 日，http://news.xinhuanet.com/world/2014 - 09/27/c_ 1112651268.htm。

② Prashant Kumar Singh, "China's 'Military Diplomacy': Investigating PLA's Participation in UN Peacekeeping Operations", *Strategic Analysis*, Volume 35, Issue 5, 2011, p. 794.

③ Ben Yunmo Wang, "The Dragon Brings Peace? Why China Became A Major Contributor To United Nations Peacekeeping", the Stimson Center, July 12, 2013.

④ 张建波：《中国维和部队在马里建起"安全绿洲"》，《人民日报》2014 年 1 月 20 日第 21 版。

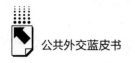

元人民币的救援物资。对日本海啸、泰国洪涝、巴基斯坦洪灾等特大自然灾害的救援发挥了关键性作用。

在全球"灾难外交"中，中国军队展现了极高的专业水平和人道主义精神。例如 2010 年海地地震，中国就组建了包括现役军人在内的应急救援队，在地震发生 33 小时后即抵达灾区展开救援，反应之快，效率之高，一度令视中美洲为自家后院的美国侧目。2010~2011 年，海军"和平方舟"号医院船先后赴亚非 5 国和拉美 4 国，执行"和谐使命"人道主义医疗服务任务，历时 193 天，航程 4.2 万海里，为近 5 万人提供医疗服务。中国的人道主义援助和灾难救助展现了中国军事发展"软"的一面，体现了中国军队建设不是地区的威胁，体现了中国负责任的全球大国的应有姿态。[1]"救灾"是展现软实力的良机，中国军队用实际行动抓住机遇，赢得了国际社会的赞誉和尊重。

近年来，中国军队还以非传统安全威胁为抓手，开展国家间务实合作和增强军事互信。其中，中国军队积极参与反海盗和海上护航行动广受国际社会的赞誉。

2008 年，中央军委根据联合国安理会第 1846 号决议及其后续决议，并参照有关国家做法，得到索马里政府同意后开始在亚丁湾索马里海盗频发海域开展军事行动。中国海军第一批索马里护航编队于 2008 年 12 月 26 日从海南三亚军港起航，并于 2009 年 1 月 6 日到达索马里亚丁湾海域，正式开始护航。到 2014 年，中国共派出 18 批海军舰船赴亚丁湾、索马里海域执行护航任务，接受护航的船只达 5600 多艘，其中一半是外国船只，与各国海军的协作水平也获得极大提升。[2] 随着深海反海盗活动的日益成熟，中国海军在不断增强对他国军港访问的同时，也主动邀请其他国家舰艇访问中国港口，展现了我自信、开放、合作的姿态。2014 年，中国海军对叙利亚生化武器的护航以及 MH370 事件上的应对显示了中国对国际安全各个方面的积极态度。中国海军对外交流不只是同大国，也同一些小国有紧密的合作。这些活动有

① Shannon Tiezzi, "The Softer Side of China's Military", *The Diplomat*, August 8, 2014.
② 《外交部部长助理张昆生在东盟地区论坛海上航道安全研讨会上的致辞》，2014 年 12 月 8 日，外交部网站，http://www.fmprc.gov.cn/mfa_chn/wjbxw_602253/t1217458.shtml。

利于中国在全球范围内的海上树立正面形象。有美国学者将此称为中国的"蓝色软实力"。[①]

当然，除了上述一些主要活动之外，中国军事外交还有更加丰富的形式。2011 年为庆祝中国与老挝建交 50 周年，中国人民解放军文化交流代表团在老挝首都万象举办"中国军事文化活动周"。在此期间，中国人民解放军文化交流代表团通过文艺演出、电影展、书画摄影展向老挝人民展示中国军队的风采。这是中国人民解放军首次在境外举行专题文化活动周，在中国人民解放军对外交往史上具有重要意义。可以说当前中国对外军事交流活动已进入了活跃期、创新期和发展期，各个级别的军事交流渠道不断拓展，各个兵种的对外交流全面展开，各种形式的交流活动层出不穷，已经构建起一个多层次、宽领域、网络化的立体结构，展现了中国军队威武之师、正义之师、和平之师的风采，彰显了中国政府坚持走和平发展道路的决心，也直接影响国际舆论乃至直达各国民心，成为中国公共外交中特色鲜明、作用明显而不可分割的组成部分。

三　中国军事公共外交的发展方向

党的十八大以来，在建设一支听党指挥、能打胜仗、作风优良的人民军队这一总体目标引领下，中国军队迈上了新的强军征程。十八届三中全会宣布的军事改革计划也将在今后几年内逐步成型。中国的军事现代化建设需要实现与国际社会的良性互动与互利共赢，需要将世界的机遇转变为中国的机遇，把中国的机遇转变为世界的机遇。这些都要求我们大力提升军事软实力，讲好中国军队故事，做好军事公共外交。

未来中国军事公共外交的发展可以分为战略和策略两个层次。从战略层面来看，中国军事公共外交应该注重宣传中国防御性国防战略及其各种军事理念，推广亚洲新安全观。中国军事公共外交源于中国传统哲学和战略理念。西方的军事外交强调强制性外交和预防性外交两个层面，强制性则是其最重要的

[①] Andrew S. Erickson and Austin M. Strange, "China's Blue Soft Power: Antipiracy, Engagement and Image Enhancement", *Naval War College Review*, 68. 1 (Winter 2015), pp. 71 – 91.

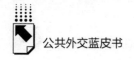

特点；而中国的军事外交更重视预防性，强调军事上的平等对话、交流互信和非针对他国的、以求达到建立真正和平、着眼于长远和国际和平与安全的战略选择。① 因此，中国军事外交更加符合国际关系的基本准则和时代变化的需求，反映了世界潮流的前进方向。这为军事公共外交的开展奠定了坚实的基础，也保障了中国军事外交的认可度和有效性。

亚洲新安全观是中国新安全观在亚洲地区的运用与发展，是中国解决国际安全问题的根本指导思想和核心价值理念，也是中国军事公共外交需要在亚洲地区乃至全球极力传递的中国声音和中国方案。当前亚洲地区存在各种安全问题，安全环境日渐复杂，历史遗留问题与现实利益摩擦共生，传统安全问题与非传统安全问题并存，地区国家矛盾与域外势力影响交织。而这些众多安全问题都与中国紧密相连息息相关，都需要中国从理念上到行动上的融入、参与与贡献。中国军事力量的提升是和平发展的维护力，是亚洲新安全观的推动力，也应成为各国民意的吸引力。这些都赋予了新时期中国军事公共外交新的更高的使命和责任。

从策略上来讲，首先应该建立和完善军事公共外交体系。这包括军事公共外交的顶层设计，不同层次、不同军种和不同领域的军事单位之间的协调与统一，还包括军事公共外交部门与其他政府机构、非政府组织之间的沟通与联动。合理有效配置公共外交资源，最大限度地发挥军事公共外交的效果。

其次要充分使用新媒体手段。随着信息全球化的发展，新媒体对于公共外交的影响进一步加大，不少学者称之为"公共外交2.0"。② 很多国家的军队已经越来越多地运用新媒体进行对外宣传。新媒体不同于传统媒体，它具有开放、多元、瞬时、互动、去中心化和无障碍等传播特性，不仅改变了信息的跨界生产、流动和控制方式，而且冲击了政治传播的传统议程设置模式和公众舆论操作空间。这为中国的军事公共外交提供了新的机遇与挑战。一方面，要进

---

① 肖刚、何广华：《强制外交：西方国家军事外交的核心内涵——兼论中国军事外交不同于西方强制外交的哲学基础》，《国际论坛》2009年第6期，第1页。

② Helle C. Dale, "Public Diplomacy 2.0: Where the U. S. Government Meets 'New Media'", Backgrounder No. 2346, *The Heritage Foundation*, December 8, 2009; Lina Khatib, William Dutton, Michael Thelwall, "Public Diplomacy 2.0: A Case Study of the US Digital Outreach Team", *The Middle East Journal*, Volume 66, Number 3, Summer 2012, pp. 453–472.

一步利用报纸、杂志、电视等传统媒体的力量，进行议程设置，争夺话语权；另一方面，要准确把握新媒体的运作机理，充分运用数字杂志、数字报纸、数字广播、手机短信、微博客等新媒体工具，迅速、灵活、准确、高效地占领舆论制高点。

最后，要以更加自信、开放的态度向世界说明中国军队。当今世界上围绕着中国军事问题的国际研讨会不胜枚举，涉及的国家更多，议题更加丰富。然而，很多讨论中国军事发展的国际会议却没有中国学者参加，这样只能让各方对中国军事现代化建设的误解加重，疑虑加深，不利于树立正面的军队形象。这需要更多理解中国、了解世界的学者走出去，为中国军队正名，为中国形象加分。同时，中国也要主动召开更多的国际会议，建立起以我为主的交流平台，增强军事方面的话语权，影响和塑造意见领袖对中国军事发展的认知。通过他们再来影响外交决策和公众舆论。2014年11月在北京举行的第五届香山论坛就起到了十分好的公共外交效果。同时，我军的军事信息发布应该更加准确、及时，保证这些信息的可信度、一致性和说服力，并经常主动听取各方反馈意见，改善信息发布效果。此外，面对国际社会对华军事信息需求量的不断增加，中国需要提供更加丰富的多语种材料，通过满足国际社会多方面的需求来树立我良好的军队形象。

B.5
对日国际舆论战

陈 涛[*]

摘　要：　2013 年 12 月 26 日，日本首相安倍晋三参拜了靖国神社。随后，中国驻各国大使纷纷通过驻在国的媒体发声，对于安倍这一行为以及安倍政府在历史认识、中日关系等问题上的种种言行展开批评和声讨，形成一场对日舆论战。这场舆论战在中国驻英国大使刘晓明与日本驻英国大使林景一的正面交锋，以及中国驻德国大使史明德与日本驻慕尼黑总领事水谷章的正面交锋中达到高潮。在中国的公共外交中，类似规模的行为尚属首次，中国外交人员们不回避问题，与日本展开正面交锋，同时能注重对外传播过程中的本土化，有效利用世界媒体，达到了引导舆论的目的。

关键词：　中日关系　舆论战　外国媒体

2014 年新年到来之际，中国外交出现了一个前所未有的场面：中国驻各国大使纷纷通过驻在国媒体发声，对于日本首相安倍晋三 2013 年 12 月 26 日参拜靖国神社的行为以及安倍政府在历史认识、中日关系等问题上的种种言行展开批评和声讨，甚至还出现了几次中日两国外交官在驻在国的媒体上进行正面交锋的场景。中国外交的这一动向迅速在国内外引起了热烈关注和讨论，国内许多民众对中国外交的这次表现给予一定程度的肯定，国外媒体也进行了集中报道。

---

* 陈涛，政治学博士，外交学院公共外交研究中心研究员，主要研究方向：中日关系。

在当今世界，公共外交越来越成为各国注重的一个领域。而在推行公共外交的过程中，对于媒体，尤其是对象国媒体的运用是十分重要的一个方面。从中国外交实践看，我国近几年开始意识到媒体的重要性，也有过一些在西方媒体上发声的行动，但像此次中国对日国际舆论战这样，从数量上形成规模、从节奏上展现气势、从时间上保持关注的情景还未曾有过。因此，就此次对日舆论战进行一些总结分析，对于我们更好地利用外国媒体，开展公共外交，是很有必要的。

一　对日舆论战展开的背景

从表面来看，这场中国对日的国际舆论战是因日本首相安倍晋三参拜靖国神社而起的。但事实上，中日两国之间的关系自21世纪以来就一直风波不断，日本在历史认识、岛屿争端、海洋边界等问题上屡屡挑衅，其政策日趋保守。这场对日舆论战正是在这样的背景下爆发的。

（一）21世纪中日关系的波折

进入21世纪以来，中日关系不断面临波折。小泉纯一郎在其五年半的任期中六次参拜靖国神社，给中日关系造成严重伤害。至2006年9月安倍晋三第一次组阁后，当时政治经验并不丰富的安倍选择了缓和对华关系，两国关系出现一丝暖意。但随着日本很快进入首相"走马灯"的时期，日本国内政局的不稳也使得中日关系在这几年中并未能有突破性发展。

2012年是中日邦交正常化40周年，但中日关系并未能以此为契机向前推进，反而出现了严重的问题。4月16日，时任日本东京都知事的石原慎太郎在美国华盛顿的一次讲演临近结束时，突然宣布将购买钓鱼岛。随后，石原不断地继续制造这场"购岛"闹剧，中日之间也因此围绕着钓鱼岛问题再次出现各种争端。至9月11日，日本野田佳彦政府不顾中国方面一再的严正交涉，宣布"购买"钓鱼岛及其附属的南小岛和北小岛，实施所谓"国有化"，这一行为立即引爆了石原"购岛"闹剧以来中日之间的对立气氛，中日岛屿争端出现紧张局势。

日本少数政客和日本政府在钓鱼岛问题上的挑衅严重损害了中国的国家利

益，对中日关系造成伤害，中国政府和人民对此表示坚决反对和强烈抗议，并果断采取了斗争行动。

中国方面于 9 月 10 日公布了钓鱼岛及其附属岛屿领海基线，随后向联合国秘书长交存钓鱼岛及其附属岛屿领海基点基线坐标表和海图，同时开始向钓鱼岛海域派出海监船进行巡航，以宣示主权。9 月 15 日，国家海洋局公布了钓鱼岛及其附属岛屿地理坐标。9 月 25 日，中华人民共和国国务院新闻办公室发表《钓鱼岛是中国的固有领土》白皮书，指出，钓鱼岛及其附属岛屿是中国领土不可分割的一部分，无论从历史、地理还是法理的角度来看，钓鱼岛都是中国的固有领土，中国对其拥有无可争辩的主权。2013 年 11 月 23 日，中国政府发表声明，宣布划设东海防空识别区，并发布航空器识别规则公告和识别区示意图。中国政府在钓鱼岛问题上所采取的这一系列行为，态度十分坚决，充分表明我们捍卫国家领土和主权完整的决心。

（二）第二次安倍内阁的保守色彩

2012 年 12 月 26 日，野田佳彦宣布辞职，安倍晋三接任，这是他第二次出任日本首相。

2013 年 1 月 7 日为安倍政府 2013 年的首个全时工作日。当天，安倍内阁决定修改日本防卫大纲，扩充兵力、军备和国防预算。由此，本届安倍政府的右翼鹰派形象得以展现。随后半年中，安倍更是屡屡做出访问硫磺岛、身着迷彩服扮坦克兵等行为。3 月 12 日，日本政府内阁会议决定，把 4 月 28 日作为纪念《旧金山和约》生效的所谓"主权恢复日"，在这一天的官方纪念活动上，以安倍晋三为首的参会人员高举双臂，三呼万岁。这一系列行为，似乎都在试探国内外对其保守政策的底线。

至 2013 年 7 月，在第 23 届参议院选举中，执政联盟自民、公明两党取得压倒性胜利，两党占据参议院的过半数议席，从而终结了自 2007 年第 21 届参议院选举以来、朝野政党分控众参两院的"扭曲国会"局面。在这以后，安倍政府的保守色彩更加明显。2013 年 7 月，安倍首次正式表态，欲修改日本宪法第九条。随后，安倍政府开始推行创设"国家安全保障会议"和制定《特定秘密保护法》等强硬政策，同时积极致力于修改宪法解释、解禁集体自卫权等。至 2014 年 7 月 1 日，日本政府通过了修改宪法解释、解禁集体自卫权的内阁决议案。

安倍此届内阁强硬保守的姿态及其所采取的一系列行为表明，当前的日本政府显然无意在中日关系上做出任何改善。

二 舆论战经过

安倍此届内阁不断向右转的保守立场，使其在对华政策上也持相应消极态度，日本政府无视中日之间的种种问题，一意孤行，最终导致中国对日国际舆论战的爆发。

（一）导火索：安倍晋三参拜靖国神社

中日之间最为敏感的问题之一就是靖国神社问题。小泉纯一郎时期的六次参拜，将中日关系拉至冰点。安倍晋三在其第一届任期内并未参拜靖国神社，之后的几位首相也都未参拜。然而，到了安倍第二届任期时，与整个内阁所表现出来的强硬姿态相呼应，安倍晋三在靖国神社问题上的态度也出现了变化。

2013 年 8 月 15 日上午，安倍晋三通过代理人，自费向靖国神社献祭祀费。10 月 17 日，在靖国神社秋季例行大祭时，安倍晋三未参拜，但以"内阁总理大臣"身份献上了被称为"真榊"的供品。10 月 22 日，安倍出席众议院预算委员会会议，谈及参拜靖国神社，表示对自己第一次任首相期间没有参拜"痛恨至极"。① 而在 12 月 9 日的记者会上，安倍则表示："目前不应表态是否会进行参拜。"②

最终，在执政满一周年的时候，安倍参拜了靖国神社。这是继 2006 年时任首相小泉纯一郎之后，再次有在任首相前往参拜。此举在已经矛盾重重的中日关系中又制造了一个新的障碍。

---

① 《安倍"痛恨至极"为哪般》，http：//japan. xinhuanet. com/2013 - 10/23/c _ 132821570. htm，2013 - 10 - 23。

② 平成 25 年 12 月 9 日安倍内閣総理大臣記者会见，http：//www. kantei. go. jp/jp/96 _ abe/ statement/2013/1209kaiken. html，上网时间：2013 - 12 - 09。

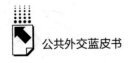

（二）舆论战的展开

2013 年 12 月 30 日，安倍晋三参拜靖国神社之后的第四天，中国驻日本大使程永华在日本著名报纸《每日新闻》上发表题为《发表"不战誓言"找错了地方》的署名文章，有针对性地对安倍参拜靖国神社有关错误观点进行了有力的批驳：

> 安倍首相参拜后发表谈话，声称坚持"不战誓言"，参拜是基于对过去历史的反省。在靖国神社发表"不战誓言"是找错了地方，也让世界上有良知的人对有关表态产生强烈反感和质疑。靖国神社战前是日本军国主义对外侵略的精神支柱，现在不仅供奉甲级战犯，还极力美化歪曲侵略历史，宣扬与当今国际公论格格不入的错误史观，其中的"游就馆"就是一个典型。安倍首相到这样一个地方参拜"英灵"，对着当年发动侵略战争的元凶高唱"和平"、"不战"，不但受害国人民不能接受，国际社会也不会相信，不得不说这是对和平的亵渎。①

紧接着，12 月 31 日，中国驻欧盟使团团长吴海龙大使在欧盟专业媒体《新欧洲》上发表文章《德国与日本：对待历史的不同态度》；2014 年 1 月 2 日，中国驻英国大使刘晓明在英国《每日电讯报》发表署名文章《拒不反省侵略历史的日本必将对世界和平构成严重威胁》，并于第二天接受了英国第二大公共电视台——独立电视台《十点新闻》节目的专访。随后，中国驻各国的大使、总领事等外交官纷纷发声。从 2013 年底到 2014 年 4 月，中国外交官们或者在各自驻在国的主流报刊上发表署名文章，或者接受媒体专访，或者举行记者招待会，甚至与日本外交官进行当面对质和辩论，他们以不同的方式，都对日本政府这种美化侵略历史、破坏世界和平的行为进行了批评。一时间，世界各地都响起了中国的正义之声，近百篇文章、数十场媒体专访和记者招待会，一场中国对日国际舆论战在世界舞台上上演。

---

① 《驻日本大使程永华就安倍首相参拜靖国神社问题向日本〈每日新闻〉投稿》，http://www. fmprc. gov. cn/mfa_ chn/dszlsjt_ 602260/ds_ 602262/t1113079. shtml，2013 - 12 - 30。

（三）舆论战的高潮

随着中国对日国际舆论战的迅速展开，日本一些外交官试图做出反击，也开始在媒体上撰文或者发表公开讲话，为自己辩解。面对这种情况，中国的外交官们毫不迟疑，继续借助国际媒体展开论战，甚至与日本外交官进行了同场正面交锋。其中，中国驻英国大使刘晓明与日本驻英国大使林景一的正面交锋、中国驻德国大使史明德与日本驻慕尼黑总领事水谷章的正面交锋最为精彩，将这场国际舆论战推向了高潮。

1. 中国驻英国大使刘晓明与日本驻英国大使林景一的正面交锋

在这场舆论战中，最引人注目的无疑是中国驻英国大使刘晓明，他频频出现在英国的报刊、广播、电视等媒体之上，以流利标准的英语、活泼生动的语言、严肃客观的态度、不卑不亢的仪态、谦逊礼貌的风度，赢得了一片赞许之声。

刘晓明大使在其1月2日所发表的文章《拒不反省侵略历史的日本必将对世界和平构成严重威胁》开头即写道：

> 小说《哈利·波特》中伏地魔把自己的灵魂分藏在七个"魂器"中，消灭伏地魔的唯一方法是把七个"魂器"全部摧毁。如果把军国主义比作日本的伏地魔，靖国神社无疑是藏匿这个国家灵魂最黑暗部分的"魂器"。①

随后，日本驻英国大使林景一也在《每日电讯报》上发表文章，称"中国恐成亚洲伏地魔"。在此情况下，英国广播公司（BBC）"新闻之夜"节目决定同时采访刘晓明和林景一。1月8日晚间节目，两位大使各接受了4分钟的采访。

主持人先采访了日本驻英国大使林景一。在一开始问到钓鱼岛相关问题

---

① 《英国大使刘晓明在英国主流大报〈每日电讯报〉发表署名文章：〈拒不反省侵略历史的日本必将对世界和平构成严重威胁〉》，http://www.fmprc.gov.cn/mfa_ chn/dszlsjt_ 602260/ds_ 602262/t1114133.shtml，2014 - 01 - 02。

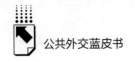

时，林景一显然是有所准备，回答较为流利。但当主持人迅速将问题转向日本是否试图修改宪法、以重建军事大国时，林景一多次出现结巴甚至答不上来的情况。于是林景一努力将话题重新带回钓鱼岛，表示中日两国应该在此问题上进行对话，但随即被主持人反问："你不是说没什么可谈的吗？那还怎么对话呢？"

随后主持人来到隔壁演播室，对刘晓明进行了采访。当被问到日本首相参拜靖国神社究竟有多严重时，刘晓明引用了丘吉尔的话，"不从历史中吸取教训的人注定重蹈覆辙"。接下来，刘晓明针对主持人关于靖国神社问题、钓鱼岛问题的提问一一进行了回答，他从历史事实出发，有理有据地说明了相关问题的由来、中日两国的分歧，以及中国政府的立场和主张。同时他还反复强调，二战后对于日本的安排，是美、英、中、苏四国共同达成的，在此问题上，中国与英国应该是持相同立场的。

这一期节目的相关视频很快在网络上流传开，引发热议，其中优酷网上的一段视频，在1月10日一天的点击量就高达20万次。从两人在接受采访时的表现来看，日本大使完全被主持人掌控着访谈的节奏，较为被动；相比之下，刘晓明大使显然是整个采访过程的控制者，他能从主持人的问题出发，将自己想要表达的内容完整流畅地表达出来。通过这场正面交锋，两人高下立现。而这背后的原因，除了刘晓明大使的个人魅力之外，中日两国在相关问题上的正义与否，则是最关键的因素。

2. 中国驻德国大使史明德与日本驻慕尼黑总领事水谷章的正面交锋

比刘晓明与林景一接受同一节目访谈更加直接的，是中国驻德国大使史明德与日本驻慕尼黑总领事水谷章之间的交锋。

2014年1月15日晚，中国驻德大使史明德在慕尼黑做关于中国和中德关系的报告。在发言中，史明德大使回顾了中国改革开放35年来取得的巨大成就，谈到了中国在发展过程中遇到的挑战和问题，详细介绍了中共十八届三中全会制定的改革计划，同时还阐述了中国的外交政策及中国政府对当前中日关系的立场，重点批评了安倍参拜靖国神社的行为。

在演讲结束后的问答环节，日本驻慕尼黑总领事水谷章首先发言。水谷章先是辩解道，安倍参拜靖国神社只为了祈求和平，随后提问说，1985年之前，中国为什么并没有对日本首相参拜靖国神社的行为表示反对？此外，中国近年的军费预算连年以两位数增长，这是不是对亚洲的安全构成了威胁？

针对水谷章的挑衅，史明德大使当即给予有力回应。史明德表示，日本首相不顾亚洲国家的强烈反对，执意参拜供奉着 14 名二战甲级战犯的靖国神社，难道这就是日本要表达的和平意愿？日本总领事提到过去日本首相曾几十次参拜靖国神社，只能说，日本政要"拜鬼"的次数越多，越说明日本不能正视历史，越表明日本缺乏和平诚意。

史明德大使还指出，在对待历史的问题上，日本首相应当好好向德国政治家学习。如果日本领导人也能有德国政治家敢于面对历史的勇气，哪怕是一点点，日本与亚洲国家的关系也会好得多。史明德强调，日本首相参拜靖国神社以及在中日钓鱼岛争端上的种种表现都只是表面现象，其背后的真实用意是，日本企图修改宪法，摆脱二战后国际社会对日本的军事束缚。因此日本目前的政治走向十分危险，值得全世界高度警惕。

而对于日本总领事就中国军费增长问题的发难，史明德大使则用数据说话。他指出，目前中国的军费开支只有美国的七分之一。如果按人均计算，日本的军费要比中国的高出许多。2014 年，日本的军费预算创下了近十几年来的新高。中国有 960 万平方公里的国土，有 2.2 万公里的陆地边界线和 3.2 万公里的海岸线，中国自然需要建设一支强大的军队保卫国家，捍卫和平。

史明德大使的发言义正词严、有理有据，在场的德国听众两度报以热烈的掌声。而水谷章则忽然起身，摇头提前退场。在这场正面交锋中，中国外交官又一次以自信和智慧，向世界展示了中国的正义立场。

三 舆论战的经验总结

尽管中国外交官之前也经常在国外媒体上发声，宣介我们的内政外交，但像这次对日本展开国际舆论战，在较短的时间内，有分布如此之广、数量如此之多的外交官针对同一个问题同时发声，尚属首次，因此在国内外引发了大量的关注。

（一）正面交锋，不回避问题

在这场舆论战中，不少中国外交官以各种形式与日本外交官进行了正面交

锋，除前面提到的之外，还有许多中国外交官持续借助国际媒体展开论战，揭示事件真相。

2014年1月初，日本外相岸田文雄在西班牙访问时接受《国家报》专访，就安倍首相参拜靖国神社、钓鱼岛主权归属、中国设立防空识别区及中国"威胁"论等问题发表言论攻击中国。中国驻西班牙使馆临时代办黄亚中随即撰文，对岸田文雄的言论一一进行了批驳，表示："坦率地说，在我的外交生涯中从未见过如此颠倒黑白的奇谈怪论。我谨就其所言逐一回应，以便让善良的读者知道，这些谎言距事实相差多么遥远！"①

1月6日，波黑主流媒体《解放报》、《独立报》分别全文发表中国驻波黑大使董春风的署名文章《只有正确对待历史，才能开辟未来》。1月13日，日本驻波黑大使山崎也在《解放报》发文《日本不存在军国主义幽灵》，为安倍参拜靖国神社的行为正名。随后，1月22日，董春风大使再次在《解放报》发表题为《不同的态度导致不同的后果》的署名文章，批驳其荒谬辩解。

1月8日，中国驻塞内加尔大使夏煌发表文章后，日本驻塞内加尔大使北原隆刊文回应。夏煌大使随后再次发文，引用大量史实逐条剖析，一一予以驳斥。夏煌大使表示："西谚说得好：'真理越辩越明'，我愿再分享一些事实，希望有助于读者更完整地了解历史，从而对现实做出客观判断。"②

1月10日，科摩罗主流媒体刊登中国驻科大使王乐友谴责日本首相安倍晋三参拜靖国神社的谈话。1月20日，日本驻马达加斯加兼驻科摩罗大使细谷龙平上发表署名文章《一次和平的参拜》，为安倍参拜靖国神社进行狡辩。1月23日，王乐友大使针锋相对，在主流媒体上发表署名文章《一次危害和平的参拜》。

1月27日，驻柬埔寨大使布建国在《柬华日报》、《华商日报》、《金边晚报》、《高棉日报》（中、柬文版）等主流媒体发表署名文章《安倍真的被误解了吗?》，驳斥日本驻柬埔寨大使隈丸优次有关中方误解安倍参拜靖国神社的

---

① 《驻西班牙使馆临时代办黄亚中撰文驳斥日本外相在西班牙媒体发表的攻击中国谬论》，http：//www.fmprc.gov.cn/mfa_chn/dszlsjt_602260/ds_602262/t1117775.shtml，2014-01-11。

② 《驻塞内加尔大使夏煌再次撰文揭批安倍参拜靖国神社》，http：//www.fmprc.gov.cn/mfa_chn/dszlsjt_602260/ds_602262/t1122351.shtml，2014-01-24。

谬论。

类似论战还有很多。中国外交官以自己的笔积极与日本保守势力斗争，展现出中国外交的新风采。正如习近平主席在 2014 年 3 月访问柏林期间所说的那样，"我们不惹事，但我们也不怕事，坚决捍卫中国的正当合法权益。"① 我们强调，中国要走一条和平崛起的发展道路，但和平决不意味着软弱和退让。中国外交官们在这次舆论战中正是展现出了这种"不惹事但也不怕事"的精神，以可靠的证据和严密的逻辑，在辩论中维护真理。

（二）对外传播过程中的本土化

在此次舆论战中，中国外交官们还非常注意对外传播的本土化，从而增强了传播的效果。

首先，外交官选用的都是驻在国当地影响力较大的主流媒体。如驻日本大使程永华选择的是《每日新闻》，驻美国大使崔天凯选择了《华盛顿邮报》，驻法国大使翟隽则选择了《费加罗报》，驻英国大使刘晓明在《每日电讯报》上发表文章，又接受 BBC "新闻之夜"节目访问。这些媒体不但在当地拥有大量读者和观众，在世界范围也有较大影响。

又如，驻新西兰大使王鲁彤发表文章在新西兰第二大报《自治领邮报》，驻挪威大使赵军的文章刊登在挪威发行量最大、最具影响力的报纸《晚邮报》上，驻以色列大使高燕平则是在以色列最大英文报纸《耶路撒冷邮报》评论版头条发表文章。

其次，外交官们的文章或者演讲往往借助当地的历史或文艺作品，从而使其宣介活动具有非常强烈的当地色彩。

例如，刘晓明在其文章中提到了反映二战时期一名被俘英国士兵在日本战俘营中饱受折磨的电影《铁路工》，在接受 BBC 访问时则引用了丘吉尔的名言；驻瓦努阿图大使谢波华在其文章中专门提到了埃法特岛和桑托岛的二战纪念馆和战争遗址；驻韩国临时代办陈海在其文章的开篇就讲到了安重根的"掌印"，表示"作为一名对半岛历史略有研究的中国外交官，我也十分崇敬

---

① 习近平：《我们不惹事但也不怕事》，http：//www. bjnews. com. cn/news/2014/03/30/311133. html，2014 - 03 - 30。

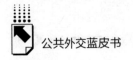

安重根义士的事迹，感动于他的爱国情怀"。① 驻泰国大使宁赋魁则以讲述"死亡铁路"的电影《桂河大桥》作为引子，指出："就在我们缅怀这段惨痛历史的同时，有一个国家却在为'死亡铁路'大唱赞歌，称这条铁路是给东南亚国家带来巨大经济恩惠的世界工程奇迹，而只字不提修建这条铁路付出的代价。"②

这些本土化的媒体和内容的选择，更接近当地老百姓生活，更容易为他们所接受，从而有利于在他们当中获取支持和同情。

（三）进一步改进的空间

应当说，此次国际舆论战整体上是较为成功的，在国际社会赢得了同情和支持，在国内也引发了叫好声。2014年1月2日，英国《每日电讯报》在刊登刘晓明大使文章的同时，还在该报头版发文，详细报道刘大使文章的主要观点，称刘大使用非常生动的语言，把日本军国主义比作"伏地魔"，并警告安倍领导下的日本正企图改写侵略历史，复活军国主义，这将导致地区紧张，并危害世界和平。该报网络版同时刊发刘大使文章，英国主流大报之一《卫报》也于当日报道刘大使文章。

国内的称赞更是不胜枚举。然而，我们在对此次舆论战进行总结的时候，在肯定其成绩的同时，还应该分析其存在的问题和可以进一步提升的空间，为今后开展类似工作提供更多更好的经验。

从此次舆论战来看，首先，出现了极个别的错误，如一些史实细节不太准确等。这种小的错误也许无伤大局，但如果能在关键性的材料上准备得更细一些，显然可以更好地展现我们的风采。

其次，此次舆论战时间短、数量多、范围广、规模大，也获得了相当影响。但同时也给人以追求数量、缺少重点和深度的感觉。参与舆论战的中国外

---

① 《驻韩国使馆临时代办陈海在韩主要报刊撰文批判安倍参拜靖国神社和日本右倾化》，http：//www. fmprc. gov. cn/mfa_ chn/dszlsjt_ 602260/ds_ 602262/t1115622. shtml，2014 - 01 - 08。

② 《驻泰国大使宁赋魁在泰国〈今日邮报〉发表署名文章：〈忘记历史就意味着背叛〉》，http：//www. fmprc. gov. cn/mfa_ chn/dszlsjt_ 602260/ds_ 602262/t1116281. shtml，2014 - 01 - 09。

交官遍及世界各洲，形成了强大的声势，但除了驻英国大使刘晓明特别活跃、表现突出之外，其他一些国家，尤其是二战参战国的中国外交官们则活动较少，形式也较为单一。

但从整体上来看，此次对日国际舆论战取得了较好的传播效果，是我国利用外国媒体开展公共外交工作的一个良好开端。

B.6

第一夫人公共外交

周加李*

摘　要：　在中国快速崛起的特殊历史时期，"硬件超前，软件滞后"
是我们长期面临的挑战，通过第一夫人公共外交向世界传达
中国的善意，塑造开放、和平、文明的中国形象就显得尤为
重要。目前，第一夫人外交已经成为中国公共外交的重要组
成部分和实现形式，为中国公共外交注入了新的能量和活
力，令中国公共外交焕发出更加夺目的光彩。

关键词：　国家形象　公共外交　第一夫人　彭丽媛　中国

夫人公共外交，是指由夫人参与的公共外交活动。"夫人"不是普通意义
上对某位先生妻子的尊称，而是特指国家领导人和高级外交官的夫人，即能正
式作为国家外交代表的夫人。"夫人"、"第一夫人"不是法定的政府公职。但
是，夫人特殊的政治身份加上女性特有的刚柔相济、温和友善、善于倾听等特
质，有助于夫人在国际交往中扮演人道主义和文化使节的角色，在涉及文化教
育、妇女儿童、健康公益等议题上，起到其他公共外交形式无法替代的作
用。① 在此背景下，"第一夫人"外交也成为世界各国的一种重要公共外交方
式。②

自 2013 年 3 月以来，中国第一夫人彭丽媛随习近平主席频频出访。她端

---

* 周加李，外交学博士生，外交学院公共外交研究中心研究员，研究方向：公共外交、礼宾
礼仪、形象塑造、人际沟通与交流。
① 孙怡：《公共外交中的女性魅力》，《公共外交季刊》2011 年夏季号（总第 6 期）。
② 赵可金、莫映川：《第一夫人"外交的角色与作为"》，《学习时报》2013 年 4 月，第 1 页。

庄的外貌、优雅的举止、关注慈善事业和弱势群体的博爱行为，赢得了国内外舆论的一致认可。多数外国媒体对彭丽媛提升中国形象的积极作用持肯定态度，并将其称为中国的"新名片"，她正代表中国向国际社会发起"魅力攻势"。

一 中国"第一夫人"的公共外交

（一） 个人形象展现中华文化

每次出现在外交场合，彭丽媛总是身着带有鲜明中华传统文化元素又极具现代特色的服饰。从款式、面料到剪裁，从服装到配饰，不论是立领、盘扣、绣花、滚边工艺还是真丝、织锦缎面料，都在传递中式与现代交会融合的信息，与彭丽媛优雅的气质相得益彰，给人留下了深刻的印象。

2013 年 3 月彭丽媛随习近平首次出访，23 日出席习近平在俄罗斯莫斯科国际关系学院的演讲时，彭丽媛的一身洋装格外吸引人。服装的款式为西服款，但摒弃了一贯采用的传统挺括面料，转而使用印以青花瓷风格图案的织锦缎面料，一款具有浓郁民族风情的现代西服映入眼帘，呈现了传统元素的现代诠释。2014 年 3 月，习近平与夫人彭丽媛访问荷兰，23 日在荷兰国王威廉·亚历山大和马克茜玛王后陪同下参观了中荷农业合作和荷兰郁金香花展。彭丽媛应邀将新培育的郁金香命名为"国泰"，并遵循当地传统为郁金香浇上香槟。彭丽媛身着紫色两层中式绣花礼服裙，所浇灌的郁金香恰巧同为紫色。人与花相得益彰的照片第二天登上世界媒体的头版。第一夫人的风采令世人折服。2014 年 11 月，北京举办了亚太经合组织（APEC）峰会，历届峰会，领导人会穿什么样的传统服饰亮相，都是人们关注的焦点。此次他们身着极具中国传统元素的"新中装"吸引了媒体的眼球，而最吸引大众目光的，仍然是中国第一夫人彭丽媛的着装。彭丽媛身着藏蓝色斜襟六分袖真丝绒旗袍，领口、肩膀、斜襟周围、袖口等处均有颜色深浅不一的蓝色系花朵刺绣，起到了画龙点睛的作用，刺绣花朵与旗袍底色和谐呼应，呈现动静结合又毫不张扬的典雅之美。

在悠久的历史长河中，中国曾发展出自己高度的文明，而鸦片战争之后，中国几近沉沦了一个世纪。目前正值中华民族走向伟大复兴的时刻，中国在迅速崛起，但如何看待传统、如何重拾对传统文化的信心是一个较大的论题，因为对于一个民族而言，其发展和崛起的最高境界是价值观的崛起及其影响力的上升。① 很长一段时间以来，国人对于物品、文化甚至价值观念的"崇洋媚外"，都折射出我们对自身文化的自卑与否定。但第一夫人彭丽媛在各类外交场合，经常穿着展现传统文化的民族服饰，并巧妙地进行改良使之具有时尚感与国际化水准，这恰恰是对传统文化的认同与发扬，是一种文化自觉与文化自信的体现。她的形象总能让世界民众眼前一亮，她身上的所有物品无一不在讲述故事。中国传统文化中有诸多可以与世界分享的精华与瑰宝，服饰是其中的一个重要组成部分。第一夫人通过其极具东方色彩的服饰向世界展示着民族风，用服饰语言告知世界：传统服饰可以这样美。这正是对本民族文化的发扬与传播，让别国更加了解甚至喜爱中国的文化，在这里，服饰是工具更是一种无声的语言。正如外媒把中国第一夫人彭丽媛描述成"能够体现综合素质又能够深入人心的美丽力量"②。彭丽媛的个人形象展示了中华文化的含蓄与优雅，用自身的素质与美丽得体地充当了中国文化的形象代言人。

（二）慈善行动传播爱与关怀

活跃于国际舞台的彭丽媛把很大一部分时间与精力投入慈善工作中。每出访一个国家，彭丽媛都会去看望当地的儿童、残疾人、疾病患者等弱势群体，关注他们的生存状况，带去来自中国的问候、温暖与祝福。

2013 年 3 月，彭丽媛随习近平出访俄罗斯，23 日彭丽媛参观了专门接受孤儿和失去父母监护儿童的莫斯科尼库第十五寄宿学校，在观看了学生歌舞杂技表演后，彭丽媛对孩子们说："我代表中国千千万万的母亲，来看望你们。"那一刻，中俄友谊加深了、人与人的心更近了。2013 年 3 月 26 日，习近平与彭丽媛出访坦桑尼亚时，她在基奎特总统夫人萨尔玛·基奎特的陪同下参观了妇女与发展基金会，向基金会赠送了缝纫机和书包等物品。2014 年 6 月 5 日，

---

① 亨利·基辛格、李稻葵、尼尔·弗格森、法里德·扎卡利亚：《舌战中国：21 世纪属于中国吗？》，中信出版社，2012，序言第XXVI页。

② 《美丽力量闪亮全球》，《文汇报》，http://paper.wenweipo.com/2013/03/31/CH1303310003.htm，上网时间：2014 年 12 月 10 日。

彭丽媛在墨西哥总统培尼亚夫人里韦拉的陪同下，来到费德里科·戈麦斯儿童医院看望生病的孩子们。在癌症治疗中心，接受治疗的儿童用中文对彭丽媛说"你好"，彭丽媛则祝愿孩子们早日康复，并欢迎他们今后到中国做客。2014年9月，彭丽媛陪同习近平访问斯里兰卡，此次出访，中方的一项重要任务是派遣厦门眼科中心医疗专家组在访问期间参加"爱的回馈，中斯友好光明行"活动，免费为当地居民实施1000多例超声乳化白内障摘除联合人工晶体植入术。斯里兰卡第一夫人了解到中国眼角膜来源紧张后，为了回馈中方，赠送给彭丽媛女士10枚眼角膜，彭丽媛接受了这份珍贵的礼物，并随后将其转赠给厦门大学附属厦门眼科中心。2014年11月19日，这份珍贵的国礼被马不停蹄地带回厦门，10名患者第一时间接受了手术，成为中斯友谊的见证人与受益者。2014年11月10日，在中国北京会议中心，彭丽媛陪同参加APEC会议的部分国家元首夫人观看了残疾人才艺展示。她教各位元首夫人用手语跟刺绣的聋哑姑娘说"你很棒"；她把失去双臂的剪纸姑娘用双脚剪的"福"字送给夫人们；她请夫人们挑选盲人编织师的作品带回家。这些行为既宣传了中国的传统文化，又鼓舞和鞭策了身有残疾的朋友们，身体残疾同样可以活出价值、活出精彩，同时号召大家关心和支持中国的残疾事业。

其实，在成为第一夫人之前，彭丽媛已经投身慈善做了大量工作。2009年彭丽媛被中国控制吸烟协会聘为"控烟形象大使"。2011年被世界卫生组织授予"结核病和艾滋病防治亲善大使"，这也是新中国成立以来首位党和国家领导人的夫人成为国际性公益活动的代言人。2012年彭丽媛还为盖茨创办的"盖茨基金会"发起的"被吸烟，我不干"活动，担任了控烟形象大使。她受到患病和贫困人士的热爱，被艾滋孤儿亲切地称呼为"彭妈妈"。彭丽媛还参与拍摄了反歧视艾滋公益片《永远在一起》。2013年成为第一夫人的彭丽媛继续她的慈善工作，把慈善工作从国内推广到国际，无论对方是什么肤色、什么国籍。

彭丽媛所从事的这些以爱与关怀为主的慈善活动唤起了人们对贫困人士、疾病患者等弱势群体的关注，同时呼吁大家远离危害，以良好的生活方式去生活。第一夫人积极参与公益慈善事业，为中国注入了"软性"力量，这也与中国热爱和平、倡导和谐世界的外交理念相符合。正如《俄罗斯之声》资深记者伊戈尔·杰尼索夫的评论：彭丽媛广泛受到人们的喜爱和尊敬，不仅在于

她那美妙的歌声和靓丽的面容，还在于她善良的性格和积极投身于慈善事业的热情。

（三）音乐语言拉近遥远距离

作为第一夫人，彭丽媛具有一个独特的优势：她是中国家喻户晓的歌唱家，曾连续28年参加中国春节联欢晚会演出。这一经历有力地帮助她完成公共外交活动。其他国家的人民也许因文化差异不懂中文，但正如彭丽媛所言"音乐没有国界"，它是沟通世界人民情感、传递中国人民友好热情的有力工具，往往可以取得传统外交难以取得的效果。

2013年3月，随习近平出访俄罗斯，彭丽媛参观了亚历山德罗夫红旗歌舞团，歌舞团的演员分别用俄语和汉语演唱两国著名歌曲并表演了精彩的舞蹈。彭丽媛则同俄罗斯歌舞团演员共同演唱俄罗斯名曲《红莓花儿开》，充分发挥了自己的专长，起到了中俄文化交融的桥梁作用，促进了两国的文化交流。2013年3月27日，彭丽媛在南非总统祖马夫人恩盖马陪同下来到德班音乐学校参观，该校旨在向残疾人等教授音乐技能，帮助他们融入社会。彭丽媛参观了学校钢琴教室和竖笛教室，欣赏了师生们和当地青年管乐队表演的古典音乐和具有浓郁民族风格的祖鲁族歌曲，并就音乐教育问题同师生们进行了亲切而友好的交流。那一刻，音乐是桥梁、是纽带，温暖、滋润着人心。2013年5月31日，彭丽媛在陪习近平主席访问特立尼达和多巴哥期间，在卡莫纳总统夫人陪同下，她来到国家表演艺术中心观看该国文艺表演。演员们用钢鼓演奏了中国歌曲《在希望的田野上》、《谁不说俺家乡好》。彭丽媛走到乐队中间，拿起鼓槌同演员们一起演奏，借音乐增进了当地民众对中国文化的了解。2014年3月，彭丽媛陪同习近平访问德国。28日下午，在德国总理默克尔丈夫约阿西姆·绍尔的陪同下，她参观了德国知名的柏林音乐学院，观摩了该校著名声乐教授托马斯·夸斯托夫的声乐课。之后，彭丽媛同师生亲切交流并表示"音乐是人类共同的语言，希望能用音乐架起中德两国的桥梁"。①2014年3月31日，访问比利时的彭丽媛在比利时王后玛蒂尔德的陪同下，参

---

① 《彭丽媛的文艺外交》，南方网，2014年11月21日，http：//news. southcn. com/nfch/content/2014 – 11/21/content_ 112693555_ 6. htm。

观了布鲁塞尔乐器博物馆。其间，她参观了中国乐器展与萨克斯管展示馆，还观看了几位演奏者表演的节目，彭丽媛表示"这是一次文化之旅，希望两国艺术家加强交流"。① 其后，彭丽媛还向玛蒂尔德王后赠送了一件颇为引人注目的国礼——"沛筑"。"沛筑"是一种源自战国时期但在宋代以后失传的击弦乐器，是古乐器的活化石，展现了中华文化的源远流长。2014 年 9 月 13 日，彭丽媛在塔吉克斯坦副总理贾博丽陪同下，参观了塔吉克斯坦国立音乐学院。她听取了塔吉克斯坦民族乐器介绍、欣赏了中塔师生们共同演唱歌剧、聆听了学生演奏的传统乐曲以及塔歌唱家用中文演唱的中国民歌。彭丽媛表示，音乐是情感的艺术，是不需要翻译的语言，可以沟通不同民族的心灵和感情。希望中塔两国更多开展音乐交流，将友谊的旋律传唱下去。②

彭丽媛陪同习近平出访，参加了很多以音乐和艺术为主题的活动。这一方面是中国"第一夫人"参与人文交流的重要组成部分；另一方面，与彭丽媛的歌唱家身份不无关系，而东道国安排这样的活动也体现了对彭丽媛女士的欣赏与尊重。贝多芬说过，"音乐是比一切智慧一切哲学更高的启示"。彭丽媛正是用音乐语言讲述中国的友善与真情，拉近了中国与世界的距离。

（四）和谐婚姻讲述温情故事

第一夫人还有一个特殊的使命：协助丈夫展示幸福的婚姻与美满的家庭。家庭是一个国家最基本的组成单位，老百姓总会很自然地把管理国家和经营家庭联系起来。虽然不能苛求国家元首都能拥有幸福的家庭和完美的婚姻，但不可否认，那些拥有和谐婚姻的第一家庭总是能够获得更多的好感。美国总统奥巴马与夫人米歇尔、法国前总统萨科齐与夫人布吕尼的美满婚姻都曾为其国家形象加分。

自习近平主席与夫人彭丽媛第一次出访以来，中国第一家庭习近平与彭丽媛"伉俪情深"的画面也成为媒体镜头捕捉的焦点。2003 年 3 月，彭丽媛随习近平首次出访俄罗斯，彭丽媛的第一个亮相是挽着习近平主席的手臂走

---

① 《彭丽媛与比利时王后参观乐器博物馆》，《中国网络电视台》，2014 年 4 月 1 日，http：//tv. people. com. cn/n/2014/0401/c141029 - 24791068. html。

② 杜尚泽、林雪丹：《彭丽媛参观塔吉克斯坦国立音乐学院》，《人民日报》2014 年 9 月 14 日，http：//paper. people. com. cn/rmrb/html/2014 - 09/14/nw. D110000renmrb _ 20140914 _ 4 - 02. htm。

下飞机。这一举动呈现出一种脉脉的温情，让人觉得亲近而真切，即刻拉近了国家元首与民众的距离。2013 年 5 月 31 日，国家主席习近平乘专机抵达西班牙港，开始对特立尼达和多巴哥进行国事访问。怎奈天公不作美，天空下着雨，当飞机舱门打开时，只见彭丽媛依旧挽着习近平的手臂，而习近平则为彭丽媛撑起伞。彭丽媛所穿旗袍颜色与习近平领带颜色的巧妙呼应，让人眼前一亮。其实，细心的观众会发现，习近平与彭丽媛在外交场合的着装经常有细致的呼应。2013 年 6 月 6 日，习近平与彭丽媛访问墨西哥城，彭丽媛身着蓝色的双排扣立领小西装，与习近平的蓝色领带呼应；2014 年 3 月 22日，习近平与彭丽媛参加荷兰国王威廉·亚历山大与王后的晚宴，习近平首次以改良的中山装亮相，胸口的口袋巾与彭丽媛外衣的绣花滚边呼应……这种呼应产生的不仅是美丽更是和谐，通过服饰的呼应，人民感受到的是习近平与彭丽媛的默契与深情。2013 年 6 月，习近平与夫人彭丽媛对哥斯达黎加进行国事访问期间走访了当地农户萨莫拉一家。在萨莫拉的种植园里，习近平摘下一串咖啡花请彭丽媛闻花香，还与彭丽媛一同品尝当地的特色饼干，自然而温馨。

二人溢于言表的情感和举手投足间的默契，是照顾、是尊重、是欣赏——这不经意又充满温馨的一幕幕场景讲述出中国第一家庭的温情故事，打动了本国国民也感染了世界人民。更重要的是用行动示范了中国传统文化中家庭和美的"和谐"价值观。

二 中国"第一夫人"的公共外交影响

（一）对内凝聚国人民心

彭丽媛第一次作为"第一夫人"出访时，从 2013 年 3 月 20 日至 3 月 26 日一周时间内，关于中国"第一夫人"的新闻高达 12873 条，新浪微博超过了 10 万条。[1]

---

[1] 张林：《第一夫人，自信了国民惊艳了世界》，中国网，2013 年 3 月 28 日，http://opinion.china.com.cn/opinion_56_67456.html。

之后的每次出访，彭丽媛都拥有较高的关注度。民众津津乐道她的服饰、造型、风格，关注她出席的场合、参加的活动、推动的议题。作为"第一夫人"，她为中国代言。正如联合早报网主编周兆呈所言：像彭丽媛这样的第一夫人的出现，正符合中国对自身在国际社会定位的合理想象和心理期待，展示了与其他大国相比在"第一夫人"上也毫不逊色的自信。

（二）对外提升国家形象

鉴于三十多年的飞速发展，中国取得了令世界惊叹的经济成就，中国也希望赢得与其重要地位相称的、来自国际社会的尊重与认可。而这种尊重与认可，并不来自于打造了多少艘航空母舰，也不来自于经济数字增长了多少，它来自于中国在非传统政治经济领域中所呈现的代表中国形象的符号，即能够体现综合素质又能够深入人心的美丽力量。

彭丽媛作为"第一夫人"所从事的工作，所扮演的角色，所起到的作用，正是公共外交这种新时代外交方式的最具体表现。彭丽媛的这些行为或直接或间接地提升着中国软实力，让世界重新认识中国。这种征服人心的力量不是提高多少 GDP，发展多少军力可以实现的。从某种程度上说，彭丽媛所呈现的这种爱、温情与关怀具有无限的价值。

彭丽媛参与的外交活动也获得了国际社会的积极评价。2013 年彭丽媛入选美国《时代》周刊的"全世界最有影响力的 100 位人物"，《周刊》评价彭丽媛"低调"、"时尚"，陪同习近平出访俄罗斯和非洲展现了"非凡的魅力"，并称身着中国品牌服装的彭丽媛在出访中"展现了中国制造的魅力"。2013 年与 2014 年彭丽媛均入选《福布斯》"最具权力的 100 位女性"。《国际商业时报》称，"不同于其他千篇一律的政治家形象，彭丽媛可以成为人文中国的代言人"。① 2014 年 9 月彭丽媛随习近平访问印度时，《印度时报》以"中国第一夫人：美丽侵袭"为题，称彭丽媛是"心灵的侵袭者"。印度网站"Quartz"刊文称彭丽媛或许是亚洲最引人关注的"第一夫人"，是中国"软实力"的组成部分，而且印度媒体已经为她的魅力所倾倒。

---

① "Peng Liyuan: China's New First Lady Quickly Becomes Pop Culture Icon", Source: International Business Times, Tue. 26 Mar. 2013.

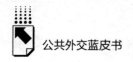

简而言之，国际社会需要慢慢改变对中国的刻板印象，学会了解日益多元、丰富的中国，也需要逐渐接受和适应中国的崛起，中国的崛起不是世界的威胁，而是世界的机会。同时中国也需要向世界讲好中国的故事，呈献给世界一个与中国不断发展的实力相符的国家形象。作为第一夫人，从彭丽媛登上世界外交舞台开始，她就以个人的独特魅力诠释着国家形象。彭丽媛因为中国受到更多关注，中国亦因为彭丽媛而呈现出更为积极的形象。

三 结语

如果说任何一位第一夫人都是民族与国家的名片，彭丽媛公共外交行为的特殊之处是：她拥有艺术家的背景、个人成功的事业、典雅的外表、优雅的仪态、和谐的婚姻……这些无一不是正能量。中国在这个特殊的时期出了一位如此有特点的第一夫人，她的公共外交行为为化解世界对中国的疑虑、增加世界对中国的理解奉献着力量。

关于彭丽媛的公共外交活动，我们可以用三个展示作结：第一，她展示了更加开放的中国形象；第二，她展示了更加和平的中国形象；第三，她展示了更加文明的中国形象。她所展示的正是期望实现中华民族伟大复兴的中国最需要展示给世界的形象。

B.7

中国城市公共外交的概念、特征与路径

周鑫宇　李锴华　程 铭*

摘　要： 城市作为公共外交的活跃主体，成为值得关注的新现象。中国城市公共外交的理论研究与相关实践也日渐繁荣。从概念上看，城市外交并没有形成统一界定，对城市是否可以作为公共外交主体、城市公共外交与城市对外交往是否相同等方面仍然存在争议。从特征上看，虽然中国城市公共外交的活动十分丰富而复杂，但也表现出了定位明确、依靠优势、政府主导这三方面的共同特点。从路径上看，城市公共外交的发展一般会经历三个阶段，而中国仍然处于以旅游推广为核心的第一阶段。推动中国城市公共外交的发展，还有很长的路要走。

* 周鑫宇，北京外国语大学公共外交研究中心副主任，高级研究员；李锴华，北京外国语大学公共外交研究中心助理研究员；程铭，北京外国语大学公共外交研究中心助理研究员。

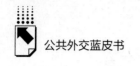

关键词： 中国外交　公共外交　城市公共外交

　　城市作为公共外交的活跃主体，愈来愈为人们所关注。

　　中国的城市公共外交近年来经历了繁荣的发展，成为中国公共外交发展的亮点。这首先表现在相关研究成果如潮水般涌现，其中既有抽象理论研究，也有丰富的案例成果；其次，城市公共外交的组织如雨后春笋般建立，其中最主要的表现是各地在短时间内纷纷建立的城市公共外交协会，代表着城市对自身公共外交发展产生了自觉；最后，城市的公共外交实践也得到广泛开展，既包括城市形象宣传片在海外播出这样的具体活动，也包括由世界城市建设、大型国际性展会活动等拉动的城市国际化水平提升。本文将对近年来中国城市公共外交的典型发展案例进行总结、提炼和分析。

　　但在总结中国城市公共外交的发展之前，我们首先要对城市公共外交的概念和发展路径进行一些梳理，以更好地以理论指导实践。就城市公共外交的概念来说，关键是阐明两个争议性问题：城市可以作为公共外交的主体吗？城市公共外交和城市对外交往有什么区别？

　　城市可以担任公共外交的主体，正如企业和社会组织可以担当公共外交主体一样，关键在于国家形象的"共责性"和"共享性"。公共外交的核心目标是通过改变外国对本国的认知，来促进国家利益的实现。而外国对一国的认知，是由其全方位接受的信息构建而成，既包括政治和外交活动中形成的认知，也包括经济和文化交往活动中产生的印象；既跟国家的政治制度、政策表现、外交活动有关系，也受到企业、社会组织、个人活动的影响。国家形象不是由单个主体形成的，因此公共外交无法由单个主体来完成。

　　反过来，国家形象是一种公共产品，是由一国所有对外交往主体所共享的。好的国家形象能给政府带来软实力，也能为企业提升品牌，还能给留学生和游客在国外的生活带来福利。相反，对一个国家负面的认知，会影响到一个国家的每一个人。因此，在公共外交中责任是共担的，利益也是共享的。责任共担性和利益共享性，是多主体参与公共外交的理论基础。

　　与其他参与公共外交的主体相比，城市公共外交具有特殊的角色和作用。城市公共外交的优势在于其兼具了政府公共外交的组织性和民间公共外交的灵活性，既能够相对集中资源、有计划有组织地实施活动，又易于减少敏感的政治色彩，起到润物细无声的效果。由于具有这样的优势，城市还能向下为企业、社会组织和个人参与公共外交活动提供组织和平台，向上分担中央政府对本国社会进行战略沟通和力量整合的功能。因而从这个意义上说，一个国家的城市公共外交，往往体现着其整体公共外交的发展水平。

城市公共外交同城市的其他对外交往活动有区别。城市的对外交往活动丰富而复杂。其中既包括堪称"城市外交"的对外政治和政府间交往活动，也包括"姐妹城市"等综合性的跨国城市交往机制，当然也包括城市居民及其组织的对外交往。城市公共外交与这些活动的区别在于，城市公共外交是有意识地对外塑造城市形象、传递正面信息和认知的行为。因为城市是国家的一部分，城市形象的提升会带来国家形象的提升。因而城市对外形象沟通行为融入了国家整体公共外交之中。

换言之，城市做好其自身的对外形象沟通工作，就是最主要的公共外交工作。但对于城市对外形象沟通的方法，仍然存在普遍的误解。受到传统的"外宣"思维影响，很多城市把公共外交狭义地定位于城市宣传部门对国外的宣传推广工作，最典型的做法包括城市广告、宣传片等。实际上，城市的对外形象沟通是一项系统工程，它可能包括如下活动。

城市通过媒体进行的国际传播活动。其中包括在国外媒体发布的广告、宣传片、旅游介绍；也包括在国内媒体（如中央电视台和国际广播台的英文频道）针对在华外国人发布的同类型宣传信息；从更广义上看还包括利用新媒体、社交媒体和自媒体对外传播的城市广告信息，甚至包括利用电影、电视等发布的"软广告"等。

城市具有组织性和目的性的对外文化交流活动。其中包括文化团体的对外访问；特色文化产品的出口；举办受到国际瞩目的大型活动或展会，尤其是国际体育赛事、博览会、交易会等；还有姐妹城市之间开展的友善信息传播活动等。

城市具有形象宣传效果的国际经济交往。其中包括为国际招商引资而进行的投资环境改善行为；城市代表性企业的对外经济活动及其产生的品牌建设效果；城市因其产业分布、典型产品、创新性机制而产生的国际声誉等。

城市的部分对外人员交流活动。其中包括为外国人来城市旅游、学习、工

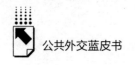

作和居住提供便利性、舒适性和吸引力的活动；城市对出国人员在国际化素质方面的引导、培训和管理活动；城市有意识地促进精英群体或代表性人物的对外访问、交流，以及为某些城市代表性的个人、团体提升国际声誉的工作。

城市某些特殊的政治和外交活动。其中包括以城市为主体参与的国际组织、国际倡议，尤其是在呼吁和平、环保、扶贫等方面的国际政治交往，往往同时产生公共外交的效果。

不难看出，城市的公共外交活动形式各异、种类繁多，这些活动在凸显各自个性的同时，也表现出了三个共性特点。

第一，城市公共外交的内在驱动促进城市经济社会的建设与发展。在国际化不断扩大与加深的进程中，地方政府的国际参与度越来越高，城市开展公共外交前通常都有系统的整体规划，对城市的自身定位与外交需求有明确表示，在不违背国家总体目标与利益的前提下，以增进城市的公共利益为主要目标。目前，我国的城市公共外交主要以招商引资、贸易推广、促销旅游等实现城市经济利益的活动为主，拓展城市发展空间、解决社会问题的活动仍然较少。

第二，城市公共外交的着力点是本地的优势资源和优势政策。不同于国家行为体，城市拥有的资源种类相对单一，政策环境受到国家主权的一定限制，这就要求城市在国际交往中必须有所侧重，充分挖掘并发挥本城的有利特色，最大限度地提升城市竞争力和影响力。此外，由于每个城市都有自身独特的发展方向，一个城市公共外交的成功经验无法完全复制到另一个城市上去，因此决策者必须对本城的资源和政策进行充分分析，然后有针对性地利用本地优势开展公共外交，这样才能更加有效地为城市利益服务。例如上海市通过塑造金融之都力图实现国际化大都市的远景规划、扬州市推广大运河文化遗产传播中华文化等，这些城市的公共外交实践以本城优势为基础，都取得了骄人的成绩。

第三，城市公共外交的主导力量是政府。由于城市公共外交范围广、层次多，如果没有政府作为中坚力量发挥应有的作用，公共外交很容易成为一盘散沙而没有效率；另外，政府主导也并不意味着政府要包揽一切，而是发挥积极的引导作用，整合、支持城市涉外公司、组织团体等民间力量，在国家总体战略下，共同为增进城市利益做出贡献。温州市依靠华人华侨维护本市商人的海外利益充分说明了这一点。

从国际经验来看，一个城市的对外形象传播和公共外交活动，有一个循序渐进、逐渐走向成熟的发展过程。根据国际上的研究，一般城市的公共外交会经历以下几个发展阶段。

第一阶段是以旅游推广为核心的阶段。这一阶段城市多以国际传播的形式，对外宣传城市的特色景点、风俗和产品，以促进旅游业的发展。这一阶段的城市对外形象推广是宣传性和包装式的，城市内在的国际化程度尚不高。外国人到访城市，也以短期的旅行、居住留下的肤浅印象为主。

第二个阶段是以经济和文化交往活动为核心的阶段。这一阶段城市开始实现整体性、多层次、立体化的对外交往，既包括"走出去"，也包括"请进来"，在密切的国际交往中提升城市本身的国际化水平，建立国际声誉。外国人到访城市，会由浅层次的观光活动，到中长期的商务活动和居住，并最终出现相当数量的国际移民。

第三个阶段是以话语权和软实力为核心的阶段。这一阶段城市已经声名远扬，成为世界舆论关注的焦点。城市在一些领域开始引领国际潮流，成为全球性创新和文化活动的策源地。城市作为非国家主体，在国际政治中发挥出超越很多国家主体的影响力。这是所谓"世界城市"的阶段。城市为世界人民所向往和熟悉，外国人即便无法"身到"，也已经"心到"了。

总的来说，我国绝大多数城市的公共外交，还处在较为稚嫩的第一阶段。推动城市公共外交的发展，还有很长的路要走，既要练好"内功"，以扎实提升城市的国际化水平，又要做好"外事"，以提升对外交往和沟通的水平。

B.8

打造"全球城市":上海城市公共外交的品牌战略

李永成　胡　泊*

摘　要：　上海是中国改革开放的缩影,是世界了解中国的窗户。国际经济、金融、贸易、航运中心和社会主义现代化国际大都市是上海作为"全球城市"的基本要素,也是上海城市公共外交品牌战略的主轴;上海的城市品牌包括社会主义现代化大都市、国际合作之都、东西方文明交会之城三个方面。上海的城市公共外交战略与实践包括抓住举办各类国际活动契机,开展主场公共外交;借力上海自由贸易试验区,提高东方金融贸易中心的吸引力;以世博会为抓手,打造国际机构总部"基地";发展促进文化多样性,建设国际文化大都市。上海的城市公共外交工作卓有成效,已形成典型的"上海经验",具有四大特征:找准定位,确定城市核心利益;综合考量,发挥城市优势资源;开放包容,展示城市博大胸怀;抓住机遇,开展城市主场外交。

关键词：　全球城市　城市公共外交　城市品牌　上海

　　从 19 世纪末开埠之后,上海素来是中国与外部世界交流互鉴、碰撞融合的中心。因此,上海开展城市公共外交的战略与实践,积累了大量宝贵的经

---

　*　李永成,北京外国语大学国际关系学院副教授,北京外国语大学公共外交研究中心高级研究员;胡泊,北京外国语大学公共外交研究中心助理研究员。

验，对于国内其他城市开展公共外交具有普遍的借鉴意义。

上海是中国最大的经济中心城市，也是亚洲增长最快的商业和金融中心。上海的城市发展战略规划的目标是将上海建设成为"国际经济、金融、贸易、航运中心和社会主义现代化国际大都市"。上海公共外交紧紧围绕这个主题，打造全球城市，抓住一切可以利用的机会，积极深入开展城市公共外交，塑造、推广上海作为"全球城市"的城市形象与品牌。

一　上海的城市形象

根据 2012 年发布的《上海国际城市形象调查报告》，外国人对于上海"金融中心"的认知度最高，而"文化"则被认为是上海作为国际都市的首要特征。在上海着力打造的"四个中心"中，外国人对于上海金融中心的认知度最高，为 78.9%；其次是经济中心，为 72.6%；贸易中心是 68.1%，航运中心是 36.0%（见表 1）。而对于上海金融中心的标志，外国人认为外滩比陆家嘴更应是上海的金融地标，有 34.3% 的调查对象认为上海的金融地标是外滩，大大高于对陆家嘴金融地标的认可度（18.8%）（见图 1）。在上海的著名景点中，"外滩"（29.5%）这一历史文化景点最受外国人欢迎，有超过 70% 的受访对象对外滩的历史有所了解。应该说，外滩深厚的历史文化底蕴很大程度上提升了上海"金融中心"的知名度。

表 1　外国人对于上海"四个中心"的认知度

"四个中心"	金融中心	经济中心	贸易中心	航运中心
认知度	78.9%	72.6%	68.1%	36%

数据来源：2012 年度《上海国际城市形象调查报告》。

对于上海的历史文化，多数外国人认为上海是个历史悠久的城市，甚至有近 30% 的受访者认为上海的历史有 1000 年以上（实际上自元代上海设县开始，上海的历史也不过 700 年）。可见上海对于外国人还带有一种历史的厚重感。

在上海的文化标签中，有 55.8% 的外国受访者最欣赏上海"中西结合的

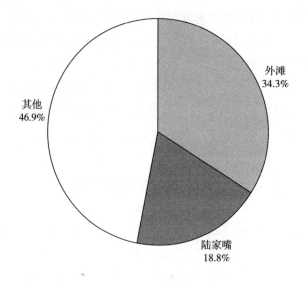

图1 外国人对于上海金融地标的认知

数据来源：2012年度《上海国际城市形象调查报告》。

艺术风格"，其次是上海的中外饮食，有35.9%的受访者表示认可；而对于上海的中外音乐、美术以及京剧、话剧、芭蕾舞等，外国人的认可度都在15%以下（见表2）。可见外国人对于非中国或上海"本帮"特色的文化标签不甚认可。

表2 外国人对上海文化的认可度

文化标签	中西结合的艺术风格	中外饮食	音乐、美术、京剧、话剧、芭蕾舞等
上海文化认可度	55.8%	35.9%	15%以下

数据来源：2012年度《上海国际城市形象调查报告》。

对于上海的城市印象，外国人普遍认可上海现代化的城市风貌，对上海硬性环境方面的相关指标评价都非常高。同时认为上海的城市风格亦古亦今、中西合璧、古典和现代完美结合，近八成国际人士来沪后对上海的好感进一步提升。有92.9%的外国受访者对上海城市形象给予正面评价，"壮观"和"令人称赞"成为国际人士提及上海时使用频率最高的词汇。其余是"大都市"（19.49%）、"增长和发展"（16.39%）、"中国的经济与金融中心"（10.02%）。

通过以上数据，我们可以发现，外国人对于上海的印象主要集中在三个方面，即历史悠久的金融中心、中西合璧的独特风情、现代化的城市风貌。这不仅是上海建设世界都市的宝贵财富，也是上海开展城市公共外交的有利资源。因此，上海的城市公共外交应该借力本地特色的历史文化底蕴，结合现代的城市化建设，提高上海的国际知名度，把建设国际都市作为上海城市公共外交服务的最高目标。

二 上海的城市品牌

（一） 社会主义现代化大都市

现代化大都市一直以来都是上海引以为荣的城市标志，也是上海对外宣传的主要城市品牌。翻开一本中国护照的签证页，其中一页便是我们熟知的陆家嘴景色。陆家嘴金融中心高楼林立，黄浦江上一片繁忙，这幅景色便是上海最希望向世界展示的上海品牌。

上海是中国的经济和金融中心。目前，中国已成为世界第二大经济体，上海也随着中国的快速发展而重回世界主要大城市之列。2014 年上半年，上海 GDP 总量达到 10952.64 亿元，居全国各城市之首（见表 3）。而根据普华永道 2014 年发布的《机遇之都》系列研究报告称，上海在全球经济影响力维度列第五名，在城市门户排名中与纽约并列第九。[①]

表 3　2014 年上半年中国城市 GDP 总量统计排名

排名	城市	上半年 GDP 总量（亿元）	排名	城市	上半年 GDP 总量（亿元）
1	上海	10952.64	6	重庆	6440.51
2	北京	9769.30	7	成都	4842.81
3	广州	7666.18	8	武汉	4560.79
4	天津	7185.46	9	南京	4107.60
5	深圳	6460.78	10	大连	3953.20

数据来源：国家统计局及各地市统计局。

---

① 普华永道：《机遇之都 6》，http://www.pwccn.com/webmedia/doc/635364565893740566_cities_of_opportunity_6_chi.pdf，上网时间：2014 年 12 月 14 日。

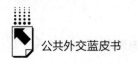

在金融方面，无论是过去还是现在，上海都当之无愧地坐拥中国金融中心的地位。2013 年，上海金融市场交易总额突破 600 万亿元人民币，国际排名位居世界前列，市场影响力不断提升。而根据 2013 年"新华－道琼斯国际金融中心发展指数报告"显示，上海连续三年稳居第六位，成长发展要素连续四年蝉联第一。

在国际贸易和航运方面，上海也是中国的代表性城市。据世界贸易组织秘书处统计，2013 年中国已成为世界第一货物贸易大国。上海作为中国的贸易航运中心，其城市区位重要性更加突出。根据 2014 年发布的"新华·波罗的海国际航运中心发展指数"，上海居全球国际航运中心第七位。2013 年上海港完成集装箱吞吐量 3362 万标准箱，同比增长 3.3%，连续四年位列世界第一大港。①

现代化大都市是上海开展城市公共外交的主品牌，也是其开展公共外交、打造"全球城市"品牌的基础性资源。上海开展城市公共外交，一定要围绕上海"四个中心"建设的城市总体战略展开。

（二）国际合作之都

国际合作之都是上海开展城市公共外交推广的重要品牌。《上海市国民经济和社会发展第十二个五年规划纲要》提出：要"积极吸引国际组织，吸引和集聚各类国际组织总部、地区总部和分支机构"。这不仅有利于加强与国际组织的互动合作，提升上海的城市国际形象，也是后世博时代上海进一步推进改革开放的关键举措，是促进中国对外软实力建设的重要环节。②

城市能否吸引有重要影响力的国际组织入驻是衡量该城市乃至国家国际影响力和竞争力的重要指标。纽约、巴黎、伦敦、新加坡等世界性的大都市都有众多有影响力的国际组织入驻。

作为一座现代化的国际大都市，上海拥有优良的城市基础设施，生活便利。特别是在金融领域，上海有着独特的优势。在吸引国际组织来沪的议题

---

① 《上海国际航运中心排名全球第七》，新华网，http：//news. xinhuanet. com/fortune/2014 -
06/26/c_ 1111335045. htm，上网时间：2014 年 12 月 14 日。
② 上海国际问题研究院课题组：《上海吸引国际组织（机构）入驻研究》，《科学发展》2013
年第 6 期。

上，上海很早就开始了行动。早在 2004 年，中国政府就公开表示，中国希望更多地区和国际组织总部搬迁至上海。① 这十年来，随着上海城市的快速发展，特别是 2010 年世博会的成功召开，世界认识了一个发达的、现代化的上海。2014 年，金砖国家开发银行和亚洲基础设施投资银行两家重量级的国际金融机构选择将总部地址选在中国，分别设立在上海和北京。这对于上海这样的中国大城市是千载难逢的机遇。

国际组织和机构总部设在上海，是上海开展城市公共外交、推广上海国际合作之都品牌的重要契机。如果能够吸引更多的国际组织将总部或地区总部选在上海，将极大提高上海的国际化程度，提升上海的国际影响力，使上海成为全球治理的中心，帮助上海建设"全球城市"。

（三）东西方文明的交会点

东西方文明的交会点是上海这个国际大都市的重要标志和品牌。从历史上看，上海一直都是中国国际化程度最高的城市，这自然使得上海成为中国与外部世界，甚至是东西方文明的交会点。历史上的上海有"东方巴黎"的美誉，徐家汇的西式老建筑诉说着这个城市或辉煌或沧桑的老故事。而与之一江之隔的浦东新区则是当代上海中西文明交相辉映的典范，川流不息的车流人流承载着这个城市的现代与未来。

上面提到，外国人普遍赞叹上海的现代化城市建设，欣赏上海中西合璧的建筑风格和中外特色美食，这可谓上海宝贵的文化资源。每一位来到上海的外国人都能体验到这种中西合璧的别样风情。在上海，你既能在豫园找到沪上最正宗的生煎小吃，也能在百胜门寻觅到意大利的原味披萨。而刚才还漫步于曲折迂回的城隍庙景区桥的你，一会儿又淹没于陆家嘴鳞次栉比的高楼大厦。这样的情景每时每刻都在上海这个城市发生，东西方文化在此碰撞、交融，相得益彰。

中西合璧一直是上海这个城市的特点，是上海建设国际文化大都市的根基，是上海开展公共外交的重要抓手。上海要营造开放、包容、多元、大气的

---

① 《中国希望更多地区和国际组织总部搬迁至上海》，新华网，http：//www. sh. xinhuanet. com/zhuanti/2004－04/22/content_ 2019236. htm，上网时间：2014 年 12 月 14 日。

国际化文化生活环境，打造具有新时代特点和海派文化个性的城市品格。① 这是上海城市公共外交塑造上海全球城市品牌的重要基石。

三　上海开展城市公共外交的实践

（一）　抓住举办各类国际活动契机，开展主场公共外交

2014 年 5 月，上海举办了第四届亚洲相互协作与信任措施会议。在会议期间，上海迎来了 46 个国家和国际组织领导人、负责人或代表及其夫人参加会议。外方宾客在沪期间，亲身感受了上海的城市风貌和城市文化，上海凭借这一主场优势，将公共外交做到了每一个细节上。比如上海在会议期间为参会各国领导人夫人安排了一场游览豫园的活动。在游览中，各国夫人领略了具有上海特色的手工艺制作，观赏了江南戏曲表演等具有上海特色的非物质文化遗产。在招待各国夫人的午宴上，上海既准备了表现上海传统特色的城隍庙小吃，也奉上了如芦笋、黄鱼卷、龙虾球等中西合璧的新式菜肴，一展海派菜肴之兼容并蓄、糅各家之长的技艺，让世界领略了上海开放包容的文化特性。

除了亚信会议这类特大型国际活动外，在上海举行的其他国际活动中，上海同样重视公共外交工作。2014 年 10 月 31 日，全球首个"世界城市日"活动在上海举行，上海是首个"世界城市日"系列纪念活动的东道主城市。上海利用这一契机，以"城市转型与发展"为主题，组织开展庆典、论坛、展览、宣传推广等一系列活动，同时遴选全球范围内城市可持续发展领域的出色案例，更新《上海手册》，合作开展如理论培训、发行出版物等知识分享与传播等活动。② 通过这次"世界城市日"活动，上海向世界分享了城市建设与发展的先进理念，宣传了上海城市建设的经验，加深了上海与世界其他城市的交流，推动上海建设"全球城市"。

---

① 《促进国际文化大都市建设》，《解放日报》，http：//www. jfdaily. com/shanghai/bw/201407/t20140722_ 576414. html，上网时间：2014 年 12 月 14 日。
② 《首个"世界城市日"主题在上海揭晓》，新华网，http：//news. xinhuanet. com/local/2014 - 09/02/c_ 1112332813. htm，上网时间：2014 年 12 月 14 日。

（二）借力中国（上海）自由贸易试验区，提高东方金融贸易中心的吸引力

2013 年正式挂牌的中国（上海）自由贸易试验区，吸引了世界的关注，国际上普遍认为这是中国为深化改革、扩大开放程度所释放的重要信号。但很多外资企业还是持观望态度，担忧上海自贸区所宣传的政策是否最终都能得到落实。①

为了打消这种疑虑，将上海塑造成一个拥有自由、开放、安全的金融投资环境的全球城市，上海市各界除了在政策和法规上对上海自贸区的建设给予全力支持，如发布"负面清单"，给予政策优惠等，还特别注意加强对外宣传。比如由中国公共外交协会、国家开发银行主办，由上海市政协对外友好委员会、上海公共外交协会承办了"中国企业走进欧洲"论坛。论坛上，上海市副市长周波就代表上海向在座的欧洲企业家详细解释说明上海自贸区的相关政策，并希望欧洲企业抓住自贸区建设的机遇，争取更大的发展。② 政府相关人士出面说明和解释上海自贸区的政策，有助于打消国际社会对上海自贸区建设的不解和忧虑，推动了上海自贸区的建设。除了针对国外投资者，上海市侨办还专门为华侨华人举办了中国（上海）自由贸易试验区投资实务讲座，介绍了自贸区的现阶段运行情况和当前推进的重点工作。

中国（上海）自由贸易试验区是上海落实"四个中心"任务、开展城市公共外交、向海外宣传中国的改革开放、打响上海全球知名度的宝贵资源，有助于上海完成建设全球城市的总目标。但是在实践中，上海要严格遵守建设自贸区对中央的三条承诺，即政治上绝不涉及意识形态，经济上严防走私和偷税漏税，文化上严防"黄赌毒"。一旦出现这些负面现象，将对上海的全球城市形象造成难以挽回的损失。

另外，上海自贸区是中国的国家自贸区，未来全国各城市都会在学习上海自贸区的基础上建立自己的自贸区，因此关于上海自贸区的城市公共外交不能给国外或国内其他省区市"自贸区是上海项目"的印象。

---

① 《外资眼中的上海自由贸易区》，商务部网站，http：//shfw. mofcom. gov. cn/article/tjfx/jxdztj/201405/20140500574795. shtml，上网时间：2014 年 12 月 14 日。
② 周波：《期望欧洲企业抓住自贸区机遇争取更大发展》，http：//sh. eastday. com/m/20131010/u1a7704127. html，上网时间：2014 年 12 月 14 日。

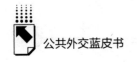
（三）搭世博会顺风车，打造国际机构总部"基地"

一个城市中拥有国际机构的数量和水平是反映这个城市国际化程度的重要标准。国际机构包括外国使领馆、跨国公司全球或地区总部、国际组织全球或地区总部。上海是全国拥有外国官方机构第二多的城市，拥有 73 个国家的总领事馆，欧美、日韩、澳大利亚等发达国家地方政府的办事处，仅次于首都北京。同时在跨国公司方面，截至 2014 年 10 月底，外商在上海累计设立跨国公司地区总部 484 家（其中亚太区总部 24 家），投资性公司 295 家，研发中心 379 家①，居全国之首。

但是上海在吸引国际组织入驻方面显得尤为不足。20 世纪上半叶，上海作为远东著名大城市，曾经拥有联合国国际劳工组织中国分局、联合国善后救济总署中国分署、联合国亚洲及远东救济委员会、世界卫生组织中国办事处等国际组织。但是目前上海除了金砖国家开发银行总部之外，还没有一家国际组织确定将总部设于上海。

为了改变这种情况，上海积极行动，吸引国际组织入驻上海。在上海世博会期间，有 49 个国际组织参展，其中有 7 个国际组织是世博会论坛的协办方。上海通过世博会与世界主要国际组织建立了良好关系，向这些国际组织展示了上海一流的城市基础设施和国际化的城市风貌，为这些国际组织未来入驻上海奠定了良好基础。现已有世界卫生组织、联合国教科文组织终身学习研究所（UIL）、国际电信联盟（ITU）、联合国防止荒漠化公约（UNCCD）、世界产权组织（WPO）和世界气象组织（WMO）有意向将总部搬至上海，或者在沪设立分支机构。②

（四）发展促进文化多样性，建设国际文化大都市

文化多样性是上海建设全球城市的必备条件。到 2020 年，上海将建成文

---

① 《落沪跨国公司地区总部达 484 家　投资总额超 365 亿美元》，人民网，http://sh. people. com. cn/BIG5/n/2014/1210/c347221 –23180185. html，上网时间：2014 年 12 月 14 日。

② 上海国际问题研究院课题组：《上海吸引国际组织（机构）入驻研究》，《科学发展》2013 年第 6 期。

化要素集聚、文化生态良好、文化事业繁荣、文化产业发达、文化创新活跃、文化英才荟萃、文化交流频繁、文化生活多彩的国际文化大都市。① 为实现这个目标，上海城市公共外交积极发挥作用，充当上海与外部世界沟通的桥梁。

1. 以"海派文化"为核心，向世界讲述上海的故事

"海派文化"是上海城市文化的核心。历史上来自世界和全国各地的移民，带着自己的文化烙印来到上海，造就了海纳百川的上海城市精神。近代以来，外国人涌入上海，为上海滩带来特有的异域风情和城市文化，这可以从上海风格多样的中西建筑中一窥端倪。除此之外，上海也深深地受到江南地区城市传统的影响。江南传统士大夫浪漫、颓废、唯美等心理传统融合在一起，为上海文化打上了深深的烙印。同时，江南人特有的讲究实用、精于算计，细腻精致的文化传统给上海的城市风格增添了务实风格。

公共外交的本质在于交流和理解。为了使上海特有的"海派文化"走出国门，让世界了解上海的城市精神，上海出台了一系列政策，落实了一系列项目。比如将《海派文化丛书》翻译成英文在全世界出版发行，在世界各地举办"人文上海"图片展等。

此外，截至 2012 年底，上海市常住外国人共 17.3 万余人，占全国常住外籍人口的四分之一。外籍"新上海人"已经渐渐形成规模，他们在上海学习、工作、生活，对上海的发展感同身受。这些外籍"新上海人"对上海的感知和印象，可以直接决定其祖籍国公众对上海乃至中国的印象。在一项名为"在沪外籍青年的生存与发展情况"的调查中，在沪外籍青年最看重上海的工作机会、工作环境、公共安全三个方面。在沪外籍青年在回答上海优势问题时，上海经济发展潜力、工作机会、文化娱乐、食物多样、公共安全排列前五位。在回答上海劣势方面，生活开支高、语言交流障碍、环境质量差、公共服务质量低和数量少、缺少娱乐活动占前五位。② 这些在中国长期工作和学习的外籍人士是上海建设全球城市的重要体现，其他世界大城市如纽约、伦敦、巴黎等，外籍人口占全市人口比例都达到 10% 以上。对于上海来说，有必要为

---

① 《中共上海市委关于贯彻〈中共中央关于深化文化体制改革推动社会主义文化大发展大繁荣若干重大问题的决定〉的实施意见》，http：//www. shanghai. gov. cn/shanghai/node2314/node2315/node4411/u21ai559771. html，上网时间：2014 年 12 月 14 日。

② 《东方早报》2013 年 6 月 25 日，第 008 版。

这些外籍"新上海人"在沪工作和生活提供相应的便利，以吸引更多的外籍人士来沪工作和生活，加强上海城市多元性。

2. 借助上海国际友好城市资源，开展点对点城市公共外交

由于资金和人力的限制，以城市为主体开展公共外交，不可能像国家那样通过举办大规模活动展示国家形象，或者向全世界开展国家品牌营销。城市开展公共外交，一方面可以充分利用国家举办大规模国际活动的机会来提升城市形象；另一方面，城市可以加强主观能动性，开展成本低、效果好的公共外交活动。上海拥有70多个国际友好城市，遍及世界各地。国际友好城市之间的交往真实、真诚、平等、双向、稳定，是中国公共外交争取国内外民心的新平台。①

上海近几年来一直与世界上众多的城市合作开展点对点的"双边"公共外交，如开展"城市形象片交换播映"交流项目、组团参加意大利米兰上海周、"上海—汉堡"欧亚新丝路自驾游等人文交流活动。特别是"城市形象片交换播映"交流项目，上海已先后就该项目同美国芝加哥和休斯敦、瑞士巴塞尔、德国汉堡、爱尔兰科克等城市政府分别达成协议，双方通过互换社区大屏幕、政府网站、本地有线电视网络等多媒体方式，播放积极向上、欣欣向荣的城市形象片。在互相平等的基础上互换宣传资源，花钱少，效果好，互利共赢，项目实施后效果极佳，反应良好。

目前，上海正在积极建设"上海国际友好城市公园"。该园建成后，将成为上海开展城市公共外交的新平台。届时有着高度国际化特色的"上海国际友好城市公园"将和上海迪士尼乐园一道，成为上海全球城市的新地标。

四 结论

随着中国对外开放程度的加深，中国将有越来越多的城市像上海那样成为令全世界瞩目的中心。中国有许多城市具备和上海类似的条件，可以借鉴上海开展城市公共外交的经验。多年来，上海市锐意进取，积极开展城市公共外交，尽力打造全球城市品牌。其城市公共外交工作卓有成效，已凝练形成

---

① 杨娟：《国际友好城市：公共外交的新平台》，《才智》2013年第27期。

"上海经验"，具有突出的四大特点，极具借鉴意义。

第一，找准定位，确定城市核心利益。一个城市开展公共外交活动，首先要确定自身的城市定位，进而确定其开展公共外交的核心利益与目标，这是开展城市公共外交的必要前提。上海的自身定位是全球城市，其核心利益是要建成"四个中心"和社会主义现代化大都市。因此上海开展城市公共外交，悉数围绕着这一目标开展，定位准确，目标合理。

第二，综合考量，发挥城市优势资源。能否有效开展城市公共外交，关键在于能否发挥城市拥有的优势资源，这是有效开展城市公共外交的关键。上海的城市优势资源是发达的经济和优良的城市基础设施，同时拥有丰富的历史文化资源，另外上海友好城市资源也颇具优势。因此，上海将其优势资源整合成自身城市品牌，有效开展城市公共外交。

第三，开放包容，展示城市博大胸怀。开放包容是一个城市开展公共外交和人文交流所需要具备的基本环境。公共外交是一个双向的交流过程，只有敞开胸怀，兼容并蓄，才能真正地进行互动，促进双方交流。上海的"海派文化"是其开放包容的标志，上海开展城市公共外交，无时无刻不在表现着这种开放包容。

第四，抓住机遇，开展城市主场外交。随着中国国际地位的提高，在中国举办的大型国际活动数量越来越多，次数也越来越频繁。如每年在四川成都举办的中国西部国际博览会，在海南海口举办的博鳌亚洲论坛，在广西南宁举办的中国－东盟博览会，在天津和大连轮流举办的世界经济夏季达沃斯论坛等。这些城市都可以同上海相互借鉴经验，借助在本地举办的国际活动，开展城市主场公共外交。

上海开展城市公共外交，成功之处在于找准自身定位，配合城市发展战略，利用优势资源，将自己最成功、最有特点的一面展现给世界，成功向世界讲述了上海的中国故事。

国之交在于民相亲，城市公共外交是一个国家公共外交的基石。日后中国公共外交的顶层战略要建立在城市公共外交等基层公共外交的基础上。上海是中国的中心城市，上海开展城市公共外交，向世界讲述的不仅是上海的故事，也是中国的故事。中国的每一座城市都是中国的一小部分，它们也可以向世界讲述那里的中国故事。

B.9
永不落幕的青奥会：南京青年公共外交的实践与思考

叶 军 谭志云*

摘 要： 南京市举办的第二届青年奥林匹克运动会，为南京也为中国的青年公共外交发展提供了一个精彩而崭新的平台。围绕举办精彩难忘青奥会的目标，南京开展了青年志愿服务、青年文化交流、青年和平论坛等公共外交项目，成功塑造了"南京好形象"，打造了最美的"中国名片"。此次青奥会期间，南京还实现了青年公共外交工作理念的三个转变：由"政府主办"向"政府主导"转变，由"被动选择"向"主动选择"转变，由"传统媒体"向"新媒体"传播转变。

关键词： 公共外交 城市公共外交 青年公共外交 南京

　　公共外交的重点在于改善民间的情感，扩大对本国友好的人群数量，提升对本国的好感度。青年公共外交重在通过青年对跨国文化领域的体验、参与、对话，加深了解，增进认同，扩大影响。而加强青年交流是青奥会举办的初衷与特色之一。2014年8月在中国南京举办的第二届青年奥林匹克运动会，为中国公共外交领域尤其是青年公共外交的发展提供了一个精彩而崭新的平台。南京青奥会是继北京奥运会后中国的又一个重大奥运赛事，有204个国家和地区的3787名运动员参加比赛，另有3783名注册记者参加报道，备受全球关

* 叶军，南京市委宣传部对外宣传处处长；谭志云，南京市社科院文化发展研究所所长，研究员。

注。南京利用青奥会大事件机遇，积极推动青年公共外交，促进多元文化的融合和青年间的交流，让"分享青春，共筑未来"的青奥理念持续传承下去，着力打造一届永不落幕的青奥会。

一 "四高"成就青年公共外交"中国名片"

在青奥会重大国际赛事的举办中，南京市重视青年公共外交工作，加强青年文化交流，浓缩呈现了南京最有特色的历史文化符号。通过传播策划，在发布信息、提供采访、派送创意产品等主动贴近的服务中，传递南京好声音，塑造南京好形象，打造了最美的"中国名片"。南京城市的知名度和影响力空前提升，其主要成效体现在四个"度"上。

（一）城市形象推介度高

南京青奥会引起了海内外的广泛关注，全球共有642家媒体3149名记者参与报道。青奥会期间，中央电视台全程直播开闭幕式盛况，体育频道每天直播赛事7~8小时，新闻频道每天播报新闻10分钟以上，综合频道每天发布新闻15条左右。OBS现场直播的时长超过1700小时，网络视频浏览量158.3万人次，覆盖206个国家和地区。南京青奥会话题网络帖文达2400多万条，是新加坡青奥会的6倍、广州亚运会的2倍，总浏览量超30亿人次。南京青奥会开闭幕式演出中，融入了郑和宝船、云锦、紫金山天文望远镜等城市名片；《三分钟了解青奥》、《三分钟了解南京》等推介视频，浓缩呈现了南京最有特色的历史文化符号，网站和社交媒体点击率超过1000万人次。与CNN合作的"中国进行时"专题节目，关注南京青奥会和南京城市文化，先后复播8次。对青奥会的长时间、大范围媒体聚焦，大大提升了南京城市的知名度。国际奥委会的问卷调查显示，全球有超过30%的人知道并了解青奥会，也知道并了解青奥会的举办地南京，南京城市形象推介有效度得到提高。

（二）赛会传播正向度高

青奥会期间的公共外交工作取得了良好成效。周到的安排、热情的服务、高效的工作，实现了"零差错"、"零失误""零投诉"。与索契冬奥会出现较

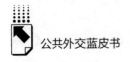

多负面新闻的舆论态势不同，青奥会赛会活动传播正向度高，国新办统计数据显示，境外媒体对南京青奥会正向反映率高达98%。中宣部评价"南京青奥会是近年来舆情最为平稳的一届重大赛事"。联合国秘书长潘基文更是对南京大加赞赏，称赞南京越来越干净、美丽的城市环境。国际奥委会主席巴赫、荣誉主席罗格在盛赞南京高效的赛事组织工作的同时，对南京城的美景、南京人的热情也称赞不已，并感谢南京方面在整个赛会期间给他们提供了良好的工作和生活条件。

（三）世界青年参与度高

南京青奥会展示出了它在青年公共外交方面独特的优势：坚持"青年人的赛事，青年人挑大梁"的原则，组织、竞赛、演出等各个环节都以青年为主体，组委会近一半员工是"80后"和"90后"；青奥筹办期间的系列活动大都由青少年自己主持；参加赛事的运动员100%都是青年人；开闭幕式演员99%是青少年，尤以南京青少年为主……这使得不同文化背景的青少年能够在交往中加深了解、增进互信、传递友谊。所以，南京青奥会在发扬奥林匹克价值观的同时，悄然发挥着公共外交的巨大作用。

（四）中华文化认同度高

南京青奥会全领域、全过程都围绕传递中国声音、讲好中国故事来设计和推进。组委会打造了204个世界文化小屋，组织开展"奥运梦之旅"、"世界梦之旅"、"中国梦之旅"和"青春梦之旅"4个系列的4837场各类文化教育活动，吸引运动员和嘉宾参与交流、体验达100万人次，向世界诠释了"中国梦"，传播了中华文化。逾百万名志愿者以真诚的微笑和周到的服务，弘扬了中华传统美德和"奉献、友爱、互助、进步"志愿精神，展示了南京人讲文明、重礼仪、团结友善的良好风尚，赢得了世界宾客的称赞，打造了最美的"中国名片"。

二 "三管齐下"，助推青年公共外交

南京青奥会既是世界青年欢聚、交流体育文化的大平台，也是传播中华文

化的大舞台。南京围绕举办一届精彩难忘青奥会的目标，精心策划青年公共外交工作，组织了精彩纷呈的青奥推广活动和各类文化活动，主要体现在以下三个方面。

（一）青年志愿服务，激发青春能量

志愿服务是能接纳大众参与，并引起跨文化认同的社会活动，具有世界性、共通性的特点，更容易吸引广大青年朋友的广泛参与。青奥期间，逾百万名赛会青年志愿者和城市志愿者参与了青奥服务工作。他们作为中国青年的代表，成为青年公共外交得以施展的主要载体。其中，被称为"小青柠"的赛会志愿者，大多是学生，平均年龄不到 21 岁，总共两万名"小青柠"为 204 个国家和地区代表团、3787 名运动员、27 个竞赛场馆的观众，提供了超过两百万小时的"国际化、有特色、高水平、全方位"赛会志愿服务，在发挥了"赛会成功基石"作用的同时，也把中国青年的勤劳、热情与活力展现给了世界。

在外国青年志愿服务方面，南京实施了"啄木鸟行动"。通过与南京大学海外学院、南京国际学校等涉外教育机构合作，组织城市公共标识纠错志愿服务行为。该志愿活动招募了来自美国、英国、韩国等近 20 个国家百余名外籍青年志愿者发挥母语特长，到机场、车站及旅游场所等地开展规范城市公共标识，以更好地迎接先后到来的南京亚青会和南京青奥会，并将发现的问题及时反馈给市相关部门进行整改，进一步规范南京的双语环境。累计纠错达 200 余次。

志愿服务不是简单的社会行为，而是人与人之间的真诚沟通，是人性化理念的正确表达。它不仅保证了赛事服务工作的圆满完成，更成为青奥会中青年公共外交的一扇窗口。从长远意义来看，优质的青年志愿者服务所产生的效果绝不仅仅局限于赛事期间，这种积极负责乐于奉献的工作精神对于逐步提高我国的国际声望和文化影响力将产生深远的意义。

（二）青年文化交流，诠释"中国梦"

办好青奥会，是扩大南京乃至江苏国际影响的难得机遇，对于在公共外交领域中展示我国改革开放的新形象具有重要意义。青奥会前后南京的国际文化

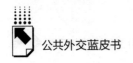

交流，是公共外交的重要一环。南京针对留学生及其他外籍人士的独特文化需求量身定做，大胆创新方式方法，以贴合外国人接受习惯为经度，以丰富饱满的文化活动为纬度，以全面体验南京文化为目的，对现有公共外交资源进行了一系列的优化配置和升级改造。坚持双向多边融合的原则，立足南京、面向世界，把扩大南京和江苏的对外宣传融入对"中国梦"的诠释中，具有鲜明的提升本国形象与城市形象的积极意义，为推进公共外交的健康发展提供了良好的氛围。

从活动组织形式上来看，南京国际青年文化交流活动的最大特色，就是以"化整为零"为形式，开展"嵌入式"主题文化交流活动，以代替规模庞大但持续效应较差、易流于空洞化的大型晚会式活动。南京国际青年文化交流活动以"爱在南京"为主题，并导入形象识别系统，设计了LOGO，开展形式多样的系列专题活动。比较具有代表性的有如下活动。

"探访青奥会夏令营"。组织南京国际学校、江宁国际学校的外籍青少年留学生，赴江浦行知基地开展青奥夏令营探访，以图增强外籍青少年对南京青奥文化理念的认同，提高青奥文化传播的参与性。

"国际文化交流日"活动。实现了"内外融合"，将中学生龙舟赛、青奥会倒计时300天两大活动和外籍留学生的同乐会、台胞台属联谊会相融合，进行整体策划与主题设计，开展"世界歌舞"、"异域风情"等十大板块的活动，共有16个国家和地区的1500名外籍留学生参与活动。

"我的南京故事"、"我的青奥梦"等图文有奖征集活动。通过图文征集、展示的方式，让外籍人士自己讲述、自己呈现、自己表达，全面反映在宁外籍人士的日常生活，凸显他们对南京城市、南京青奥等主题的个人情怀。

（三）青年和平论坛，构建交流平台

公共外交旨在国际社会中提高本国的国际地位和影响力，建树良好的国际形象。这是一项长远而艰巨的任务。如何让南京青奥会的精神成果永不落幕？如何让南京的青年公共外交事业保持强劲的发展势头？这需要加快构建一个可以持久发展的平台与机制进行强力推动。"世界青年体育、文化与和平论坛"是为南京青奥会量身定制的一项重要文教活动，是一次关于建设持续性青年文化交流平台的有益探索。此届论坛在南京青奥会举办期间进行，由联合国教科

文组织、南京青奥会组委会、中华全国青年联合会共同主办。从青年公共外交的角度来审度，此届论坛具有以下几项突出的特点。

首先，构建了高瞻性交流平台。此届论坛旨在推动后青奥会时代国际青年之间多元文化交流。论坛以青年人为主体，广泛邀约了具有国际影响力、关心青年与和平事业的杰出人士和青年领袖参加论坛，与会嘉宾就体育、音乐、宗教、教育、社会等诸多文化认知相互碰撞，成为广大媒体和社会民众争相关注的焦点，也使得东道主南京对青年文化交流所做的努力得到了国际社会的关注与认可。联合国教科文组织总干事伊琳娜·博科娃女士发来书面致辞，说"南京是我心目中最适合举办此次论坛的城市。南京与联合国教科文组织之间建立的战略伙伴关系，也反映出当今中国在全球发展中的领导地位。本届论坛是一个世界青年相互交流的良好的契机"。

其次，增强了对中国文化的感知。论坛将总体活动划分为三个系统进行整体策划与打造。一是以论坛议题为重点，打造"核心系统"，包括"暴力预防与和平"、"促进社会包容"、"推动可持续发展"等三个主题。二是以文化展演为载体，建造令人难忘的"展示系统"。在论坛举办现场，以南京的四大非物质文化展演为龙头，生动诠释南京近 2500 年历史所具有的深厚底蕴和璀璨文化。三是以深度体验为要旨，营造令人感悟的"体验系统"，通过观摩青奥赛事、参与文体交流、参观滨江与秦淮文化风光带等活动，让出席论坛的嘉宾和朋友更加了解南京，喜爱南京。

再次，全方位助力南京青年公共外交事业。南京在青奥期间承办世界青年论坛，效应叠加，是一次众多资源充分聚集与彰显的难得机遇。可以将联合国教科文组织的国际影响、青奥会互补品牌优势与南京城市文化特色三者优势互联互通，极大地释放本届论坛的对外张力，让南京的特色文化与世界文化相融合，南京的人文情怀与世界青年主题相延续，取得了相得益彰、合作共赢的显著成效。

最后，实现了青奥会精神成果的可持续发展。

在南京青奥会期间举办世界青年体育、文化与和平论坛，就是要实现南京青奥会的精神成果可持续地继承与发展下去。在论坛举办中，在采集中外嘉宾与青年领袖思想智慧的基础上，由全体成员通过了本届论坛的重大成果结晶——《南京倡议》。《南京倡议》以世界青年代表、文体工作者、和平倡导

者的名义，首先肯定了青年群体在世界持久和平和人类持续发展中所起的决定性作用，也认识到了青年一代在解决当今全球化世界中众多地区依然存在的武力冲突、暴力和敌意方面所负有的关键责任。同时，也承认和肯定了体育、文化以及联合国教科文组织在这一议题上所发挥的战略性作用和做出的多方面的贡献。

《南京倡议》的形成，既体现世界青年间"参与分享、文化融合"的包容理念，又显现出"突出青年主体、源于青年意志"的自身内涵。具体的措施包括：呼吁全世界青年积极传播奥林匹克精神，以促进文明对话和相互理解；恳请所有关心青年事业的组织和个人，开展有实际意义的磋商和互动；建议定期举办围绕体育、文化与和平主题的国际青年节等。举办国际青年节的提议，反映了与会者对持久性世界青年交流活动的重视，反映了南京青奥会所倡导的"分享青春、共筑未来"理念的深入人心，也印证了南京青奥会在推动青年文化交流、青年公共外交方面所取得的积极效应。

《南京倡议》是本届"世界青年体育、文化与和平论坛"集体智慧的结晶，也是南京青奥会前后青年公共外交中所取得的国际共识的总结，有助于最大限度地发扬光大南京青奥会精神遗产。在此过程中，南京被冠以"和平之城"的荣誉，可以说是整个世界对南京在青奥会期间所展示出的和平信念、和谐文化与积极形象的肯定，对南京在公共外交领域具备里程碑的意义。

可以说，世界青年论坛的成功举办，不仅是一次为世界青年汇集多元文化、搭建交流平台的探索与创新，更是一次深化南京青年公共外交的有益尝试。论坛成功凸显南京作为论坛发起者和赛事东道主的地位，在有效提升城市影响力、论坛辐射力、成果传播力和资源整合力等方面实现了新的开拓与建树。

三 "三大转变"，深化青年公共外交

"国之交在于民相亲，民相亲在于心相通"。以青奥会筹备与举办工作为契机的南京青年公共外交工作，以提升南京城市形象为主要目标，将南京的城市内在精神和外在形象通过灵活多样的形式与世界各国青年进行了深度交流。持续时间之长、参与人员之多、参与者平均年龄之低，都是较为突出的。从公共外交的视角审视，可以明显看出南京青年公共外交工作理念上的三个转变。

（一）由"政府主办"向"政府主导"转变

打造顺应国际潮流的对外传播话语体系和建设由我主导的国际交流平台。从主要依靠政府力量，转向更加重视发挥民间组织和渠道的作用，着力提高参与度。如南京国际文化交流日得到了南京公共外交协会等20多家部门与机构的大力支持，全市外宣资源得到优化配置和升级改造，对外传播的整体实力得以增强。通过"双百工程"（"南京百家对外文化交流基地与南京百名对外文化交流使者征选活动"）的评选活动，更加积极统筹国内与国际、官方与民间、精英与草根等众多方面的资源，建立政府、公众和民间组织三者协同格局，形成了公共外交的强大合力，改变了在对外文化交流活动中主要依靠官方渠道的现状，进一步创建与扩大了在人才与创业、旅游与宜居、文化与教育、宗教与慈善等重大题材和领域中的交流载体，达到事半功倍之效。

（二）由"被动选择"向"主动选择"转变

掌握内容和服务提供的主动权，把选择权交给受众。如在"爱在南京"主题国际青年文化交流活动中，南京创新活动方式，以外籍青年留学生的个人兴趣、爱好、需求等为索引，引导南京文化 DNA 因子，将"洋气与地气"相结合，把中国传统元素、地域特色文化和境外人士的个人兴趣、接受习惯相融合，设计活动菜单，及时推介营销。在活动组织的全过程中，坚持只推介不要求，所有外宣产品和外宣品只陈列不赠送，尊重外籍青年人的主动选择权，并将他们参与每次活动的感受与建议，及时收集，认真研究，加以改进。

（三）由"传统媒体"向"新媒体"传播转变

在网络化、个性化、即时化、多媒体化的今天，要促进传统媒体传播意识向新媒体传播意识转变。南京在青奥会举办期间，充分利用新媒体传播手段，选择受众喜欢的渠道，展示城市不一样的精彩。如首部城市微电影《南京201314》，以现代爱情故事为主线，串起南京的标志景点、地域民风、人文底蕴和大爱情怀，并尝试通过 Facebook、Twitter 等国际社交媒体和国内视讯媒体推广。青奥会火炬首次以全开放的姿态，通过网络方式传递，让每个有梦想的普通人都成为青奥会火炬手。"指尖上的火炬"在98天内走遍世界204个国家

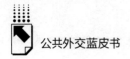

和地区，吸引境内的8700多万人次和境外的3300多万人次共同参与，实现了亿万人的火炬传递。音乐片《快乐南京》采用国际流行的"快乐城市"音乐元素，通过外籍人士的南京本土化创意，让欢舞的南京人、外国人与自然风光、特色景观进行混搭，上线一个月网络点击量超过500万人次。以地方特色文化为元素，设计制作"莫愁壶"、"一碗最正宗的南京"、"荷花灯DIY模块"等兼具文化展示和实用功能的文创产品作为外宣品，深受外国朋友的喜爱，在购买和享用的过程中加深了对城市的文化体验和了解。招募"网络传播使者"活动，征集100名在宁留学生和100名在境外留学的南京籍留学生担任"青奥网络传播使者"，开展"砳砳陪我去留学"主题宣传活动，利用推特、YouTube等社交网络，在境外实施宣传推介工作，推介南京，宣传中华文化，介绍当代中国。

总之，在全球化与新媒体传播时代，受众的思想多元、需求多样、关注多变。在青年公共外交工作中，面向国际受众，应跳出自说自话、自娱自乐模式，加强对时代特点、传播规律、受众需求等的把握，增强表达的国际化和分众化、精准度和有效度，努力提升和推介城市国际形象。

扬州：以运河文化扎实推进城市外交

柯银斌*

摘　要：　随着"中国大运河"被列入联合国《世界文化遗产名录》，扬州作为中国大运河申遗牵头城市所付出的努力得到了世界的肯定和回报。申遗成功后，扬州充分发掘了文化遗产的公共外交价值，打造了一批以运河文化为主题的文化产品，形成了遗产保护、申遗活动与公共外交三位一体的城市外交模式。扬州借申遗再放异彩，通过运博会等常态化机制的长效影响力丰富城市外交的形式，形成了独具扬州特色、弘扬运河文化的城市外交之路。

关键词：　公共外交　文化外交　城市外交　运河文化　扬州

一　世界文化遗产的公共外交价值

为应对全球自然遗产和文化遗产保护不足、世界遗产资源枯竭，联合国教科文组织在1972年巴黎举行的第十七届会议上通过了《保护世界文化和自然遗产公约》，对世界自然遗产和文化遗产做出了明确的界定。其中，文化遗产包括文物类、建筑群类和遗址类，并依据"突出普遍价值（Outstanding Universal Value）"制定了6条评判世界文化遗产的标准。

1976年11月，联合国教科文组织设立世界遗产委员会，专门负责《保护

---

* 柯银斌，察哈尔学会秘书长兼高级研究员，《公共外交季刊》编辑部副主任，第十一届张家口市政协委员，兼任中国公共外交协会常务理事、中国国际关系学会理事、中国国际交流协会理事、全国高校国际政治研究会常务理事。

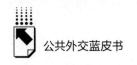
世界文化和自然遗产公约》的实施。1978 年，首批 12 处世界遗产被列入《世界遗产名录》。截至 2014 年 6 月，全球世界遗产已达到 1000 处。其中，中国共有 47 处遗产列入《世界遗产名录》，总量上仅次于意大利，居世界第二位。

（一）两大核心标准：突出性与普遍性

联合国教科文组织制定的世界文化遗产 6 条评判标准，分别为：

（1）代表一种独特的艺术成就，一种创造性的天才杰作；

（2）能在一定时期内或世界某一文化区域内，对建筑艺术、纪念物艺术、规划或景观设计方面的发展产生过重大影响；

（3）能为一种已消逝的文明或文化传统提供一种独特的或至少是特殊的见证；

（4）可作为一种建筑或建筑群或景观的杰出范例，展示人类历史上一个（或几个）重要阶段；

（5）可作为传统的人类居住地或使用地的杰出范例，代表一种（或几种）文化，尤其在不可逆转之变化的影响下变得易于损坏；

（6）与具有特殊普遍意义的事件或现行传统或思想或信仰或文学艺术作品有直接和实质的联系。

只需符合 6 条标准中任意一条的文化遗产，就可列入《世界文化遗产名录》。

上述 6 条标准集中体现在"突出性"和"普遍性"两大核心。首先，"突出性"表现在"独特"、"天才杰作"、"重大影响"、"特殊见证"、"杰出范例"等表述中。作为世界级的文化遗产，对其"突出性"的要求不言而喻。在世界范围内的人类发展史上，有突出艺术价值、对艺术及历史有代表性和重大影响力的人类文化遗产，才可能符合世界级遗产的标准。其次，"普遍性"则是隐藏于 6 条标准内的前提条件。作为文化遗产，往往通过特定国家或民族的历史、地理、风土人情、传统习俗、生活方式、文学艺术、行为规范、思维方式、价值观念等物质或非物质形式传承。作为世界级的文化遗产，则不能局限于此，而要被全世界各国和民族人民共享，因而必须具备一定的、能够为全世界接受的普遍价值。

事实上，目前已列入《世界文化遗产名录》的遗产，均以物质和/或非物质艺术表现形式为载体，历史和文化价值突出，且能在世界范围内得到广泛接受，集中体现了世界文化遗产的"突出的普遍价值"。同时，世界文化遗产这种"突出的普遍价值"特性，具有强大的凝聚力和吸引力，自然而然地推动着各国、各民族间的交流，这也使世界文化遗产具备了"天生"的公共外交价值。

（二）公共外交价值：跨文化性与国际传播力

以"突出的普遍价值"为核心标准的世界文化遗产，因其"跨文化性"和"国际传播力"，更加具有公共外交的价值。

一方面，作为世界文化遗产，其突出的卓越性、经典性、代表性及不可替代性，使之成为本国文化中的重点、热点和亮点，并作为本国经典文化的代表，具有天然的"跨文化性"。这无疑能够吸引更多的人关注该文化遗产及其所在国的文化，其中也必然包括来自世界各国人士的关注。

另一方面，世界文化遗产所强调的普遍性，则更有利于国际传播和促进跨文化交流、巩固和扩大公共外交效果。一个国家或民族的文化，若仅有突出性而缺乏普遍性，则可能不为其他国家和民族所接受或理解。即便存在形式上的交流，也无法真正达到通过文化交流增进了解和互信的目的。而那些能够被全世界普遍接受和理解的文化，能够更加有效地打破国与国之间地域、语言等多方面的障碍，提升国际传播的能力，并真正达到跨文化交流、实现公共外交的效果。

二 扬州运河：三位一体的城市外交

2006 年，大运河同时被列入第六批全国重点文物保护单位和世界文化遗产预备名单，大运河正式进入了申遗程序。至申遗成功，扬州市形成了遗产保护、申遗活动与公共外交三位一体的城市外交模式。

（一）以遗产保护为基础

扬州的兴起和发展与大运河密切相关。春秋时期，吴王夫差开邗沟，即大运河最早航段，筑邗城，即今天的扬州城。隋代大运河全线贯通，又经唐宋发

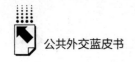
展，并于元代成为贯通海河、黄河、淮河、长江、钱塘江五大水系的交通大动脉。扬州处于大运河与长江交汇处，得天独厚的地理优势成就了这座古城在大运河流域的重要地位，也使扬州随着大运河的延伸而发展、兴盛，成为仅次于京城的全国繁华的工商业城市。

早在 2004 年，扬州市政协就对大运河保护与申遗进行了密集的调研和建议，并得到了扬州市委和政府的重视与采纳。扬州在古运河保护上始终走在沿线城市的前列，起到了先行表率作用。

扬州市政府长期以来重视运河的保护，是关键的决定性因素。1982 年，扬州成为国务院首批公布的历史文化名城。1996 年，扬州隋、唐、宋城遗址又被确定为全国重点文物保护单位。扬州在大遗址的保护中始终坚持三个基本的理念。

（1）坚持系统保护理念。在全面保护城垣轮廓、空间格局、文物遗存的同时，注重寻求文化传承与生态环境建设、人居环境改善以及城市经济发展之间的结合点。

（2）坚持原真保护理念。科学甄别遗址本体，制定最严格保护、分类保护的措施，尽量不做"加法"，确保遗址的真实性、可识别性。

（3）坚持统筹保护理念。妥善处理遗址保护与城市扩张的关系，跳出古城建新城，拓展发展空间，疏散古城居民，改善古城居住条件，推动古城新城相得益彰、互动双赢、共同发展。

扬州市始终抱着对先人的敬畏之心和对历史的敬重之情，以最严格的制度实施遗产保护。为了更完整、更清晰地保护好大运河这条"母亲河"的历史风貌，扬州市从资源调查、编制规划到监测管理、保护工程、环境整治，始终坚持"尊重历史、最小干预"的原则，并以国际法则为准绳，按照联合国教科文组织的要求，先后编制各类遗产保护规划 28 份，投入 7 亿元动用上万人次，对扬州境内 150 公里运河和遗产点进行严格保护和修缮，力求做到原汁原味、原真原貌。

（二）以大运河申遗为关键

作为大运河申遗牵头城市，在大运河将独自面对成败压力的时候，扬州没有患得患失，畏首畏尾，而是挺身而出，迎难而上，承担起应尽的责任。针对各方提出的将大运河申遗延后的建议，申遗办提出了不同意见，并坚持赴多哈参加第 38 届世界遗产大会，做最后的努力。其中一个原因是，有些沿线城市并没有为大运河遗产保护立法，地方政府是为了配合申遗工作而暂时加强对遗产的保护。若 2014 年申遗失败，地方政府对申遗的积极性减弱，也必然弱化对遗产的保护，极可能因疏于遗产保护而使之被破坏。若 2014 年申遗成功，大运河列入《世界文化遗产名录》后保护标准也会随之提高，因而能更好地保护遗产。

在听取申遗办的汇报后，扬州市市长朱民阳颇为意外，但他随即表示："正是因为可能不成功，我去了才有意义。"在此关键时刻，扬州市政府表现出对申遗的绝对支持，再一次发挥牵头城市的表率作用。

扬州代表团将大运河最终成功申遗称为"翻盘"，并采取了多种应对措施：出访前，扬州市市长朱民阳及市外办、申遗办同志数次拜访外交部、国家文物局，向部局领导表达扬州坚定支持大运河今年申遗、服务世界遗产大会审议的愿望。部局领导表示，在确保丝绸之路申遗成功的原则下，给予扬州牵头的大运河申遗工作全力支持。

6 月 19 日到达多哈后，朱民阳市长率扬州代表团，分别拜会、拜访国家文物局、联合国教科文组织、国际古迹遗址理事会、联合国教科文组织中国全委会、外交部的参会领导及中国驻卡塔尔大使馆，介绍扬州和沿线城市为大运河遗产保护和申遗所做的努力，积极争取对大运河项目的支持。会议现场，朱民阳市长又专门与大会主席玛雅莎公主、联合国教科文组织总干事分别接触，做他们的工作，让他们充分感受到扬州作为大运河申遗牵头城市的责任感和使命感。工作人员在会场外宣传台上摆放大运河遗产册页、大运河扬州段遗产简介、扬州城市指南、扬州地图等英文资料，营造大运河申遗氛围，在大运河申遗冲刺阶段，做了大量卓有成效的工作。

原本预计 6 月 20 日下午能进入审议流程的大运河项目，因前期项目讨论时间延长和新增审议项目，一直到多哈时间 6 月 22 日上午才进入审议流程。经过两天多的煎熬等待，代表团终于迎来了这激动人心的时刻。大会展示了ICOMOS 所做的大运河介绍 PPT 后，大运河的美丽壮观征服了在场的世界遗产委员会成员国。土耳其代表随即表示："大运河太伟大了，我们建议立即列入"，随即得到了其他 10 个国家的支持。当地时间 6 月 22 日上午 10 点 19 分，

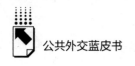

大会主席、卡塔尔博物馆局主席玛雅莎公主征求委员国意见,在没有反对声音后,果断敲锤宣布中国大运河列入《世界遗产名录》,大运河申遗成功。

(三)以运博会为主线

在中国外交部、住建部、文化部、水利部、国家旅游局、国家文物局、中国人民外交学会、中国联合国协会、联合国教科文组织、联合国人居署、世界旅游组织、内河航道国际组织、凤凰卫视、中央电视台中文国际频道等单位倡导和支持下,自2007年开始,一个世界性的、以运河为品牌和纽带、运河文化为主题的国际性研讨会在中国扬州举行。扬州市政府与太平洋经济理事会中国委员会CNCPEC – China一起创办的"世界运河名城博览会"(简称"运博会"),从政治、经济、文化、技术等多方面展开研讨,弘扬运河文化,推动运河城市的发展。至今已走过8年的运博会,不仅助力扬州牵头的大运河申遗工作,而且在传承与弘扬运河文化的同时,提升了扬州的国际形象,成为扬州重要的公共外交活动品牌。

2007年9月,第一届运博会"中国·扬州世界运河名城博览会暨市长论坛"在古运河畔东门遗址广场开幕,大会以"运河与城市发展"和"运河城市的可持续发展"为主题。开幕式上,国家文物局文保司司长顾玉才宣布扬州市为大运河申报世界遗产牵头城市,"中国大运河联合申遗办公室"也落址扬州。运博会在弘扬运河文化的同时,广邀10个国家、14个国际著名运河城市及相关国际组织代表参会,在国际社会提升大运河申遗的影响力。第一届运博会成果斐然,参会城市共同发布了《世界运河城市可持续发展扬州宣言》。运博会期间,中外嘉宾参观扬州运河两岸的建筑、古迹,并提出了"到北京看长城,下扬州看运河"的运河文化品牌理念。

2008年的第二届运博会,在首届运博会成功倡导运河城市走可持续发展道路、弘扬运河文化的基础上,深入探讨运河城市的发展方向。该届运博会以"运河城市产业结构优化和可持续发展"和"运河城市历史文化遗产保护和传承"为主题。参会方更加多元化,运河城市增加到13个国家的13个境外城市和中国大运河沿线的33个城市,同时还有扬州的2个海外友好城市、2家运河管理机构,倡导支持单位和境外媒体的专家代表参会。

在成功举办两届运博会的基础上,扬州市在第三届运博会开幕前,启动了

"爱运河、爱扬州、爱生活"市民系列活动，向市民发起"从我做起，从每一天做起，从每件事做起，自觉成为传统美德的继承者、道德规范的实践者、文明城市的维护者、文明优雅市民的倡导者"的倡议。活动为期一个月，旨在配合运博会的召开，发动扬州市民广泛参与运博会，做好东道主。

2009 年 9 月 25 日，在第三届运博会开幕式上，主办方采用了独特的水上入城式。中外参会嘉宾从徐凝门码头乘坐游船，欣赏着古运河两岸夜景和亲水平台上的扬州特色歌舞表演，沿古运河来到东关古渡。这一独具特色的水上入城仪式，给中外嘉宾留下了深刻的印象，也彰显了扬州对办好运博会这一盛事的不懈努力。

扬州并不满足于运博会形式上的丰富，更积极推动这一活动的机构化、组织化。来自中国太平洋经济合作全国委员会、埃及伊斯梅利亚省、意大利里米尼市、瑞典特罗尔海坦市等地的代表，提议建立一个中外运河城市沟通和交流的常设机构。作为运博会的主办方，扬州积极响应这一建议，提出了创办运河城市合作组织的计划，并马上着手向民政部申报。2009 年，经中国国务院批准，中国首个由地方政府倡导的国际组织——世界运河历史文化城市合作组织（简称"运河城市合作组织"）获批成立。恰逢第三届运博会期间，运河城市合作组织的成立，成为该届运博会的一大亮点。

扬州通过运博会请来中外宾客后，获得了一个向全国、向世界展示扬州的平台。通过古城建筑、书画曲艺、工艺作品、民俗礼仪、衣食住行等，向宾客展示扬州的特色文化和扬州深层次的文化形态。巴拿马前驻华首席代表莫夫杰 2009 年和 2010 年连续两次来扬州参加运博会，对扬州和运博会留下了深刻的印象，回国后他将在扬州拍摄的照片制成精美画册，并在扉页上写着"I found China in Yangzhou"。俄罗斯莫斯科运河城市巴拉什赫市长在参加 2010 年运博会后说道："扬州是一座美丽的城市，是一座精致的城市，更是一座幸福的城市。"

2011 年，以"设计，提升运河城市"为主题的第五届运博会，吸引了内河航道国际组织、联合国人居署，以及巴拿马运河、苏伊士运河、米迪运河、里多运河等 18 条运河城市的代表参会，规模和影响力空前。同时，这些高水平的代表参会，进一步提高了运博会的国际知名度，吸引了更多的关注，提升运博会和扬州的国际知名度和影响力。同年，世界运河名城博览会永

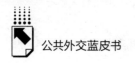

久性会址——大运河畔的京杭之心竣工并启用。京杭之心成为扬州和大运河全新的标志性建筑。参会嘉宾在全新的京杭之心，了解了古运河畔的古城扬州，同时也看到了一个现代化、国际化的扬州。

凭借多年成功举办运博会的经验，扬州成功获得了 2012 年第 25 届世界运河大会的承办权。由于世界运河大会此前没有在亚洲国家举办过，扬州此举不仅在中国城市中是一大突破，在亚洲也是填补了空白。此举证明了内河航道国际组织对扬州在弘扬运河文化实践方面的肯定。

2012 年第六届运博会是具有里程碑意义的一届，得到了中央和江苏省领导的关心和支持。7 月，时任外交部长杨洁篪赴扬州考察，专程参观了落成不久的京杭之心，并留下了"办好世界运河博览会，推进名城扬州国际化"的题词。2012 年 9 月，一场国际化的盛会"中国·扬州世界运河名城博览会暨第 25 届世界运河大会"在扬州举行。借助世界运河大会的全球影响力，本届运博会暨世界运河大会获得中国外交部、住建部、文化部、水利部、国家旅游局、国家文物局、中国人民外交学会、中国联合国协会、联合国教科文组织、联合国人居署、世界旅游组织、内河航道国际组织、凤凰卫视、中央电视台中文国际频道等单位的广泛倡导和支持。

2013 年，申遗进入关键期，第七届运博会以"水生态、水文明与名城"为主题。当时大运河申遗已进入倒计时阶段，对遗产保护成为申遗工作的重中之重。该届运博会的主题与申遗工作保护高度一致。与会嘉宾就水生态文明城市的路径和方法、现代城市中的水景观、水文化遗产的保护利用等主题进行了探讨和交流，不仅分享了运河城市对水生态、水文明保护的经验，而且为大运河遗产保护献策。

2014 年金秋，大运河申遗成功后的首届运博会——以"聚焦大运河申遗成功后的保护和利用"为主题的第八届运博会，再一次迎来了中外嘉宾。已然成为世界文化遗产的大运河，在获得国际社会肯定的同时，迫切需要的是更全面、更完善的保护和利用。在运博会开幕当天，ICOMOS 顾问米歇尔·约瑟夫·科特博士作为首位主旨演讲嘉宾，针对大运河申遗成功后对保护使用及面临的挑战，做了精彩演讲。朱民阳市长则基于扬州八年申遗路上的不懈努力，对申遗成功后的科学保护和可持续利用做出实质性的倡议和规划。

三　大运河公共外交与扬州经验

回溯牵头申遗八年路，扬州凭借与大运河的历史渊源以及多年来对大运河的积极保护，赢得了各界的肯定，成为申遗牵头城市。在申遗过程中，扬州不仅发挥了先行表率的示范作用，而且通过一年一届的运博会，扩大大运河影响力，为申遗造势，也因此赢得了"大运河第一城"的美誉。

（一）"大运河第一城"借申遗再放异彩

扬州被称为"大运河第一城"，并非因为扬州是大运河沿线城市规模最大或经济实力最强的城市。如果说，古运河是古人对今日扬州的馈赠，那么对古运河保护的重视，则是今人对古人馈赠的感恩和回报。扬州作为"大运河历史第一城"的同时，也是当之无愧的"大运河保护第一城"。告别千年前的喧嚣与繁荣，如今的扬州是大都市林立的长三角经济区中一座独树一帜的古城。改革开放后30多年，中国经济进入高速发展期，有些城市以牺牲环境获取资源为代价换取经济发展。但扬州市政府并没有大量引进能快速刺激地方经济的工业项目，或以牺牲古迹为代价大力发展房地产，而是不惜以放缓经济发展的代价大力保护历史文化遗产。因此，今天我们在扬州蜀冈——瘦西湖景区边，才会找不到一栋高楼，让古时的美景保留至今；今天我们在古运河畔的东关街上，能看到古色古香盐商古宅。进入21世纪后，扬州市政府立足历史文化名城的优势资源，进一步围绕对历史文化遗产的保护而提出了一系列城市振兴和发展的计划，将保护历史文化遗产作为城市发展的核心和主题。兼具"大运河历史第一城"和"大运河保护第一城"的扬州，才能作为大运河沿线城市表率，成为大运河申遗牵头城市，也因此成为名副其实的"大运河第一城"。

大运河申遗又给了扬州这座历史文化古城一个再放异彩、走向世界舞台的契机。联合国教科文组织的《世界文化遗产名录》具备极高权威性和国际影响力。申遗一方面表现出国家对大运河历史文化价值的信心，另一方面也希望借此为大运河历史价值寻求国际权威肯定，这同时吸引国际社会对中国文化的关注。而作为牵头城市的扬州，也受益于此。这对促进扬州与国际社会的广泛交流，有着积极的促进作用。同时，申遗过程本身就是向国际社会展示本土文

化的绝佳机会，扬州作为"大运河第一城"，获得了展现运河文化、展现扬州的机会。如在世界遗产大会上展示城市风采这样的机会，对扬州这样一个地级市来说，更是难能可贵的。在无形之中，扬州作为"大运河第一城"被推向了世界舞台。

（二）运博会长效影响力丰富城市外交形式

扬州牵头申遗八年也是扬州主办运博会的八年。若从运博会的筹备开始算起，运博会则是与大运河申遗同龄的，贯穿于大运河申遗的八年中。大运河申遗是过程，以弘扬运河文化为主题的运博会却已形成一种长效机制。一年一度的运博会，从第一届开始就见证了申遗办落户扬州，此后一年又一年配合申遗的步伐提升组织化、国际化水平，从而在扩大运博会影响力的同时助力申遗。2014年申遗成功后，新的一届运博会又将见证申遗办更名为保护办，见证扬州继续作为世界文化遗产保护的代表性城市，为大运河未来的保护和发展而努力。

申遗成功后，运博会作为一种长效机制，又被赋予了更好的公共外交价值。作为世界文化遗产的大运河，"突出的普遍价值"具备极高的公共外交价值，因而大运河本身就是一种公共外交的资源。运博会以运河文化为主题，以中国大运河为品牌，可以围绕大运河这一公共外交资源，开展形式多样的公共外交实践活动。

（三）围绕"运河文化"的城市外交

申遗成功并不是终点，申遗成功后的保护与利用才是申遗的重点和目的。的确，大运河的价值并不是因为申遗才出现的，其突出的普遍价值已存在千年，申遗成功是国际社会的一种肯定，也是一条运河文化走向世界的快速通道——通过国际组织的影响力和传播力，让全世界发现大运河、走进大运河、了解大运河。而当国际社会了解大运河、了解运河文化的同时，也将了解中华文化、了解中国。因此，申遗成功扎实推进了中国公共外交的开展。

站在申遗牵头城市——扬州的角度，作为一个地方城市，其公共外交实践服务于国家整体外交战略，以城市外交的形式表现出来。申遗成功则给了扬州更多、更好践行城市外交的机遇和空间。事实上，在申遗过程中，扬州已经摸索出一套围绕弘扬运河文化的城市外交之路。弘扬运河文化不仅是一年一度运博会的主题，也是扬州城市发展的主题。依托"运河文化"，扬州成为大运河申遗牵头城市；立足"运河文化"，扬州在古运河文化遗产保护上，发挥先行表率作用；围绕"运河文化"，扬州找到了国际化城市发展和前进的方向。

扬州在众多大运河沿线城市中脱颖而出成为牵头城市是扬州倡导"运河文化"的结果，扬州事事先行表率、坚定申遗是扬州践行"运河文化"的表现，贯穿于申遗前后且将继续前行的运博会是扬州弘扬"运河文化"的品牌性国际活动。更重要的是，这种"运河文化"属于世界文化遗产，拥有"突出的普遍价值"，涉及丰富多样的国际交往和文化交流，最终在城市外交中发挥其最大的效果。这正是独具扬州特色的，围绕弘扬运河文化的城市外交之路。

参考文献

1. 学术论著

张开、邓清：《感知文化差异跨越传播障碍——扬州运河城市文化传播策略》，《现代传播》2010 年第 9 期。

邓清、张开：《地方文化外交对国家形象塑造的贡献——以扬州世界运河名称博览会为例》，《当代世界》2011 年第 9 期。

张开、邓清主编《扬州运河文化的传播与交流》，外文出版社，2012。

2. 网络资料

运博会官网：http：//www. yangzhou. gov. cn/yzsjyhmc8/d8yhmc_ index. shtml。

3. 人物访谈

访谈对象：扬州市政协主席洪锦华、扬州市政协副主席倪士俊、扬州市外事办公室主任邓清、大运河联合申遗办公室副主任姜师立、扬州文化研究会原会长韦明铧等。

访谈时间：2014 年 7 月 20～21 日。

B.11

侨务外交与温州公共外交实践

毛继光 夏 蓉 叶柏霜*

摘 要： 随着海外华人华侨规模的逐渐扩大，对侨务外交的研究具有越来越重要的意义。在构成城市公共外交的众多行为主体当中，本地走出去的华人华侨同样是一支不可忽视的重要力量。温州市在海外拥有大量的华人华侨，他们通过个体行为、在跨国经营中的行为、社团活动行为等形式，与当地民众、民间社团、所在国政府进行多种方位多种维度的交流、交融和互动，从而实现政治、经济、文化等方面的公共外交，为同乡、同胞们维护正当权益、争取应有权利。温州华人华侨的努力不仅受到祖国人民的肯定，还受到所在国人民的赞扬，是沟通中外人民的重要桥梁。

关键词： 城市公共外交 侨务外交 温州

一 前言

温州市地处浙江省东南，属于长三角区域城市。由于沿瓯江面向东海的地理位置、重商的历史文化和敢为人先的企业家精神，温州成为全国重点侨乡。温州有上千年移民史，移居海外的先驱包含宋真宗咸平元年（998 年）随商船至高丽（今朝鲜、韩国）经商的周仁，后结识当地人并被举荐到高丽王朝而

---

* 毛继光，温州大学外国语学院常务副院长、副教授；夏蓉，温州大学外国语学院副教授；叶柏霜，温州大学外国语学院院办主任。

重用，弃商入仕；还有元成宗元贞元年（1295 年）随元朝政府使团出使真腊（今柬埔寨）的周达观，他的《真腊风土记》详细记载了位于柬埔寨地区的古国真腊的历史和文化。

据温州华侨史记载，1949 年前移居国外的温州华侨，大多流向东南亚和欧洲等国。到 70 年代末，在中国改革开放和国家放宽移民政策的大环境下，温州再次出现"出国潮"，移民规模快速扩大，出国流向亦发生巨大的变化，从原来去西欧逐步扩展到东欧和独联体国家，甚至去南美、中非等国家，形成"温州人足迹遍天下"的态势。

目前，温州有近 60 万人口分布在世界 131 个国家和地区，建立海外温籍侨团 300 多个，海外投资联络处 60 多个，形成丰富的华人华侨资源。赵进军（2014）在"华侨与公共外交高峰论坛"上做了题为《华侨是中国公共外交的天然使者》的演讲，充分肯定了其在公共外交中的重要作用。作为全球移动景观，华人华侨是外界认识中国、了解中国的重要载体，更是中国与世界政治、经济、文化交流、沟通、互动的一线参与者，是提升国家软实力和巧实力、树立中国国际形象的重要、不可替代的民间力量。

二　研究对象和方法

本文主要基于温州公共外交协会和温州市政协港澳台侨与外事委员会在三册《中国智慧——温州人走出去的公共外交案例》（2012.5、2012.8、2014.5）中编录的 108 个典型案例。根据《辞海》（2010）对"华侨"和"华人"的定义，华侨是指"侨居国外的具有中国国籍的人，不包括出国旅行访问人员，政府派在他国协助建设的工人和技术人员，国家派往外国的公务人员和在国外学习的留学生"；华人是"指已加入或取得了所在国国籍的中国血统的外国公民"，对 108 个典型案例进行梳理，去除重复以及不符合"华人"或"华侨"定义的案例，最后获得 72 个关于华人华侨公共外交案例。

72 个案例显示温州华人华侨足迹遍布除南极洲之外的六大洲，相对集中在意大利、美国、法国、西班牙和荷兰等国家。出国年份基本集中在 20 世纪八九十年代，出国时年龄为 20～40 岁居多。华人华侨在所在国从事的行业领

域包含政治、科学研究、新闻媒体、法律、艺术、商贸、餐饮、房地产投资等等。其中，以美国为比较典型，7个美国案例分别代表艺术、政治、科研、投资、贸易、制造等领域；在意大利，有3人被选为市议会移民议员。在72位华人华侨中33人担任侨领，积极发挥其在侨团商会中的职能。女性华人华侨共7人，树立海外温州巾帼英雄的典范。根据书中案例描述，共12人由于其突出贡献获得过所在国政府的表彰，8人加入所在国的权威协会或专业组织机构。

本文采取案例分析的研究方法，基于以上72个案例，对发挥"民间外交官"作用的温州华人华侨的公共外交的主要形式以及公共外交的效果进行整理和分析，以期在公共外交全球化和民间化的背景下，为华人华侨更好地传播中华文化，促进与所在国民众的交流、交融，"讲好中国故事，传播好中国声音"提供一定的借鉴。

三　温州华人华侨公共外交的形式

温州华人华侨有意识或者无意识参与的公共外交活动主要包含华人华侨的个体行为、企业的跨国经营以及华人华侨社团活动等三种形式，他们与当地民众、民间社团、所在国政府进行多种方位多种维度的交流、交融和互动，从而实现政治、经济、文化等方面的公共外交。

（一）华人华侨个体行为

金正昆、孙冰冰（2012）认为海外华人华侨参与中国侨务公共外交有四大基本特点，即民间、合法、同质和互动的特点。华人华侨认同中华文化，了解中国国情，同时又融入所在国的社会，在所在国拥有更宽广的人脉。通过与所在国人民平等坦诚的个人交往，可以了解对方，也使对方能更全面直观地了解自己以及中国的国情文化，从而产生合作互动的机会，起到较好的公共外交的效果。

1. 华人华侨个人交往中的公共外交

比如，戴任胜与丹麦女王的丈夫亨利克亲王之间的友谊促成亨利克亲王

2009 年和 2011 年两次来温州进行私人访问，设立亲王驻华办事处。又如意大利普拉托的张力与当时普拉托副省长马菲意先生的相识、相知，为温州与普拉托缔结友好城市建起一座桥梁。德国侨领冯定献的能力和个人魅力获得圣马力诺前元首的关注，他们的友谊促成前元首的温州经济考察，很大程度上推动了两国的贸易往来。

旅美温籍女画家陈迹的作品受到美国前总统里根和克林顿的青睐，曾作为中国第一位受美国总统邀请的民间客人，参加前总统里根的连任就职典礼，并曾受邀参加前总统克林顿的生日音乐会。她还受到纽约州科学博物馆馆长格拉姆雷博士的赞誉，并受邀举办该馆有史以来的第一次画展。

2. 华人华侨在参政中的公共外交

另外，温州华人华侨的参政意识逐渐加强，比如在意大利市级移民议会担任议长或议员的潘永长、刘成和季志海，他们接受过所在国的良好教育，了解所在国的历史、文化、法律，精通汉语和所在国的语言，他们在任期间，一方面，争取华人华侨的地位和权益，消除误会和分歧，搭建商贸合作平台，另一方面，社会各界也通过他们的参政了解、理解中国。

上述例子表明华人华侨与所在国主流社会的互动可以表达和提升海外华人华侨的形象和地位，对推动我国和所在国的政治、经济、文化的交流与互动，具有较深刻、广泛的影响力，是公共外交较典型的形式。

（二）华人华侨在跨国经营行为中的公共外交

察哈尔学会柯银斌在"华侨与公共外交高峰论坛"（2014）上指出：跨国经营行为不管主观上有无意识，都会产生客观的公共外交的作用。也就是说，当一跨国公司合法经营，符合东道国公序良俗，有利于所在国的经济社会发展时，会产生正面效果；另外，华人华侨在跨国经营中履行企业社会责任，超越把利润作为唯一目标的传统理念，强调要在生产过程中对人的价值的关注，强调对环境、消费者、社会的贡献，即承担对员工、消费者、社区和环境的责任，具有较强的品牌意识，品牌中彰显国家形象，营造良好的舆论环境，从而赢得当地民众的尊重和信任，树立良好的企业形象；再则，在企业跨国经营中出现的与所在国的冲突和争端的妥善解决有助于维护合法权益，提升华人华侨地位和形象。

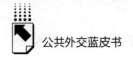

1. 华人华侨企业跨国经营中的公共外交

如波兰华侨金建波收购华沙中国城，为波兰解决就业3000多人，并为当地创下可观的税收。王伟胜、叶茂西分别在迪拜和英国购买电视台，构建沟通信息、交流文化、贸易合作的媒体窗口和平台。

又如旅日投资企业家李建江在日本2011年的9级地震发生后捐款并组织急救物资送往重灾区，彰显企业的社会责任。又如，旅巴华侨黄海澄积极参与巴西政府的国际援助活动。做地板生意的卢伟光在巴西购买森林用以采伐，但是他强调生态因素，坚持开采严格按照巴西林业的有关规定，并严格按照森林树木的生长规律，当他发现他收购的森林中居住着一个与世隔绝的印第安人原始部落时，卢伟光将大约7000公顷的土地无偿赠送给这个部落，获得巴西人民和政府的高度评价，并赢得印第安人的友谊。无独有偶，林美银在意大利从事仓储物流，为了缓解交通堵塞和加强运输能力，他和其他意大利公司合作投资1000多万欧元修建了一条长达3公里、宽20米的公路，送给意大利罗马政府等等。

2. 华人华侨企业跨国经营中的危机外交

企业跨国经营中出现摩擦冲突的危机公关和法律诉讼等，也将促进华人华侨企业与所在国各个部门的互动，促进沟通和了解，改善企业生存环境，并有助于提升海外温州人的形象。例如，一位意大利华人在华人商业区卸货，这违反了当地的法律规定，因此与警察发生争执。为此，同为温州华人华侨的罗马移民议长在意大利国家电视台进行公开辩护，他反问主持人如果不这样卸货，那怎样将商品运进去。他指出问题的关键所在以及法律规定的不合理性，提出修改的建议。这促进了华人华侨与所在国的沟通和理解。

又如，2004年发生"9·16"烧鞋事件，西班牙瓦伦西亚近千名西班牙鞋商和鞋厂工人进入当地的中国鞋城抢劫并焚烧货车和仓库。由于该案件的复杂性，到法院终审判决为期近7年之久。温籍旅西知名律师秉承为华人华侨做事讨说法的信念坚持了下来，据理力争，维护了华商的权利和利益，这在西班牙的主流社会产生深远的影响。

综上，一方面，华人华侨企业的跨国经营需以了解所在国的国情、文化，遵守所在国的法律法规为前提，需善于处理企业的经济利益与社会效益的关系，需提高企业品牌意识和舆论环境意识。另一方面，随着全球化的进一步发展、中国实力的逐渐增强，华人华侨企业的跨国经营必将日益常态化，经贸活动中的跨文化沟通亦日益频繁，平等、互利、对话将使企业的跨国经营发挥出更积极、更重要的公共外交作用和影响。

（三）华人华侨社团的公共外交

华人华侨社团是非营利性的民间组织，是当地侨胞团结互助的平台，是连接所在国和温州家乡的桥梁和纽带，同时也是"讲好中国故事、传播好中国声音"，进行有中国特色的公共外交的重要主体。温籍华人华侨以爱乡、抱团著称，海外温籍侨团多达300多个，海外投资联络处有60多个，对促进文化经济的双向互动以及在服务国家战略的公共外交方面起着不可或缺的重要作用。华人华侨社团的公共外交具体表现为危机公关、文化艺术活动、经贸互动以及华文教育等四个方面。

1. 危机公关

危机公关是指国家、企业、个人的利益或形象受到威胁或损害时，为维护国家、企业、个人的形象、地位和影响力，配合我国政府所采取的公共外交行为。比如，2013年11月9日，洛杉矶近5000名华人抗议ABC电台辱华言论，北美温州大学校友会积极参与此次游行抗议活动，负责文宣、广告、标语、抗议信的写作、制作及翻译，撰写游行知会律师函，参加捐款等等。自2001年荷兰中国和平统一促进会成立以来，胡允革一直领导、组织和主持荷兰侨界的反"台独"、反"藏独"、反"疆独"等大型活动，2012年针对日本政府对钓鱼岛及部分附属岛屿实施"国有化"进行抗议游行。又如，2011年利比亚骚乱引发史上最大的撤侨行动中，徐伟春会长带领的希腊华侨华人总商会在转移接待服务侨胞方面做出突出贡献。再如，2005年，巴西温州同乡联谊会一方面为一位刚到巴西不久被绑架的温州青年人筹款赎人，另一方面联系领事馆帮忙报警，维护侨胞的安全和权益。

2. 文化艺术活动

中华传统文化是联系海内外华人华侨的桥梁和纽带，也是中外人文互动的重要内容。温州海外侨团商会纷纷配合政府，并联合其他商会举行各类节日庆典以及文艺晚会，例如"相约米兰"、"让巴黎认识我们"、"文化中国·四海同春"等活动，邀请当地的主流社会、各个商业组织和新闻媒体参加，很好

地传播了中华文化，表达了勤奋刻苦、积极向上的华人华侨群体形象，增加了与当地人之间的亲近感。

3. 经贸互动

温州海外侨团商会在经贸互动方面更是发挥着重要的作用。比如，马来西亚温州总商会于 2010 年积极推动并承办在马来西亚霹雳州怡保市的中国（温州）名优产品博览会暨马来西亚国际日用消费品博览会的活动，同时创办马来西亚中国温州名优产品展示中心。在总商会会长张小群的大力推动下，温州与怡保于 2011 年缔结友好关系城市协议。2012 年，马来西亚温州产业对接会在温州市召开，引进的"马来西亚产品温州展示中心"成立，成为温州市首家境外产品展示中心。

4. 华文教育

华文教育因其在中华文化传承中的重要作用，历来受到温州海外侨团商会的重视。耿虎（2007）认为海外华文教育应在做好自身文化传承的同时，进一步扩大文化传播功能，加强自身建设、增强吸引力，谋求承认、扩大影响力，紧密互动、加大助推力。比如，旅荷华侨总会早在 1996 年，联合其他侨团，举办首届"欧洲华文教育研讨会"，加强各国中文教育方面的经验交流；又如，比利时华人经贸商会支持第十届"汉语桥"比赛，并将比赛地点放在比利时国家标志性建筑，即原子球塔内举行，一定程度上提高了中华文化的影响力，该商会创办了布鲁塞尔中文学校；再如，在意大利的华侨华人工商会通过与米兰政府的沟通，获得华人子女中文教育的资金，创办中文学校；旅荷华侨总会至 2000 年共创办 17 所中文学校。

由于温州华人华侨的人数规模较大，爱乡、抱团精神以及侨领的领导能力出众等等，温州海外侨团商会具有较强的凝聚力和影响力。金正昆、孙冰冰（2012）指出"华人华侨社团是海外华人华侨社会的基本构架和联系纽带，随着新移民人数的增加，海外侨团商会等民间组织呈现蓬勃发展的趋势，其公共外交的功能及其形式的多样性日益受到强调和重视。"

四　温州华人华侨公共外交的效果

金正昆、臧红岩（2012）将华人华侨的公共外交定义为：对中国较为了解与友好的海外华侨华人，以信息传播与沟通为基本方式，向其所在国政府与社会公众说明中国、推广中国、展示中国、传播中华文化，进而构建良好的中国国家形象；隆德新、林逢春（2013）认为华人华侨在公共外交中充当媒介的作用，是连接我国和国际政治、经济、文化的重要行为体，是我国和华人华侨所在国之间沟通的桥梁。他们将华人华侨比做译员，通过译员编码和解码的作用，实现我国和其他国家在语言、思维方式、价值观和意识形态上的接轨，促成我国公共外交和国家利益的实现，因此，简而言之是一种跨文化沟通。

华人华侨的公共外交活动形式呈现多种平台、不同方位等特点，评价侨务公共外交业绩、效果的维度亦不同，简单的方法是通过我国政府以及所在国政府及公众的认可和支持，被授予的荣誉奖章，在某专业领域获得的授权，国内外媒体的舆论影响力等方面来衡量。

（一）受到祖国和祖籍国政府的肯定

温州华人华侨在侨务公共外交中积极地发挥着自己的作用，获得我国政府的充分肯定。前驻法大使赵进军曾用"亲近、钦佩"来评价温州华人华侨在公共外交方面的贡献。温州侨领组织希腊华侨华人总商会参与叙利亚撤侨，在欧洲的温州侨团商会针对"非典"举行说明会、记者招待会，以及温大校友会积极参与针对美国主流媒体辱华言论的抗议活动等等，书写着温州华人华侨公共外交实践的辉煌篇章。

（二）被授予所在国的荣誉奖章

温州华人华侨由于勤奋刻苦、积极向上，在所在国的跨文化融入，以及在各个行业领域、社会责任等方面的突出贡献，在所在国亦获得诸多荣誉，如"荷兰皇家骑士奖章"、巴西圣保罗市"荣誉市民"称号、"军民奉献欧盟之星"金质奖章、"都灵市杰出市民"、"南非荣耀贡献奖"等等。

另外，由于华人华侨对所在国的经济发展做出的杰出贡献，获得"加州百人杰出华人"、"50杰出亚裔企业家"等称号，或被推选担任美国联邦商务部亚太裔商业委员会委员等职务。

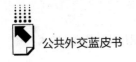
（三）在所在国获得某专业领域授权或受到当地媒体的正面报道

如温州华侨潘世立创办的佛罗伦萨中文学校是目前全意大利唯一一所被意大利教育部门纳入多元文化教育计划的华文学校。学校与佛罗伦萨协助发展中国家协会的合作，促成并带动了佛罗伦萨和我国许多学校的姐妹友好学校关系，并以此为平台推动中意两国教育文化的交流，具有深远的影响力。又如温商黄学胜于2012年出现在法国《大都市》杂志的封面，该期杂志专题报道了他在当地港口建立的大型仓储物流中心，充分体现了华商风采和华人精神。再如西班牙是一个移民大国，华人华侨以青田人、温州人为主，瓦伦西亚一家较知名的私人电视台曾设有对华人的专访节目，专门介绍华人的生活、工作和融入，现在大型的中华文化艺术活动在瓦伦西亚大学电台、报纸等都会有报道。

五 温州华人华侨公共外交的未来发展

自2011年底我国的侨务工作会议首次提出"侨务公共外交"的概念，并在《国家侨务工作发展纲要（2011～2015）》中明确"拓展侨务公共外交"的战略以来，温州华人华侨这一实施侨务公共外交的行为主体日益发挥出重要的作用，也因此日益受到关注。温州华人华侨公共外交的未来发展方向主要表现在以下方面。

随着海外华侨华人个体地位的提高、企业规模的发展扩大，海外华人华侨的构成、所从事的行业领域发生变化，与所在国的政治、经济、文化融入、互动日益深入和广泛，公共外交意识和能力日益加强，这将与提升国家形象和维护国家利益形成良性循环。同时，随着我国经济的飞速发展，中华文化、中国企业"走出去"步伐日益加快，在国际舞台上的政治经济地位日益加强巩固，因此，我国各级政府应发挥更加积极的作用，更多地为华人华侨排忧解难，如第二代、第三代华人子弟的中华文化传承、华文教育的发展、姐妹友好学校的师生互动等将引起祖国或祖籍国政府的更多关注和重视。华人华侨的公共外交实践受到祖国或祖籍国和所在国之间关系因素、意识形态差异，以及华人华侨在所在国生存、发展压力等的影响，侨务公共外交应在内容、形式上进行创新，以人为本，量力而行，实现"各美其美，美美与共"（费孝通，2002）。

综上，温州华人华侨公共外交的实践和理论研究应该相互结合。实践应进行理论的提炼，而理论应引导华人华侨公共外交实践可持续发展。

参考文献

费孝通：《论文化与文化自觉》，科学出版社，2002。

耿虎：《试论华文教育的多样化构成与中华文化的多层次传播》，《世界民族》2007年第2期。

金正昆、臧红岩：《当代中国侨务公共外交探析》，《广西社会科学》2012年第5期。

金正昆、孙冰冰：《海外华侨华人参与：当代中国侨务公共外交路径》，《社科纵横》2012年第11期。

隆德新、林逢春：《侨务公共外交：理论内盒、本体特征与效用函数》，《东南亚研究》2013年第5期。

夏征农、陈至立编《辞海》（第6版），上海辞书出版社，2010。

B.12

"三个基地一个示范区"：海南公共外交的实践探索

李辽宁　周伟　王芳*

摘　要： 海南是我国南海开发的重要基地和海洋强国建设的战略支点。近年来，海南在推进国际旅游岛建设过程中，依托自身的公共外交资源，逐步探索构建"三个基地一个示范区"的公共外交格局。这一格局的形成，不仅服务于中央的总体外交战略，又能够结合海南本省和各市县的实际情况，将中央的对外交往需要和地方的经济社会发展需求有机结合起来，实现双方共赢。

关键词： 公共外交　城市公共外交　博鳌论坛　海南

海南地处中国最南端，北以琼州海峡与广东划界，东濒南海与台湾省相望，西临北部湾与越南相对，东南与南面分别与菲律宾、文莱和马来西亚为邻，是我国南海开发的重要基地和海洋强国建设的战略支点。近年来，海南依托自身的公共外交资源，在推进国际旅游岛建设过程中逐步探索构建"三个基地一个示范区"的公共外交格局。

一　相关概念及提出背景

"三个基地"分别是指博鳌公共外交基地、三亚首脑外交和休闲外交基

---

* 李辽宁，海南大学马克思主义学院教授；周伟，海南大学政治与公共管理学院副院长，副教授；王芳，海南大学政治与公共管理学院副教授。

地、万宁中非合作交流促进基地，"一个示范区"是指海口国家侨务交流示范区。"三个基地一个示范区"的提出有其特有的现实背景。

1. 博鳌公共外交基地

即以博鳌亚洲论坛为平台，依托论坛所在地琼海市，打造中国及各国政府开展公共外交的重要基地，为中国推动公共外交工作实践迈出坚实一步，同时带动相关会展、旅游等产业全面发展，进一步提升琼海市城市整体形象和影响力。基地将建成一个健康运转的论坛、一个展示形象的平台、一个特色开放的城市、一个公共外交学术思想的策源地、一个国际大型活动的举办地。

目前，博鳌亚洲论坛已成功举办了13届年会，每届年会都吸引来自亚洲乃至世界的多位国家元首、政府首脑和政商学界的知名人物汇聚博鳌。每届年会我国家领导人都在论坛上发表主旨演讲，阐述我外交政策。博鳌亚洲论坛已成为我国开展公共外交的重要平台，而多年的办会经验也为博鳌打下了建设公共外交基地的坚实基础。

2. 三亚首脑外交和休闲外交基地

即在国事活动的基础上，进一步将三亚打造成具备独特自然资源、一流会议场所和服务水平、一流疗养机构、一流娱乐休闲设施、一流安保设施、一流旅游目的地、重要国际航空航运枢纽等要素的，除首都北京之外、中国国家元首和政府首脑休闲外交的首选城市。

三亚举办首脑外交和休闲外交的集中效应初步显现，先后于2008年和2013年两次举办"最美国事活动"；2009年承办温家宝与外国元首和政府首脑的重要外事活动；2010年承办戴秉国国务委员与美国务卿希拉里·克林顿会晤；2011年承办金砖国家领导人第三次会晤；2014年李克强总理国务活动等一系列大型国际活动。

3. 万宁中非合作交流促进基地

即依托会议永久会址所在地万宁市，以中非合作圆桌会议为平台，以中非合作圆桌会议永久会址建设项目为主要抓手，借力品牌外事活动的影响力和扩散效应，搭建形式多元的中非交往平台，使之成为我国对非工作的重要补充，推动和加强中非民间交流，引导、帮助中国企业对非投资合作，同时带动万宁地方基础设施和产业经济发展，把万宁打造成为对非交流与合作基地，提升万宁市的整体形象和影响力。

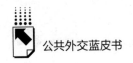

为配合中非合作论坛十周年纪念活动，中非合作圆桌会议已连续四年在海南万宁成功举办，并于2012年将永久会址落户万宁。中非合作圆桌会议从公共外交的角度宣传中非友好和我对非政策，不仅是官方的中非合作论坛的补充，促进了中非友好合作，也为海南与非洲国家的交流合作搭建了桥梁，拓宽了渠道。以中非合作圆桌会议为依托的中非合作交流模式正在万宁逐渐成形。

4. 海口国家侨务交流示范区

即利用海南丰富的侨务资源和周边国家独特的人脉资源优势，推进海口"世界华侨华人交流中心"项目建设，打造集大型会议中心、华侨文化展览馆、中华文化博览园、海外侨领研修中心、华文教育师资培训中心、华裔青少年冬（夏）令营活动基地、华文教材研究和编写中心于一体的国家级侨务活动交流平台，服务国家对外关系大局和海南经济社会发展。

海南侨务资源丰富而独特，是中国第三大侨乡，琼属海外华侨华人有370多万，其中96%分布在马来西亚、新加坡、泰国和印度尼西亚等周边国家，这些国家的政、商、学界活跃着大量琼属华人精英。多年来，海南与周边国家交往频繁，经贸合作、文化交流日益密切。世界海南青年大会、世界海南乡团联谊大会、世界海南青少年夏（冬）令营等一批品牌侨务活动影响力持续增强，涵养了一大批可持续发展的侨务资源。按照中央把东盟国家作为周边外交优先发展方向的方针，海南将充分利用丰富的侨务资源，发挥毗邻东南亚的地缘、人缘和亲缘优势，服务国家对外关系大局。

2013年5月，海南省外事侨务办公室新一届领导班子准确分析判断海南对外开放及经济社会发展面临的新形势、新任务、新要求，在服务国家总体外交和对外关系的基础上，整合国家和地方对内对外两种资源，培育和构建以海口、三亚、琼海、万宁为支点，以博鳌亚洲论坛、中非合作圆桌会议等品牌为依托，以省市合力共建为机制，以高层次外交外事侨务活动、实体项目和城市软环境建设为支撑，精心打造具有海南特色的"国家级"休闲外交和首脑外交基地、公共外交基地、中非合作交流促进基地和侨务交流示范区。

二　实践探索与当前进展

"三个基地一个示范区"战略构想的提出，得到了中央有关部委和海南省委省政府的高度重视与肯定。2013 年，国务委员杨洁篪在海南调研时指出："海南创造性地提出了'三个基地一个示范区'的构想，丰富了地方外事服务总体外交和地方经济社会发展的方式和手段。"[1] 在 2013 年海南省外事侨务工作会议上，国侨办主任裘援平评价：海南打造以海口"世界华侨华人交流中心项目"建设为基点的国家级侨务工作交流示范区，为推动国际旅游岛建设、构建和谐海南等发挥了重要作用；外交部部长助理郑泽光指出："海南充分调动中央和地方两个方面的积极性，努力打造'三个基地一个示范区'，在服务国家总体外交和地方经济社会发展方面取得了显著成绩，发挥了重要作用。"[2] 海南省委书记罗保铭在省委六届五次全会上做工作报告时指出：中非合作圆桌会议永久会址已正式落户万宁；博鳌乐城国际医疗旅游先行区已获国务院批复；三亚首脑外交和休闲外交基地、博鳌公共外交示范基地、万宁中非合作交流促进基地和海口国家级侨务交流示范区建设，获得外交部、国侨办等中央部委的大力支持。

海南省委在 2014 年 1 月出台的《中共海南省委关于贯彻落实党的十八届三中全会精神推动海南全面深化改革的实施意见》中明确提出："加强策划和运筹，推进博鳌公共外交示范基地、三亚首脑外交和休闲外交基地、万宁中非合作交流促进基地和海口国家侨务交流示范区建设"。[3] 按照这个全新的工作思路，海南省外事侨务办公室积极发挥职能部门作用，主动与外交部、国侨办、中国公共外交协会等中央有关部委和单位沟通协调，同时调动市县地方积极性，以重要外事侨务活动为载体，有序推进"三个基地一个示范区"建设。

建设三亚首脑外交和休闲外交基地。2014 年 1 月，在外交部副部长刘振民的见证下，海南省外事侨务办公室主任王胜和三亚市市长王勇正式签订共建协议书。海南省外事侨务部门积极与外交部、三亚市沟通协调，努力推进基地的实体项目建设。目前正与外交部、三亚市就有关项目建设的开发和运营模式等做进一步研究。海南还争取中联部、外交部和中国友协安排党宾、国宾和重要外宾等来三亚考察、访问和度假，将一些重要国际会议放在三亚召开，以此

---

① http：//www. chinadaily. com. cn/hqgj/jryw/2013 - 12 - 19/content_ 10851894. html.

② http：//www. hainanta. com/html/dynamic/project/2015/0112/13404. shtml.

③ http：//hnrb. hinews. cn/html/2014 - 01/13/content_ 1_ 2. htm.

丰富三亚首脑外交和休闲外交基地建设内涵，树立品牌。

建设博鳌公共外交基地。2014 年 4 月，中国公共外交协会、海南省外事侨务办公室和琼海市人民政府共同签署了战略合作意向书，决定联合共建博鳌公共外交基地，并成立基地建设联席会议机制。为更好地依托博鳌亚洲论坛平台，深耕论坛资源，提升海南开展公共外交活动的能力，2014 年，海南对博鳌亚洲论坛服务保障机制进行了改革，建立了"海南省服务与利用论坛联席会议"工作机制，由单纯的"服务"机制转变为"服务"与"利用"并举。同时，为突破制约博鳌亚洲论坛发展的硬件设施"瓶颈"，海南正抓紧实施博鳌亚洲论坛主会场改扩建和二期酒店项目，并将其列入省重点项目。近年来，博鳌亚洲论坛年会自身的公共外交职能也越发凸显，如举办南海议题分论坛、公共外交分论坛、"21 世纪海上丝绸之路"议题分论坛等。

建设中非合作交流促进基地。2013 年 11 月，海南省外事侨务办公室与万宁市人民政府签订合作框架协议书，共建中非合作交流促进基地，并成立基地建设工作领导小组。2014 年，海南省将中非合作圆桌会议永久会址建设列为省重大项目。省外事侨务办公室还派出骨干人员赴万宁市挂职推动会址建设项目。2014 年 11 月，中非合作圆桌会议第五次大会在海南万宁成功举办，中国政府有关部门领导、36 个非洲国家的驻华使节、中国企业家、专家学者、金融机构、知名人士和新闻界人士等 350 余人出席了会议，围绕"转型升级、合作共赢"主题，展开深入探讨，达成了一系列共识。这是海南连续第四年举办该会议，海南万宁被定为其永久会址，会议邀请海南省政府作为主办单位参与举办，这些都标志着中非合作交流促进基地正逐渐成为我对非公共外交的重要平台。

建设国家侨务交流示范区。2014 年 4 月，海南省政府与国务院侨务办公室共同签署《关于发挥侨务资源优势　促进海南国际旅游岛建设战略合作框架协议》，海南省外事侨务办公室、海口市政府和海南荣丰华文文化产业有限公司联合签订《海口国家侨务交流示范区建设合作框架协议》，共建国家级的侨务交流示范区，并成立建设工作领导小组。2014 年 5 月下旬，国侨办副主任任启亮率领中国侨商投资企业 30 多位华商代表到海口市考察交流，寻找商机，并就建设国家侨务交流示范区方案听取华商代表意见和建议。2014 年 9 月，示范区建设所依托的"世界华侨华人交流中心"项目被列为"海南省文化产业重点项目"，目前各项工作进展顺利，已完成部分土地平整和住户搬迁。该示范区建成后将成为我国侨务公共外交的重要平台之一。

当前和今后一个时期，海南对外交往工作将面临历史性的重大机遇。新一届中央领导集体上任后，我大国外交的特色正逐渐凸显，"一带一路"建设、中国-东盟自贸区升级版、金砖国家开发银行、亚洲基础设施投资银行、泛北部湾经济合作等全面推进，这些都为"三个基地一个示范区"的建设提供了良好的发展环境。中央定位博鳌亚洲论坛为推动"一带一路"建设的重要平台、建设亚洲命运共同体的重要抓手、我国国家元首和政府首脑每年主场外交的重要舞台，这既是博鳌亚洲论坛的机遇，也是海南的机遇。随着一系列重大国际活动的举办和建设国际旅游岛的持续推进，海南对外交往需求日益扩大、交流领域持续拓展，海南的对外知名度和影响力不断提升，对外工作在促进地方经济社会发展中的作用越来越突出，全省对外交往工作的受重视程度前所未有，"三个基地一个示范"的提出恰逢其时，发展空间前景广阔。

与此同时，"三个基地一个示范区"建设也面临着海南区位特性和经济发展的双重制约。海南地处南海，位于南海对外斗争的最前沿，维护国家海洋权益任务日益复杂而艰巨。同时，海南是一个典型的岛屿经济体，全省经济底子薄、市场小，经济发展总体水平偏低，各市县发展不平衡，对外交往合作水平有待进一步提升。如何发挥项目所在城市的潜力，将基地建设与当地经济社会发展整体规划有机结合，仍然是值得研究的重大课题。

三 基本经验与主要特色

从时间来看，海南公共外交基地建设才刚刚开始，在很多方面谈不上经验。但是如果从2001年博鳌亚洲论坛创立算起，海南公共外交实践已经走过了十多年的历程。从这个意义上讲，海南公共外交的实践经验还是值得总结的。

（一）找准定位，以基地建设服务中央总体外交和地方社会经济发展

"三个基地一个示范区"是海南省外事侨务办公室新一届党组在总结了

历年承担博鳌亚洲论坛、金砖国家领导人第三次会晤、三亚最美国事活动等重大外交外事活动服务保障工作和侨务工作经验的基础上，主动对接听取了外交部、中央外办、国侨办、国家外专局、中国友协等上级部门的意见，并深入市县基层开展大量调研工作之后，经过反复论证形成的战略构想。"三个基地一个示范区"的定位既可以一如既往不折不扣地服从、服务于中央的总体外交战略，又能够结合海南本省和各市县的实际情况，将中央的对外交往需要和地方的经济社会发展需求有机结合，实现共赢。

（二）上下联动，最大限度调动和整合中央和地方两种资源两个积极性

"三个基地一个示范区"提出后，海南省外事侨务部门多次主动与中央上级部门沟通联系，积极争取其支持。外交部、中联部、国家外国专家局、中国友协等中央部委给予积极回应，并表示将把一些重要的外交外事活动，党宾、国宾和重要外宾、专家学者等团组倾向性地安排在海南。2013 年 12 月，杨洁篪国务委员在琼调研时强调，将一些机制性会议的高官会等更多地考虑安排在海南。2014 年 1 月，外交部将"外交部边海司与边境省区外办工作联系机制第三次会议"和"中俄跨界水联委第六次会议"放在三亚举办。5 月，在外交部的协调安排下，塔吉克斯坦总统莫马利·拉赫蒙来华出席第四届亚信峰会前专程赴三亚开展中医疗养，塔外交部长阿斯洛夫表示："作为塔吉克斯坦外交部长，我希望今后塔吉克斯坦甚至是中亚国家的论坛和国际会议，都能考虑选择在海南召开。海南建设中国的休闲外交基地很有潜力。"[①] 借此打响了三亚休闲外交的"金品牌"。项目所在城市的领导班子也高度重视"三个基地一个示范区"建设的推进工作，海口市、三亚市、万宁市、琼海市的政府负责人都分别担任了基地建设领导小组的组长或联席会议成员，同时，积极推进实体项目的建设，如万宁市政府、琼海市政府在中非合作圆桌会议会址建设、博鳌亚洲论坛主会场改扩建和二期酒店项目建设中都做了大量的协调和推动工作。

---

① http：//hnrb. hinews. cn/html/2014－05/19/content_ 2_ 6. htm.

（三）巧抓机遇，以重大外事侨务活动促进基地建设

在推进实体项目建设的同时，海南外事侨务部门还借助外事侨务活动推进基地建设，以此丰富"三个基地一个示范区"的内涵。一方面，在承担上级部门外交任务的同时，统筹考虑将重要外交外事活动放在项目所在地开展。如利用博鳌亚洲论坛平台，将国家领导人外交外事活动放在三亚形成机制化。博鳌亚洲论坛 2014 年年会期间，李克强总理在三亚先后为老挝、东帝汶、纳米比亚、澳大利亚四国政府总理举行欢迎仪式、双边会晤、签字仪式等活动。2014 年中非合作圆桌会议第五次大会在万宁举办期间，安排海南省省长蒋定之会见坦桑尼亚桑给巴尔第二副总统伊迪并出席欢迎晚宴、开幕式发表重要讲话，副省长陈志荣出席中非农业合作研讨会等。另一方面，借助博鳌亚洲论坛年会、中非合作圆桌会议、中俄跨界水联委第六次会议和外交部边海司与边境省区外办工作联系机制第三次会议之机，谋划运作促成了四个共建协议的签订，既体现了协议各方对基地建设的重视，又节约政务资源，达到了高效简朴的目的。

（四）软硬件建设相结合，全方位打造对外开放新高地

一是博鳌亚洲论坛 2014 年年会期间，海南策划实施主题活动"百姓代表"电视选拔，在全省范围内选拔论坛年会代表。该活动不仅提高了群众对博鳌亚洲论坛的认知度和参与度，也在一定程度上提高了全民公共外交意识。二是为配合项目所在城市提高其国际化程度，海南外事侨务部门组织编制了英、俄、日文三个版本的《海南国际旅游岛公共场所标识语》。三是借助媒体舆论造势。2014 年 5 月塔吉克斯坦总统拉赫蒙来琼疗养期间，海南媒体对此次活动进行了专访和报道，并发表了《海南建设休闲外交基地很有潜力》、《多国政要频到访　三亚首脑、休闲外交基地雏形初显》等报道和评论文章，在媒体上增强了"首脑外交和休闲外交"的品牌效应。四是政学合作共建。2014 年 12 月，海南省外事侨务办公室与海南大学签署合作框架协议，共建人才培养平台，为海南扩大对外开放和公共外交事业培养、储备人才。

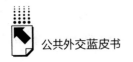

四 博鳌亚洲论坛：海南公共外交的实践范例

博鳌亚洲论坛（Boao Forum for Asia，BFA），于 2001 年 2 月 26～27 日在中国海南博鳌镇正式宣布成立，会议通过了《博鳌亚洲论坛宣言》、《博鳌亚洲论坛章程指导原则》等纲领性文件，并推举辛格为首任论坛秘书长。这是第一个总部设在我国的国际会议组织。

第一，战略清晰，定位准确。作为一个非官方、非营利、定址、定期、开放性的国际会议组织，博鳌亚洲论坛以平等、互惠、合作和共赢为主旨，立足亚洲，推动亚洲各国间的经济交流、协调与合作，同时面向世界，增强亚洲与世界其他地区的对话与经济联系。作为对该地区政府间合作组织的有益补充，博鳌亚洲论坛将为建设一个更加繁荣、稳定、和谐相处且与世界其他地区和平共处的新亚洲做出重要的贡献。

第二，天时地利，各方重视。1998 年亚洲金融危机以后，亚洲各国普遍认为，在经济全球化带来的巨大风险和机遇面前，亚洲国家需要加强区域经济合作与协调，建立一个亚洲人讨论亚洲问题的对话场所。相对于欧盟和北美自由贸易区建立和扩张的趋势，亚洲地区整体上缺乏组织性。为实现各国的共同发展，亚洲国家需要增进相互间的交流与合作，同时加强与世界其他地区的合作。

第三，效应凸显，树立典范。自 2001 年 2 月成立以来，博鳌亚洲论坛历经 14 年发展，已成为亚洲以及其他地区重要事务对话的高层次外交平台。正是这样一个论坛，让海南成为除北京之外，承担国家级外交外事活动最多的省份之一。自 2008 年开始，中央把第三届金砖国家领导人峰会、中非合作圆桌会议等一些重大国事活动放在海南举行，海南已经成为我国公共外交、休闲外交的重要基地。博鳌国际旅游论坛、三亚国际财经论坛、国际数学论坛，以及万宁国际冲浪赛、环海南岛国际公路自行车赛、四次世界小姐总决赛、观澜湖高尔夫世界杯等一系列大型国际活动和体育赛事，极大提升了海南的知名度和美誉度。

附：

历届博鳌亚洲论坛召开时间及主题

时间	会议主题
2001 年 2 月 26～27 日	论坛成立
2002 年 4 月 12～13 日	"新世纪、新挑战、新亚洲——亚洲经济的合作与发展"
2003 年 11 月 2～3 日	"亚洲寻求共赢:合作促进发展"
2004 年 4 月 24～25 日	"亚洲寻求共赢:一个向世界开放的亚洲"
2005 年 4 月 23～24 日	"亚洲寻求共赢:亚洲的新角色"
2006 年 4 月 21～23 日	"亚洲寻求共赢:亚洲的新机会"
2007 年 4 月 20～22 日	"亚洲制胜全球经济:创新与可持续发展"
2008 年 4 月 11～13 日	"绿色亚洲:在变革中实现共赢"
2009 年 4 月 17～19 日	"金融危机与亚洲:挑战和展望"
2010 年 4 月 9～11 日	"绿色复苏:亚洲可持续发展的现实选择"
2011 年 4 月 14～16 日	"包容性发展:共同议程与全新挑战"
2012 年 4 月 1～3 日	"变革世界中的亚洲:迈向健康与可持续发展"
2013 年 4 月 6～8 日	"革新　责任　合作:亚洲寻求共同发展"
2014 年 4 月 8～11 日	"亚洲的新未来:寻找和释放新的发展动力"

公共外交与企业的海外发展

Public Diplomacy of the Oversea Developments of Enterprises

B.13

中国企业公共外交的特点与趋势

赵博为　袁　舒*

摘　要：　近年来，随着经济规模的扩大和结构的优化，中国经济逐步
迈向"引进来"与"走出去"相结合的双向轨道。在这一
过程中，中国企业陆续开拓海外市场，扩展海外利益。虽然
这些企业在跨国经营中取得了一系列突破，但受限于自身公
共外交意识，跨文化管理经验，法制素养，文化理解能力，
舆论操控方式以及社会责任感等方面的局限，中国企业在海
外经营中遇到了很多困难。本文聚焦中国企业公共外交六个
方面的趋势和特点，分析个中原因，并略加引例而证，希望
能给中国跨国企业提供一些建设性的建议。

关键词：　企业　公共外交　跨国经营　中国

* 赵博为，中国人民大学公共外交研究院助理研究员，研究方向：公共外交；袁舒，中国人民
大学公共外交研究院助理研究员，研究方向：公共外交。

　　改革开放三十余年来，中国经济取得了举世瞩目的成就，整体经济发展逐步迈向"引进来"与"走出去"结合的双向轨道。在这一过程中，海外利益逐渐成为中国国家利益的重要组成部分。而随着外汇、技术、人才储备的加强，资源、市场瓶颈以及产能过剩的制约，加之提升研发能力和经营水平的需要，中国企业陆续踏上了对外投资的征程。企业对外经济交往从小规模的商品贸易转变为大范畴的资本投资，跨国经济交往的广度和深度不断扩大加深。截至2014年7月，中国已有约百家企业跻身世界500强，众多企业赴美融资上市，跨国并购、异地设厂的案例更是如雨后春笋般涌现。

　　诚然，中国企业在跨国经营中取得了一系列突破，但囿于自身意识、经验、法律素养、文化内涵、舆论操控能力以及社会责任感等诸多因素的局限，企业在"走出去"过程中也遭受了很多挫折和损失，吸取了众多教训和积累了许多经验。在这种境况下，"为了保护海外利益并适应公共外交实践的新进展，中国在重视政府公共外交的同时，急需拓展涵盖政府、企业和社会的立体公共外交局面，尤其是拓展新兴的企业公共外交，以弥补政府公共外交的不足"。①

　　"企业，作为资本、知识、技术和人才高度密集的社会组织，是世界经济网络的重要节点，是社会经济、文化交往中最活跃的主体之一，具有开展公共外交的紧迫性和自身的优势。"② 因此，我们提出"企业公共外交"的概念以及编写本文的目的，即在于通过广泛的资料收集和翔实的案例调查，总结出中国企业在"走出去"过程中在公共外交层面的趋势和特点，以之为鉴，以飨世人。因为，公共外交之于企业，虽不是核心要害，但也可能是"木桶效应"中的短板，稍有不慎，便会导致满盘皆输。

　　结合相关文字资料以及实地调研报告，我们总结出目前中国企业公共外交六个方面的趋势和特点，分析个中原因，并略加引例而证。希望本部分和后续具体篇章能够帮助企业见微知著，查漏补缺；进而守时待正，找准正确的时机开拓海外市场，促进经济和外交的辩证统一，发挥好"市场力量对政策偏好的影响以及国际市场交往中对国家形象的形塑作用"③。

---

①　李志永：《企业公共外交的价值、路径与限度——有关中国进一步和平发展的战略思考》，《世界经济与政治》2012年第12期。
②　赵启正：《跨国经营公共外交十讲》，新世界出版社，2014。
③　顾杰、胡伟：《对跨国公司开展公共外交的思考》，《青海社会科学》2014年第4期。

一 中国企业公共外交意识薄弱

大部分中国企业公共外交、国家主体和责任意识薄弱，造成了自身和国家形象的破坏，利益的损失。在研究过程中，我们发现大部分中国企业对"公共外交"没有认知。究其原因，大致可以概括为如下几点。

（一）逐利思维的局限

对于企业而言，盈利是永恒不变的追求目标。因此，企业对外交往所进行的所有活动都是基于自身经济利益的考量，而从国家战略的宏观角度，和从自身作为社会组织应尽责任义务角度的考虑则有欠缺。因而会因为追求利益，急功近利或是侥幸投机，做出不当行为。

（二）"外交"概念的模糊

大部分企业并不知晓"政府外交"与"公共外交"的区别和联系，主观地认为外交只是政府的事情，殊不知自身也是对外交往的重要主体，因为"公共外交的主体在国家，但主力在公众，广大非国家行为体是公共外交的主力军"，[①]公共外交跨越政府外交的局限，将广义上的公众纳入交往范围之内，通过对其施加影响来影响政府政策、企业决策的制定和社会舆论的倾向。

（三）历史原因造成的滞后

中国改革开放虽然已历经三十余个年头，但是企业开展跨国经营和交往的时间很短，中国企业"走出去"还处于初级阶段，"对国际市场还缺乏深入的认知和全面的把握，对国际惯例通行规则还不够熟悉，还缺乏明确的公共外交意识，还不太善于在当地开展公共外交，与西方发达国家跨国企业的公共外交能力尚存巨大差距"。[②]

---

① 韩方明：《公共外交概论（第二版）》，北京大学出版社，2012。
② 李志永：《企业公共外交的价值、路径与限度——有关中国进一步和平发展的战略思考》，《世界经济与政治》2012年第12期。

因此，由于这种公共外交概念的模糊和意识的薄弱，中国企业在跨国经营中也与东道国政府、企业和民众等产生了一些摩擦。

如某企业在境外设厂投资，因为一时贪嘴，部分管理人员捕获当地野生保护动物，造成了不必要的摩擦；再如某企业在欧洲合法经营，却被恶意状告知识产权侵权，虽然最终胜诉，但是由于时间、人力、财务成本的巨大消耗，加之公共外交策略、方式的单一，不仅造成公司形象一度饱受质疑，经济损失严重，而且造成了中国国家形象的受损。

二 部分企业的经济行为客观上起到了公共外交的效果

在研究中我们发现，一些国企和私企虽然不能准确理解公共外交概念的内涵和外延，却在潜意识中有公共外交的行为倾向，或其经济行为在客观上起到了公共外交的效果。这在背靠政府的国企中更为多见。究其原因，大致有以下几点。

（一）跨国经营中跨文化交往的必然性

"在经济领域，跨国公司作为拥有雄厚资金实力、先进生产技术和管理体系的组织，在对外扩展业务的同时，必然与母国、东道国以及国际社会发生关系，从而成为国际关系的一个重要行为主体，并在国际关系中发挥越来越大的影响。"[1] 因此，为了营造良好的投资环境和氛围，取得所在国政府、企业、民众的认可和好感，企业需要通过各种手段建立信息共享、利益互惠、价值互通的共同体，因而也起到了公共外交的效果。

（二）国有企业的"公益性"

国有企业是由中央或地方政府投资参与控制的企业。政府的意志和利益决定了国有企业的行为。同时，国有企业作为一种生产经营组织形式，同时具有赢利性和公益性的双重特点，其公益性表现在实现国家调节经济的目标，调和

---

[1]　顾杰、胡伟：《对跨国公司开展公共外交的思考》，《青海社会科学》2014 年第 4 期。

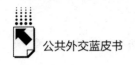

国民经济各个方面的发展。"小的方面体现在给人们的生活带来便利,大的方面体现在加强国防行政管理、促进民族团结、促进文化交流。"① 因此,配合政府外交进行公共外交的布局,是国有企业进行海外投资并购等跨国经营过程中的另一考虑点,也是其公益性的具体体现。

对于这部分企业来说,这种潜移默化间的公共外交意识帮助它们较为顺利地完成了对外经济交往任务。

比如,作为国有企业的锦江集团,在跨国并购中也有意识地向对方解释中国政府、经济政策,既为顺利收购铺路,又让对方认识到中国政府并非言而无信,政府决策并非纯粹是"不可抗力"因素;又如,陆家嘴集团在浦项 IPO 深陷困境之时购置浦项大楼,一方面购得了优质资产,另一方面也解决了浦项的燃眉之急。而其后来对原有韩籍员工的留用与提拔,使韩国人对上海人、中国人的印象都大为改观。

三　中国企业法律维权意识不断增强

由于历史原因,中国的法制和法治并不健全,仍在不断改善中。这种情况导致了很多中国企业在走出去的最初时段在"不经意间"就违反了东道国法律或者国际法。而同时,因为中国产品的高性价比,以及对于当地企业的巨大冲击,中国企业在近年来也时常沦为反垄断、反倾销或是知识产权侵权案的调查对象,屡屡遭受司法处罚。

近年来,在与外国政府和企业打交道的过程中,中国企业越来越多地运用法律的武器来进行自卫和反击,诉诸法律权威,遵循法律思维,建立内部法务机构或聘请境内外律师事务所服务。个中原因,大略有如下几点。

(一)法律的权威性

中国企业对外投资的一部分目的地国是西方发达国家或是中等发达国家,东道国法律制度健全,法治意识普及,契约精神较早萌发,法律是用来解决社会争端绝对的权威,具有极高的公信力。因此,中国企业在受限或受制于对象

---

① 程伟:《公益性国有企业的特征》,《经济研究参考》2012 年第 30 期。

国的法律、屡屡遭受不公正待遇之后，用法律的手段进行反击最为直接和有效。

（二）法律的可度量性

用法律手段解决问题，成本是显性的，时间是粗略可估计的，因此对于包含很多隐性成本的其他手段而言，企业更倾向于选择法律。

因此，近年来中国企业运用法律维权的案例屡屡见诸报端，尤其是今年三一重工告倒奥巴马政府更是轰动一时。此外，调研中的部分案例也很有参考价值。

如，前述的锦江集团在澄清自身"国有企业"背景的同时，也注重做好律师工作。一方面请中国律师出具法律意见，让被收购方放心；另一方面聘请境外律师与对方的境外律师沟通，诉诸法律的权威，建立双方的互信。

四　尊重当地文化，主动促进文化融合

影响跨国企业的海外经营的因素，除了政治、经济之外，还有文化因素。解决好文化差异的问题，在企业公共外交中显得尤为重要。因为，不论属于哪一个国家的人们都有其特有的国内普遍认同的历史和价值观，[1] 并且不同的国家具有的文化背景不同。有差异就难免会引起冲突，文化摩擦是不可避免会遇到的问题。文化虽然不会直接影响海外经营，但是它会间接地在潜移默化之中对海外经营产生影响，有时甚至决定经营的成与败。文化上的相互理解，构成一切方面相互理解的基础和桥梁。反之，文化的差异和误解会造成交往的障碍。[2]

（一）文化公共外交意识加强，熟练消除文化障碍

中国跨国企业在"走出去"的早期阶段，没有经营经验，缺乏公共外交意识，往往忽视文化摩擦带来的不利影响，让海外经营举步维艰。但是随着"走出去"的发展，更多的企业意识到了文化摩擦的致命性和文化融合的重要

---

① 赵可金：《公共外交的理论与实践》，上海辞书出版社，2007。
② 赵启正：《跨国经营公共外交十讲》，新世界出版社，2014。

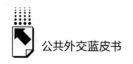
性。如今，无论是否有意识地开展公共外交活动，大部分企业都能够有意识地消除文化障碍。我们看到，一些企业组织员工在进入东道国市场之前先充分了解当地文化，并根据当地人民的思维方式和文化习俗来改变自身的管理模式，尽量使从经营模式到人员都能够入乡随俗，减少文化鸿沟。比如，想要在巴西投资的企业为了投当地人所好，给当地员工修建足球场；在信仰佛教的泰国开展经营活动的企业为方便员工朝拜，在工厂附近修建四面佛等。这些事例告诉我们，中国企业的跨文化管理已经处于比较高的水平。

（二）主动宣传中国文化

近年来，除了积极适应、融入当地文化之外，一些企业还开始在经营活动中主动传播中国传统文化。例如有的企业会在宣传企业文化的过程中大力推广"太极文化"。一方面是帮助外国和本国员工强身健体，另一方面，通过一系列活动让外国人了解中国理念和文化。

从这样的案例中可以看出，中国跨国企业的海外公共外交开始步入新的阶段。使文化形成双向交流，不仅让海外经营进行得更加顺利，还取得了很好的公共外交、文化外交的效果，使中国形象有所提升。

五　舆论引导力有待提高

作为公共外交对外宣传的媒介，新闻媒体在公共外交的发展中地位独特，是对外展示国家形象、宣传政策的必要途径，也是国内民众了解外交动态并从心理认同的信息机制。[①] 很多东道国民众了解中国企业、了解中国，往往都是通过媒体的报道。因此，媒体的报道有时直接决定了舆论的性质和走向。一些国家，尤其是西方的国家，延续了历史的原因，对中国抱有与生俱来的反感情绪。这样的情绪在媒体的报道和舆论中体现得淋漓尽致。所以，在很多东道国，有关中国企业的负面舆论铺天盖地，高涨的民意有时使中国企业的经营举步维艰。高层人士以及当地大型企业的高层人员出于竞争和排外心理，故意在当地媒体中散布有关中国跨国企业的负面消息，以引导舆论，阻碍中国企业在

---

① 张珂：《公共外交中的媒体运作——美国的经验借鉴》，《青年与社会》2013 年第 7 期。

当地的经营和发展。以往，为此原因很多中国企业蒙受了不少的损失，但又对此无能为力，手足无措。原因在于，外国媒体对于中国以及中国企业本身就持有一定的否定态度，再加上政治上对舆论的垄断和对媒体的种种限制，中国企业想要主动接触当地媒体为自己正名，通过当地媒体的声音传播自己的正面形象是非常困难的。

（一）媒体意识有所提升，主动利用当地媒体

中国企业"走出去"面临的舆论环境尽管风险重重，却也并非不可改善。对于企业来说，除了循序渐进地提升自己应对媒体的能力之外，[1] 还应尽可能地主动走近、利用当地媒体去化解负面评价，传播正面形象。

近年来，中国企业的媒体意识有所提高。随着中国企业在海外的成功经营，外国媒体对中国的限制也有所缓和。于是，一些中国企业抓住这一时机主动走近媒体，进入当地民众的视野进行自我宣传。例如企业领导人，为了消除企业以及国家在对象国人民眼中的负面形象，要求接受当地媒体的采访。通过犀利的语言交锋最终改变了媒体对其的认识，进而扭转了当地民众对中国企业的看法，成功改善了形象。

（二）巧妙抓住媒体心理，化被动传播为主动宣传

除却政治方面的因素，在西方自由主义新闻体制下，媒体工作的动力很大程度上源自对读者注意力资源的争夺。[2] 一些中国企业开始利用外国媒体对显著事件的关注，主动制造舆论焦点，推销自己。有些企业通过收购对象国的地标性建筑增加自身曝光度，成为媒体关注焦点后，借舆论的热度传播自己的正面形象。

（三）对接媒体的意识薄弱，条件有限，引导舆论的能力尚不够高

然而，即便对于媒体的利用状况有所好转，这样的案例仍然是少数。还有大部分企业由于自身媒体意识的欠缺或是政治经济因素的限制，无法顺利与当

---

① 赵启正：《跨国经营公共外交十讲》，新世界出版社，2014。
② 赵启正：《跨国经营公共外交十讲》，新世界出版社，2014。

地媒体对接。这些企业在媒体报道中仍然处于被动，无法控制媒体报道的性质
与舆论的走向。这一问题今后仍有很大的改善空间。

六　社会责任意识有所加强，执行力度有待提高

企业的海外发展离不开良好的信誉和形象，其中一个重要方面就是承担社
会责任。[①] 当前全球范围倡导企业履行社会责任，不仅是对企业作为全球公民
的一种道德要求，更成为一种企业经营的责任壁垒。换句话说，当企业履行社
会责任的主观意识和客观行为得到了行业、社会的认同，那么企业的客户和潜
在的客户必然会源源不断；反之，一个不负责任的企业就会被排除在市场之
外。[②]

（一）为当地人民长远发展着想，乐于分享乐于奉献

企业能否履行好社会责任，是东道国人民考量中国企业的一个重要标准。
在经济活动之外，一个跨国企业能够为民众带来怎样的便利，大大关系这个企
业的企业形象，以及国家形象。中国跨国企业从一股脑追求利益的阶段，慢慢
过渡到履行社会责任的阶段。一些企业也逐渐培养起了自觉履行社会责任的意
识。中国跨国企业在发展中国家以及落后国家进行海外经营时，贯彻"授人
以渔"的理念，往往不计回报将研究成果、技术成果等赠与当地人民，并为
当地人民创造就业机会，根据东道国的不同需求，帮助当地人民。越来越多的
中国企业开始自觉履行社会责任，赢得了国际社会的美誉，企业形象和国家形
象都相应地有所提高。

（二）公益活动参与力度不足，仍有很大发展空间

企业直接投身于公益活动或慈善事业更是企业社会责任感的体现。在外
国，尤其是欧洲国家，参加慈善活动往往是一个企业成功并对社会负责的重要

---

①　李永辉：《公共外交与企业"走出去"》，《现代国际关系》2011 年第 8 期。
②　李岚：《浅论跨国企业公共外交与企业社会责任实践活动的有机统一》，《国际市场》2012
　　年第 3 期。

标志。近年来，部分企业也开始积极开展公益活动，建立慈善基金，主动参与到当地的慈善活动中。有些企业还在东道国遇到自然灾害时捐赠出自己的产品。这一系列举措建立了企业和投资国社会的良好关系，尽到了企业应有的社会责任。一些通信设备企业还将自己的专长融入公益实践，开展通讯普及等公益活动，解决当地信息通信不平衡的问题，使人们更好地融入经济社会生活。

尽管部分中国企业在对象国开始参加慈善、公益活动，取得一定成效，但这样的情况仍为少数，大部分企业还没有意识到和没有关注到进入慈善领域的重要性。所以，中国企业在外国对慈善事业的投入力度仍有较大的提升空间。

今天的中国企业走出去已经稳步推进，越来越多的中国跨国企业开始逐渐培养起公共外交的意识。然而，尽管一些企业的举措在客观上取得了一定的公共外交效果，但是能够有意识地进行企业公共外交的企业仍然是少部分，中国企业公共外交在总体上还处于萌芽阶段，还有很大的发展空间。

B.14

海外并购中的文化冲突

张 鑫*

摘 要： 随着中国经济的飞速发展，企业加快"走出去"步伐，争取
广阔的全球市场，海外并购成为重要途径之一。但并购结果
不容乐观，文化冲突是企业海外并购成功的一大阻碍。本文
将角度对准文化冲突，究其原因及表现形式，并通过成功并
购案例分析，着眼于企业的公共外交手段，寻求解决方案，
促进企业间的文化整合。

关键词： 企业 海外并购 文化冲突 公共外交 中国

一 中国企业海外并购的背景及现状

"许多中国的企业在海外的并购是失败的，失败最主要的原因是文化的整
合出现问题。"这句话出自马蔚华之口。身为永隆银行有限公司董事长、前招
商银行行长的他，在 2014 年 4 月 9 日于海南召开的博鳌亚洲论坛上发出这样
的感慨。

人们说，对于走出去的中国企业，这是最好的时代。普华永道 2014 年
10 月 27 日的最新数据显示，2014 年前三季度，中国企业海外并购市场势头
依旧活跃，交易总数量为 176 宗，较上年同期上升 31%，创历史新高。中国
企业海外并购交易总金额为 408 亿美元，交易金额大于 10 亿美元的共有 14
宗。

---

* 张鑫，中国人民大学公共外交研究院助理研究员，研究方向：公共外交。

但是，这一串串华丽的数字是否真的说明，中国企业已经成功走向世界、海外并购成效显著呢？答案是否定的。相较于世界发达国家，中国企业"走出去"的深度和广度都还远远不够，在国外被接纳和认可的程度也不高。在跨国经营活动中，来自国际社会的误解与偏见也屡屡发生。"威胁者"、"征服者"的帽子总是无辜地扣在中国企业头上，不少西方国家荒谬的"国家安全威胁"理论使得中国企业投资屡屡受挫。

产生误解的原因，除了我们自身在经济发展过程中客观存在的问题外，东西方文化的差异和冲突，以及世界对中国文化与发展缺乏了解也是重要原因。国外管理学家的研究表明：企业并购中大的失败案例，仅有不到三分之一的经济合作是由于战略、财务或技术方面出现问题而搁浅，而超过三分之二的失败是由于跨文化沟通方面的问题造成的。

因此，越来越多的中国企业，在关注自身投资经营活动的同时，开始积极寻找恰当的公共外交手段与东道国进行沟通，努力克服偏见与不信任，减少文化冲突与隔阂，在文化融合的情况下共同开展经济活动，最终实现企业发展，履行传播本国形象的义务。

二 海外并购存在文化冲突的历史根基和现实原因

（一）历史根基

1. 文化是一种外交的力量

人们在看待世界政治、经济等国际事务时，他们所处的文化背景与环境会在很大程度上制约他们的观点。因此在研究一国的对外政策与行动时，不可不深究其文化。

文化是一种潜移默化的、深层的外交影响力，它首先是通过外交决策者的信仰、价值观、愿望、兴趣、习惯、态度和个性等起作用的。其次，由于各国的文化传统、历史观念、社会制度和生活方式上的差异，不同国家的公民对国家事务的看法也是不一样的，因此会对国家外交政策的走向产生不同的期待和干预性影响。可见，文化的力量渗透在外交政策的整个决策过程中。从一定意义上说，文化就是一种外交的力量，是国家推行外交政策的一种强有力的动力。

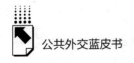
2. 企业是公共外交的中坚力量

国家的外交整体是由政府外交和公共外交共同构成的。当下，公共外交的重要作用日益凸显，究其原因，是时代背景和国际环境逐步变化，国家跨文化传播能力也随之成熟。作为公共外交，其领域涵盖各个方面与角度，需要参与各方向外国公众表达本国国情，说明本国政策，解释外国对本国的不解之处，同时在国际交流中了解对方的有关观点。也正是因为公共外交的参与者不能代表国家处理外交事务，因此可以采取多种形式，更为宽松、生动地在多种场合发出声音。

公共外交的行为主体包括政府、社会团体、民间组织、社会精英和广大公众等[1]。因此，作为社会中坚力量的企业就成为公共外交的重要力量。而对于企业而言，开展公共外交不仅是时代赋予的责任，也是企业自身发展的客观需要，是经济全球化背景下时代对企业提出的必然要求。公共外交既是消除误解的最佳途径，也是企业履行社会责任的高级表现形式[2]。

3. 文化与公共外交的关系

文化具有广泛性，因此与传统上政府间的政治、军事外交活动相比，文化外交这种形态更具公开性，其对象不仅限于国家、政府，还包括国外社会团体、民间组织或个人。文化外交的目的是在世界舞台和国外民众心中树立良好的国家形象，而实现的方式则是培植良好的国际公众舆论。基于这一点，大多数国家把文化外交直接同公共外交联系在一起。

首先，从外交的体制上讲，一个国家专司公共外交的机构往往同时是一个管理对外文化关系的机构，其职能就是管理和协调对外文化、教育、新闻等工作。其次，从外交的内容上讲，由于文化交流在国际交往中所占的比重越来越大，因此，公共外交很大部分属于文化外交[3]。作为公共外交中坚力量的企业，在对外交往中自然而然需要将文化放在至关重要的位置。当进行海外并购和合作交流时，企业应将传播民族企业文化、吸收先进管理制度作为自己的职能。

---

① 赵启正：《公共外交与跨文化交流》，中国人民大学出版社，2011，第4页。
② 赵启正主编《跨国经营公共外交十讲》，新世界出版社，2014，第17~22页。
③ 李智：《文化外交：一种传播学的解读》，北京大学出版社，2005，第34页。

（二）现实原因

1. 并购双方存在固有文化差异

由于地理环境和历史发展的差异，东西方在悠久的历史长河中逐渐孕育出各具特色的文化，生活方式、思想伦理、价值观等各个方面都存在差异，这是历史的选择。根据霍夫斯特德的文化维度理论，国家文化的差异主要体现在个人主义与集体主义、与权利的距离、对不确定性的态度、不同性别的人在社会中的地位和作用等方面①。从我国的文化特征看，一方面对不确定性接受的程度较高，另一方面又倾向于远离权力中心，体现在企业管理中则是企业内部管理者易享有特权，上下等级分明。与之相反的是西方发达国家，他们的企业制度建设较为完善，在企业中扮演重要角色的往往是中层。除此之外，中西方企业的人事制度方面也存在很大差异，中国人较注重人际关系，看重德才兼备的人才，而经营管理能力则是西方人考虑的首要因素。

2. 并购双方缺乏自我文化认知

在海外并购中往往存在一种现象，即并购方认为自身处于优势地位，是统治者和征服者，因此狭隘地认为自身的企业文化也是完美的，对自己的企业文化产生高度的认同感和优越感，无视自身缺陷，看不到弱点，同时强势地认为，对方应该摒弃之前的企业文化与管理方式，强制对方接纳自己的企业文化和价值理念；相同的，不少被收购方因为之前的经营不善、境遇堪忧，也对自身的文化与制度产生怀疑，从而看不到自身值得借鉴的优点与长处，或是错误地将优势看为劣势②。"妄自尊大"和"妄自菲薄"，都不能够使并购达到文化优势整合，并容易引起文化冲突。

3. 并购双方缺乏彼此文化认知

这一点在西方大国身上更为凸显。当前，被并购的海外企业往往具有悠久的历史和成熟的企业运行机制，文化认同已经深入骨髓。而对中国企业的形象，他们还停留在过去，抱有固有成见，认为中国企业的生产方式效率低下、

---

① 栗玖玲：《中国企业海外并购中的跨文化冲突应对策略》，《集团经济研究》2007 年第 16 期，第 45 页。
② 周俊：《企业海外并购的文化冲突与文化整合探析》，《湖北经济学院学报》（人文社会科学版）2012 年第 7 期，第 68 页。

139

管理方式水平低、产品价值低。因此被并购企业的高层以及所在国的投资者、工会、媒体、民众仍然对中国企业持怀疑的态度，担心自己的职业前景和投资回报。事实上，进行海外并购的中国企业往往是国内业界的翘楚。它们取得了辉煌的经营成果并形成了相对稳定的企业文化，在海外并购活动中更善于运用成功的管理模式，是成功并购的优势因素。

三 海外并购中文化冲突的主要表现形式

两国企业在并购前，往往都已经拥有各自稳定的经营管理模式和企业文化。许多失败的并购行为，就是因为没有妥善处理双方差异而一味接管，造成融合不力，引发了一系列的企业文化冲突问题。这些冲突主要表现如下。

（一）企业发展目标存在冲突

企业双方来自不同的利益主体，发展目标不同。中国民族企业走向世界，积极并购，看重的更多是国外企业的品牌与技术，以及成熟的工业体系和经营策略，并购后的主要目标则是拓展国际市场、推进国内行业发展和地区经济，倾向于长远目标发展；而被并购企业往往更着眼于尽快减少亏损，寻求复活机会，获得高额利润，是一种短期目标倾向。

（二）企业经营决策存在冲突

中国企业大多实行高层决策制，企业内部上下等级分明，管理者易享有特权；而西方企业更加注重中层管理者的中流砥柱作用。若不加协调，会在决策阶段产生巨大分歧。

（三）企业管理制度存在冲突

中国还处在经济与社会的大发展时期，一切以发展为先，企业看重效率与成果，决定了的事情就要迅速采取行动，因此管理制度较为机动，员工加班加点成为常事，牺牲与奉献精神会被企业称道；与之相对，在发达的西方国家，员工大都受过良好的教育，管理是否人性化成为他们重要的考量因素。宽松自由的工作环境、按部就班的办事程序、工作与生活严格分开等是他们推崇的企业管理制度。

（四）企业绩效评估、人员激励存在冲突

传统文化环境下成长起来的中国人，在评估绩效时不但注重实际业绩和结果，而且很关心一个人的思想、道德等方面的表现以及工作的过程；而西方企业则倾向于"只看结果不看过程"，更多是按照个人业绩来评价最终结果，在人员激励方面，更关注于物质奖励而忽视了精神奖励[①]。

（五）企业员工行为方式存在冲突

企业并购行为完成后，必然会增加两国员工互相合作往来的机会。行为方式上的差异，或多或少会对工作产生影响。不同的文化决定了各自人民的不同表达方式。中国人做事含蓄，说话方式较为委婉，很少直接发表个人意见，而西方人做事直率，他们习惯于直接表达自己的想法或不满，这使得在合作中产生误解与摩擦的几率增加。

四 海外并购中的文化整合策略

面对企业并购过程中的文化冲突现象，目前的趋势是企业寻求合适的公共外交手段来促进文化整合，削弱差异和偏见。在提供策略方面，不少企业做出了成功的示范，可大致归纳为以下五点。

（一）接受文化差异，加强文化交流与沟通

不同的自然与历史环境导致了世界各地文化的差异。文化差异的客观存在使得不同文化背景下的企业拥有各自的企业文化与经营理念，员工的价值观、工作理念等方面也存在一定差异。正视和接受这些文化差异的前提是互相理解，一个有效方式就是文化的交流与沟通。多种多样的文化交流途径，能够增

---

① 文风：《从广州标致公司的解体看跨文化冲突与整合》，《科技进步与对策》2004 年第 4 期，第 128 页。

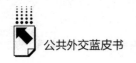

进双方感情，促进双方文化的了解与融合。

在泰国的罗勇工业园中，大部分的中资企业工厂入口处都能看到四面佛，以供员工朝拜。这是因为泰国是一个佛教国家，有将近95%的人口信奉佛教，而佛教徒的一个习惯便是早上朝拜四面佛。修建四面佛，是为了尊重当地宗教文化。

安信地板在进入热情奔放的巴西之后，了解到绝大多数巴西人将快乐放在首位，非常看重快乐的生活状态。在巴西人眼中，有时候踢足球甚至比工作更重要。因此，安信首先开始建设工厂的足球场，并向其投资了150万元。这一举动大大提升了安信在当地人心目中的好感，让当地的员工对企业留下了良好的印象。此后，工作之余，工厂就组织员工和管理人员一同踢球比赛，大家在体育运动的过程中不仅放松了身心，而且增进了友谊。

（二）选择合适的企业文化整合模式

目前，企业文化整合模式主要有吞并式、渗透式和保留式。当并购方的企业文化非常强大、同化力较强、被并购方认可时，多选择吞并式，要求被并购方完全接受并购方的企业文化；渗透式的企业文化融合模式，表现为并购方与被并购方的企业文化互有可取之处，彼此都愿意妥协调整；而当被并购企业的文化本身很优秀，且不愿意进行妥协时，选择保留式就比较妥当，即并购方对于被并购方的企业文化并不过多地进行干预，保持被并购方企业文化的独立性[①]。在实际操作中，企业应该从自身并购活动的特点出发，具体问题具体分析，选择相适应的文化整合模式，达到文化融合的目的。

（三）寻求文化共同点，建立共同的管理文化

共同的目标和工作愿景是并购企业双方协同合作的基础。每个企业都希望做大做强，在文化存在差异的背景下，要想实现共赢，就必须在两个文化间寻找共同点与平衡点，实现企业理念、文化建设和行为规范的统一，求同存异，取长补短[②]。

---

① 陈庞斌：《企业并购后的文化融合策略探讨》，《现代企业文化》2013年第17期，第10页。
② 周俊：《企业海外并购的文化冲突与文化整合探析》，第68页。

"向上、自省、平衡、厚道、讲理、明目",是三胞企业基于儒家思想，提出的十二字企业文化。同时，三胞也要求中层以上管理层每月上交"三省"，即员工月度的自我反省。总体上，三胞采取"儒家思想＋西方现代化"的管理模式，建立共同的管理文化，并逐步让外国员工了解并认同中国文化。

被称为"全球最大工程机械企业"的三一重工和享有"全球第一品牌"美誉的德国普茨迈斯特公司，在并购之后从各自的品牌文化优势中寻求共同契机。2013年3月，在三一所有最稳定技术支撑的基础上，融合普茨迈斯特的全球领先技术，研制出革命性产品——C8泵车。这是两大品牌在共同文化力量作用下，通过优势互补而完成的一次充满魅力的结合，是一次技术与理念的创新。

（四）加强跨文化人才培训

企业在重视对员工进行技术培训的同时，也逐渐加强对员工和管理人员的跨文化培训，这是防止和解决跨文化冲突的有效途径。语言、管理方法及经营理念、民族文化与风俗、公司文化和法律等方面的培训等，都是行之有效的方法。

锦江国际就成功建立了"百人计划"，每年派25人去国外进行为期半年的在岗工作，融入经营，同时传播中国的一些文化与经验。从反馈来看，员工学到了对方很多核心的经验，是一种直接有效的方式。除此之外，还创办了锦江国际理诺士酒店管理学院及上海锦江国际旅游管理学院，培养高素质、国际化的酒店管理人才。

相应的，中国也在努力将自己的先进技术和管理理念带向更多的欠发达地区。中国路桥在非洲，通过开展员工培训、建立大学生实践基地，以及援助当地人才培养的方式，将自己先进的生产经验、管理技术与当地人分享，以可持续的方式推动东道国经济发展，赢得了国际社会的美誉。

（五）积极应对文化冲突

并购前后的文化冲突是客观存在的。面对文化差异与历史偏见，只想通过预防措施来解决文化冲突是不现实的。当文化冲突现象发生后，必须通过恰当而有力的公共外交手段来消除偏见、克服摩擦。成功的经验告诉我们，当冲突

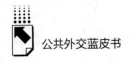

来临时，要用积极的态度去面对，不迟疑，不退缩，不强势。要开诚布公、坦诚交流，在信息保密的情况下，尽可能与被并购方政府、企业、媒体、社区及工会等利益相关者进行充分有效的沟通，化解潜在的冲突与矛盾。

锦江国际的成功经验值得借鉴。自 2008 年开始，锦江国际着手进行海外并购。与美国德尔公司合资成立了投资公司，收购了美国州际酒店集团（Interstate Hotels & Resorts，LLC），与法国卢浮酒店进行互换挂牌的协议等等。在并购过程中，当外方得知需要政府审批时，萌生退意。锦江国际立即积极主动地向对方解释，政府的审批并不是随意而为，也不是专制，共产党的政府是讲信用的。之后锦江国际还邀请了中国律师出具法律意见，又请了境外律师与对方的境外律师沟通，依靠法律的权威性使得双方更快更好地建立了互信。这个积极、坦诚的解释过程，维护了企业利益，更重要的是维护了国家的形象与权益。

五　启示

通过对文化冲突的成因、表现进行分析，以及对文化整合策略的成功案例进行展示，可以看出，文化冲突是客观存在的，在中国企业海外并购如火如荼进行中的今天，运用科学合理的公共外交手段来解决企业文化冲突至关重要。成功经验也给今天的企业提供了新思路和发展方向。

首先，中国企业在海外并购中要接受对方文化，不能盲目地推行"文化强势"。承认对方文化存在的客观性，在交流沟通中了解对方文化，取长补短，达到文化资源优势互补。

其次，中国企业在海外并购中不能移植国内的管理模式。正视文化差异所造成的企业管理制度差异，因地制宜，也吸收国外优秀管理体制，减少企业制度整合的难度。

再次，中国企业在海外并购中必须把人力资源的整合放在重点[1]。人力是企业构成的基础，必须妥善处理好人事调动、员工待遇等棘手问题，才能留住

---

[1]　吴定祥：《企业文化整合：跨国并购中的一道难题——TCL 收购阿尔卡特失败案例分析》，《对外经贸实务》2010 年第 5 期，第 70 页。

人才，获得发展。

又次，中国企业在海外并购中必须提前为文化整合做好准备。充分的调查分析是成功并购不可或缺的步骤，要清醒地认识双方的文化差异，制定文化整合的可行方案。

最后，要构建文化冲突有效疏导机制。企业可以建立专门的文化融合机构，来化解并购活动中的文化冲突现象，帮助被并购企业员工疏导负面情绪等①。

希望这些启示能够帮助中国企业更好地减少文化冲突，做好文化整合工作，提高中国企业海外并购的成功率。

①　陈庞斌:《企业并购后的文化融合策略探讨》，《现代企业文化》2013 年第 17 期，第 10 页。

B.15
中国"走出去"企业规则
困境的法律应对

李行健*

摘　要： 近年来，中国"走出去"企业在跨国经营中取得初步成功的同时，也面对着来自东道国越来越多的硬规则或是潜规则壁垒，积极地运用法律手段应对规则困境，是摆在中国"走出去"企业面前的必修课。本文旨在通过论述三一重工、鹏欣集团等中国"走出去"企业的典型代表所开展的法律风险应对实践，探讨中国"走出去"企业的海外发展战略，并对隐藏在其实践行为背后的公共外交意义加以阐释。

关键词： 三一重工　企业"走出去"　公共外交　法律　中国

一　中国"走出去"企业的规则困境

2012 年，三一集团在美国的投资遇到了空前的难题。三一集团的关联公司罗尔斯公司（Ralls）在美国经营的风电项目被美国海外投资委员会强制停止，其后不久，美国总统奥巴马签发了禁止其在俄勒冈州兴建四个风电场的行政令。

在中国企业"走出去"的道途上，三一重工所遭遇的法律制裁困境并非个案。经济活动是一把双刃剑，在创造社会财富与价值体系的同时，也必然会对社会与环境形成压力。当企业经营的范围超越国界时，必然会将这些压力带

---

* 李行健，中国人民大学公共外交研究院助理研究员，研究方向：公共外交。

到东道国,对当地既有的资源、利益格局形成冲击。在利益、资源和环境的博弈中,能有效约束跨国经营者行为的规则是调和矛盾的必然产物,也是维系整个竞争格局持续稳定发展的重要前提。近些年来,中国"走出去"企业在海外取得了令世人瞩目的辉煌成就,但与此同时,也面临着极大的风险。无论是来自东道国政府的政治风险、与当地传统磨合融入的文化风险,还是作为企业经营的商业风险,其中的大多数,最终都会以法律风险的形式表现出来。可以说,在"走出去"战略实施过程中,法律风险不仅荆棘密布,更是各类风险最为具体的表现形式。[①]

对于跨国经营的企业来说,要成为赢家,首要前提就是要深谙这些规则,让自己成为合格的参与者,并在此基础上尽可能地争取主动。适应海外市场的游戏规则,合理合法地运用法律手段维护企业利益,与东道国政府、企业、社会组织共同打造新市场秩序,成为每一个中国"走出去"企业的必修课。

二 中国"走出去"企业的规则困境: 历史原因与现实原因

无论是从历史的维度审视,还是从现实的困境分析,中国企业"走出去"的每一步,都呈现着历史与现实的痕迹。跨国企业在海外的经营困境,不仅是产品、技术、资本的困境,更是深层次,基于文化分异与历史原因而产生的刻板印象与西方主导的贸易规则之间的冲突造成的。

(一)历史原因:契约精神的文化差异

作为西方国家的主流精神与市场经济的运行基础,契约精神历来被认为是商品经济社会发展必要的先决条件。[②] 中国"走出去"企业不得不承认这样一个现实,当今世界贸易和国际金融的原则,都是以西方为中心的。而契约精神作为西方文明社会的主流精神,在其市场经济的发展过程中也扮演着极其重要

---

① 赵启正:《跨国经营公共外交十讲》,新世界出版社,2014。
② 闫泓萧:《浅谈契约精神对市场转型时期中国企业的影响》,《中华工商时报》,2012。

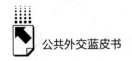

的角色，无论是作为私法的契约精神在商品经济中的交易精神，还是作为公法的契约精神，对我国社会主义法治国家的构建和社会主义市场经济的良性运转都有着积极作用。特别是在中国加入 WTO 之后，"契约精神"中合作、秩序、互惠的原则，成为双方开展友好贸易的前提与共识，但在"契约精神"的具体实践过程中呈现出不同的文化内涵。这就需要引入企业公共外交的概念，以求互利共赢，求同存异。

成熟的商业社会有赖于契约关系而存在。在契约化的经济关系中，任何参与方的存在、发展都要以遵守共同的契约为前提。契约有一种天然的生长力和扩张力，随着商品经济的发达，市场经济的行程，经济关系逐渐契约化，"契约经济"成为市场经济的表征之一。① 在中国经济发展中，原先按照计划分配生产、供应指标的时代已离我们远去，取而代之的是市场经济时代的到来。面对市场的转型，遵守契约精神、运用契约规则成为我国企业在新时期确保自身长久发展的条件之一。对于跨国经营的企业来说，不仅要规避"出局"的风险，而且要尽可能地减少因"违规"而被制裁的可能。长期以来，中国的企业虽然已经初步熟悉了"契约精神"主导下的西方市场经济秩序和规则，然而不得不承认的是，以"契约"为中心的天平两端并不对称，中国企业虽然逐渐在掌握话语权，但处在相对劣势地位的现状却是不争的事实。

尽管中国经济的腾飞和中国企业的崛起有目共睹，但中国企业的国际化经验还远远不够。契约观念的相对不足，是中国企业国际化发展中所遭遇诸多困难的根源之一。对于国际市场规则和可能遇到的政策法规壁垒的不熟悉，使得中国企业容易在融入"游戏"的过程中遭受各类打击。尽可能地熟悉相关游戏规则，并从间接经验中汲取教训，更加主动地建立和强化契约观念，可以最大限度地减少企业国际化成长过程中所付出的经济代价和在此过程中企业和国家所付出的声誉成本。

（二）现实原因：硬规则与潜规则

20 世纪 90 年代以来，技术性贸易壁垒因其具有针对性强、隐蔽性好、运用灵活等特性正逐步取代关税和传统非关税壁垒，越来越成为各国特别是发达

---

① 张文显：《市场经济与现代法的精神论略》，《中国法学》1994 年第 6 期。

国家进行贸易保护的主要政策工具和手段,对国际贸易产生着深远的影响。[①]在国际贸易实践中,一国出于维护国家安全、保障人类健康、保护动植物、保护环境、保证产品质量等方面的目的,从而采取一些强制性或自愿性的技术性法规或标准,这些法规和标准被称为技术性贸易壁垒。[②]

如果说融入国际贸易的游戏规则,遵守现行的法律、贸易、金融、技术原则,是"硬规则"的话,那么对中国"走出去"企业挑战更大的,无疑是国际社会那些"潜规则"。

不能从"潜规则"字面含义便认定是其"贬义"的价值导向。西方企业经过长年累月的发展历程,由相对粗放的生产经营模式,逐步过渡到了高度精细的现代企业发展模式。西方企业的先进,是理念与品牌上的先进,以及由此带来的经济地位的先进,继而成为"潜规则"的经济基础——尽管西方企业正在逐渐失去技术上的绝对优势,但仍然可以依靠其常年积累的优势地位,凭借其打造的商业伦理与商业秩序,依靠信誉和品牌赚取高额利润,并侵占那些相对粗放的竞争者的利益空间。[③]

于是,作为后发者的中国企业,便在同一时间面对着西方企业曾经在不同阶段面临的问题——技术壁垒和规则壁垒。随着中国自主创新能力的提高以及"中国制造"逐渐向"中国创造"的转型,技术壁垒正在逐渐被中国企业突破,然而规则的壁垒问题却越发凸显。

三 中国"走出去"企业规则困境的法律应对

自古以来,中国即讲求以"和"为贵,中国企业家也素以"和"作为商业拓展的不二法门。在企业跨国经营的方方面面,大到东道国的政治环境、经济环境,小到当地人的时间观念、工作态度,都需要贯彻"和"字在企业经营管理中的精神内核。然而,当面对非技术壁垒的不公正待遇、"和"已经不能解决问题时,必要的法律意识与法律应对是摆在中国企业"走出去"面前的新课题。

[①] 江凌:《技术性贸易壁垒对我国农产品出口影响分析及应对策略研究》,西南大学博士毕业论文,2012。

[②] 张海东:《技术性贸易壁垒与中国对外贸易》,对外经济贸易大学出版社,2004。

[③] 章文光:《跨国公司与中国企业互动发展》,清华大学出版社,2006。

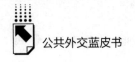

（一）主动出击，以自信赢尊重

争端解决机制是跨国商业规则中的重要构成。许多案例让我们看到，当企业与利益相关方矛盾激化之时，往往正是相关国际舆论升温的峰值，很多跨国经营的企业正是在这样一个敏感的节点被置于被动，稍有不慎，就会让自己和母国陷入国际舆论的漩涡。面对国际经济利益的摩擦甚至冲突，合理借助国际通行的经济争端解决机制，不失风度与气度地维护自己的权益，是避免问题扩大化的理想选择。

2011 年 4 月，上海鹏欣集团有限公司的子公司新西兰牛奶控股公司（Milk New Zealand Holdings）向新西兰海外投资办公室正式提交收购新西兰科拉法农场的申请。早在 2007 年 7 月，鹏欣集团就已通过国际公开竞标参与收购因金融风暴而破产的新西兰科拉法牧场集团。2011 年 9 月，这个收购项目得到了中国商务部、国家发改委的批准。经过新西兰海外投资办公室历时 9 个月的审核，收购申请也于 2012 年 1 月得到了新西兰政府的正式批准。[1]

然而正当一切按照正常程序向前推进时，来自当地竞争者的阻力却不期而至，这也使得鹏欣集团的计划被完全打乱。2012 年 2 月，一个由新西兰工商银行家联合当地农场主组成的团体，打算通过法律诉讼阻挠这次牧场出手，对新西兰政府批准购买的决定提请司法复核。原来，此前该团体也曾对科拉法农场提出过收购申请，希望以 1. 71 亿新西兰元（约合 1. 4 亿美元）的价格购买，但因报价不及鹏欣集团而未能成功。如果能成功阻止新西兰牛奶控股公司的收购，这个团体将有机会再次参与竞购。

高等法院在详细了解案情后，依据司法解释驳回了该团体的司法复核要求，裁决依据事实对该收购进行重新审核。2012 年 4 月，经过复核认定买家所具备的商业智慧和经验符合相关要求，鹏欣集团的收购申请再次被批准。然而原告却并没有善罢甘休，于一周之后再次联合当地毛利部落和农民基金向新西兰上诉法院提出抗诉，企图借助当地人的地方保护主义情绪来实现商业利益。面对反对阵营的种种不实指责，鹏欣集团选择用法律手段来维护自身的合法权益。法庭上，诉讼双方聘用的皇家律师团队在新西兰上诉法院进行了长达

---

① 赵启正：《跨国经营公共外交十讲》，新世界出版社，2014。

9 小时的辩论。2012 年 8 月 8 日，上诉法院做出判决，驳回原告的诉讼请求。2012 年 11 月 30 日，牧场交割手续顺利完成，鹏欣管理团队正式接管牧场，终于成为科拉法牧场新的主人。

鹏欣集团的案例并不是个例。2011 年 5 月，西班牙巴伦西亚自治区埃尔切市地方法院公开审理了 2004 年该市发生的焚烧华商仓库事件，并做出终审判决，28 名西班牙籍被告人被判有罪，原告华商陈九松诉讼胜利。尽管在"火烧中国鞋"事件过程中，中国商人蒙受了巨大的经济损失，然而痛定思痛，除了通过积极的行动消除隔阂、推动企业与当地人的合作外，这些受害的中国商人也一直没有放弃法律维权，最终赢得了诉讼、弥补了损失，也挽回了尊严。[1]

这些案例充分显示，争端的解决过程和结果，不仅事关企业的切身利益，也影响着外国人对中国人、中国企业的看法。而这些，都是母国国际形象的构成要素。在国际经济争端中有尊严地胜出，离不开对相关规则的全面了解、透彻把握，只有知己知彼，善用国际通行的经济争端解决手段，才能在国际商战中维护自己的合法权益，维护自己与国家的尊严，主动出击，不卑不亢，以自信赢得尊重。

（二）互利共赢，共建市场新秩序

中国"走出去"企业近年来的发展取得了令人瞩目的成就，同时也面临着国外"双重壁垒"的严峻考验。随着中国企业自主研发能力和创新能力的不断增强，"技术壁垒"已经逐渐被甩在身后，然而由于对国际规则的不熟悉、外国政府对于本国企业的地方保护等原因，"规则壁垒"逐渐成为中国"走出去"企业进一步发展的瓶颈。特别的，用法律手段维护自身权益，并非仅是意义层面的挑战，更是现实层面新秩序的共建。

仍以三一集团在美国投资的风电项目为例。

在美国总统奥巴马签发关于罗尔斯公司的行政禁止令之后，三一集团将美国外国投资委员会及美国总统奥巴马一同告上了法庭。在金融危机的影响尚未完全散去的时代背景下，美国政府近几年迫于较大的财政压力以及国内各社会

---

① 赵启正：《跨国经营公共外交十讲》，新世界出版社，2014。

团体的关于国家安全、就业等诸方面的呼声，在鼓励本土企业创新发展的同时，也难以避免地陷入了贸易保护主义的窠臼。以一个海外公司主体状告美国外国投资委员会和美国总统，尚无前例，这无疑具有重大的法律意义、经济意义和历史意义。但对于三一集团而言，面对美国这个当今世界经济的领头羊、世界经济秩序和游戏规则的主要制定者，要以美国的法律作为基础，从卷帙浩繁的美国法律条文中为自己寻找出路，这种颇具开创意义的诉讼之路，注定荆棘密布，其难度和挑战不言而喻。

经过为期近一年的搜集合法证据、寻找法律突破点的艰难诉讼过程，美国时间 2013 年 7 月 15 日，美国哥伦比亚联邦法院针对本案做出判决，一致判定：

（1）三一集团在美关联公司罗尔斯在俄勒冈州 BC 风电项目中具有受宪法程序正义保护的财产权。

（2）总统奥巴马下达的禁止罗尔斯公司俄勒冈州的四个风电项目的总统令违反"程序正义"，剥夺了其在风电项目中受宪法保护的财产权。美国政府需要向罗尔斯和三一重工提供相应的程序正义，包括美国外资委员会和奥巴马总统做出的相关决定所依赖的非保密信息和在了解相关信息后回应的机会。

（3）美国外资委员会就风电项目针对三一各公司下达的各项命令，不因奥巴马总统令的下达而自动规避法院的审查。①

这表明三一集团及罗尔斯公司在美维权取得了初步的胜利，这不仅意味着美国总统和美国外资委员会以威胁国家安全为由而进行的带有一定贸易保护主义色彩的手段存在被挑战的可能，同时也为在美的外资企业收购美国资产频频受阻的困境开辟了一条新路，更为重要的是，三一集团在美维权的胜利，凸显了传统经济利益格局出现了主客体位置相对平衡的新格局、新趋向。

需要特别注意的是，在此案例中，三一重工的律师团队，不仅由极其熟悉美国法律体系的高素质律师组成，更重要的是，他们以美国的规则为武器，没有盲目地挑战美国外资委员会和奥巴马总统下达的行政令本身，而是在美国宪法当中，寻找到了"程序正义"这一制约总统令和行政令的制胜武器——主

---

① 杜鹃：《三一集团在美"扳倒"总统令"尊严胜利"之后，国际化如何前行》，《科技中国》2014 年第 8 期。

张总统令没有能够依照美国宪法和其他相关的法律流程处理罗尔斯公司的相关投资项目，未经告知和其他任何正当、合适的理由便侵夺了企业的合法财产，是违反了"程序正义"。虽然美国的《国防生产法》中有明确的规定，"美国总统按照法律相关规定做出的决定不受司法审查"，然而并有规定其决策过程不能受到"程序正义"的质疑，不能接受司法审查。由此可见，在中国企业"走出去"的进程中，面对潜规则的巨大压力，并非仅仅有应用法律手段的意识便能无往不利，对于法律法规的深度了解和对当地"游戏规则"融入，将会成为有助于海外经济争端纠纷解决的重要砝码。

三一集团及其关联公司历史性地在美国实现了维权的胜利。这样的例证为中国"走出去"企业在遭遇"规则壁垒"时，如何通过合理合法的途径维护自身权益，起到了积极的示范作用。在这场旷日持久的诉讼中，谁赢谁输并不应当成为被关注的重点，海外市场游戏规则和市场秩序的重新建构才是题中之义。可以说，三一重工凭借对"游戏规则"的充分把握，利用法律武器，维护了自己合理合法的权利。更为深远的影响是，其不仅为中国企业在海外维护合法权益开辟了新的道路，同时也为中国企业在美投资新秩序的建立提供了可能。

（三）中国"走出去"企业法律应对的公共外交意义

中国"走出去"企业作为公共外交的实践主体，是时代的要求。包括三一重工在内的大型民营企业以及中石油等大型国企都在跨国经营的过程中积累了相当的经验，并在公共外交领域取得了卓有成效的成就。然而，不得不承认的是，企业的公共外交实践更多地仍是以"结果"和"效果"作为衡量的。换句话说，"走出去"企业与公共外交的结合，往往是一个无心插柳柳成荫的过程，而非主动为之。[1]

但这并不意味着企业便不能成为"公共外交"的实践主体，恰恰与之相反，尽管企业的跨国经营行为，多以企业利益为出发点，但作为国家形象的"名片"，其经营行为往往暗含了国家利益的指向，其公共外交意义往往是潜移默化的。

---

① 赵启正：《公共外交与跨文化交流》，《上海文化》2014 年第 6 期。

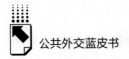

仍以三一重工及其在美关联公司罗尔斯公司在美的法律应对为例。尽管在事件初期，三一重工起诉的出发点在于维护公司的合法权益，但随着事件的深入以及诉讼案件的特殊性，三一重工起诉奥巴马总统的行为，已经被赋予了新的有关国家的内容。此时，其行为已经不单单局限在维护公司权益上，同时也代表着国家利益的维护。在起诉到初步胜诉的漫长过程中，也体现着国家利益与企业利益间的密切关系。

近年来，随着中国市场转型，投资和出口两驾马车拉动经济发展的格局逐渐形成，中国成为美国最不可或缺的贸易伙伴。与此同时，中国的国际影响力和话语影响力也与日俱增。在此情况下，中国大型企业在美国发生的商业纠纷，一定程度上，都会牵扯到中美关系等问题。中国日渐强大的国家形象，也为中国企业在海外的经营发展提供了坚强的后盾，同时，中国"走出去"企业在海外的进一步发展，又为国家形象加分不少。可以说，在中国企业"走出去"开展公共外交实践的过程中，国家利益是企业利益的重要基础，而企业利益的实现又反作用于国家利益，国家利益与企业利益是统一的。

而"法律"作为国际贸易争端机制的解决之匙，是中国企业在"走出去"发展进程以及开展公共外交实践中最宝贵的财富。中国企业已经在长期的摸爬滚打中交了太多的学费。第一阶段，改革开放到20世纪初，在逐步突破技术壁垒的同时，却迎面撞上了规则壁垒；第二阶段，在加入WTO之后，部分中国"走出去"企业已经有了用法律武器维护企业合法权益的经验与勇气，并取得了令国人颇为振奋的成果，但不争的事实是，我们在与西方主流国家的经贸往来中依然处于从属的被动位置；第三阶段，自21世纪第二个十年开始，法律已经不再被当做一种用于攻击或是防御的"武器"，而成为企业与东道国各个主体内化的自觉意识，谁赢谁输并非重点，公共用"法"的公平意识共建互利共赢的市场新秩序，才是题中之义。由此观之，过去几年，中国走出去企业已经在法律风险应对方面做出了丰富而有效的实践，但要真正达到第三个阶段，还有很长的路要走。

在压力中前行：中国企业海外
发展的舆论应对

杨 波*

摘 要： 近年来，中国企业"走出去"面临来自国际舆论的重重压
力。在国外媒体不断渲染的"中国威胁世界未来"的大环境
中，中国企业在海外投资、并购、承建项目时，遭遇了来自
目标国当地政府、民众及国际舆论的巨大压力，海外发展之
路频频受阻。本文通过分析中国企业当前海外发展的舆论环
境及舆论与企业公共外交的关系，重点分析海外舆论产生的
内外部原因，强调开展公共外交对于中国企业应对国际舆论
的重要性，同时结合目前部分中国企业海外发展舆论应对的
案例，说明企业为应对负面舆论、缓和与目标国公众的关
系、引导正面舆论等所开展的公共外交和公关活动，为更多
准备走出国门的中国企业提供参考价值。

关键词： 公共外交 国际舆论 危机公关 企业形象 中国

一 中国企业海外发展的舆论环境：在压力中前行

2014 年 9 月 23 日，在第二届中国企业海外形象塑造论坛上，《中国企业
海外形象调查报告（2014 亚太版）》发布。报告显示，海外民众对中国企业整
体印象评价仍然偏低，评分明显低于德国、日本、美国等主要发达国家的企

---

* 杨波，中国人民大学公共外交研究院助理研究员，研究方向：公共外交。

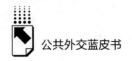

业。另外，海外民众一方面认可中国企业对当地经济的贡献，但另一方面也认为中国企业的进入对该国经济发展带来了挑战。超过三成的受访民众担心中国企业可能会掠夺当地优势资源，打破原有的产业链平衡，破坏生态环境，从而威胁到本地企业的发展。

普通民众对中国企业形象的判断，通常来自于当地媒体对于中国企业的报道。在所调查的五国民众中，56%的受访者认为本国媒体对中国企业的报道是非常客观或比较客观的，对媒体的信任度较高①。

因此，对于中国企业来说，有效应对来自国外媒体、政府、民众的负面舆论，引导国外媒体正面呈现企业形象，加强企业海外宣传，提高企业国际影响力和国际声誉，从而从根本上改善企业海外发展的舆论环境，还有很长的路要走。

（一）中国企业崛起引发国外媒体负面舆论

2014年11月18日上午，国家发改委外资司司长顾大伟表示，今年1～9月，中国对境外投资已经达到849.2亿美元，预计2014年中国对境外的投资将超过或者接近1200亿美元，并有望首次超过吸引外资的总量②。随着综合实力的提高，中国企业不断深入国际市场，行业从传统制造业逐渐向新兴科技产业转移，"中国创造"的产品也深入其他国家。在中国企业走出去的同时，在华外资企业在中国的发展却趋于萎缩。据《华尔街日报》引用的数据称，2014年有24%的外资公司在中国削减成本，同时减少雇员。

面对不断强势的中国企业，由于担心本地企业利益受损，国际社会对中国企业的发展已不再那么"宽容"，来自其他国家的负面舆论与不断高涨的民意让企业的海外发展承受了巨大压力。

据科技资讯网站 Techcrunch 2014年11月的报道称，随着互联网的发展，不少海外消费者通过网络直接购买所需产品。物美价廉的中国商品广受消费者欢迎。不过国外媒体对此表示担心，他们认为充满竞争力的中国企业将会对本土公司产生影响。与此相类似的，还有2014年阿里巴巴强势进驻美国市场。

---

① 中国外文局、中国报道杂志社、中国外文局对外传播研究中心、国际调研机构华通明略：《中国企业海外形象调查报告（2014亚太版）》，2014。

② 国家发改委：《预计全年中国对外投资约1200亿美元》，人民网，2014年11月18日。

据美国《华盛顿观察家报》网站 12 月 2 日报道，美国实体店零售商对于阿里巴巴的到来越来越担心，他们在一则广告中表示："由于在线销售存在税收上的漏洞，这家中国公司（阿里巴巴）将会扼杀美国本土的零售商。"希望以此呼吁国会对在线零售商征收销售税。

除了对国外企业的威胁，中国企业起步晚、管理落后、现代化程度低等弱点也是国际竞争中的硬伤，成为国外媒体诟病的焦点，指责中国企业产品质量不过关、管理方式不透明等相关报道层出不穷。

（二）复杂的舆论环境——难以化解的反华情绪

不可否认，中国企业的海外发展的确为其他国家带来了实惠，有积极正面的效应。在中国企业的海外拓展项目中，包括了涉及目标国民生利益的基础工程建设，如公路、公共住宅等，在保证建设质量的同时，为当地创造了大量的就业机会，建设成果也惠及目标国民众及政府。在上文提到的中国企业形象调查中，有半数以上的受访民众认可了中国企业对当地的经济贡献[1]。

然而，中国的发展遭到了来自西方世界的诸多非议，国际市场中的企业行为不再仅仅具有商业性质，许多经济问题被上升到政治层面。在这一过程中，舆论作为重要推手，被用于实现政治目的[2]。部分国外媒体报道中的反华情绪依然没有消解，认为中国企业海外投资具有强烈的政治意图，将中国的海外发展归结为中国野心，不断发起"中国威胁论"、"中国抢占资源"等报道，由此勾勒出中国企业海外投资威胁世界经济利益的图景[3]，影响当地政府的决策及民众对中国企业甚至中国的判断，阻碍了中国企业的正常发展。

二 海外舆论与中国企业公共外交：
世界声音与中国声音

作为社会力量的重要组成部分，舆论已经成为各国外交决策者必不可少的

---

[1] 中国外文局中国报道杂志社、中国外文局对外传播研究中心、国际调研机构华通明略：《中国企业海外形象调查报告（2014 亚太版）》，2014。
[2] 赵启正：《跨国经营公共外交十讲》，新世界出版社，2014。
[3] 高诚：《海外投资，企业声誉与舆论引导》，《商业时代》2014 年第 24 期。

参考因素。在企业海外发展过程中，来自目标国家民众、媒体、政府的声音都影响着企业的海外决策与布局。认识到舆论的作用，不仅关系企业海外发展战略决策，也关系企业正面形象的树立。

（一）媒体对公众舆论的影响：拟态环境的塑造

国外民众对于中国企业的认识往往来自于本国媒体的报道。早在20世纪20年代，美国新闻评论家李普曼就在其所著的《公众舆论》一书中，论及"拟态环境"的问题。由于现代社会的复杂化，对超出自己经验以外的事物，人们只能通过各种新闻机构去了解。而媒体由于自身倾向性，并不能完全客观地再现现实环境，因而人们所看到的是经过媒体加工过的"象征性的环境"[1]。由于国外媒体，尤其是美国等发达国家媒体对中国企业的报道常含负面情绪，而民众对于本国媒体的信赖程度较高，因此部分国外民众在认识中国企业时通常会受到本国媒体的影响，对中国企业呈现出负面的评价。

（二）舆论对企业公共外交的影响：从"以我为主"到"以国外受众为主"

关于公众舆论对外交政策的影响及程度的问题，学术界还存在争论。李普曼认为舆论是可以被构建、制造和引导的。与他同为现实主义学派的国际关系学者也表示，由于公众舆论缺乏理性、无知冲动，因此在外交决策中应尽量减少舆论的干扰。但公共外交不同于传统的政府外交，二者在民众参与程度、舆论影响力等方面都有差异，因此在公共外交范畴，与现实主义学派相对的自由主义学派的观点，对于中国企业的公共外交则更具现实意义。

美国自由主义学者伯纳德·科恩在其经典著作《新闻媒介与外交政策》中提出，"国内舆论是外交政策制定者政治轨道之外的环境中能作用于其外交政策的一种政治力量，一种能够推动、限制或者纠正决策行为的力量"。这里的舆论与外交虽在政府外交的范畴，但舆论对于外交政策的重要作用已经开始凸显。

延伸到企业的公共外交层面，中国企业所面对的负面舆论，既有来自国外

---

① Lippmann W.：*"Public Opinion"*，Transaction Publishers，1946.

媒体"构建"过的公众舆论，也有来自目标国民众出于自身考量而发出的负面声音。我们不能寄希望于西方媒体能在公正立场上报道中国，更不能寄希望于它们来填补它们制造的舆论鸿沟，要让世界了解一个真实的中国，首先要寄希望于我们自己①。

因此，在面对海外舆论时，中国企业需转变国际理念，从单向的"对外宣传"走向双向的"国际传播"，同时充分考虑国外受众的需要，以"国外受众语言"向外国民众说"中国故事"，同时高度重视媒体的力量，借助境外媒体积极引导国际舆论，从被动走向主动②。

三 影响海外舆论的因素：内外部因素的多重影响

由上文的分析可以看到，海外媒体的报道影响外部世界对中国企业的认识。而海外舆论不仅受媒体自身定位、倾向等影响，也受国家政治、经济、文化等外部因素变化的影响。另外，中国企业自身定位和企业行为也同时影响国外媒体对企业的报道。

（一）来自目标国政治、经济、文化的影响

从外部环境来看，由于目标国家与中国在政治、经济、文化等方面均存在一定差异，因此在企业走出去的过程中，任何一方面的认识不清、沟通不及时或处理不当都有可能影响企业形象与外界评价。

1. 东道国政局不稳定带来的政策风险

目标国家政权更迭、领导人变化以及掌权者行事风格的转变，都会导致该国政府对于外来投资者的态度发生变化。中国企业海外投资项目都是与当地政府签署协议以保障项目顺利进行的，但是政策的持续性并不会因为协议的签署而一成不变。实施中如果发生政权的更替或政策的变化，那么中国企业将面临严重而巨大的损失③。

---

① 赵启正：《加强公共外交，建设国际舆论环境》，《对外大传播》2007 年第 4 期。
② 叶皓：《公共外交与国际传播》，《中国传媒大学学报》2012 年第 34 期。
③ 方镐烈、张巍：《中国企业海外直接投资风险与防范对策分析》，《现代商业》2014 年第 24 期。

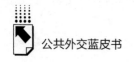
2011 年 9 月 30 日，缅甸联邦议会单方面宣布将搁置由中缅两国合作兴建的密松水电站。作为堪称"海外三峡"的伊洛瓦底江水电项目中最大一级电站，密松水电站于 2009 年就已开建，由中国电力投资集团（简称中电投）承建，而一直到 2011 年 3 月，中缅双方依然合作顺利。在密松水电站项目被搁置之后，缅甸官方曾表示，暂停该项目的原因是可能存在的环境问题，并非针对中国。但外界普遍认为，造成项目搁浅的主要原因是缅甸政府与国内武装力量的政治矛盾。2011 年的缅甸处于政治转型的初期，面对不确定的政策，许多跨国公司都放缓了在缅甸的布局，而中电投却签署了高达几十亿美元的项目，项目风险可想而知。

2. 本地企业及外国企业的竞争风险

作为影响中国企业海外发展的重要因素，经济因素往往在企业竞争中起到至关重要的作用。由于目标国家远离中国本土，中国企业在地理区位、竞争价格、本地管理等方面均不占优势，加上本地企业及政府的自我保护意识，企业发展极易遭到相关企业的排挤和恶性竞争。

不合理的价格竞争会影响中国企业的海外决策。2012 年，由中信建设有限责任公司率领 29 家中国企业在安哥拉历时 4 年建设完成的凯兰巴·凯亚西社会住宅工程项目一期工程交付完成。但在 4 年前中信建设参与竞标时，却遭到了来自竞争对手的挑战。因为安方采取了"背靠背"的不公开竞价方式，面对竞争者的低价政策，一向以质量为第一位的中信建设在竞争中优势尽失，舆论也普遍不看好中信。面对竞争者报出的低价，为保证企业的信誉，中信不得不向安方提出了自愿退出项目竞标的申请，并愿意分享已经完成的技术成果。最终，这一举动打动了安方的负责人。

另一个中国企业鹏欣集团在收购新西兰 16 座牧场的过程中，同样遭遇了来自本地竞争者的排挤和当地民众的强烈反对。本地财团利用当地人的地方保护主义，组织抗议团体反对鹏欣集团对"本地核心资源的侵占"，虽然鹏欣最后努力完成了收购，但收购价格被提高了 1600 万新西兰元。

3. 文化差异的干扰

"走出去"的过程不仅有来自政治、经济因素的影响，文化差异也是影响国际舆论走向的另一重要因素。有数据显示，70% 的跨国并购没有实现期望的商业价值，其中 70% 失败于并购后的文化整合，这个规律被称为"七七定律"。中国企业走出去过程中仍欠缺跨文化管理的能力。2013 年 3 月 1 日，安可顾问（APCO Worldwide）与《中国日报》联合发布的调查报告显示，逾90% 的中国企业表示在美发展最大挑战来自文化差异。其中，美国相对严格的政策环境和全面的法律法规一直被视为中国企业在美发展的最大挑战①。

一般来说，文化差异越大，海外发展失败的可能性越高，而一旦解决了文化差异带来的干扰，跨国发展就不再显得阻力重重了。华为技术瑞典有限公司总经理罗刚也曾明确表示："华为取得成功的重要因素是创新和本土化。其中，尊重所在国文化习俗、增进了解并融入当地社会是非常重要的。"②

（二）来自企业层面的影响——公共外交水平的重要性

目前，一些中国企业开始有意识地在海外拓展时运用公共外交手段，主动缩小目标国家与中国在各方面的差异，消除当地民众的疑虑，并勇于承担企业的社会责任，以赢得正面舆论的支持。但不得不承认，中国企业公共外交水平仍有待提高。

如上文提到的，企业在不同国家的海外投资可能会遭遇不同问题，而在总结经验时我们发现，因中国自身公共外交水平有限所造成的发展困境却是有章可循的。在内部因素上，有学者总结了国外媒体"围剿"中国企业的四个原因，分别是外部世界对中国防范心理严重、中国企业产品质量欠佳、中国企业社会责任意识缺失及中国企业声誉传播乏力③。每一种能力的欠缺都会影响当地政府、媒体、民众对企业的态度，从而引发负面舆论。另外，部分中国企业在海外发展时破坏了当地的生态环境，没有充分考虑当地民众的权益，不懂得因地制宜转变经营方式，也成为西方国家诟病中国企业海外投资的主要原因。

但暂时的落后并不能代表所有。中华民族从来都是善于学习的民族。从外国企业的经验中，中国企业可以看到公共外交可遵循的成功轨迹。有学者从韩国第三大跨国公司 SK 集团成功案例中，总结出跨国公司公共外交的三大目标与类型：一是经营目标型，跨国经营活动本身就是通过企业内部员工开展母国

① 张远岸、安可顾问：《文化差异已成为中企在美发展最大挑战》，财新网，2013 年 3 月 1 日。
② 和苗：《中国企业海外本土化发展须克服文化差异》，新华网，2012 年 10 月 5 日。
③ 高诚：《海外投资，企业声誉与舆论引导》，《商业时代》2014 年第 24 期。

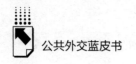

与东道国的公共外交;二是社会责任型,当企业社会责任活动跨国化之时,跨国企业社会责任与其公共外交就是"一体两面";三是国家形象型,当跨国公司自觉地把企业形象与国家形象结合起来,这类典型的公共外交行为就会取得预期的成效。

四 中国企业应对舆论挑战的努力

不同的舆论处理方式,最终会导致不同的企业海外发展局面。近年来中国企业走出去的案例表明,企业开始运用公共外交和公共关系手段积极主动地应对舆论,并适时有效地引导舆论,努力改善着中国企业海外发展的舆论环境。

(一)适时出击,做足功课——充分掌握主动权

由于不熟悉目标国家相关政策,中国企业在走出去的过程中很容易与当地规则相违背,进而触碰到当地民众、政府的利益,引发负面舆论。面对这种情况,在进入目标国家之前,一些中国企业针对双方存在的文化差异提前做足了功课,特别是对目标国当地的政策、法律等进行了充分的前期调研;同时也考虑到当地独特的资源环境和竞争环境,适时调整了企业决策,避开了可能触发负面舆论的企业行为。

我国的经济发展伴随着资源的极大消耗,国内资源的日益稀缺迫使许多能源企业将目光投向海外。在国际资源竞争极其激烈的情况下,山东邹城兖矿集团近年来却成功收购了澳大利亚菲利克斯公司、新泰克公司、普力马煤矿等几大资源公司。不可否认,作为一个以开发煤炭资源及装备制造为主的国有大型企业,掌握国际先进技术、企业良好的信誉和品牌形象,是兖矿集团海外收购获得成功的重要原因①。但企业在遭遇反对声音时适时有效的危机公关,也是最终成功收购的助推器。兖矿集团走出去之初,曾因不熟悉当地政策、资源环境而遭到舆论的挑战,但后期企业吸取经验教训,选择在关键节点、关键环节与澳方高层多方接触和沟通,在传播企业理念的同时展现兖矿集团强大的技术

---

① 柯银斌、沈泱:《SK 集团公共外交的三大目标与类型》,《公共外交季刊》2011 年第 2 期。
赵启正:《公共外交战略》,学习日报出版社、海南日报出版社,2014。

实力，为企业发展赢得了来自澳方政府和公众的重要支持，从而获得最终的成功。

（二）善用规则，维护权益——将外围阻力降到最低

面对已经产生且不可规避的负面舆论，中国企业开始学会利用当地法律对不良竞争和负面舆论予以还击，"以子之矛攻子之盾"，保证了中方的合法利益。上海鹏欣集团收购案、锦江集团的海外收购中，企业在熟悉当地法律的前提下，启用了优秀的律师团队正面应对来自本地竞争者的指责，诉诸法律的权威，最后获得成功。中国企业走出去时，开始逐步适应海外发展的环境，积极利用公共外交手段及当地规则消除舆论的负面影响，减少了企业发展的外围阻力。

然而，随着中国企业不断深入国外市场，深感危机的发达国家甚至一些发展中国家开始设置越来越多的贸易壁垒，以阻挡中国商品、劳务的输入。如近年来不断增多的针对中国企业、中国商品的反倾销调查，就是中国企业海外发展环境日趋严峻的例证。

从整体上看，中国企业在国际市场中的话语权相对较弱。发达国家作为游戏规则的制定者，经常利用当地规则左右中国企业的发展，技术、质量不合当地规定也是国外媒体指责中国企业的重要原因。因此企业逐渐意识到，只有成为规则的制定者，才不会被规则所牵绊。康奈集团与"沙雀"SATRA 的合作，就是中国企业摆脱被动局面的努力。"沙雀"是全球性鞋类认证机构，有较高的国际声誉。与"沙雀"的合作，让康奈及时全面地掌握了欧美先进的制鞋技术，也因产品质量的提高规避了技术性壁垒，让国外媒体不再对产品质量指手画脚。

（三）承担责任，体恤民意——赢得信赖与认可

学者喻国明认为，构建信任是建立企业形象的重要方面，是一个企业、一个品牌得到正向传播并实现可持续发展的关键，积极认真地履行社会责任，是构建信任的重要途径[①]。

---

① 白智勇、郭影：《对企业海外形象塑造与传播实践的思考——"2013 首届中国企业海外形象塑造研讨会"观点集粹及对中国石油的启示》，《国际石油经济》2014 年第 4 期。

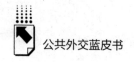

由于中国企业在海外发展时，必不可少地要在目标国家的土地上进行生产、经营活动，也必不可少需要利用当地的自然资源及人力资源。因此，为了保证经营活动的顺利进行，一些中国企业开始主动承担社会责任，并将目标国家民众的意愿作为制定发展战略的重要因素，赢得了当地民众、政府的信赖与认可。

大型工程类项目在建设过程中，往往会对目标国家的生态环境造成一定破坏，中国企业在国外的开发也因对环境的污染和生态资源的破坏而屡遭诟病。然而山东胜利油田建设集团在肯尼亚内罗毕市承建公路项目时，就考虑到了可能存在的环境污染和资源破坏。由于企业在项目提前考察过程中，就充分认识到了野生动植物资源对当地旅游业的重要价值，因此在项目正式开建后，企业就一直秉承着环境与生态优先的观念，从而使当地资源免遭被破坏的危险。除了通过设立垃圾回收箱、遮蔽土方等方式使项目工程更加环保之外，在建设营地周边，经常出现的大型野生动物也得到了很好的保护。更贴心的是，工程队的路面施工全部被安排在夜间进行，极大方便了当地人民的生产生活，赢得了来自民众广泛的信赖和认可，为中国企业树立了良好的形象。

在国际灾难性事件中承担国际救援任务，提供人力、物力的支持，是中国企业承担社会责任的又一突出表现。三一集团在日本福岛核电站泄漏及智利矿难的救援中，都提供了设备和人力上的支持。2010年8月，智利北部一处铜金矿发生塌方事故，33名矿工被困。10月初，三一集团的"神州第一吊"起重机在智利政府制订救援计划时被选中，三一随即投入紧张的救援之中。因为在救援过程中的突出表现，来自中国的"救援哥"郝恒与三一起重机一起被称赞为"国家骄傲"。

（四）错位竞争，互利共赢——消除政府及民众的疑虑

企业是以赢利为目的的组织。而中国企业中，能与上文提到的山东胜利油田建设集团一样，将自身发展与当地民众利益相结合的却不止一家。可以看到，一些中国企业在发展自身的同时，也给当地带来了正面效应，努力实现双赢，分享企业发展的成果，打消了来自目标国企业及民众的疑虑，帮助企业获得了长期稳定的收益。达之路集团就是其中的一个。

2009年，达之路集团的董事长何烈辉被评为"2009年度感动非洲的十位

中国人"之一。作为中非民间大使，何烈辉一直将公司的业务重点放在非洲，也一直以"分享与共赢"作为企业发展的战略。企业产业布局时，有意避开当地保护性行业，强调错位竞争；为当地人创造大量就业机会，在金融危机期间仍坚持不裁员，甚至增加员工，使企业海外公司98%以上的员工实现了本地化；积极开展公益活动，无偿捐建学校，成立了总额130万美元的慈善基金帮助弱势群体。这些做法不仅消除了当地民众的疑虑，也获得了当地政府的赞扬。企业的真诚和贡献为非洲各国媒体广为报道，达之路也被非洲国家亲切地称为"我的兄弟"和"我的朋友"。

（五）成功案例的共同特征：沟通与理解是改善舆论环境的前提

由于金融危机的影响，世界经济的发展一度陷入低迷，而中国经济在很大程度上并未受到金融危机的强烈冲击，高速发展一枝独秀。在这一背景下所产生的来自其他国家的担忧、质疑和随之而来的负面舆论并不难理解[①]。

实践证明，有效的沟通可以带来相互的理解，进而改善舆论环境。我国第一家向美国出口汽车零部件的企业——万向集团在美国投资的成功正是得益于对美国文化的理解。在万向向美国推进的过程中，通过人员、管理、运作方式的美国化，积极与当地人沟通，充分利用当地的人力资源，加上对美国商业文化、商业思维的理解，最后在当地建立起良好的口碑。

五　总结与反思

中国企业走出去，注定要承受包括舆论风险在内的各种考验。指望环境改善了再走出去是不现实的，根本不可能在关起门的情况下提升国际竞争力。面对更加激烈的国际化竞争，除了勇敢面对，中国企业别无选择[②]。

企业海外发展的过程，虽然紧紧围绕企业自身规划、海外市场拓展等特定项目展开，但仍肩负了公共外交的基本任务——向世界说明中国，在客观上起

---

① 赵启正：《跨国经营公共外交十讲》，新世界出版社，2014。
② 钟声：《当心对外投资的舆论风险（国际论坛）》，《人民日报》2011年9月5日03版。

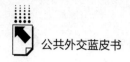
到了传播和提升国家形象的作用①。在企业海外发展的过程中，通过对自身发展战略的阐释、与当地政府的诚意合作以及与当地民众的良好互动，企业在他国民众心目中所塑造的正面形象已转化成该国民众对于中国国家形象的认知。以鹏欣收购案为例，长达18个月的收购过程，不仅是鹏欣集团在新西兰宣传企业形象的机会，也是中国在新西兰树立更加良好的国家形象的绝佳时机。

　　2014年，像阿里巴巴、复兴集团这样的大型国内企业都扩大了在世界市场的版图，取得了不错的成绩。但不得不承认，中国企业的公共外交水平还普遍落后于西方发达国家，国际舆论的影响力还无法为企业海外发展消除全部障碍。中国企业在获得更多发展机遇的同时，也必须面对一直存在的负面舆论。尽管中国企业海外发展之路并不一帆风顺，但因为国家强大经济实力的支撑和企业日渐成熟的公共外交、危机公关手段，国际舆论也慢慢向有利于中国企业的方向发展。面对"挑剔"的世界眼光，中国企业一直在压力中前行。

---

① 赵启正：《跨国经营公共外交十讲》，新世界出版社，2014。

国际传播与公共外交

International Broadcasting and Public Diplomacy

B.17

中国驻外记者参与公共外交活动调查报告[*]

姜 飞 陈俊侠[**]

摘 要： 为了解我国驻外记者从事公共外交的真实现状，评估其效果，以便更好发挥驻外记者的公共外交主体性，进而为我国公共外交良性发展和战略调整提供参考及建议，本研究通过电子邮件发放问卷的方式，在2014年11月底至12月中旬对我国驻外记者进行抽样调查。本次研究发现，九成驻外记者认同其公共外交主体角色，并且在向国外民众说明真实中国方面效果显著，也是政府层面公共外交活动的有益助力。七

---

* 本研究为中国社会科学院创新工程"全球化时代的跨文化传播：理论研究与成果应用"及国家社会科学基金重点项目"提高我国文化软实力的中国道路研究"（14AZD040）的阶段性成果。

** 姜飞，博士，中国社会科学院新闻与传播研究所研究员，博士生导师，传播学研究室主任，世界传媒研究中心主任，中国跨文化传播研究与实践基地主任，中国传播学会秘书长，研究方向：国际/跨文化传播，跨国媒体，新媒体，传播学理论；陈俊侠，新华社国际部法文编辑室主任，主任记者，研究方向：跨文化传播。

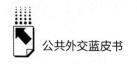

成以上驻外记者乐于参加公共外交培训，并且对如何开展培训以及达成更好的公共外交效果提出了建议。

关键词： 驻外记者　公共外交　跨文化

一　调查实施背景

正如越南外交官 Tran Van Dinh 所言，"传播于外交之重要性犹如血液于人体"。① 传统外交时代，驻外记者通过服务所在媒体，间接参与外交事业；公共外交时代，驻外记者主体地位凸显，获得了直接参与公共外交的机会。正如一位有 11 年驻外经验的记者所言："驻外记者开展公共外交具有独特优势。一是与外交官员或政府官员相比，身份相对不敏感；二是因工作因素，与外国各界人士接触十分频繁和方便；三是因为从事新闻工作，与外国民众可共享众多话题，为开展公共外交提供了很好的切入点。"② 因此，驻外记者可以成为"为他祖国的公众努力回答有关东道国方方面面问题的人，小到当地人的衣食住行，大到这个国家的环境状况、经济发展、思维习惯、政治领导人等包罗万象。"③

中国共产党领导下的新闻机构在中国大陆之外地区外派记者最早可以追溯到 1947 年，到 1949 年新中国成立，新华社先后建立了 4 个分支机构：香港分社、伦敦分社、布拉格分社和平壤分社。新中国成立后首个创建的驻外媒体机构是 1950 年 3 月建立的新华社莫斯科分社，而李何和瞿独伊夫妇是新中国走出国门的第一批驻外记者。目前，中国驻外记者多为中央大媒体或省级媒体派出，他们主要集中在发达国家、重要周边国家、各大洲的地区大国以及重要国

---

① 原文为 "communication is to diplomacy as blood is to the human body"。
Van Dinh Tran. Communication and Diplomacy in a Changing World，1987：6.
② 调查样本 No. 33，男性，曾被派驻两个国家，整体驻外时间 11 年，媒体从业年限 24 年，新华社工作。
③ Andreas Lorenz，德国《明镜》周刊（Spiegel）驻中国记者在歌德学院举办的媒体沙龙上的一次发言。

际组织所在国家。

我国驻外记者的报道是我国政府展开公共外交的重要参考源；同时，驻外记者的报道是国内民众了解驻在国的重要渠道，是一定程度上的意见领袖以及把关人。[①] 更重要的是，驻外记者在履行新闻记者的本职工作的同时，因可以直接与境外受众互动、与驻在国媒体的联系较多，成为国家形象和软实力的重要载体、国外民众了解中国的直接窗口，以及跨文化传播的桥梁[②]。

驻外记者的本职工作是完成所属媒体交付的任务，因此有受访者称"记者活动还是以新闻报道为主，公共外交应该是使馆的主要职责，如果过多涉入让外人对记者的身份存在疑问，不利于开展正常活动。"[③]，也有受访者认为："要把开展公共外交活动的情况作为对驻外记者考核的一项参考指标。也就是说，不强求，但鼓励。"[④] 可见，驻外记者群体对自身在公共外交体系中所扮演的角色认知存在差异。尽管驻外记者从事公共外交活动具有重要性、便利性、直接性、显著性，却鲜有研究关注到这一领域，因此该群体参与公共外交活动的现状及效果的一手资料非常稀缺。

为了解我国驻外记者从事公共外交的真实现状，评估其效果，以便更好发挥驻外记者的公共外交主体性，进而为我国公共外交良性发展和战略调整提供参考及建议，[⑤] 本课题组对现驻国外或近年曾驻外的媒体记者进行了问卷调查。本调查采用电子邮件发放问卷的方式进行，执行时间为 2014 年 11 月底至 12 月中旬。本次调查获得有效样本 41 个，覆盖新华社、中央电视台、中国国际广播电台、浙江电视台、《人民日报》、《经济日报》、《第一财经周刊》等媒体。受访记者中男性与女性比例合理，其中男性 24 人，女性 17 人。半数以上都在至少两个国家担任过驻外记者，其中被派驻一国的为 19 人，两国的 16 人，三国的 6 人。驻外年限 1～5 年的为 23 人，6～10 年的为 13 人，11 年以

① 董璐：《驻外记者在东道国国家印象塑造中的作用》，《战略决策研究》2013 年第 4 期。

② 姜飞：《中国跨文化传播研究的思想起点》，《新闻学论集》2013 年第 9 期。

③ 调查样本 No. 25，男性，曾被派驻两个国家，整体驻外时间 4 年，媒体从业年限 17 年，新华社工作。

④ 调查样本 No. 31，男性，曾被派驻三个国家，整体驻外时间 12 年，媒体从业年限 20 年，中央电视台工作。

⑤ 黄廓：《中国在金砖国家的公共外交效果 2013 年调查报告》，2015。

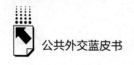

上的有 5 人。媒体从业年限 1~5 年的有 2 人，6~10 年的 12 人，11~15 年的 7 人，16~20 年的 16 人，超过 21 年的为 4 人。①

二 主要调查发现

（一）驻外记者在向国外民众说明真实中国方面效果显著

调查显示，国外民众对中国认知存在偏差。部分是因为"国外民众对于中国的印象和了解更多来自于西方媒体的报道，而这些报道多是集中在负面新闻领域。"②，更多的则是因为对真实中国"了解不多，甚至很不了解"③。当问到"在与国外民众交往中，您是否遇到过有人对中国的印象或历史评价出现偏差"时，除一名驻外记者没有回答外，所有其余受访者都曾遇到过偏差并列举如何应对。

对真实中国的认识偏差有"以为目前的中国仍然是七十年代的水平"④，也有朝向另一个极端，"认为中国是发达国家"，如喀麦隆民众认为"如果中国还是第三世界，非洲就是第六世界"⑤。有基于共同的宗教信仰而"认为维吾尔穆斯林受到不公正待遇"⑥，有饮食习惯疑问如"中国人为什么吃狗肉"、"吃猴脑"、"吃昆虫"、"不吃肉"等，政策不解如"为什么一对夫妇只能生一个孩子"，外交困惑"为什么中国在南海称王称霸"，文化误区"中国人人

---

① 需要说明的是收回的有效问卷中 33 人来自新华社。尽管新华社是中国向国外派驻记者最多的机构，占据所有外派记者总数的一半以上，但最后的样本仍存在明显的机构偏差，该结果并非有意为之。其原因是绝大多数其他媒体的记者对参加本调查态度非常不积极，有的甚至有抵触情绪；因课题组成员有在新华社工作，故该机构的受访者配合度较高。

② 调查样本 No. 20，女性，曾被派驻一个国家，整体驻外时间 2 年，媒体从业年限 6 年，中国国际广播电台工作。

③ 调查样本 No. 21，男性，曾被派驻三个国家，整体驻外时间 7 年，媒体从业年限 16 年，新华社工作。

④ 调查样本 No. 15，男性，曾被派驻一个国家，整体驻外时间 8 年，媒体从业年限 24 年，新华社工作。

⑤ 调查样本 No. 9，女性，曾被派驻三个国家，整体驻外时间 12 年，媒体从业年限 18 年，新华社工作。

⑥ 调查样本 No. 39，男性，曾被派驻两个国家，整体驻外时间 3.5 年，媒体从业年限 10 年，新华社工作。

人会功夫",诚信危机"中国向非洲出售假药",以及对民主、独裁、污染、腐败、人权、宗教等话题的关注及误读。

遇到国外民众对中国的认知偏差,驻外记者多数会进行解释说明。"我会向他们解释我国的民族政策,向他们着重强调'七五事件'的根源不是民族矛盾,而是少数民族分裂分子、极端思想分子和恐怖分子肆意闹事。我说:'他们与维吾尔穆斯林的关系'就像'你们——温和正派的穆斯林与基地组织恐怖分子的关系'一样"①。也会借助既有资讯材料,如"从我驻当地使馆弄了一些介绍中国的书籍和光盘给他们,使得他们的眼界大开"②。还会主动举办或利用讲课、讲座等机会,使他们理性看待中国:"任何东西,都不要道听途说。要辩证去看,去分析。比如,你说用筷子和用刀叉,哪个对?哪个错?很难说,对不对?因为中国人吃米饭,所以用筷子;你们用牛排,所以用刀叉。任何东西,都要历史地、全面地去了解"③。更会在精英群体的聚会中,条分缕析地进行大是大非的辩证。"那次是一名新西兰学者在巴黎的法国国际关系研究所(ifri)做讲座,谈及关于中国南海问题。他在展示 PPT 时多次使用夸大中国威胁的词汇,容易给听众造成'中国在南海称王称霸'的印象。正好之前我看了一些我方有关南海的报道,就在提问阶段就他的讲座用词提出质疑,他的讲座数据显示中国在南海问题上多年沉默,只是在越南、菲律宾近几年不断扩张甚至损害中国渔民安全时才开始行动,为什么还说是中国引发了南海争端?这位学者当时承认,从数据看,确实中国保持了相当的克制。"④

本次调查显示,当发现国外民众对中国有偏见、误解,甚至在公开场合发出不实言论时,我国驻外记者基本都能主动站出来与外国民众进行沟通,做好解释说明真实中国的工作,甚至在必要时针锋相对地陈述中国立场。从效果来

---

① 调查样本 No. 39,男性,曾被派驻两个国家,整体驻外时间 3.5 年,媒体从业年限 10 年,新华社工作。
② 调查样本 No. 15,男性,曾被派驻一个国家,整体驻外时间 8 年,媒体从业年限 24 年,新华社工作。
③ 调查样本 No. 35,女性,曾被派驻一个国家,整体驻外时间 13 年,媒体从业年限 28 年,浙江电视台国际频道工作。
④ 调查样本 No. 28,女性,曾被派驻一个国家,整体驻外时间 3 年,媒体从业年限 11 年,新华社工作。

看，85.37%的受访驻外记者认为"外国朋友在和自己接触之后对中国有更全面了解"，53.66%认为"外国朋友在与自己接触之后对中国变得更加友善"。由此可见，在向国外民众说明真实中国方面，驻外记者不但方法多样，且效果较好。具体来看，"我的回应原则是客观、平衡，重沟通，认可问题，同时解释缘由。我的回答一般都能帮助海外人士加深、改善对中国和中国人的理解"[1]；"我感觉他们在听了我的解释后，对我民族政策有了一些了解"[2]；"我相信我的解答能够部分地帮助她了解今日中国，一定程度上消除其对社会主义的敌视和恐惧"[3]；"他们后来觉得（我说的）很有道理。现在好几个学生在中国工作了"[4]；"讲座结束后，一名美国旅法学者和一名巴基斯坦的记者都来向记者表明身份，表示高兴听到中国记者的声音，那名美国学者还留下名片，成为我以后采访的咨询专家"[5]。

国之交在民相亲，本次调查表明，驻外记者在向国外民众说明真实中国方面，具备天然的公共外交优势，并且可以达到良好的公共外交效果。从改变对象国民众的态度方面来看，尽管效果相对不够明显，仅有53.66%认为"外国朋友在与自己接触之后对中国变得更加友善"，46.34%"说不清"，但明显没有一人认为自己起到负面作用。

（二）驻外记者是政府层次公共外交活动的有益助力

本次调查显示，驻外记者独立完成重大公共外交活动的并不多。有36.59%的驻外记者列举了自己参加政府层次的公共外交活动的例证，但有63.41%的受访者认为自己未曾参与过政府层次的公共外交活动，部分甚至抵

---

[1] 调查样本 No. 3，男性，曾被派驻两个国家，整体驻外时间 6 年，媒体从业年限 16 年，新华社工作。

[2] 调查样本 No. 39，男性，曾被派驻两个国家，整体驻外时间 3.5 年，媒体从业年限 10 年，新华社工作。

[3] 调查样本 No. 6，女性，曾被派驻一个国家，整体驻外时间 2 年，媒体从业年限 10 年，新华社工作。

[4] 调查样本 No. 35，女性，曾被派驻一个国家，整体驻外时间 13 年，媒体从业年限 28 年，浙江电视台国际频道工作。

[5] 调查样本 No. 28，女性，曾被派驻一个国家，整体驻外时间 3 年，媒体从业年限 11 年，新华社工作。

触参与此类活动。有记者表示政府层面的公共外交是"政府官员的职责"①；也有记者表示"新闻报道工作十分繁忙，根本无暇顾及其他事务。记者的第一要务还是报道工作"②。这表明驻外记者群体对自身作为公共外交主体应从事的活动范围界定有不同认知。

尽管自认参加政府层次的公共外交活动的驻外记者不及半数，但其配合政府开展公共外交所取得的成效颇为可观。从参与活动的方式上看，一种是直接参与较高层次的政治、经济活动。例如有驻外记者帮助江西九江市和新西兰下哈特区建立友好城市③；有促成意大利博洛尼亚国立高中与浙江德清第一中学建立姐妹学校关系④；也有协助中资企业和坦桑尼亚政府官员接洽及合作，达成至少20个成功案例⑤；更有主动找到洪都拉斯"洪中商会"，并借助该商会"促成中国人民银行等多家机构组团访问洪都拉斯"，进而使该商会成为"唯一一个敢公开悬挂中国国旗的机构"以及"当时全力推动洪都拉斯与中国积极接触"⑥。

驻外记者另一种参与政府层面公共外交活动的方式是从人际交往或文化活动入手，随着规模和效果的增加而进入政府公共外交层面。例如有驻外记者通过与德国汉堡老记者马庭的接触，发现他拍摄了以中国1976年与2006年对比为主题的历史照片，从德国人的视角展示中国的发展变迁，具有直观性、说服力、可信度。在其介绍推广下，"马庭与我驻德使馆接上线，把展览拓展到柏林中国文化中心；后来又得益于我的报道推广，北京、上海、浙江等地也举办

---

① 调查样本 No. 6，女性，曾被派驻一个国家，整体驻外时间2年，媒体从业年限10年，新华社工作。
② 调查样本 No. 37，女性，曾被派驻一个国家，整体驻外时间4年，媒体从业年限17年，中央电视台工作。
③ 调查样本 No. 3，男性，曾被派驻两个国家，整体驻外时间6年，媒体从业年限16年，新华社工作。
④ 调查样本 No. 18，男性，曾被派驻一个国家，整体驻外时间11年，媒体从业年限16年，中国日报工作。
⑤ 调查样本 No. 10，男性，曾被派驻三个国家，整体驻外时间10年，媒体从业年限28年，新华社工作。
⑥ 调查样本 No. 1，男性，曾被派驻三个国家，整体驻外时间8年，媒体从业年限18年，新华社工作。

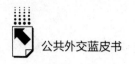
了其摄影展。马庭也因此更加热爱中国，成为中德关系的使者"①。

更为常见且切实可行的方式是在本职工作中保持公共外交意识，对国家外交起到重要的助力作用。一名驻外记者在 2001 年"中美关系面临建交以来最严重的危机、双边关系随时可能崩盘"的敏感时刻，通过自身"当时在新华社华盛顿分社工作并负责外交和中美关系报道"的便利条件，"及时捕捉了美国副总统切尼、国务卿鲍威尔和总统国家安全事务助理赖斯释放的重要妥协讯息，不仅为中美谈判提供了重要帮助，此后采写的美方就撞机事件道歉的消息，为双方解决危机营造了舆论，铺平了道路。此事获得当时担任驻美大使的杨洁篪及使馆官员的充分肯定，并对我驻美使馆的运作方式产生重要影响"②。另一名驻外记者在 2008 年北京奥运会期间，发现也门的一份主流报纸《政治报》的体育专栏刊登的关于开幕式的长篇报道中存在错误，说"水是中国最重要的元素"，因此"表演者用手中的刷子（实为毛笔）在排涝（实为写汉字）"等。该记者找到报纸总编向他指出了错误，总编听后道歉，并请该记者向他们提供有关奥运会的稿件。次日，"《政治报》体育版两个整版都刊用了新华社的报道"③。同一名记者在 2008 年采访也门举行的国际区域性青少年柔道比赛中，"发现赛场挂有台湾旗帜并在文字材料中未标明'（中国）台湾'。我随即向使馆反映了问题，使馆马上对此事进行了交涉，在最短时间内解决了问题"④。

我国驻外记者在实践工作中探索出了多种参与国家层次的公共外交活动的方式、方法，并成为政府外交的有益助力。有受访者表示，虽然没有机会参与政府层面的公共外交活动，但"愿意在这方面努力"⑤。这提醒我们，

---

① 调查样本 No. 23，男性，曾被派驻两个国家，整体驻外时间 7 年，媒体从业年限 14 年，新华社工作。

② 调查样本 No. 33，男性，曾被派驻两个国家，整体驻外时间 11 年，媒体从业年限 24 年，新华社工作。

③ 调查样本 No. 39，男性，曾被派驻两个国家，整体驻外时间 3.5 年，媒体从业年限 10 年，新华社工作。

④ 调查样本 No. 39，男性，曾被派驻两个国家，整体驻外时间 3.5 年，媒体从业年限 10 年，新华社工作。

⑤ 调查样本 No. 7，女性，曾被派驻两个国家，整体驻外时间 8 年，媒体从业年限 20 年，新华社工作。

一方面应在"明确公共外交的内涵和外延"上更有作为，"别让人以为公共外交就仅仅是诸如帮助中外两个城市签订姐妹城市协议等项目"①，从而让更多驻外记者清楚自己是否参与了国家层次的公共外交活动；另一方面致力于拓展驻外记者参与政府层面公共外交的渠道，为有意愿参与的人提供发挥作用的机会。

（三）九成驻外记者认可其肩负的公共外交职能

本次调查发现，九成以上的受访驻外记者认为他们肩负着公共外交职能，但仅有二成认为"驻外记者都能够自觉承担公共外交职能"，有三成"说不清"，而过半数受访者认为"驻外记者不是都能够自觉承担公共外交职能"。这组数据一方面表明，驻外记者群体已逐渐认可公共外交理念，并对自己作为公共外交主体的身份有了认知；另一方面，体现出明显的"第三者效应"，即认为"其他人"对公共外交的认识度、实践性都还不够。

目前，中国驻外记者多数由国家主流媒体派出，所属媒体的性质赋予其天然的公共外交角色以及从事公共外交活动的便利身份。上文显示，驻外记者在向国外民众说明真实中国方面效果显著，同时驻外记者是政府层次公共外交活动的有益助力。受访者认为提升中国的国家形象不但是国家大事，也与自己息息相关，"帮助外国人了解一个真实的中国是很有必要的，尤其是反驳一些不实并有损于中国形象的内容很重要，毕竟国家也是个人在海外生存的底气"②。但同时，"记者参与公共外交活动只能加深当地人对其'官方喉舌'的印象，不利于记者未来工作的开展"③，"我认为还是独立思考，彼此尊重最重要。（驻外记者）没有主动宣传中国的义务"④ 的想法也同时存在。

---

① 调查样本 No.31，男性，曾被派驻三个国家，整体驻外时间12年，媒体从业年限20年，中央电视台工作。

② 调查样本 No.19，男性，曾被派驻两个国家，整体驻外时间3.3年，媒体从业年限8年，热门，人民日报社工作。

③ 调查样本 No.2，女性，曾被派驻一个国家，整体驻外时间4年，媒体从业年限18年，新华社工作。

④ 调查样本 No.32，女性，曾被派驻一个国家，整体驻外时间2年，媒体从业年限7年，第一财经周刊工作。

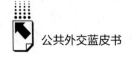

值得重视的是，尽管90.24%的受访驻外记者认同其公共外交主体的身份，且85.37%认为传播效果还不错，仍然有高达51.22%的人认为驻外记者实际上"不会都"或无法自觉承担公共外交职责。除前文提到的主观原因外，也有"在新的外宣工作格局下，新华社驻外记者承担的任务跟十年前相比增加了数倍，他们可能整天疲于奔命，无暇顾及本职工作以外的其他公共责任，包括公共外交职能"① 等客观因素，表明驻外记者参与公共外交的大环境还不够好、困难多；同时国家或媒体对驻外记者参与公共外交的相关培训与引导工作还有很大的提升空间。

（四）七成以上驻外记者乐于参加公共外交培训

当被问及"你认为派驻部门（或相关外交部门）是否有必要对驻外记者进行公共外交培训以适应角色需求"时，73.17%的受访者表示有必要，14.6%认为不需要，12.2%表示说不清。提升驻外记者的素质不是新话题，但以往主要集中在语言、专业、人脉、健康等方面。② 针对驻外记者的公共外交主体角色进行培训，无论是研究层面还是实践层面，都还是相对盲区。

驻外记者有获得公共外交培训的需求，在内容上，受访者指出，"公共外交还是一个较新的概念，目前驻外记者并未授权从事公共外交的活动，很多记者并不清楚公共外交的理念和内涵"③，因此要提高驻外记者对参与公共外交重要性、自觉性的认识④，可具体到个人素质、业务素质、职业操守⑤、国情时事、政策法规、礼仪举止、沟通技巧、外交用语等方面⑥，尤其要增强对驻

---

① 调查样本 No.21，男性，曾被派驻三个国家，整体驻外时间7年，媒体从业年限16年，新华社工作。
② 李建国.驻外记者应成为"多功能复合型"记者［J］.今传媒.2011（06）.李警锐.浅谈驻外记者能力素养的提升［J］.人才资源开发.2014（09）
③ 调查样本 No.3，男性，曾被派驻两个国家，整体驻外时间6年，媒体从业年限16年，新华社工作。
④ 调查样本 No.12，女性，曾被派驻一个国家，整体驻外时间5年，媒体从业年限10年，新华社工作。
⑤ 调查样本 No.1，男性，曾被派驻三个国家，整体驻外时间8年，媒体从业年限18年，新华社工作。
⑥ 调查样本 No.6，女性，曾被派驻一个国家，整体驻外时间2年，媒体从业年限10年，新华社工作。

在国的国情与文化的了解①。更重要的是，帮助驻外记者认识到"公共外交不是一种技能，它是一个优秀驻外记者一种自觉的行为意识……应该加强对记者另一方面的教育，即哪些事情是损害国家利益的，应该自觉回避"②。受访者认为，"可以组织一些探讨会，请专业人士和在国外公共外交方面做出突出贡献、有宝贵经验的人士介绍经验，参与者之间展开交流，分享经历"③，"把大家所思所想以及碰到的问题都摆出来，对那些有共性的问题制定出相关方案和措施。这不是短期内可以见到效果的工作，但如果持之以恒终究会得到非常好的效果"④。

驻外记者认为培训的组织者可以是国内政府机构，也可以是派出单位，以及其对口辅助部门等⑤。除上文提到的针对知识、技能的培训，受访者认为更重要的是要培训驻外记者的跨文化意识，从而把握好公共外交活动的尺度："记者这个职业毕竟与外交官有所不同，记者参与公共外交，最好是在潜移默化中进行，这样更容易让外国人接受，效果会更好。要掌握好记者的职业性与公开的公共外交之间的'度'"⑥；要"注意分寸，切不要因开展公共外交而被人怀疑从事情报活动"⑦。

驻外记者还建议公共外交培训要与从事公共外交的支持措施相配套。受访者建议"外交部等有关部门可牵头不定期举办活动，为驻外记者提供相关资

① 调查样本 No. 37，女性，曾被派驻一个国家，整体驻外时间 4 年，媒体从业年限 17 年，中央电视台工作。

② 调查样本 No. 41，男性，曾被派驻两个国家，整体驻外时间 8 年，媒体从业年限 13 年，新华社工作。

③ 调查样本 No. 7，女性，曾被派驻两个国家，整体驻外时间 8 年，媒体从业年限 20 年，新华社工作。

④ 调查样本 No. 10，男性，曾被派驻三个国家，整体驻外时间 10 年，媒体从业年限 28 年，新华社工作。

⑤ 调查样本 No. 6，女性，曾被派驻一个国家，整体驻外时间 2 年，媒体从业年限 10 年，新华社工作。

⑥ 调查样本 No. 13，女性，曾被派驻两个国家，整体驻外时间 6 年，媒体从业年限 20 年，新华社工作。

⑦ 调查样本 No. 36，男性，曾被派驻两个国家，整体驻外时间 7 年，媒体从业年限 10 年，新华社工作。

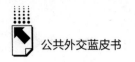

料或其他方便"①，如"介绍中国发展的书籍或者宣传小册子"②。还有人建议有关部门能在提供适当培训的同时，考虑提供经费支持③；或者提供更便利的公共外交活动身份，如"在一些没有新闻处、文化处的使馆，为中国驻所在国的首席记者或资深记者对外设'新闻参赞'、'文化参赞'衔，以便于开展对外交往"④。

驻外记者认为针对个体的公共外交培训，要有顶层设计和相关部门协作的体制、机制。有驻外记者体会到驻外使馆的部分外交官，缺乏对我国媒体机构与国际传播的基本了解，"甚至把新华社视为民间机构，这大大影响到新华社驻外记者协助使馆从事公共外交的积极性和热情"⑤。受访者建议要加强新闻机构和外交部门的联系⑥，"建立相关机制，驻外使领馆支持记者参与公共外交活动"⑦，并且驻外记者要"参与驻外使领馆每周会议"⑧；同时"各部委要有战略传播意识，主动给驻外记者'供料'，发出中国声音"⑨。

三　分析与建议

本研究的有效样本均为自愿参与此问卷调查的驻外记者。从回应态度及意

---

① 调查样本 No. 15，男性，曾被派驻一个国家，整体驻外时间 8 年，媒体从业年限 24 年，新华社工作。

② 调查样本 No. 4，女性，曾被派驻两个国家，整体驻外时间 5 年，媒体从业年限 20 年，新华社工作。

③ 调查样本 No. 31，男性，曾被派驻三个国家，整体驻外时间 12 年，媒体从业年限 20 年，中央电视台工作。

④ 调查样本 No. 39，男性，曾被派驻两个国家，整体驻外时间 3.5 年，媒体从业年限 10 年，新华社工作。

⑤ 调查样本 No. 27，男性，曾被派驻两个国家，整体驻外时间 8 年，媒体从业年限 19 年，新华社工作。

⑥ 调查样本 No. 29，男性，曾被派驻一个国家，整体驻外时间 2 年，媒体从业年限 10 年，新华社工作。

⑦ 调查样本 No. 11，男性，曾被派驻一个国家，整体驻外时间 2 年，媒体从业年限 5 年，新华社工作。

⑧ 调查样本 No. 14，男性，曾被派驻一个国家，整体驻外时间 2.5 年，媒体从业年限 18 年，新华社工作。

⑨ 调查样本 No. 30，男性，曾被派驻一个国家，整体驻外时间 5 年，媒体从业年限 17 年，新华社工作。

见表述中可以假设，受访者大都对公共外交有一定认识、有意愿参与公共外交活动，并乐于为提升中国国家形象尽力。如前文所言，相当多的驻外记者拒绝参与调查，工作繁忙、动力不足或公共外交意识淡薄都可能是原因。从受访者态度、样本数量、机构代表性来看，充分泛化本调查的发现可能不尽科学；但是从性别、派驻国别、驻外年限等方面来看，本调查的样本足以支撑一个概貌梳理的探索性研究。

本次研究发现，九成驻外记者认同其公共外交主体角色，并且在向国外民众说明真实中国方面效果显著，也是政府层次公共外交活动的有益助力。七成以上驻外记者乐于参加公共外交培训，并且对如何开展培训以及达成更好的公共外交效果提出了建议。

驻外记者认为，要达成好的效果，要求公共外交的参与者"除了具有强烈的使命感和巨大的责任心外，还要有丰富的阅历"[1]，要掌握"准确而可靠的数据和细节"，懂得"对各种政策应该有自己的实事求是的评价，一味维护，只说好处，不说问题也难以让人信服"，以及"在新闻发布会上对外国记者表示抗议等效果并不好。更合适的方式是在工作外，与对方交朋友，潜移默化地影响他们"[2]。更重要的是"从内心先平衡自己的信念，才能真正参与公共外交活动"[3]。

驻外记者认可自己"特殊身份"带来的方便，建议重视与当地高官和民众建立良好关系，为公共外交打下基础。驻外记者还认识到与当地媒体建立良好关系的重要性，认为让中国的声音通过本地媒体传递给受众国，会有更好的效果。在驻外实践中记者们发现，当地商会、文化机构深入合作，利于养成海外精英人士的友华态度，进而主动成为我国公共外交的桥梁。驻外记者应积极参与当地社会中高端阶层人士的活动，并争取在活动中有发言机会，去诠释今日中国的发展理念。

---

[1] 调查样本 No. 10，男性，曾被派驻三个国家，整体驻外时间 10 年，媒体从业年限 28 年，新华社工作。

[2] 调查样本 No. 37，女性，曾被派驻一个国家，整体驻外时间 4 年，媒体从业年限 17 年，中央电视台工作。

[3] 调查样本 No. 8，女性，曾被派驻一个国家，整体驻外时间 3.5 年，媒体从业年限 11 年，新华社工作。

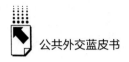

公共外交需要进行顶层设计，将驻外记者作为重要主体纳入整体战略考量。中国驻各国使馆与驻外记者之间要探索出可行的合作机制，记者方便讲使馆不好讲的话，使馆可以为记者参与公共外交营造更好环境。驻外考核评价体系要相应改变，目前各驻外媒体机构仍以对内报道为主，业务考核明显偏重对内中文稿件的写作，因此驻外记者会侧重"把世界介绍给中国"，而在"把中国介绍给世界"方面有所保留，而后者才是用外文报道，是直接贡献于国家形象的对外传播。在考核机制上，加大驻外记者写外文稿的权重，把外文报道作为其业绩的主要考核点①，进而鼓励驻外记者参与公共外交的热情。驻外记者从事公共外交活动需要指导培训、辅助支持，需要与本职工作有机契合，以及有派出机构的鼓励与合理评估。

公共外交的效果宜看长期、看实质、看良性互动和后续效果②。以在喀麦隆首都雅温得创办"新华影廊"为例，图片内容不如影廊这个"光明景观"本身有影响："把市政公园照亮了，小区安全了，漂亮了"，受到当地民众的好评度远超一般的展览；当地民众认为"中国人不光是做基础设施、做生意的，中国人也爱文化，而且喜欢我们非洲的文化"③，这是公共外交最为期待的效果。

---

① 调查样本 No.30，男性，曾被派驻一个国家，整体驻外时间 5 年，媒体从业年限 17 年，新华社工作。
② 调查样本 No.36，男性，曾被派驻两个国家，整体驻外时间 7 年，媒体从业年限 10 年，新华社工作。
③ 调查样本 No.9，女性，曾被派驻三个国家，整体驻外时间 12 年，媒体从业年限 18 年，新华社工作。

中国在金砖国家的公共外交
效果2013年调查报告

黄廓[*]

摘　要：　本文以我国公共外交的目标为指导，以我国的国家形象为主题，以金砖国家为调查目标样本，通过在线调查的方式对我国公共外交主体及其主要活动进行考察，从而评估2013年度我国公共外交在金砖成员国家的效果。整体来看，我国的国家形象在金砖国家受访者眼中可提升空间较大，需要做出更多的公共外交努力。研究者建议我国首先要加强"倾听"，持续评估，掌握政策、媒体与民众多层面公共外交舆情。同时增强顶层设计，唤醒主体意识，形成公共外交合力。并且进行话语创新，重视价值观传播，实现"中国梦—世界梦"有效对接。还要把握数字外交契机，善用新媒体平台，引发国际社区良性互动。

关键词：　公共外交　金砖国家　效果评估　媒体　国际传播　中国

一　调查实施背景

自1965年埃德蒙·格利恩①提出公共外交的概念以来，如何定义公共外

---

* 黄廓，博士，中国国际广播电台英语中心副研究员（副教授），中国社科院世界传媒研究中心特约研究员，主要研究方向：国际传播、战略研究、文化研究等。本研究为国家社科基金重点项目"中国在非洲国家形象及影响力传播研究"的阶段性成果。
① Edmund Gullion, U. S. Ambassador and Dean of the Fletcher School of Law and Diplomacy at Tufts University.

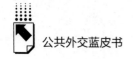

交以及如何界定公共外交与战略传播、公共关系等相关领域一直是讨论热点。随着国家间竞争与冲突方式由显性转向隐性，各国对公共外交的重视日益增长，实践活动也日渐丰富。在这样的环境下，理论研究的关注点也从公共外交的概念、边界转移到其自身发展上来，因此出现了公共外交2.0、数字公共外交、新公共外交等提法；尤其是"9·11"之后的十余年来，对公共外交效果的评估开始格外受到重视。

评估公共外交效果，旨在为其良性发展提供参考及建议。然而，囿于公共外交的目标指向软实力、利益、形象、影响力、态度等抽象层面，且其效果通常要长期可见，迄今为止，各界对如何评价公共外交效果尚无法达成共识。因此公共外交的评价框架、体系、指标以及方法，都停留在探索阶段。

评估公共外交的效果首先要聚焦国家公共外交欲达成的目标，并据此制定评估框架。[①] 以美国为例，其公共外交的目标有三个：辅助国家外交、提升国家形象、促进相互理解；因此评估框架要包括对美国政策的支持，对美国社会、价值以及文化的理解与好感，以及增强相互理解。英国政府的公共外交主要目标就是辅助国家外交，英国文化协会承担了促进相互理解的工作，而英国政府几年前不再把提升国家形象作为公共外交的主要目标，因此英国的评估框架以辅助国家政策和政府外交为主。对我国来讲，"开展公共外交的目的是提升本国的形象，改善外国公众对本国的态度，进而影响外国政府对本国的政策。"（赵启正）其中前两个目标均与外国公众直接相关，因此，评估我国公共外交效果，外国民众对我国公共外交的认知、态度、情感、行为至关重要。

无论是基于短期效果还是长期效果，无论是覆盖全球还是目标地区，找到适当的进路是评估公共外交的重中之重。从公共外交的核心构成要素来看，主要包括舆情把握、舆论引导、文化外交、交流外交以及国际传播五个部分。[②] 从行为主体来看，包括政府、民间组织、社会团体、社会精英和广大公众等多个层面。[③] 从评估方法来看，有基于定性、定量以及混合研究三种方法，较为

① Banks, Robert (2011) A Resource Guide to Public Diplomacy Evaluation. Los Angeles：Figueroa Press, p. 26.

② Cull. Nicholoas. (2009) Public Diplomacy：Lessons from the Past. Los Angeles：Figueroa Press, p. 11.

③ 赵启正：《公共外交与跨文化交流》，中国人民大学出版社，2011，第4页。

常见的有以国家形象为主题的民意调查，以媒体报道或社交媒体为依据的舆情分析，以项目为单位的综合评估等。

本研究以我国公共外交的目标为指导，以金砖国家为目标调查地区，以我国的国家形象为主题，通过在线调查的方式对我国公共外交主体及其主要活动进行考察，从而形成对我国公共外交效果的评估报告。调查项目执行时间是2013年9月，严格执行在线调查的国际标准，2512个有效样本覆盖18～65岁的当地居民，来源于华通明略下属子公司 Lightspeed Research 的全球样本库。①选择金砖国家作为调查目标地区是基于其在世界政治和经济舞台上所扮演的重要角色。金砖国家集团人口占世界人口的43%，占全球经济产值的21%。这一地区不但是反映全球多极化趋势的最佳代表，也是引领21世纪世界政治和经济发展的主要动力。然而，相比国际社会关注、研究金砖国家的热度、深度，我国对金砖国家的研究还缺乏系统性、深入性、专业性，而公共外交效果评估尚属空白。本报告采用定量研究方法，对我国在金砖国家的公共外交效果从民众层面进行初步的评估，以为更加全面、深入、系统研究之基础。

二　主要调查发现

整体来看，在1～10分的评价标准下，金砖国家给中国国家形象的平均分为6.24分，在金砖国家中位列第三。从分数看，中国获得的最低分来自南非，为5.51分；最高分是巴西，6.34分。从排序看，巴西受访者将中国排在五个国家中的第三位，俄罗斯、南非受访者将中国排在第四位，而印度受访者把中国列在最后一位。中国受访者给自己国家的分数、排名均是最高。②

图1表明我国的国家形象在金砖国家受访者眼中还有非常大的提升空间，需要做出更多的公共外交努力。从图1中可以看出，中印两国对己评价均是最高（中国自评7.88分，印度自评7.82分），而彼此评价都是最低（中国评价印度5.13分，印度评价中国5.84分），这与两国之间由来已久、悬而未决的边界问

---

① 调查由中国外文局对外传播研究中心、察哈尔学会、华通明略联合开展。分别有巴西504个有效样本，俄罗斯500个，印度504个，中国502个，南非502个。

② 中国自我评分为7.88分，分数、排序均为第一。

题直接相关，而两国间民众缺乏直接接触和了解、原有印象刻板、在经济方面的竞争等也是不容忽视的因素。中国与南非均把对方排在第四位，中国给南非的分数（6.05 分）远远高于第五位（5.13 分），可南非给中国（5.51 分）则几乎与第五位（5.46 分）相同。究其原因，中国与南非两国于 1998 年建交，两国正式接触仅 16 年，因此双方民众层面的交往和了解尚不充分。在经济上，中国是南非第一大贸易伙伴国，南非是中国在非洲的第一大贸易伙伴国，然而中国在南非"资源掠夺"、"新殖民"等论调经由媒体和意见领袖之口，在本就不太了解中国的南非民众中产生了深刻印象。中俄两国受访者对彼此的国家形象好感度极不对等。中国给了俄罗斯第二位的高评价（7.09 分），而俄罗斯给了中国第四位的低评价（5.66 分），因此中俄之间存在"印象逆差"。这与两国在 20 世纪七八十年代的紧张关系，以及一段时期以来我国媒体多从正面、友好态度介绍和评价俄罗斯，而部分俄罗斯媒体对华进行"威胁论"、"扩张论"的报道有直接关系。① 中国与巴西两国彼此认可度对称，都将对方排在第三名。

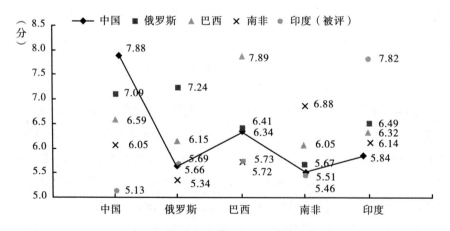

图 1　中国在金砖国家民众中的整体形象

注：金砖国家受访者对金砖国家的整体印象评分，1 分代表"印象非常差"，10 分代表"印象非常好"，图为打分平均值。

数据来源：《2013 中国国家形象全球调查报告》。

---

① 沈影、吴刚：《俄罗斯区域媒体中的中国形象——以〈州报〉、〈实业界〉、〈乌拉尔政治网〉报道为例》，《俄罗斯东欧中亚研究》2013 年第 1 期。李随安：《中国的俄罗斯形象》，黑龙江教育出版社。

　　增进相互了解是提升国家形象的基础，图2揭示了金砖国家受访者对我国政治、经济、文化、外交、媒体等方面熟悉程度。

　　从国家层面看，印度受访者对我国各方面都比较熟悉，而南非最不了解。从类别层面看，我国的文化、经济和科技最为金砖国家受访者所熟悉，对政治、外交、军事、媒体熟悉的人比重较少。分析图2，以下三点值得特别关注：一是俄罗斯受访者"非常了解"、"比较了解"中国文化的人数比例（43%）超过印度（41%），是俄罗斯对华了解唯一领先于其他国家的类别，也是印度对华了解唯一落后于其他国家的类别；这与18～19世纪列昂季耶夫、比邱林等中国学家的努力以及1992年签订两国《文化合作协议》后开展的系列活动密切相关，也证明公共外交渠道在推广文化方面切实有效。二是其他金砖国家受访者了解中国军事的人数均不超过25%，唯有印度达到39%（仅次于经济、科技与文化），这表明其对中国关切点所在，印证了上文对中印边界问题影响印度受访者对华好感度的分析，同时也提醒我国公共外交的重点要与对象国民众的关注点相契合。三是除文化外，我国与公共外交相关性强的方面，如外交、媒体等，即软实力增长点，都不为金砖国家受访者所熟悉；而我国经济、科技等相对硬实力则在金砖国家受访者中有较高的了解度。这既解释

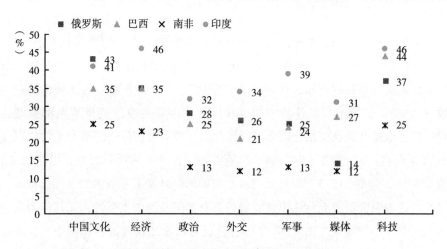

图2　金砖国家民众对中国各方面熟悉程度

　　注：金砖国家受访者对中国各方面熟悉程度，图为选择"非常了解"和"比较了解"的百分比数。

　　数据来源：《2013中国国家形象全球调查报告》。

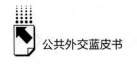

了我国在金砖国家整体形象尚不理想的原因，也表明了软实力是提升公共外交的资源与保障，是积累公共外交"势能"的重要途径。①

下文着重从外交、媒体两方面分析金砖国家受访者的观点。

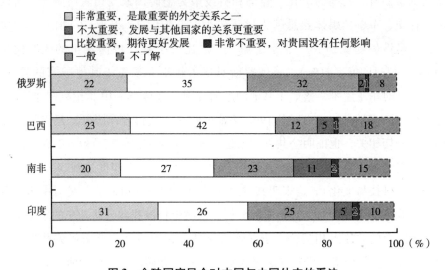

图3　金砖国家民众对本国与中国外交的看法

数据来源：《2013 中国国家形象全球调查报告》。

从图3可以看出，金砖国家民众普遍认为本国与中国的外交关系很重要。65%的巴西民众认为两国外交"非常重要"、"比较重要"；即使是对我国的国家形象评价有保留的南非，认为"非常重要"、"比较重要"的比例也接近半数（47%）；而给出最低评价的印度和产生"印象逆差"的俄罗斯都有高达57%的民众持此观点。结合图2可以看出，尽管对中国外交了解的平均比例仅有23%左右，（"非常了解"和"比较了解"合计；俄罗斯26%，巴西21%，南非12%，印度34%），但是受访者对与中国的外交关系看重的平均比例高达51%，这表明受访者充分认识到双边关系对本国发展的重要性，尤其作为周边国家的俄罗斯和印度。图2、图3综合分析可以看出，向世界说明中国，尤其是说明我国的政治、外交，是符合国际民众关切的；同时从效果来看，说明的

---

① 赵新利：《势能视野下的软实力与公共外交模式》，《当代传播》2013 年第 2 期，第 92～94 页。

力度需要加大、方法需要创新。

图 4 对金砖国家受访者对我国公共外交的知晓、接触进行分析，说明我国的公共外交渠道也需要拓展以及有针对性地创新使用。

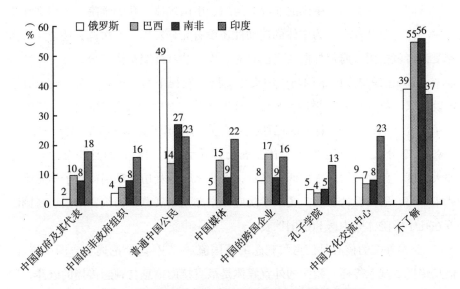

图 4　金砖国家民众知晓或接触的中国公共外交渠道

资料来源：《2013 中国国家形象全球调查报告》。

整体上看，认为对我国公共外交渠道不了解、未曾接触的金砖国家受访者占有最高比例，邻国俄罗斯（39%）和印度（37%）尚在 40% 以下，巴西（55%）和南非（56%）都超过半数。从接触渠道来看，人际接触是最普遍的方式。这一点在俄罗斯最为明显，有 49% 的受访者通过普通中国公民了解中国，进而形成对中国的印象；这与双方长期边贸往来，尤其是 1986 年以后的蓬勃发展密切相关。① 27% 的南非受访者通过中国人感知中国，这也是我国在南非首要公共外交渠道；值得注意的是，仅有 9% 的民众通过中国在南非的跨国企业了解中国，这一对比进一步指出了我国企业在国际化进程中缺乏对当地社区的融入。② 在巴西，中国公共外交最主要的渠道是中国的跨国企业（17%），其次

---

① 妮卡：《中俄边境贸易发展分析》，《硕士论文》，国际经济贸易学院，2010。
② 黄廓：《中国国家形象调查报告分析——以金砖五国为样本》，"中国在非洲的声音"国际会议，莫桑比克·马普托，2014 年 2 月 17～21 日。

是中国媒体（15%），而孔子学院的影响力最弱（4%）。在印度，普通中国公民（23%）、中国文化交流中心（23%）和中国媒体（22%）排在前三名；中国媒体和中国文化交流中心在金砖国家中公共外交效果最好的国家就是印度。

从图4可以看出，中国的非政府组织、中国媒体、孔子学院、中国文化交流中心作为公共外交行为主体的能动性还没有充分发挥。本次调查还请金砖国家受访者就中国政府倡导的与贵国政府合作的公共外交举措打分，在1~10分框架下，"组织更多的中国与贵国文化交流"获得平均6.6分，而"建设孔子学院等汉语机构"获得平均5.8分。在图4中，对中国文化交流中心（7%）、孔子学院（4%）接触最少的巴西民众，分别给出了金砖国家的最高分7.36分和6.42分。这表明多行为主体开展公共外交不但可行，而且要有针对性地加大力度、做好规划。本次调查显示，南非和印度受访者最期待孔子学院组织武术学习，巴西受访者认为孔子学院应该举办艺术展览，而俄罗斯受访者则盼着在孔子学院体验中医和中国饮食。

"公共外交的核心是信息与观念的跨国流通。"①②这个论述包含两个层面：信息传播与观念传播。我国的外宣媒体是最直接的信息与观念传播的载体，同时政府、媒体和文化的通力协作和合力效应是系统提升公共外交效果的关键。③图5显示，我国媒体在向金砖国家传播中国信息层面，作用远不及金砖国家本国媒体，勉强与在当地的其他国家媒体持平。如果从传播观念层面思考，只有中国媒体会传播中国观念，其他媒体传播的是"与中国相关"的观念，这是形成中国形象、判断与中国相关信息的基础。图5揭示了在金砖国家，塑造中国形象的话语权主要掌握在当地（本国）媒体的手中；然而，其他国家尤其是西方国家的主流媒体，不但其在金砖国家的话语权不容忽视，如果考虑到西方主流媒体作为当地媒体信息源从而设置议程的因素，④英语作为南非、印度官方语言的便利性的因素，那么其他国家媒体在金砖国家的影响力

---

① 原文是"Central to public diplomacy is the transnational flow of information and ideas."

② "What is Public Diplomacy," available at：http：//fletcher. tufts. edu/Murrow/Diplomacy. 2014年11月4日获取。

③ 洪丽：《政府、媒体与文化合力下的公共外交》，《河南师范大学学报》（哲学社会科学版）2012年第3期，第45~48页。

④ 姜飞：《构建世界传媒新秩序的中国方向》，《中国记者》2011年第7期，第18~20页。

权重则可能加倍。

图 5 显示我国的国际传播效果有待整体提升。首先，除巴西一国外，我国在金砖国家的新媒体的受众接触率都高于传统媒体;① 因此，提升我国媒体的国际传播能力要以媒介融合为框架。其次，我国媒体在金砖国家的受众接触率存在地区差异。整体看来，在印度，我国传统、新兴媒体都可以媲美其他国家媒体；而在俄罗斯则与其他国家媒体差距显著，尤其是我国传统媒体；在巴西我国传统媒体有超越其他国家媒体的优势，而新兴媒体有待发展；在南非我国新兴媒体可以与其他国家媒体比肩，而传统媒体处于弱势。因此，利用我国媒体传播中国信息与观念、制定国际传播战略时，都要充分考虑到金砖国家受众的不同媒介接触习惯。

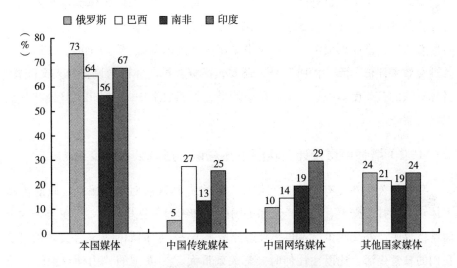

图 5　金砖国家民众了解中国的媒体渠道

数据来源：《2013 中国国家形象全球调查报告》。

三　分析与建议

我国公共外交是国家整体外交的重要组成部分，其重要性随着全球化程度

---

① 本段分析的前提都是受众以了解中国信息为目的，即基于"您对中国的了解主要来自哪些方面？"问题的答案。

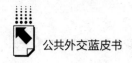

的加深、传媒变革的加剧以及我国参与国际事务的深入和国际地位的提升而日益凸显。基于上文对2013年开展的我国在金砖国家公共外交效果调查的分析，本报告提出以下建议。

（一）加强"倾听"，持续评估，掌握政策、媒体与民众多层面公共外交舆情

在所有构成公共外交的要素中，"倾听"被认为是其他要素的基础，也是达成效果的前提。[①] 正如爱德华·默罗[②]在其"用言语而非武器使美国的外交政策能得到全球理解并且尽可能受人欢迎"的工作时所言，"如果他们在紧急迫降中需要我，那我最好参与了起飞"。[③] 因此，掌握国际媒体舆论和国际民众对我国的知晓、了解、态度，是通过"修正、补充和叠加"等方法，改变其原有认知，进而形成国际社会对中国正面认知的基础。[④] 而全面、持续的公共外交效果评估，除"倾听"外，还要包括资金投入、机构设置和人员配置、目标对象的参与度等因素，平衡短期效果与长期效果，[⑤] 并据此调整公共外交战略与实践。

（二）增强顶层设计，唤醒主体意识，形成公共外交合力

我国的公共外交有"内外双维度"特色，即政府对本国民众，政府等多主体对国际社会交叉、并行。正如美国国务卿约翰·克里所言，"在当今的全球化世界中，外交政策已不再是外边异域之事……我们如何实施外交政策对于我们的日常生活，比以往任何时候都关系重大。"[⑥] 我国的"内外双维度"公

---

① Cull. Nicholoas. (2009) *Public Diplomacy: Lessons from the Past.* Los Angeles: Figueroa Press, p. 18.
② Edward R. Murrow，美国教育家、媒体人、外交家，曾任美国新闻署署长。
③ U. S. Department of State. Edward R. Murrow: Journalism at Its Best. George Clark etc. Edt.
④ 周鑫宇：《公共外交研究应从"是什么"做起——〈中国国家形象调查报告2012〉的启示》，《公共外交季刊》2013年春季号，第70~73页。
⑤ 周海东：《公共外交的效果研究》，复旦大学硕士论文，2012。
⑥ John Kerry, Address at the University of Virginia, University of Virginia Charlottesville, VA, February 20, 2013. http://www. state. gov/secretary/remarks/2013/02/205021. htm .

共外交不是线性的"两级公共外交"①，但其主体多元性、内在相关性非常明显。我国的公共外交应作为对外战略的重要组成部分，在总体战略规划、顶层设计的基础上进行效果最优化统筹。需"进一步明确目标，制定战略，加强制度建设，整合和挖掘中国的公共外交资源，协调行动，务实推进"，充分动员和利用社会力量参与公共外交活动，② 从而使得不同主体的分力能有效合一，甚至带来增效。

（三）进行话语创新，重视价值观传播，实现"中国梦—世界梦"有效对接

本次调查发现，中国的知名度在金砖国家民众中高于其被了解度，更高于受认可度。从知道到了解再到认可，是一个"深入交流依赖"不断增强的过程。因此，我国的公共外交要以中国梦执政理念的提出为契机，在古国、大国、强国形象基础上增添美丽中国、可亲中国、可信中国形象；讲好人民梦、国家梦、世界梦的相通、相依故事。③ 在政治、经济交流基础上，要加强"思想观念、意识形态和价值观层面的交流"，④ 进行话语创新，增强传播公信力、亲和力和针对性，⑤ 提升软实力，在国际民众中产生思想与情感共鸣。

（四）把握数字外交契机，善用新媒体平台，引发国际社区良性互动

新环境下公共外交呈现出新特点：如主体从政府延伸到非政府，技术环境从传统媒体转移为新媒体与传统媒体的融合，舆论环境从内外可分转变为内外一体，热门术语从国际形象、声誉发展为软实力、国家品牌，参与结构从上下

---

① 周培源、姜洁冰： 《中美公共外交信息传播效果研究——以新浪微博的运用为例》，http://media.people.com.cn/GB/22114/150608/150618/17229696.html。

② 仇朝兵：《美国公共外交的经验与挑战及其对中国的启示》，《美国问题研究》2014年第1期，第133~153页。

③ Kuo Huang. Interpreting the ChinAfrican Dream: A China – Kenya Case. A paper presented at the conference "China and Africa: Media, Communications and Public Diplomacy". Beijing: Sept. 10 – 11, 2014.

④ 仇朝兵：《美国公共外交的经验与挑战及其对中国的启示》，《美国问题研究》2014年第1期，第133~153页。

⑤ 邹建华：《如何提升公共外交的效果》，《公共外交季刊》2011年夏季号，第54~60页。

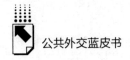

式调整为水平式，最重要的是，公共外交的本质从定向消息传送提升为良性关系创建。[1] 社交媒体互动性强、黏着度高、约束性小，因此可以成为国际传播和公共外交的有效平台，[2] 连俄罗斯都付诸实践并将其命名为"创新性外交"。本次调查表明，受访民众对我国新媒体渠道有一定的认可。值得注意的是，社交媒体不但是信息发布平台与集散地，更是观点碰撞与生发地，甚至可能成为行动促发点。因此，善用新媒体平台，要保持公共外交政策一致性，注意口径与尺度，进行网络安全防范；根据新媒体快速、便捷、互动等特质，发挥议程设置与危机公关的作用，与传统公共外交渠道相配合，实现国际社区良性互动，提升公共外交效果。

---

[1] Cull. Nicholoas. (2009) Public Diplomacy：Lessons from the Past. Los Angeles：Figueroa Press，p. 15.

[2] 熊亮：《美国中东战略调整与中国公共外交之应对》，《阿拉伯世界研究》2013 年第 5 期，第 109～120 页。

中国公共外交北欧地区效果评估报告

李树波*

摘　要：　本文以质化研究的方法，对中国在瑞典、丹麦、挪威和芬兰四国的公共外交效果进行评估。结论是，目前中国在北欧的公共外交还需要通过参与主流媒体、公共平台讨论、建立更多可持续发展的对话平台和机制，把单向传播转化为双向交流；还需要进一步整合公共外交和其他形式外交；需要进一步加强非政府行为体之间的合作，需要逐步把层级式公共外交转化为网络式公共外交；需要进一步融合国内公共外交和海外公共外交；需要针对不同群体进行更细化的传播策略和内容；需要建立公共外交中的信息收集和反馈机制；需要更丰富的文化输出手段，展现立体、当下、真实的中国；需要在理念和文化层面进行交流。

关键词：　北欧　公共外交　传播效果　中国

一　中国公共外交的北欧语境

北欧国家（The Nordic Countries）包括瑞典、丹麦、挪威、芬兰和冰岛五国，以及格陵兰、法罗群岛和奥兰群岛三个自治区。其中，丹麦、瑞典、挪威三国以其地缘、历史、语言和文化上的紧密联系传统上被称为斯堪的纳维亚国

---

* 李树波，北欧公共外交研究中心主任，挪威米切尔森研究所（Chr. Michelsen）高级研究员，研究方向：公共外交，国际传播和媒体研究。

家，北欧联盟在 20 世纪 20 年代加入冰岛、芬兰。把北欧地区首次联系起来的纽带是二战后 1952 年成立的北欧理事会，从此各国公民可在五国内自由迁移、就业。篇幅所限，此文重点介绍瑞典、丹麦、挪威和芬兰四国。这四国地广人稀，资源丰富，经历战乱较少，得以持续在和平环境中进行建设，在资本积累、优势产业发展、制度设计和宏观经济调控方面都有相当高的水平，近十年来以低失业率和高人均收入成为西方世界里宏观经济表现最佳的国家。北欧国家的主流社会思潮是平等主义和福利国家制度，社会财富通过高税收、高透明度的制度设计进入国家分配体系，而福利社会体系又对公平社会理念形成正向回馈，极大降低了良治和资本主义经济的社会成本。

北欧国家在世界秩序里位置超然。从地缘政治角度上看，北欧国家在北约和北极理事会里占据重要地位。其强大经济实力以及与西欧各国的紧密联系保证了其在国际机制设计中的话语权。同时，北欧国家没有殖民历史和操纵他国内政的劣迹，其影响力来自长期大量的发展援助和维和投入。北欧国家在内政和区域政治中积累出高超的协商能力，使它们在解决国际危机、维护世界和平方面经常扮演调停者的关键角色。

中国和北欧之间在资源、产业发展、科技、文教上都有很强的互补性，在信奉和平、发展、合作和共赢的国际关系理念层面也能彼此认同，在更多层面展开合作对中国和北欧国家都大有裨益。北欧四国对中国的外交政策是中国在北欧公共外交的重要语境。北欧四国都把中国视为贸易合作甚至招商引资的重要对象，同时致力于提高中国对国际体系的参与度，以及在民主和良治、人权、环境气候和可持续发展方面等领域谋求影响力[1]。影响北欧国家对中国外交政策的原因可以归纳为以下五个方面。

（一）政府决策（政策目标、选举承诺和执政党价值观）

北欧四国政府都很重视和中国的关系，视中国为正在崛起的重要一极。例

---

[1] Clemens Stubbe Østergaard, "Danish – Chinese Relations: Continuity and Change 1949 – 2011", Danish Foreign Policy Yearbook 2011, pp. 48 – 77; Government Offices of Sweden, Strategy for Selective Cooperation with China: July 2009 – December 2013, 2010; Ministry of Foreign Affairs of Norway, Kina Strategi, 2007, Ministry of Foreign Affairs of Finland, Finland's China Action Plan, 2010.

如，在中国获得北极理事会观察员席位的过程中，丹麦一直持积极态度，表示欢迎中国对北极区域发展进行管理的多边框架施加影响①。挪威现任右党政府，更是以前所未有的力度致力于修复中挪关系，推动中挪关系的升温②。北欧各国政府的共识是，要把中国带入多边机制秩序中，促进中国更深入积极地参与解决非洲和亚洲危机的国际进程。

（二）国际语境（欧盟、其他国际组织、关系亲密的超级大国）

例如，在丹麦，既有持"泛大西洋主义"，唯美国马首是瞻的政客和政府官员；也有"欧洲主义者"，以欧洲利益为丹麦的出发点③。中国国策也是制定对中国政策的重要考量，如丹麦、瑞典和芬兰都以中国的五年计划作为制定和中国合作策略的重要参考。

（三）商业利益（进出口、对中国投资、吸引中国投资、其他商业合作）

中国分别是瑞典和芬兰在欧盟以外的第一大和第二大贸易伙伴。21世纪伊始，欧盟各国都开始积极争取来自中国的投资。目前中国在丹麦有企业近200家，在瑞典有企业近50家④。芬兰在积极争取参与中国研发产业升级进程⑤，挪威的支柱产业渔业、航运业和海上石油开采业一直致力于开发中国市

---

① South China Morning Post, "China Can Influence Arctic Council Agenda: Danish Minister Lidegaard", 2014 年 4 月 27 日。

② 现任挪威外交大臣 Børge Brende 以其曾担任为中国政府提供环境保护方面顾问的"中国委员会"主席以及和中国的联系而得到任命。http: //www. nrk. no/verden/kjenner - kinas - statsminister - 1. 11302051。

③ Clemens Stubbe Østergaard, "Danish - Chinese Relations: Continuity and Change 1949 - 2011", Danish Foreign Policy Yearbook 2011, pp. 48 - 77.

④ Jeremy Clegg & Hinrich Voss, "Chinese Direct Overseas Investment in European Union," Europe China Research And Advice Network, 2012.

⑤ 芬兰认为芬中合作的重点是经贸合作，良好的政治关系为前者提供了保证。芬兰也作为成员国参与欧盟对中国策略制定。芬兰和许多欧洲国家一样在台湾有可观的商业利益，因此很关注海峡问题。芬兰在中国投资已达80亿欧元，280家芬兰公司在中国有分支机构。中国目前正努力发展自主技术研发、提高能源效能和可持续发展能源，芬兰研发和创新产业界把这视为难得的市场机遇，Ministry of Foreign Affairs of Finland, Finland's China Action Plan, 2010。

场，尽管贸易受到中挪关系影响，但挪威主权财富基金石油基金通过中国香港和中国内地市场一直加大对华投资①。

（四）国会态度（反对党以及政界态度）

主张重商轻税政策的右翼政党通常比主张社会公平和人权的左翼政党更倾向于积极靠拢中国。总体来说，由于缺乏对中国的了解，北欧社会里关于中国问题的讨论流于表面。即使在汉学发达、和中国交往密切的丹麦，也缺乏对最优中国政策的高水平探讨，只有为了挑动选民去支持或者反对政府的民粹主义话语②。在挪威，国会里其他政党在如何回应中国的问题上和执政的右党有许多分歧。

（五）大众舆论

大众舆论经常导致政府对中国政策的波动。影响大众舆论的主要是媒体、NGO 和政府部门。主流西方媒体往往左右公众对中国的了解。而北欧媒体非常关注环境、人权和民主问题，对中国的报道也常以此为新闻点，在相当程度上预设了民众对中国的解读框架。亚洲人权守望（Human Rights Watch-Asia），国际大赦（Amnesty International）、西藏国际动员（International Campaign for Tibet）等非政府机构所传播的信息也构成公众对中国印象的重要侧面。同时，政府发布的关于中国的信息包括政府网站信息、教科书内容、公开讨论和白皮书等，是北欧民众对中国了解的权威信息源。当前北欧各国对中国了解的渠道和内容都非常有限。在北欧四国中，丹麦和中国的贸易往来最频繁，文教交流水平最高，尽管如此，丹麦社会对中国了解也相当欠缺，丹麦商业游说组织（Danish Business Lobby）本应该在此方面有所贡献，可是为了避免卷入政治而对商业利益造成伤害，也对此保持沉默③。

---

① 乔希·诺布尔，理查德·米尔恩，英国《金融时报》，2013 年 12 月 11 日，http://www.ftchinese.com/story/001053881？full = y。

② Clemens Stubbe Østergaard, "Danish – Chinese Relations: Continuity and Change 1949 – 2011",

③ Ibid.

二　公共外交效果评估的分析框架、分析范畴和基本数据来源

（一）分析框架

信息在国家之间的传播是公共外交的中心环节①。美国政府负责公共外交的部门叫信息署（USIA），也体现了早期公共外交的基本思路：战略性信息输出导向的沟通。核心理念的设计和推广是许多国家公共外交策略的核心环节。进入 21 世纪以来，随着全球化和数字媒体网络的出现，公共外交也必然要顺应全球社会在传播结构、组织形式和文化观念上的巨变。

中国共产党的十八大报告就中国外交提出了几个核心理念——和平、发展、合作和共赢，即要维护世界和平、促进各国共同发展，倡导建立平等互信、包容互鉴、合作共赢的国家间关系②。《人民日报》评论员文章指出，新形势下，推进公共外交和人文交流就是要积极引导国际社会树立客观全面的"中国观"和"互利共赢观"，让世界"了解真实的中国，理解中国优秀的历史文化、发展道路、发展理念以及和平、发展、合作、共赢的外交政策，树立和维护我国负责任国家形象，使外界以平和心态接受中国等新兴大国的发展。③"这应该是中国在北欧国家公共外交的宏观目标，而在北欧四国培育良好的舆论环境，增进各国对中国的全面了解和深入理解，发展公共外交的对话平台和信息反馈机制，发展两国政府和民间的关系网络，则是中国在北欧公共外交的分解目标。

本研究在丹麦学者 Uffe Andreasen 关于公共外交考量因素理论的基础上④，结合中国国情、公共外交基本目标和方针，设计了评估中国在北欧公共外交中的效果评价体系。

---

① Edmund A. Gullion, "What is Public Diplomacy", http：//fletcher. tufts. edu/murrow/diplomacy.
② 钟声：《维护世界和平　促进共同发展》，《人民日报》，2012 年 11 月 26 日，第 3 版。
③ 钟声：《中国特色公共外交大有可为》，《人民日报》，2012 年 12 月 12 日，第 3 版。
④ Uffe Andreasen. Diplomati og Globalisering – En introduktion til Public Diplomacy, Museum Tusculanums Forlag K? Benhavns Universitet：Copenhagen, 2007.

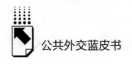

表1 中国在北欧公共外交效果评价体系

序号	考量内容		释义
1	双向沟通程度	a. 参与主流媒体和公共平台讨论情况	是对话,还是独白?有效的公共外交必然是有效的对话策略
		b. 建立可持续发展的对话平台和机制情况	
2	公共外交和其他种类外交的整合度		看公共外交是否和政府外交、经济外交、媒介外交、军事外交等其他形式的外交进行了有效整合
3	政府机构与非政府行为体之间的合作程度		政府机构和两国半官方、民间组织等行为体之间的合作范畴、方式和效果
4	开展公共外交的方式是网络式,还是层级式		全球化和信息革命的背景下,社会以网络化形式不断进行自组织和再组织,公共外交的信息传播也应该走出昔日层级传播之囿,以社会网络的方式进行传播
5	国内公共外交和国外公共外交之间的协调整合程度		全球化带来人口、经济和资本在国家间频繁流动,国内公共外交理应和海外公共外交形成协调互补的态势,才能达成传播的流畅和高效
6	针对不同群体的细化传播策略		媒体传播进入窄众时代,对所在国公众的传播也应该针对不同群体制定特定内容、方式策略
7	信息沟通是否诚实可靠		数字媒体时代,求证信息的速度等于光纤速度,网络社会上强大的口碑效应都决定了公共外交的内容必须诚实可靠
8	公共外交中的信息收集和反馈机制		公共外交的行为体是否也自觉充当观察者的角色,在行动的过程中收集目标群体的反应和数据,以不断优化以后的策略
9	是否以展现立体、当下、真实的中国为目标		传播内容是否能展现中国作为存在实体的历史纵深、观念多元和社会复杂性
10	是否有观念、文化层面的深入交流		观念和文化的交流是不同实体之间相互认知、体认的必经之路,也是公共外交应该追求的沟通境界

(二)分析范畴和分析数据

根据赵启正提出的框架,中国公共外交可分为政府与当地民众的外交、非政府机构和当地民间外交以及中国民间和当地民众的外交①。中国在北欧的公

---

① 赵启正:《中国登上公共外交世界舞台》,《公共外交通讯》2010 年创刊号。

共外交方式目前主要包括：教育交流、文艺演出和节日庆典、文化产品输出（包括影视产品、艺术和图片展览）、社会参与（包括公开讨论、社会活动、媒体专访）等方式，这些领域内的活动和过程就是本研究分析的对象。

表2　中国在北欧公共外交目前的主要载体和传播形式

种类	形式	参与主体
政府与当地民众的外交	节日庆典 电影节、文化节 接受媒体访问或撰稿	使馆、华人团体、当地政府机构
非政府机构和当地民间外交	研讨会 孔子学院活动 华人媒体组织活动 华人社团庆祝活动 华人社团维权活动 华人参与政治和社会活动	华人社团、使馆、当地政府文化机构、孔子学院、国内机构
中国民间和当地民众的外交	旅游、留学、文化活动	中国游客、留学生、华人群体

在第一种和第二种交往中，中国驻外使馆和孔子学院分别作为政府代表和传播中国文化的非政府组织，承担着落实国家公共外交项目、实现国家公共外交宏观目标的任务，同时因地制宜，采取切合当地社会和公众需求的互动形式，来更好地"表达本国国情、说明本国政策"[1]。

表3　北欧四国的孔子学院和孔子课堂分布

名称	创建年份	本地主办院校	中方协办单位
北欧斯德哥尔摩孔子学院	2005	斯德哥尔摩大学	复旦大学
瑞典吕勒欧孔子学院	2012	吕勒欧工业大学	西安建筑科技大学
布莱京厄孔子学院	2011	布莱京厄技术学院	昆明科技大学
乌普萨拉博兰孔子课堂	2011	乌普萨拉博兰高中	天津实验中学
法尔肯贝里孔子课堂	2012	法尔肯贝里高中	石家庄外国语学校

---

① 赵启正：《中国登上公共外交世界舞台》，《公共外交通讯》2010年创刊号。

续表

名称	创建年份	本地主办院校	中方协办单位
奥尔堡大学创新学习孔子学院	2009	丹麦奥尔堡大学	中国教育部
哥本哈根商务孔子学院	2008	哥本哈根商学院	中国人民大学
音乐孔子学院（MCI）		丹麦皇家音乐学院	中央乐团
丹麦斯托厄因高中孔子课堂	2010	丹麦斯托厄因高中 奥尔堡大学创新学习孔子学院	委托奥尔堡大学创新学习孔子学院
挪威卑尔根孔子学院	2007	卑尔根武术协会	北京体育大学
赫尔辛基大学孔院	2007	赫尔辛基大学	中国人民大学

资料来源：各国孔子学院网站。

在三种交往过程中，当地华人社团都扮演了配合、协调或者作为发起人行为主体的重要角色。在北欧的华人占欧洲华人总数比例并不高，根据欧盟2013 年一项研究的统计，在瑞华人约 28000 人，丹麦华人约 18000 人，芬兰华人约 2000 人①。在挪长期居住的华人华侨超过 5000 人②。早期来北欧定居的华人主要是到丹麦，多是来自广东、香港、海南的海员和来自福建的商贩。自20 世纪 80 年代后，来自内地的移民数量增加，移民的平均年龄下降，文化程度和职业多元化程度都有提高③。北欧的中文学校主要由华人为满足子女学习中文的需求而自行组织创办④。北欧国家鼓励自由结社，社团举办活动还可以申请政府在多元文化方面的拨款资助，华人成立社团也蔚然成风，社团大致可分为三类：以联络感情、互助互济为目的的华人联合会，以促进企业贸易发展为目的的商会，以及由专业人士组建的学生学者联合会。同时，华人创办的中

---

① Jeremy Clegg & Hinrich Voss，"Chinese Direct Overseas Investment in European Union."

② Camilla Mellemstrand，"Kinesere i Norge studerer og jobber"，2008，http：//forskning. no/innvandring – kina/2008/08/kinesere – i – norge – studerer – og – jobber.

③ Jeremy Clegg & Hinrich Voss，"Chinese Direct Overseas Investment in European Union."

④ 这些学校按照教学模式可以分为三类，第一类教授简体字和拼音，多由中国大陆地区华人创办。第二类以教授注音符号和繁体字为主，兼授拼音和简体字，由台湾地区移民创办。第三类是由中方机构和当地政府联合兴办的双语小学。前两类都是周末授课，由学校自选教材，第三类按照所在国教学大纲正常授课。北欧华人学校的特点是集中在大城市，资金来源主要是华人社团支持、华人捐款、学费以及当地政府的财政补助。台湾侨民创办的中文学校一般都有台北文化处的固定拨款支持。

文学校和华人媒体也是传播中华文化和中华民族形象、价值观的重要媒介。瑞典三家孔子学院、两所孔子课堂，以及近十所华人创办的中文学校为推广中文教育营造了积极的氛围。瑞典华人在北欧四国华人数量上居首①，瑞典中文学校数量在北欧四国也是最多的②。

三 中国公共外交在北欧效果评估

（一）瑞典

		考量内容	效果
1）	双向沟通程度	a. 参与主流媒体和公共空间讨论情况	对大众媒体参与程度有限。例如莫言获得诺奖后，瑞典《每日新闻报》（文化版）一个月内连续发表系列文章讨论莫言，认为莫言写作技巧虽好，但是同时也是一个残忍政权的代表，文化记者 Sommardal 则在《晚邮报》上撰文反对这一观点，认为很难从外部来判断一个作家是否是政权的一部分。①尚未有中国媒体、机构和华人社团参与这场辩论。 华人发起的两次集体活动分别是支持奥运和抗议日本私有化钓鱼岛。在提出诉求方面，如果以团体或个人的形式参与到更广泛的瑞典社会政治活动中，同时继续提出把瑞典社会和华人诉求关联起来的议题，吸引一般公众的关注，变单向传播为双向沟通，则能更好地培育华人社团的影响力。
		b. 建立可持续发展的对话平台和机制情况	瑞典是北欧四国中唯一有华文报纸的国家，但是囿于语言和读者群的限制，还无法把信息传播到公共领域里。② 中瑞两国之间高水平的学术和教育交流构成中瑞长期稳定联系中重要一环。截至 2013 年，我国在瑞留学人员达 6000 多人，其中公派生 585 人；瑞典在华学习的留学生人数达 1600 多人。院校之间建立了长期稳定的交流项目，也得到了两国政府部门的大力支持。③

---

① 按照瑞典国家统计局统计，中国籍公民为 16299 人，大部分是 20 世纪 80～90 年代来自内地的经济移民，以及近年来瑞留学后工作定居的专业人士。

② 有在首都斯德哥尔摩的瑞京、瑞青、思源、新星中文学校，以及在第二大城市哥德堡的瑞华中文学校。同时，台湾移民协会也设有两所中文学校，新学校教授拼音、注音、繁体、简体，老学校只教注音和繁体字。这些学校多设有成人班，方便有时间和兴趣的瑞典人学习中文。

续表

	考量内容	效果
2)	公共外交和其他种类外交的整合度	在孔子学院事务上，文化外交和政府外交结合密切。
3)	政府机构与非政府行为体之间的合作程度	举办庆典活动，中国使馆、华人社团、所在国政府和文化机构之间形成良好的协作机制，和官方渠道以外的对话途径④，瑞典政府、文化机构的投入和协助，也促成了大型庆典和活动的高参与率和在媒体、公众中的热烈反响。 华人学术、商业社团也为两国中央、地方政府和民众之间的交流架起桥梁，如致力于加强中国与北欧学术领域合作的瑞典中华医学会⑤，致力于中国与瑞典商贸与区域发展合作的瑞典华人工商联合总会⑥及下属分会。瑞典政府也把华人社团视为建立与中国官方、民间多边协商机制的枢纽。瑞典哥德堡华人商会就是在瑞典第二大城市、重要商港哥德堡市政府的提议和积极推动下于2010年成立的。迄今为止，通过商会的牵线搭桥，哥德堡和北京、天津市政府机构人员进行了互访，并就哥德堡和中国在旅游、教育、交通等方面的合作可行性进行洽谈⑦。
4)	开展公共外交的方式是网络式，还是层级式	活动的展开遵循行政层级，从上而下。例如从汉办到各国孔子学院，从侨办到各国华联会和中文学校。这固然能落实汉办、侨办发起的活动，但是也把影响局限在垂直层级管道内，影响有限。
5)	国内公共外交和国外公共外交之间的协调整合程度	尚无专门协调机构，是否有类似项目需要进一步调查。
6)	针对不同群体的细化传播策略	有针对大众和少儿的不同活动。
7)	信息沟通是否诚实可靠	信息真实无误。
8)	公共外交中的信息收集和反馈机制	中国驻瑞典使馆定期汇总组织举办过的活动，是否有更细致的分析和有针对性的反馈信息收集流程需要进一步调查。
9)	以立体、当下、真实的中国为目标	偏重民俗文化事件推广方式，如持续九年的"欢乐春节"活动⑧，瑞京华人协会举办的"风筝节"⑨，由瑞典华人总会举办的"活力中国 Live China"为主题的"中国节"庆典⑩，缺乏对中国多种文化类型的展示。

	考量内容	效果
10)	是否有观念、文化层面的深入交流	语言是观念文化的载体。中文是引发、培育公众对中国兴趣的有效手段。瑞典是北欧四国在全民教育体系中加强中文教育力度最大的国家[11]，体现出瑞典打造与中国沟通人才储备的强烈愿望，也侧面显示出中国语言和文化推广以及中国国家形象建构在瑞典取得的效果。

① Radio Sweden, "*Moyan: The Controversial Nobel Laureate*", Broadcast 10. December, 2012, http://sverigesradio.se/sida/artikel.aspx? programid = 2054&artikel = 5375419.

②《北欧时报》由私人创办，资金来源于广告和华人社团的资助，每周发行3000份报纸，同时有移动终端平台，覆盖瑞典近三万名华人读者，终端用户有10万余名。

③瑞典卡罗林斯卡医学院、乌普萨拉大学、隆德大学、皇家工学院、斯德哥尔摩大学等20多所大学与我国北大、清华、复旦等30余所重点大学以及中国科学院和中国社会科学院都有合作关系和交流项目。瑞典皇家工学院和乌普萨拉大学等高校与中国国家留学基金管理委员会签署协议，每年有近百名博士生、博士后及其他学者到瑞学习。2013年，兰州大学历史系与乌普萨拉大学考古系合作开展对"丝绸之路"的研究，中国工程院与瑞典皇家工程科学院合作的"可再生能源与环境"合作项目得到了两国政府部门的支持。

④如"欢乐春节"活动得到瑞典东方博物馆、瑞典世界文化署的长期支持，"活力中国"文化节得到瑞典皇家花园、瑞典文化部、瑞典国家博物馆、瑞典中小企业协会和瑞典音乐协会的大力支持和协助，"风筝节"获得瑞典国家民族博物馆，科技博物馆，东亚博物馆及瑞中协会的积极参与。

⑤瑞典中华医学会2010年于卡罗林斯卡医学院成立，由华人医生和医学研究者组成。目前在瑞典从事医药学的华人学者达1000多人，涉及包括肿瘤、基因、生物技术、糖尿病、老年痴呆和中医等几乎所有门类，其中具有和正在攻读博士学位的近80%。

⑥瑞典华人工商联合总会（简称瑞华工商联）2009年10月1日在瑞典首都斯德哥尔摩成立。在瑞华人工商企业已达600多家，直接从业人数近万人。瑞华工商联的宗旨是联合和团结全瑞典工商界华人，提高旅瑞华人工商业者的经营能力和企业的经济效益，积极开展与中国同行及全世界各国华人工商界的交流和互动，促进中瑞之间的工商贸易和两国的经济发展。它还支持和资助瑞典侨界及学界的文化娱乐活动和其他公益事业。

⑦张法升，哥德堡华人商会会长，访谈，November 14, 2014。

⑧2014年2月2日，中国驻瑞典使馆、瑞典东方博物馆和华人社团联合举办"欢乐春节"，延续了九年来在这个北欧最早、最大的东亚博物馆庆祝中国春节的传统，由中国驻瑞典大使和瑞典世界文化署署长共同向瑞典各界问候新春，并举行舞龙舞狮等庆祝活动。随后"欢乐春节"进校园也把春节带进了中小学课堂。

⑨2013年6月1日，瑞京华人协会举办的第五届"风筝节"吸引了约1500名来宾，是历届规模最大的一次。

⑩2013年8月2~4日，由瑞典华人总会在斯德哥尔摩市中心皇家花园广场举办以"活力中国 Live China"为主题的"中国节"庆典，三天连续演出，六个展区综合呈现中国民俗文化、流行文化、特色产品、美食和旅游景点特色，吸引来上万人次观众。

⑪2013年，瑞典大大提升了中文在教育系统中的地位。以中文为母语的孩子入读小学后可以申请母语课程，学校要安排中文老师给学生进行每周一课时的授课。升入高中后，除了瑞典语、英语，第三语言备选包括中文、德语和法语、西班牙语。

（二）中国公共外交在丹麦

序号	考量内容		效果
1）	双向沟通程度	a. 参与主流媒体和公共空间讨论情况	丹麦是北欧唯一有华人参政议政的国家。这里出现了北欧首位华人市议员[①]，2013年有5位华人分别作为自由联盟和绿党代表参加市议员选举，3位参加首都大区议员选举。华人参政极大程度改变了欧洲社会里华人埋头赚钱、不问世事的刻板印象，也形成了一股能积极参与改变社会现状、提出自身诉求、让人倾听、引导舆论的有生力量。 丹麦没有华人媒体，有中文网站"龙域华人网络社区"和丹麦中文信息网。
		b. 建立可持续发展的对话平台和机制情况	中丹多边对话机制的重要组成部分之一是教育机构与智库之间的交流机制。如2013年5月在哥本哈根大学召开的"中丹教育对话"，有北大、北外等九所高校领导出席。2013年，哥本哈根大学和复旦大学联合创办哥本哈根"复旦—欧洲中国研究中心"，以"驱动中国研究、重新理解中国和世界的关系"为己任，是非政府机构之间储备人才、深化伙伴关系的机制。 中丹之间多边对话机制的另一重要组成部分是由华人团体牵头的交流活动。不同类型的华人社团在不同行业、专业领域表达华人观点、参与议程设置[②]。
2）	公共外交和其他种类外交的整合度		丹麦三所特色孔子学院体现了中国对丹麦公共外交的前瞻布局。奥尔堡大学创新学习孔子学院致力于在汉语学习方法上的创新，哥本哈根商务孔子学院致力于建立对中国在文化上的了解，推动商务中文教学，举办中国专题的研讨会和公共讲座。与丹麦皇家音乐学院合办的全球首家音乐孔子学院则为中国文化庆典、文艺表演和公开交流提供了一流的平台和人才储备。
3）	政府机构与非政府行为体之间的合作程度		2013~2014年度，中国驻丹麦使馆、孔子学院和丹麦文化协会、丹麦政府部门紧密协作，举办了多次以中国为主题的大型文化庆典和文艺活动。民俗文化和庆典包括连续举办12年，形成节庆文化品牌的欢乐春节活动[③]和展现城市风貌与非物资文化遗产的北京周[④]。在高雅文化层面有哥本哈根孔子音乐学院举办的"中国音乐节"[⑤]，欢乐中国新年音乐会[⑥]，由国家歌剧院副院长王晓鹰导演的威尔第歌剧《游吟诗人》[⑦]参与哥本哈根戏剧节。在流行文化层面，有中国使馆、国家新闻出版广电总局电影局和丹麦电影协会多年持续的"中国电影节"，每年都向丹麦公众介绍中国导演和影片[⑧]。

序号	考量内容	效果
3)	政府机构与非政府行为体之间的合作程度	丹麦中华工商联合协会团结华商积极融入当地社会,为中丹经贸合作牵线搭桥;旅丹华人专业人士协会成为中丹间人才引进、企业文化互通的重要门户。2013 年 12 月 11 日,旅丹华人专业人士协会、丹麦工业联合会和哥本哈根投资促进署联合举办了首届"中丹人才论坛"。
4)	开展公共外交的方式是网络式,还是层级式	发挥了孔子学院平台和华人社会网络的能动性,如以奥尔堡大学创新学习孔子学院为中心,又发展出丹麦斯托厄因高中孔子课堂。
5)	国内公共外交和国外公共外交之间的协调整合程度	尚无专门协调机构,是否有类似项目需要进一步调查。
6)	针对不同群体的细化传播策略	有针对大众、专业人士、高雅文化受众等人群的不同活动。
7)	信息沟通是否诚实可靠	信息真实无误。
8)	公共外交中的信息收集和反馈机制	中国驻丹麦使馆定期汇总组织举办过的活动,是否有更细致的分析和有针对性的反馈信息收集流程需要进一步调查。
9)	以立体、当下、真实的中国为目标	以丹麦音乐孔子学院为平台,中国与丹麦之间的文化交流得以在高雅文化和流行文化两个层面展开。民俗、民族音乐、当代艺术、电影等多种风貌的艺术作品呈现有利于塑造一个更立体的中国形象。
10)	是否有观念、文化层面的深入交流	需要进一步调查。

①王立智(heidi Wang)是哥本哈根市议员。

②丹麦的华人社团组织程度相对较高。成立历史最早的华人友谊会在 2002 年改组为丹麦华人总会,下设妇女会和商会。从 2002 年开始,各华人社团开始共同协作举办一年一度的中国新年大联欢活动,并邀请丹麦官员和当地居民参与其中,为他们提供了解和认识中华文化的机会。

③由中国驻丹麦使馆和丹麦文化协会连续举办 12 年的"欢乐春节"活动,在哥本哈根市政厅、奥胡斯市、森讷堡市相继举行。每年都会邀请来自国内的艺术团体在丹麦各大城市巡回表演,受到丹麦王室、议会、政府和民众的热烈欢迎和期盼。

④2014 年 5 月 8 日,应哥本哈根市政府邀请,北京市作为欧洲歌唱大赛嘉宾城市利用赛事平台举办"北京周"活动,其间还举办了"魅力北京"时尚风情图片展和非物质文化遗产手工艺家现场表演等文化活动。

⑤2013 年 5 月,丹麦音乐孔子学院举办中国音乐节,中央音乐学院乐团为丹麦观众展现了中国传统乐器的魅力。

⑥2014 年 2 月 1 日,由中国驻丹麦大使馆、丹麦文化协会和丹麦皇家音乐学院联合举办"欢乐中国"新年音乐会,在丹麦皇家音乐厅举行,中丹艺术家联袂演出。

⑦这一剧目是由丹麦文化协会赞助排演的,由中国、丹麦和墨西哥、挪威艺术家合作完成。其中国叙事与欧洲歌剧的结合获得媒体和观众的好评。

⑧2014 年 1 月,丹麦"中国电影节"由中国驻丹麦大使馆、国家新闻出版广电总局电影局、丹麦电影协会联合举办,放映了 7 部来自中国的故事片。

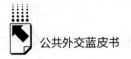

（三）中国公共外交在挪威

序号	考量内容		效果
1）	双向沟通程度	a. 参与主流媒体和公共空间讨论情况	由挪方组织的中国当代文学研讨会和艺术展览往往能引起主流媒体的强烈反响。但是在这些活动中往往缺少中方机构的声音。 中国驻挪威使馆也会通过本地媒体和报章表明中国政府对某些事件的特定态度。例如大使赵军曾经在挪威最大的《晚邮报》上发表文章,讨论钓鱼岛事件。2012 年 9 月 18 日,由十几个华人社团联合发起,在日本驻挪威大使馆门口进行"保钓"示威抗议活动①,得到挪威国家电视台、各新闻媒体的正面报道。 由挪威华人创办,得到挪威媒体管理委员会赞助的《北欧华人通讯》是唯一在北欧发行的中文杂志。
		b. 建立可持续发展的对话平台和机制情况	挪威主要华人社团包括:挪威华人互助会、挪威华人联谊会,挪威华人学者联合会,挪威华人中国和平统一促进会,挪威中文学校,挪威舟山同乡会、挪威华商会、挪威华人妇女会、挪威中国合作机构(NKSO)。其他非华人创办的以中国为主题的社团有:有对华业务的挪商创办的挪威中国商会(NCCC)、收养了中国孤儿的挪威家庭组成的中国协会(KF),以及由喜爱中国文化的挪威人创办的挪中协会。 在这些群体中,以推进挪中贸易为主旨的 NCCC 在促进挪威社会,尤其在挪威工商界了解中国方面表现最为活跃、稳定。它定期举办活动和讲座,介绍中国文化、经济、法规、政治现状,并致力于增进中挪商界和民间的互访、长期联系和网络建设。为两国政府与两国民间社会、两国民间社会之间的交往和对话提供了可靠的平台②。NKSO 在成立不到两年的时间内成功组织了德拉门中国文化节和探讨移民与挪威商业文化的系列研讨会。 由北欧公共外交研究中心(NCPD)策划的"绿地行——城市阅读"计划,于 2012 年、2014 年两次邀请中国青年艺术家来访挪威和欧洲,同挪威和欧洲艺术院校和艺术家团体交流对话,探讨艺术塑造公共空间、城市文化的经验。
2）	公共外交和其他种类外交的整合度		较低。

序号	考量内容	效果
3)	政府机构与非政府行为体之间的合作程度	挪威,社团组织、孔子学院和挪威一些非官方文化机构是在传播中国文化的主体。民间组织"中国文化节"(KKF)由挪威华人和热心中华文化的挪威人发起,自2004年起,每三年举办一次,内容包括大型文艺公演、展览和其他庆祝活动。卑尔根孔子学院每年举办"汉语桥"世界大、中学生中文比赛挪威赛区预赛③,并借"中国文化日"、春节晚会等活动把中国文化带入中小学课堂。 由于中挪关系处于特殊时期,中国使馆和华人社团保持良好关系,与挪方非政府组织协作程度较低。
4)	开展公共外交的方式是网络式,还是层级式	层级式,遵循由汉办、侨办,从上而下到孔院、华人社团的信息通路。
5)	国内公共外交和国外公共外交之间的协调整合程度	尚无专门协调机构,是否有类似项目需要进一步调查。
6)	针对不同群体的细化传播策略	无。
7)	信息沟通是否诚实可靠	信息真实无误。
8)	公共外交中的信息收集和反馈机制	无。
9)	以立体、当下、真实的中国为目标	挪威文化机构很关注中国文学和艺术的发展,如Bjφrnson文学节、文学之家机构(Litteraturhuset)2011年举办的中国周邀请了阎连科、虹影、棉棉、徐则臣等著名中国作家来挪讲座,和公众就当代中国文学创作问题进行交流。而2015年的Sigrid Underset文学节,也将以中国为主题,通过介绍中国作家和作品,吸引社会各界对中国文学以及中国的讨论。 挪威和中国艺术策展人和艺术机构一直持续合作,推动中国当代艺术家作品与挪威公众见面④,吸引了大量来自媒体和公众的关注和讨论。2013年挪威艺术评论大奖颁给了3.14基金和卑尔根博物馆联盟主持的"中国项目",包括2012年秋天举办的两个大型中国当代艺术展览"真实故事"和"皮肤、肌肉、骨头"。"这个充满雄心的项目既有著名艺术家,也有新生代艺术家的参与,成功地创造了强有力的艺术语言和微妙的政治讯息之间的对话,以令人信服的方式传递出这个巨大而复杂的国家里的种种微妙之处"⑤。这些讲座、讨论和展览向挪威公众展示了中国当代文化的多样性、勇气和批判性,以及中国艺术创造的空间,也颠覆了大众认知中对中国的固有概念。

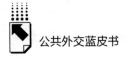

续表

序号	考量内容	效果
10)	是否有观念、文化层面的深入交流	以视觉艺术超越语言的隔阂，是北欧公共外交研究中心（NCPD）促进中国和挪威在观念层面上进行交流的策略之一。在 NCPD 协助下，2012 年在挪威版画家协会画廊举办了"杨峰:智者的深呼吸"木刻展，2014 年奥斯陆市政厅画廊举行了"超越肉身"中国当代艺术展，2015 年即将在挪威版画家协会画廊举办"纸上的河流"中国当代版画和诗歌展。

①http：//norchina. com/w2/index. php/component/content/article/46 – from – forum/118 – diaoyudao – norway.

②NCCC 网站，http：//www. nccc. no/aboutus/。

③卑尔根孔子学院网站，http：//www. konfutse. no/? document_ id = 24。

④包括 2014 年 9 月在斯塔罔格举办的中国当代摄影展，以及即将在 2015 年卑尔根博物馆联盟举办的"釉层以外"中国当代艺术和陶艺作品展，在挪威国家当代艺术博物馆举办、有艾未未参与的"抓住自由"展览。

⑤http：//www. kunstkritikk. no/nyheter/kunstkritikerprisen – til – kunstmuseene – i – bergen – og – stiftelsen – 314/？d = no.

（四）中国公共外交在芬兰

序号	考量内容		效果
1)	双向沟通程度	a. 参与主流媒体和公共空间讨论情况	芬兰华人联谊会作为芬兰多元文化社会的一部分，每年庆祝春节、元宵、中秋等传统节日以及国庆节，组织中国电影晚会，并参与到芬兰鼓励多元文化的社会活动中。例如 2013 年，华联会协助赫尔辛基多元文化教育服务中心（HELMO），举办了中国之窗图片展，配上民俗文化表演，效果很好。
		b. 建立可持续发展的对话平台和机制情况	在芬兰的华人数量不多，大部分是学人和专业人士。芬兰华人社会能积极有效地设置媒体议程，与全社会进行互动，以维护华人群体的共同利益，并推动中芬之间的进一步交流、了解与合作。例如芬兰华人同盟（简称华盟）①和学术性非营利团体留芬华人生命科学学会②都非常活跃。
2)	公共外交和其他种类外交的整合度		芬兰孔子学院和美湾中文学校都是被纳入政府教育交流框架后的高起点公共外交平台③。创建于 2006 年，由赫尔辛基大学和中国人民大学合办的芬兰孔子学院在课程设置上最为完备，组织多种兴趣俱乐部和系列讲座。芬兰美湾学校是北欧唯一用芬汉两种语言授课的学校④，这种授课模式开启了在海外提供从小学开始中文教学的新思路。

序号	考量内容	效果
3)	政府机构与非政府行为体之间的合作程度	中国使馆、孔子学院和芬兰中国文化主题社团以及华人社团是在芬兰传播中国文化的重要主体。在芬兰,每年中国驻芬兰大使馆、北京市文化局和赫尔辛基市政府都联合举办"欢乐春节"庆祝活动,2014年春节的参与人数达到4万多人,这是北京市文化局连续第八年与芬兰赫尔辛基市文化局联合举办"欢乐春节"活动。包括芬兰华联会在内的华人社团积极参与了春节庙会活动。 芬兰有不少中国文化爱好者组成的兴趣协会,这些协会和中方机构或非政府机构密切合作,例如芬兰中国象棋协会和孔院合作举办了中国象棋大赛,以及芬兰武术协会举办的芬兰全国武术大赛。
4)	开展公共外交的方式是网络式,还是层级式	出现了网络式公共外交的趋势,例如赫尔辛基孔院创办的俱乐部和系列讲座,如芬兰象棋和武术兴趣协会都形成了不断扩散影响力的社会网络。
5)	国内公共外交和国外公共外交之间的协调整合程度	尚无专门协调机构,是否有类似项目需要进一步调查。
6)	针对不同群体的细化传播策略	需要进一步调查。
7)	信息沟通是否诚实可靠	信息真实无误。
8)	公共外交中的信息收集和反馈机制	无。
9)	以立体、当下、真实的中国为目标	需要进一步调查。
10)	是否有观念、文化层面的深入交流	需要进一步调查。

①成立于2005年,曾经成功营救了12名被不法芬兰雇主剥削的中国石匠。在其引导和支持下,芬兰媒体对事件进行了广泛报道,使芬兰社会认识到外国工人在芬兰受到的不公正待遇及痛苦经历。华盟的前身中芬慈善基金会除了对中国同胞给予经济支持和法律援助外,还资助重印高耀洁所著《中国艾滋病调查》一书,并捐赠给若干个芬兰图书馆。此后,华盟和芬兰电视一台、芬兰电视广播公司等主流媒体机构合作,录制了多档关于中国雇工在芬兰的纪录片,引起社会正视中国劳工恶劣待遇的社会讨论。华盟与赫尔辛基失业者协会合作组织了多期芬兰语学习班,并得到芬兰教育部Visio教育基金的资助。华盟有全职的芬兰语老师,开设初级和中级班,并有企业家讲座,以帮助中国人在芬兰创业,站稳脚跟。

②成立于2001年,自成立以来,协会一直致力于加强留芬华人生命科学工作者的学术交流,鼓励与其他相关协会的文化交流。协会中有不少高水平学者积极参与并主持中芬两国生命科学领域的科研项目,为中芬两国生命科学事业做出了有益的贡献。迄今学会已连续八年召开年会,促进生命科学领域里的跨学科交流,拓展了年轻学者的视野,加强了中芬学者之间的学术互动,为中芬学者之间的科研合作打下良好基础。

③赫尔辛基孔院提供汉语语言、中国历史、政治及中国国际关系、中国艺术方面的课程,还创办了汉语俱乐部、中国棋社、中国电影俱乐部,开展中国象棋大赛、汉语演讲比赛等活动,每年都要组织超过十场中国专题的讲座。

④由中国国家汉办和赫尔辛基市教育局合作办学,设有小学和初中部,中文老师来自北京名校育才学校,按照芬兰教育部大纲进行教学,学生80%是有中国血统的孩子,芬兰人子弟占20%,其中大多数是在华工作的芬兰人后代。自1998年创办以来,美湾学校赢得了较高的社会口碑,树立了良好品牌形象。

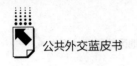

四 结论：北欧公共外交的启示

北欧国家在欧洲国家中较早正式把"公共外交"的概念纳入外交机制中，并发展出针对本国特点的国际传播策略。起步最早的是瑞典，在 1945 年成立的瑞典学院（Swedish Institute），联合政府和工商界之力，通过对外传播瑞典技能、价值和经验来推广瑞典国家品牌和商品品牌。前任瑞典学院院长 Olle Wästberg 提出，代表瑞典的几大机构建立了共享品牌平台，以"创新"、"开放"、"关怀"和"真实"四大核心价值来守护其中心"进步"①。研究调查表明，其他国家人民对瑞典的评价为"福利社会、知识社会、创新国家、工业国家，平等先锋，重视生态，积极参与全球事务"，与这组核心价值基本重合。可见鲜明的国家形象推广和商业品牌的全球行销之间形成了卓有成效的互动②。

1940 年成立的丹麦文化学院（Danish Cultural Institute）是丹麦公共外交机构。2007 年，丹麦外交部首次使用"公共外交"③，但是丹麦公共外交策略在此之前已经成型，并体现了高度的持续性。丹麦强调当地合作伙伴的投入，在全球化进程中的主要议题和前沿阵地上体现丹麦的存在。2004 年设立的丹麦埃及对话机构（DEDI）就成为衔接丹麦和欧洲、埃及、阿拉伯世界欧洲之间了解和共识的桥梁④。

挪威外交部于 2003 年邀请英国专家为其进行公共外交调研，该报告提出"挪威故事"的四个侧面：人道主义超级力量、自然生活、平等、国际主义和冒险精神⑤。目前，挪威政府公共外交目标是"守护挪威在全球的政治利益"，

---

① Olle Wästberg, "The Symbiosis of Sweden & IKEA", *Public Diplomacy Magazine*, Case Study, Issue 2, Summer 2009.

② The Swedish Institute, The Swedish Model: *Perspectives on the International Relevance of Sweden's Social Paradigm*, 2012.

③ Nicklas Meiner – Jensen, "*Danish Public Diplomacy – A Dialogic Approach to International Relations Between States and Publics*", Master Thesis, Roskild University, Denmark.

④ The Danish Egyptian Dialogue Institute, "*About Dedi*", 2012, http://dedi. org. eg/who – we – are/corporat/.

⑤ Mark Leonard and Andrew Small, *Norway's Public Diplomacy: a Strategy*, 2003.

自我定位为"资源充足、努力、可靠的合作伙伴"①。挪威政府公共外交以驻外使馆为枢纽，由各种民间文化组织申请项目经费在海外推广挪威文化，如以易卜生、蒙克和格里格为名的国际文化节。

芬兰外交部机构内设有"公共外交组"，芬兰文化和教育部有专款资金支持在海外的 12 家芬兰学院和 4 家学术交流机构。这些机构最根本的使命是利用芬兰国际领先的教育水平，推广芬兰研究和高等教育的国际化，提升芬兰的国际形象②。

概言之，以上四国根据本国核心优势和核心价值观而制定公共外交策略，都是以推进、保护本国在国际上的经济贸易优势和政治利益为目标，通过本国外交部或者其他相关政府部门来统筹资源，由独立非政府组织来落地执行，也许这能给中国如何在北欧推进公共外交提供一些启示。

从目前有限的资料来看，中国在北欧的公共外交还处于缺乏经营的状态。对主流媒体和公共平台参与有限。如能鼓励北欧的中国知识分子和人文社科类学者积极参与当地媒体上关于中国热点问题的讨论，当能逐步培育华人在主流社会的声音。从媒介影响力的角度来看，如果希望通过华人媒体在北欧社会里发出自己的声音，一方面需要建立和主流媒体的联系，另一方面可以考虑帮助当地华人媒体拓展多语种平台，以所在国语言至少是英语进行内容制作和传播。扶持、鼓励华文媒体推出当地语言或英文版本。

使馆、孔子学院和华人社团在北欧积极推进汉语和文化传播，已经取得了相当大的成效和显著的影响。在商界、学界的华人群体向北欧社会展示了更丰满的华人整体形象，也为双方政府和民间交往提供了更有效的平台。进一步推进中国在北欧的公共外交实力，关键在于华人社团能否进一步提升在主流社会中的可见度和影响力，也在于能否整合公共外交和其他类型的外交，加强政府机构与非政府行为体之间的合作，侧重利用社会化网络发展公共外交，制定针对不同群体的细化传播策略，建立信息收集和反馈机制，走出民俗文化的窠

---

① The Ministry of Foreign Affair, *Norway* "*Norway's Image Abroad – A Shared Responsibility*", *2013*, url：http：//www. regjeringen. no/en/dep/ud/selected – topics/public – diplomacy – and – cultural – cooperatio/image_ abroad. html？ id = 708753.

② The Finnish Cultural and Academic Institutes, "*The Effectiveness of Finland's Cultural and Academic Institutes, Big Benefits at a Low Cost*", 2013.

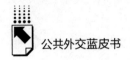

臼，以尽多层面的文化传播策略和内容来展现一个立体、当下、真实的中国。

值得注意的是，自 20 世纪 70 年代以来，针灸外交和乒乓外交并称我国公共外交的两大利器。中医和针灸在崇尚自然的北欧有不少追随者。瑞典针灸师协会（SAA）内大部分执业者是潜心学习中医和针灸的瑞典人。目前，SAA 致力于把针灸纳入福利医疗系统，针灸师得到国家资格认证。丹麦目前有 389 个针灸诊所，其中多数为丹麦医师①。挪威卫生学院里已经提供正规的针灸本科学位。针灸师们执业的过程也是对顾客介绍推广中医理论和中国文化的过程。针灸师自身的语言能力和素养能令人信服地接受植根在中医理论里的中国文化视角和价值观。如果能更好地利用这个渠道，形成双赢和多赢局面，可以为中国在北欧的公共外交提供突破点。

---

① The Association of Danish Acupuncture Practioners, http：//www. aku – net. dk/1/130/soeg – behandler. html.

中国高铁：公共外交的"新名片"

姜飞 闫然*

摘　要：　2014年以来，中国企业已经在海外斩获近1300亿元的铁路
项目订单。① 与此同时，当公共外交从理念到实践层面逐渐
深化和拓展，"高铁外交"也被认为是继乒乓外交、熊猫外
交、奥运外交之后的新外交形式。BBC将中国高铁称为"中
国商业名片"。② 本文尝试在勾勒海外媒体对中国高铁的相
关报道基础上，从传播学和公共外交的视角探索高铁如何
担当公共外交角色，并对当前存在的问题和解决方案进行
探索。

关键词：　高铁　公共外交　中国

一　海外媒体对中国高铁相关报道的研究报告

研究者以China Railway为关键词在《纽约时报》搜索，从2010年1月1

---

* 姜飞，博士，中国社会科学院新闻与传播研究所研究员，博士生导师，传播学研究室主任，
世界传媒研究中心主任，中国跨文化传播研究与实践基地主任，中国传播学会秘书长，研
究方向：国际/跨文化传播，跨国媒体，新媒体，传播学理论；闫然，硕士，中国社会科学
院新闻与传播研究所世界传媒研究中心研究助理。本研究为中国社会科学院创新工程"全
球化时代的跨文化传播：理论研究与成果应用"及国家社会科学基金重点项目"提高我国
文化软实力的中国道路研究"的阶段性成果。

① 数据来源：新浪网：《我国企业今年在海外斩获近1300亿元铁路大单》，2014年11月6日，
引用时间：2014 年 11 月 23 日，http：//news. sina. com. cn/c/2014 – 11 – 06/
025031100989. shtml。

② *China's Railway Dream*. BBC. 15 Jul 2014. http：//www. traveldaily. cn/article/81826. html。

日至 2014 年 11 月 26 日共有 455 篇相关报道。其中，2011 年由于"7·23"甬温线动车事故的原因，关于中国高铁的报道超过 100 篇。虽然 2014 年数据仅有 11 个月，但是数量已经为历年最高，其中大量报道在中国新一届政府成立之后，主要涉及中国高铁发展以及中国高铁的海外战略报道。

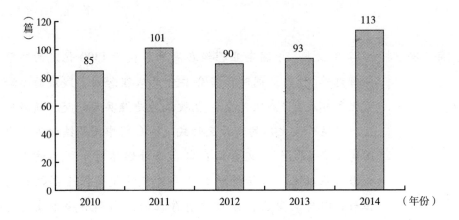

图1 《纽约时报》有关中国高铁报道篇数

除《纽约时报》之外，本文亦参考 BBC、新加坡《联合早报》、《金融时报》等媒体的相关报道。研究者通过内容分析发现，外媒对于中国高铁的报道主要有以下几个方面特点。

（一）对中国高铁技术存疑与质量认可同时并存

一方面，历史上，由于中国产品在原料、制作等方面的质量问题，中国制造广受诟病。2008 年，美国《商业周刊》就曾经撰文，"从被污染的鱼、含铅玩具再到有毒药品和奶制品，两年来中国产品在质量控制方面频频出现问题，这使得中国逐渐失去了作为制造业平台的吸引力。"[1] 对于中国制造质量的不信任，使得制造商和消费者放弃选用中国产品现象，在很多国家，特别是发达国家是存在的。2011 年"7·23"甬温线动车事故，也给中国高铁蒙上了一层

---

[1] Pete Engardio. "China Losing Luster with U. S. Manufacturers." *BusinessWeek*. 26. Nov. 2008. http：//news. 21cn. com/world/guojisaomiao/2008/11/30/5550161. shtml.

阴影。此外，在《纽约时报》的报道中，中国的高铁建设存在为了利益偷工减料的问题，而这一问题造成了湖北汉宜高铁路基在大雨冲刷的情况下，出现坍塌。①

另一方面的质疑则是对于中国高铁技术是否存在抄袭。在世界高铁史上，日本高铁的竞争对手主要为法国、德国这两个西欧国家。日本作为世界上第一个建成使用高速铁路的国家，其高铁技术一直都处于世界领先地位。日本新干线以绝对准点、安全、高效、稳定等特征赢得赞誉，并且曾经出口中国台湾、中国大陆与英国。但是日本专家认为中国高铁技术绝大部分来自于对日本高铁的抄袭。"中国的航空安全国际声誉很好，但是由于中国人对于本土高铁技术的质疑，他们更愿意选择波音公司的飞机出行"。② 这样的观点不仅出现在日本媒体上，也出现在诸如《纽约时报》等西方媒体上。③

对于中国高铁建筑质量的认识，与质疑并存的则是认可。中国铁建牵头承建的安伊高铁第二期工程，是整个安伊高铁三期工程中技术难度最高的。在花岗岩地貌的土耳其，全程总线路42%为桥梁与隧道，对于中国高铁建设在技术方面是一个很大的挑战。④ 而从目前的媒体报道情况来看，土耳其方面和乘客对于安伊高铁二期工程的施工是非常满意的。⑤

---

① Johnson, Ian. *In China*, *Part of Railway Collapses Despite Test Runs*. New York Times, Late Edition. 13 Mar. 2012: A. 7.

② Bradsher, Keith, "On Longest Bullet Train Line, Chinese Ride 1, 200 Miles in 8 Hours." *New York Times*, 27 Dec. 2012: B. 1.

③ Bradsher, Keith, "On Longest Bullet Train Line, Chinese Ride 1, 200 Miles in 8 Hours." *New York Times*, 27 Dec. 2012: B. 1. *All Aboard*: *China's Railway Dream*, BBC, 15 July 2014. http://www.bbc.com/news/world-asia-28289319 Perlez, Jane, *China Looks to High-Speed Rail to Expand Reach*, New York Times, 09 Aug 2014: A. 3.

④ 《中国铁建承建土耳其安伊高铁二期主体完工》，环球网，2014年1月20日，引用时间：2014年11月24日. http://china.huanqiu.com/News/sasac/2014-01/4770968.htm。

⑤ 关于安伊高铁二期工程，媒体的部分报道：《中国高铁"走出去"首个项目安伊高铁通车》，《人民日报》，2014年8月14日，http://www.china.com.cn/news/2014-08/14/content_33233700.htm。《中国第一条"驶出"国门的高铁：探访土耳其安伊高铁项目》，《经济日报》，2014年1月17日，http://finance.huanqiu.com/data/2014-01/4763952.html。《走向世界的中国铁路（二）》，CCTV，2014年12月28日，http://v.qq.com/page/i/0/w/i0015dh1vzw.html。

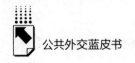
（二）低成本的传统优势与技术自主研发齐头并进

2004 年 4 月，国务院召开专题会议，就发展高速铁路和机车装备问题提出一个重大指导方针："引进先进技术，联合设计生产，打造中国品牌。"也是从 2004 年开始，中国高铁建设出现了"用市场换技术"的身影，比较成功的案例包括如下。

一是 2004 年 8 月 27 日，法国阿尔斯通与中国北车集团长春轨道客车股份有限公司联合体、日本川崎重工与中国南车集团青岛四方机车车辆有限公司联合体、加拿大庞巴迪与南车的合资公司——青岛四方庞巴迪鲍尔铁路运输设备有限公司，中标了"时速 200 公里动车组招标"项目。

二是 2005 年 10 月，"时速 300 公里动车组"的项目招标启动。2006 年初，川崎重工、阿尔斯通、庞巴迪和西门子四家外国巨头通过与南车、北车下属企业合作中标。

三是 2006 年 11 月，铁道部开始国内第一条新建高速铁路京津城际项目招标，最终以西门子为首的德国企业联合体以 120 亿元人民币价格中标。

"以市场换技术"的初衷实际上是希望以大规模建设这块蛋糕吸引外方投资，同时要求外方转让已经得到验证的发达的机车车辆技术。在引进国外技术之后，实现吸收消化，最终实现高铁技术的本土化。不过，外国企业不会将核心技术全部转让给中方，因此，中国的高铁生产企业与铁科院等研发机构，仍旧需要不断地去揣摩研究隐藏在技术背后的设计原理与思路。这样的"自主研发"从未间断过，在这个意义上，中国的高铁模式一直都遵循着"引进技术，联合生产，推动主研发"的模式。10 年来，中国的铁路发展经历了很多个蜕变。国产化的提升，是中国高铁执行这一方针的最重要成果。以南车集团生产的 CRH380A 列车为例，其国产化程度高达 90% 以上，非国产化的 10% 包括功率模块等小零部件。① 作为中国唯一获得出口订单的高铁动车组型号，较高的国产化水平和拥有完全自主知识产权，避免了以往"中国制造"所遭遇的知识产权纠纷。

---

① 《CRH380A 列车国产化超 90%》，凤凰网，2011 年 5 月 30 日，引用时间：2014 年 10 月 6 日，http：//finance. ifeng. com/news/20110530/4085287. shtml。

2014 年 7 月 10 日，世界银行就中国高铁发展情况发布报告，指出中国高铁建设成本至多为其他国家的三分之二，中国高铁每公里基础设施单位建设成本通常为 1700 万至 2100 万美元，而欧洲这一数字为 2500 万至 3800 万美元，美国则估计高达 5600 万美元。[①] 与此同时，中国高铁经过数十年的技术研发，已经拥有了一套自己的高铁技术与生产标准，技术自主研发也成为中国高铁的显著特征。综合来看，与造价低廉结合起来，性价比高成为中国高铁占领海外市场的有力武器。在质疑安全性的同时，外媒承认中国高铁在价格成本方面存在着巨大的优势。《纽约时报》认为，虽然中国高铁质量存在隐患，但是由于价格低廉和性价比高，中国高铁能够进入发展中国家市场。[②] 根据英国《金融时报》网站 2014 年 10 月 2 日的报道，日本的高铁技术不仅仅被德法超越，也面临着中国、韩国等亚洲国家发展带来的影响。"而如今，在平均速度方面，中国拥有世界最快的高铁列车。"[③]

（三）承担海外社会责任与推动本地技术提升相辅相成

中国高铁企业在海外投资的过程中，通过其在海外所承担的社会责任，担负了公共外交的角色。肯尼亚以蒙内铁路为例。首先，该项目不仅高比例采用当地物资材料和设备，同时其施工主力基本是本地员工。每修一公里的铁路就会创造约 60 个就业机会，在施工高峰期，肯尼亚本地员工将达 3 万人。[④] 中方对于当地技术人员与施工员工进行培训，提升了本地工人的技术水平。其次，在对待当地员工方面，一位在安哥拉采访中铁集团铁路建设的记者说，施工单位食堂根据当地员工的饮食习惯修改食谱，制作满足他们需求的食物。比如当地工人与中国人在饮食习惯上有很大的不同，肉类是他们的主食，因此中国厨

① 《综述：中国高铁走向世界》，新华网，2014 年 9 月 1 日，引用时间：2014 年 10 月 5 日，http://news. xinhuanet. com/2014 - 09/01/c_ 1112315226. htm。

② Johnson, Ian. "In China, Part of Railway Collapses Despite Test Runs." *New York Times*, Late Edition (East Coast) 13 Mar. 2012: A. 7.

③ 《外媒：日本高铁技术优势不再 已被中法德超越》，凤凰网，2014 年 10 月 4 日，引用时间：2014 年 10 月 20 日，http://finance. ifeng. com/a/20141004/13163957 _ 0. shtml? wratingModule = 1_ 15_ 103。

④ 丁小溪、王子诚：《蒙内铁路"中国造"助推"非洲梦"》，新华社，2014 年 9 月 9 日，引用时间：2014 年 10 月 25 日，http://news. sohu. com/20140909/n404171920. shtml。

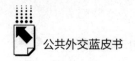

师在配菜与烹饪方面，会大量制作肉类食物，最大限度满足当地员工需求。①最后，在培养当地人才方面，中交集团与肯尼亚铁路局合作建立中交东非工程技术学院，为肯尼亚、乌干达、卢旺达、南苏丹等国培养铁路运营和管理人才。非洲现在铁路建设需求量大，当地技术人员学成后可以回国直接参与铁路建设。与此同时，中国将在非洲建设高速铁路研发中心，也将带动非洲当地高铁技术发展。

（四）海外基建经验与口碑在担当公共外交责任方面相辅相成

高铁产业出口，包含铁路基础建设和机车设备出口。与日本、法国等国家相比较，中国在海外基础建设方面的优势相对明显。根据 CNN 的报道，中国 2008 年开通第一条高铁线路，到 2014 年，中国高铁总里程数达 6800 英里（11028 公里），成为世界上规模最大的高铁系统。中国国内能够在如此短的时间内打造出如此大规模的高速铁路网络，吸引了众多关注的目光。与此同时，海外的基础建设，从 20 世纪 70 年代的坦赞铁路，到近年安伊高速铁路第二期工程，中国铁路企业境外承揽项目覆盖超过 50 个国家和地区，丰富的经验和高效率的施工方式作为中国基础建设的品牌，为中国铁路海外建设打下了良好的基础。

在中国机车产品方面，"与国外其他企业相比，我们还拥有交货期的优势。就阿根廷动车组项目为例，实现了当年签单、当年设计产品、当年交付。目前可以说只有中国的高铁列车企业可以做到。"② 无论是在铁路建设还是机车制造方面，中国企业高效的生产方式大大缩短了施工期、交货期，为中国高铁走出去赢得了良好的口碑，有效担当了公共外交角色，推进中国形象建设。

---

① 作者曾对一位采访中国在安哥拉铁路建设的记者进行访谈，来自于访谈内容。
② 傅光云、姚以镜：《填空：高铁换（ ）?》，《国际金融时报》，2014 年 1 月 13 日第 06 版，引用时间：2014 年 10 月 6 日，http：//paper. people. com. cn/gjjrb/html/2014 - 01/13/content_ 1376913. htm。

（五）推进国内发展和国际拓展中国政府表现出两轮驱动的政策弹性

从李克强总理在出访中对于中国高铁的"推销"[1] 来看，推广高铁已经进入国家战略层面。中国早在 2009 年便已经确定建设周边三条高铁线路：通过俄罗斯进入欧洲的欧亚高铁；从乌鲁木齐出发，经过中亚最终到达德国的中亚高铁；从昆明出发，连接东南亚国家，一直抵达新加坡的泛亚铁路。这些项目都活跃着国家领导人的影子。与俄罗斯总统普京竭力推销俄制战机"苏－35"和"米格－29"一样，国家领导人用自身的名誉进行担保，是国际惯例，对于产品本身而言，无疑也是一种强推动力。国家发改委综合运输研究所研究员罗仁认为，"新一届政府在领着走，市场就更容易打开。"[2]

除此之外，由中国政府推动的发展方式变得更加灵活，使得中国高铁走出去的方式更加多元化。比如对于英国而言，受经济危机的影响，英国政府在改造铁路基础设施方面存在资金不足的问题。而中国国家融资能力强，中国企业所拥有的"规模经济"成为英国青睐中国企业参与铁路建设的原因。相比于发达国家，对于发展中国家来说，"高铁换什么"的思路被运用得更加广泛。中泰于 2013 年 10 月 11 日签署的《中泰政府关于泰国铁路基础设施发展与泰国农产品交换的政府间合作项目的谅解备忘录》，被看做开启了"高铁换大米"的合作方式；李克强在向罗马尼亚推销高铁的同时，也大量进口该国的牛肉与活牛，被媒体评价为"高铁换牛肉"；而中国在非洲地区修建铁路，将

---

[1] 2014 年 5 月 5 日，国务院总理李克强考察亚的斯亚贝巴轻轨项目，埃塞俄比亚总理海尔马里亚姆陪同。看到中埃双方员工正在铺轨作业，李克强同海尔马里亚姆一起拿起扳手，拧紧螺丝。

2014 年 6 月，李克强在英国访问期间，中英两国政府发表的联合声明表示，双方同意在彼此市场促进关于轨道交通（包括高铁）设计咨询、工程建设、装备供应和设施维护等领域的实质性合作。

2014 年 10 月 14 日，国务院总理李克强应邀与俄罗斯总理梅德韦杰夫共同参观"开放式创新"莫斯科国际创新发展论坛展览。李克强总理访俄期间，中俄两国签署高铁合作备忘录。中方将通过吸引商业资金、建立联合企业和在俄罗斯境内制造机车车辆，以推广中国技术。

[2] 《李克强变"推销员"媲美熊猫外交》，《新京报》，2014 年 5 月 7 日，引用时间：2014 年 10 月 6 日，http：//www.cnr.cn/360/tuixiaogaotie/201405/t20140507_ 515451440.shtml。

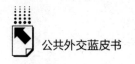

更加倾向于采用"高铁换能源"合作方式。更加多元化的合作方式,为中国企业开拓不同的海外市场创造了便利。

与此同时,几年的国内铁路建设,对中国经济发展、人民出行的改善也是显而易见的。《纽约时报》在报道中认为:"中国的高速铁路,以一种意想不到的方式改变着中国。"① 中国的工人更具有生产力,而便利的交通也使得外国公司更愿意进入中国的中西部内陆地区开拓市场。对于中国政府而言,对于"西部大开发"与"中部崛起"战略的实施而言,交通所带来的经济利益是巨大的。经济利益同样存在于海外市场。BBC 引用中国铁路网的说法,将中国高铁称为"中国商业名片",② 称赞其在东南亚、非洲、欧洲已经获得订单与未来的商业价值。2014 年 7 月 28 日,新加坡《联合早报》以《中国高铁的政治涵义》为题,对中国高铁的发展进行评论,该报道认为:"值得注意的是,高铁在改变中国经济地理和政治版图的同时,也在挑战中国传统的社会规范和文化习俗。"③ 在这一点上,值得研究者持续关注。

(六)高铁惠及地区经济版图重构与"中国威胁"的二元对立将成为国际舆论新常态

不难发现,海外媒体对于中国媒体走出去给中国政府所带来的利益"分外关心",这些关心中除了经济利益,对于中国政府在区域经济、周边政治版图等方面的影响也颇为关注。除了经济利益之外,研究发现,中国高铁的海外建设,再一次引发了"中国威胁论"的担忧,而这一担忧主要发生在中国的周边国家。

首先,当地百姓对于中国高铁进入自己的国家态度是相当复杂的。一方面,由于老挝、泰国、缅甸等国家的基础建设相对落后,价格相对较低的中国铁路会改善当地出行,这是显而易见的。但是,另一方面,西方媒体认为,中国高铁项目的暂时搁置,并不是由当地不稳定的政局变化所带来的,

---

① Bradsher, Keith. *Speedy Trains Transform China*, New York Times, 15 Sep. 2013, B. 1.

② *All Aboard: China's Railway Dream*, BBC, 15 Jul. 2014, http://www.bbc.com/news/world-asia-28289319.

③ 马亮:《中国高铁的政治涵义》,联合早报网,2014 年 7 月 28 日,引用时间:2014 年 10 月 24 日,http://www.zaobao.com/forum/views/opinion/story20140728-370908/page/0/1。

其深层次原因在于这些国家遭到了来自底层民众普遍的反对，甚至是仇恨。西媒的基本论调是：中国的高铁建设，会攫取当地的矿产资源，也会将当地农村变为巨大的垃圾场。为了满足中国开发商的利益，当地农民被迫以低价出售自己的土地，[①] 无独有偶，这样的现象和报道在中国国内高铁建设中也出现过。[②]

研究者发现，从对民众的报道来看，对当地尚未开工的"中国高铁"存在两个方面的看法，首先，普通民众情绪化的反对、"怨恨"。中国高铁已经不仅仅是一个简单的建设项目，民众认为其所代表的中国政府在当地的开发，更存在掠夺资源、破坏环境甚至强占土地的可能性。其次，缅甸媒体人 U Than Htut Aung 的看法更能代表当地精英阶层的态度，他们认为，中缅铁路一旦建成，中国就可以快速进入缅甸，直达太平洋，而这会极大威胁缅甸的国家安全。"由于这条铁路，缅甸会成为第二个克里米亚。"[③] 同时，《纽约时报》的报道也推波助澜，中国在东南亚的高铁建设中，所有的费用都由当地政府承担，而中国政府在获得绝大部分利益的同时，不愿意出让高铁项目中利益给其他国家。[④]

关于中国高铁的区域拓展，惠及地区的民众会在一段时间内生活于双重国际舆论的压力下：一方面是高铁给本地民众和经济发展带来的明显的好处和利益期待，另一方面是来自西方媒体和部分国内精英不惜夸大其词的"中国威胁论"。西媒报道几乎统一论调，认为中国在亚洲，特别是东南亚、南亚的铁路建设，既是抢夺资源，也是中国地区政治的战略组成部分，这些国家都将成为中国政府获取南洋利益的跳板。在高铁建设中，中国国内就存在强征农民耕地、破坏生态环境的问题，而现在，中国高铁又将这样的事情带到了东南亚其他发展中国家。因此，《纽约时

① Bradsher, Keith, "On Longest Bullet Train Line, Chinese Ride 1, 200 Miles in 8 Hours." *New York Times*, 27 Dec. 2012：B. 1.

② Cooper, Michael, "For High - Speed Rail, Support in the Past From G. O. P. Presidential Hopefuls." *New York Times*, Late Edition (East Coast). 03 Jan. 2012：A. 16.

③ Perlez, Jane, *China Looks to High - Speed Rail to Expand Reach*, New York Times, 9 Aug. 2014：A. 3.

④ Bradsher, Keith, "On Longest Bullet Train Line, Chinese Ride 1, 200 Miles in 8 Hours." *New York Times*, 27 Dec. 2012：B. 1.

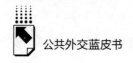
报》甚至警告老挝政府，同意中国在老挝开展高铁项目，将是一个"昂贵的错误"。①

二 中国高铁担当着公共外交的角色和责任

（一）交通即传播：中国高铁在出其外交中的地位

1. 交通与传播本是同根生

从词源角度来看，交通和传播在英文都是一个词，communication。华人传播学界中所使用的"传播"是 communication 对译词，其拉丁文起源 communicatio 和 communis。communication 从 15 世纪起演变为现代词形，其含义主要为"通信""会话""交流""交往""交通""参与"等等。communication 最初被翻译为"交通"，今天的很多机构仍采用这种翻译，比如交通银行（BANK OF COMMUNICATIONS），1978 年开始，communication 的翻译中开始使用"传播"这一概念。从"传播"与"交通"是相同的英文词汇来看，它们都是与人类传递或交流有关的交往活动。

2. 从传播学相关研究来看，交通存在传播效应

传播学（communication theory）最早介绍进入中国是在 1956 年、1957 年，刘同舜和郑北渭在复旦大学新闻系创办的内刊《新闻学译丛》上介绍了 Mass communication，彼时译为"群众思想交通"②。一直到 1978 年传播学界方统一翻译为"大众传播"。从两者的社会作用看也存在互构性。美国社会学家库利（Cooley）在《社会组织》对于"传播"的定义广为人知："传播是指人与人关系赖以成立和发展的机制——包括一切精神象征及其在空间中得到传递、在时间上得到保存的手段。它包括表情、态度、动作、声调、语言、文章、印刷

---

① Cooper, Michael. "For High – Speed Rail, Support in the Past From G. O. P. Presidential Hopefuls". *New York Times*, Late Edition (East Coast) . 03 Jan. 2012：A. 16.

② 姜飞：《中国传播研究的三次浪潮——纪念施拉姆访华三十周年暨后施拉姆时代中国的传播研究》，《新闻与传播研究》2012 年第 4 期。

品、铁路、电报、电话以及人类征服空间和时间的其他任何最新效果。"① 在库利看来，铁路交通是人和物的流通，这种流通也必然伴随着人与人的交往或以物为中介的精神交流和社会互动关系②。简单说来，使任何信息在社会系统中进行扩散、交流、交换都可以被看成是传播。而在中国古代，交通有交相通达之意，比如陶渊明在《桃花源记》中的"阡陌交通，鸡犬相闻"；又如康有为在《大同书》中的论述："大同之世，全地皆为自治，全地一切大政皆人民公议，电话四达，处处交通。"古代中国交通不仅仅承担着运输物资的功能，而且作为信息传递的重要通道。比如驿站作为古代供传递官府文书和军事情报的人或来往官员途中食宿、换马的场所，是古代信息传递、交互通达的标志。随着世界交通的发展，世界发生了翻天覆地的变化，各个大陆的物品得以交换，各国人员流通，随之而来的是宗教信仰、文化习俗、生活习惯的交会。进入现代工业社会后，物质产品的分工交换已经成为其基础，而交通更是商品交换的先决条件。

3. 现代交通融汇了现代传播的诸多元素和功能

历史来看，从乡村的阡陌到高速公路网和飞行路线，交通工具的发明和不断更新缔造了我们现有的生存空间；而我们对于生存空间的理解和认识的拓展不断深入，反过来也作用于交通工具对于文化空间的拓展作用。中国在非洲的交通基础建设开始于 20 世纪 60～70 年代，最早的坦赞铁路成为中国援助非洲发展的早期名片，历史性地发挥着传播和拓展中国文化和友谊的功能。随着中国在非洲交通建设项目的增加和合作深入，一方面为当地的民众出行带去了极大的便利，同时也促进了当地农业、工业、旅游业的发展，带动就业；另一方面，也展现了中国制造在技术、质量、效率等方面的优势，为中国制造甚至中国国家形象做了"广告"。在 CCTV 制作的《走向世界的中国铁路——筑路南美》中，委内瑞拉当地员工安赫尔认为："责任、能力和效率，这是中国让我震惊的地方。"③ 而当地乘客也表达了他们对于中国制造列车舒适环境的赞扬。

---

① Cooley, C. H., *Social Organization: A Study of the Larger Mind*. New York: Charles Scribner's Sons, 1929.

② 郭庆光：《传播学教程》，中国人民大学出版社，1999。

③ 《走向世界的中国铁路——筑路南美》，央视网，2014 年 10 月 3 日，引用时间：2014 年 11 月 27 日，http://news.cntv.cn/2014/10/03/VIDE1412316098341246.shtml。

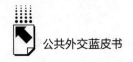

从这个角度来看，中国高铁在发展中国家的建设，无疑"赢得了当地的民心"。在某种程度上，中国的高铁以及相关交通设施建设成为一个广播电台，承载着当地人的交通和信息往来，也有效传播着中国的国家形象。

（二）中国标准：高铁为弹性公共外交注入刚性中国标准

"标准"交易是国际贸易中的上游和最高形式。从二战结束后的"关贸总协定"（GATT）到2005年开启的"世界贸易组织"（WTO），国际贸易中争夺最激烈的就是"标准"。标准包括产品市场准入标准、生产流程以及安全规范准则、原产地条件设置和产品标准模式等等。谁有权力设置市场贸易标准，就意味着谁有更多的权力上溯国际贸易的最上游，为行业和其他后来者制定标准，并可以按照标准统一国内和国际生产线，有效、综合调配资源，提高效率和效益。

受西方殖民历史的影响，非洲地区的铁路建设长期采用西方标准。中国铁路建设如果不能超越这个标准，就只能沦为西方交通设施包括高铁建设的下游和基础材料供应商，无法获取效益的最大化。为此，中国公司一直努力说服非洲政府有必要在铁路建设上接受中国的技术标准。2011年，中国开始修建的阿卡铁路，这是海外第一条全线按照中国标准修建的铁路。在这条铁路签订的合同当中，对于中国标准的要求是：不能低于西方标准。但中国以其过硬的实力不仅超越西方标准，还创造出中国标准，这就打通了中国交通建设在非洲产业链条的上下游，使得非洲大规模采购中国的建设材料、设备、火车头和火车。2014年7月，中国在土耳其建设的安伊高铁通车。中方承建的安伊高铁第二期的设计与施工全部符合欧盟等国际标准，生产所用的部件与生产过程全部符合欧盟标准。这标志着中国高铁技术和装备成功进入土耳其这个采用欧洲高技术标准的高门槛国家，为今后中国高铁进军欧洲等高端市场创造了条件。

从以上两个案例我们可以发现，中国高铁企业在技术与生产方面，不仅能够适用欧美的国际标准，也开始尝试去建设和推广"中国标准"。中国高铁已经逐步摆脱了"山寨"的标签，技术含量高、精密度高、质量过硬等也将逐渐成为中国制造的标签。2011年1月，美国总统奥巴马在其上任后的第二篇国情咨文中提到中国高铁，认为"中国正在建设比美国更快的铁路和更新的机场，美国应把中国当做榜样。"① 另外，从西方媒体的报道中，我们也可以发现，凡是涉及高铁建设，中国高铁已经成为一个衡量标准。《纽约时报》认为，近期美国的铁路建设是无法超越中国和欧洲的。②

高铁的中国标准，显示了中国参与全球化的决心与能力，进而提升了中国在国际公共外交领域的发言权，成为一个硬实力提升基础上有效支撑软实力拓展的显性案例。全球化浪潮中，绝大多数国家都无法置身事外，而主动参与、逐浪其中，才是中国企业的生存之道。从中国高铁近十年的发展中，我们看到了全球化的影响，即使是高度国产化的动车车型，它的任何一个配件也都是可以全球采购的③。从最初的"以市场换技术"到现在的"高铁换什么"思路，在某种程度上，中国高铁的技术发展得益于对世界先进技术的引进和消化以及取法其上的思想。同时，中国高铁在全球的创新性发展，再次体现了中国发展模式的生命力。在 2004 年，中国的全球化水平在全部 62 个国家中排名 57 位，低于孟加拉国（56）和肯尼亚（54），④ 而中国在 2005 年的排名变为 51。2011 年，根据安永《全球化指数》报告，中国大陆在全球 60 大经济体中排名第 39 位，为"金砖四国"之首。高铁在将中国硬实力转化为软实力方面功勋卓著。

（三）现代元素：高铁为中国软实力注入现代元素

在《中国国家形象调查报告 2012》⑤ 对于"海外民众最喜欢的中国元素"的调查中，排名前十位的中国元素如图 2 所示。

调查者共向受访者出示了长城、兵马俑、故宫、天安门广场、汉字、瓷器、旗袍、孔子、国画、京剧、灯笼、熊猫、龙、成龙、中国功夫、中国美

---

① 《奥巴马国情咨文提四大支柱　要向中国学习建高铁》，新华网，2011 年 1 月 27 日，引用时间：2014 年 10 月 8 日，http://news.xinhuanet.com/fortune/2011 - 01/27/c_121030053.htm。

② Nixon, Ron, MYM11 Billion Later, High - Speed Rail Is Inching Along. *New York Times*, Late Edition (East Coast)［New York, N. Y］07 Aug. 2014：A. 1.

③ 《CRH380A 列车国产化超 90%》，凤凰网，2011 年 5 月 30 日，引用时间：2014 年 10 月 6 日，http://finance.ifeng.com/news/20110530/4085287.shtml。

④ Foreign Policy and A. T. Kearney, "Measuring Globalization：Economic Reversals Forward Momentum," *Foreign Policy*, March/Apr. 2004.

⑤ 《中国国家形象调查报告 2012》，中国网，2012 年 12 月 10 日，引用时间：2014 年 10 月 25 日，http://www.china.com.cn/international/txt/2012 - 12/20/content_27470693_4.htm。

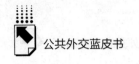

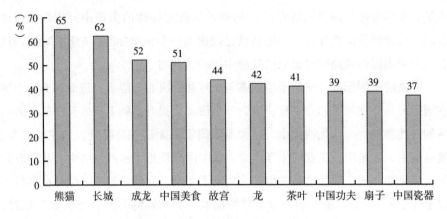

图2 海外民众最喜欢的中国元素

食、筷子、姚明、奥运场馆、扇子、中医中药、玉器、茶叶等23个他们认为能够"汇集多个方面和领域的中国文化元素素材"。

研究者发现，在这些元素中，除了奥运场馆产生于现代中国，其他元素均产生于古代中国，成为沿袭至今的中国文化符号。而从受访的海外民众的选择来看，现代中国的身影则变得更加稀缺。

报告认为，海外受访者喜爱程度较高的元素，他们都具有以下几个特征：

（1）体现中国文化；

（2）已经成为经典的或者现代的/国际化的；

（3）具有鲜明的个性特征；

（4）贴近日常生活/熟悉度高。

毫无疑问的是，这些来自古代中国的文化元素早已融入现代中国社会，成为贴近日常生活的中国元素。

李克强认为，"中国高铁走出去不仅能带动装备和劳务出口，更会在国际市场竞争中不断提升自身的综合实力。"李克强所说的综合实力，一方面是显而易见的经济利益，另一方面在提升国家影响力、国家形象的影响方面则更加意义深远。约瑟夫·奈将国家实力分为硬实力与软实力，在他看来，硬实力是指支配性实力，包括基本资源（如土地面积、人口、自然资源）、军事力量、经济力量和科技力量等；而软实力则是通过吸引而非强迫或收买的手段来达己所愿的能力。它源于一国的文化、政治理念和政策的吸引力。作为摸得着、看得见的硬实力，往往是软实力的有形载体，其重要性无须赘述。软实力作为硬实力的无限延伸，在全球化浪潮与信息化相遇的当下，通过超强的传导性，会对普通民众的思考与行为方式产生影响。正如约瑟夫·奈所说："如果你能让他人仰慕你的观念，想你所想，你就用不着大张旗鼓地用胡萝卜加大棒驱使他们朝你的方向前进。"①

　　在此，研究者借用硬实力与软实力的观点来看中国高铁：中国高铁走出去带来巨大的经济利益无疑是看得见、摸得着的，而拥有高端技术的中国高铁，其中还包含着关于中国工人、中国企业、中国制造、中国标准等一系列中国元素组成的中国形象。海外民众关于他国形象的认知往往是由主观印象组成的，他们往往通过接触某国元素了解一个国家、改变对一个国家的刻板印象。从2008 年北京奥运会开始，对于中国国家形象这一议题，讨论得越来越多，也越来越深入。实践层面上，中国政府通过公共外交等方式，借助信息和传播的方式，不断向外国公众介绍中国国情，展现中国文化。比如中法文化年、中俄文化年等文化年活动。与此同时，以新华社、中央电视台为代表的中国媒体在海外的机构，与海外华文媒体一起通过新闻报道、专题节目形式试图获得更多的话语权，对中国国家形象进行更为正面的报道。另外，以孔子学院、"汉语桥"为代表的文化合作项目，用文化作为载体联结世界。以上的方式，对于中国获得海外民众理解、增加国家认同、提升国家形象方面确实有所助益。

　　当越来越多的跨国企业活跃于世界各地，其所具备的国际关系角色也被各国政府纳入其国家公共外交的轨道。对于目前的中国而言，经济结构决定了大中型企业成为"走出去"的中坚力量，他们在海外的一举一动都会引发广泛关注，给予人们探讨中国的机会。当海外民众乘坐中国高铁时，当中国列车运输货物时，中国高铁所承载的就不再是简单的人与物，更成为海外民众了解中国的方式。中国高铁直接以产品和服务为载体改善中国企业的世界形象，对广泛的民众产生影响，这样商业化的手段运作方式有助于减少政治色彩，避免不必要的猜疑，实现公共外交活动的隐性化，增强中国公共外交的可信度。不过，从现在中国高铁走出去的情况来看，未来的海外建设，伴随着世界的关注，会有更多的质疑与问题出现。在这个时候，中国高铁如何在提升服务的基

---

　　① 约瑟夫·奈：《软实力：世界政坛成功之道》，东方出版社，2005。

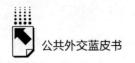

础上，为自己发声，需要进入议程进行考量。或许，在这样的议程中，最早走出去的中国制造会与走出去的中国媒体实现无缝合作。

以中国高铁为代表的全新的"中国制造"走出去所带来的并不仅仅是经济利益，笔者认为，它作为一个现代中国元素，在某种程度上与神秘且博大的中国传统文化一样，也已经成为中国国家形象的一个代言品牌。新一代的中国青年正在引领世界技术的潮流，年轻有为的总裁们接管了一潭死水的国有企业，引入全新的管理观念，从而打破了中国只能靠引入西方技术来谋求发展的宿命论。[1] 现代中国所展现的独特新颖的中国之路，"本土创新"或者"创新型国家"，代表了现代中国的良好形象——更加富裕与更加开放。因此，在新的公共外交时代，在"讲好中国故事"[2] 的今天，我们需要向海外民众更多地展示古老文明之外的现代中国。

（四）国家形象：高铁成为新的中国国家形象品牌

众所周知，企业作为国际传播的主体之一，是国家综合实力的一种体现，一定程度上，其在海外的表现也会被视为某国形象的代表。乔舒亚·雷默（Joshua Cooper Ramo）认为，中国如果想从国际社会中获益最多，就必须能在国际往来中同时吸收资金和知识。要达到这一目的，最有效的方法就是让中国企业作为国家的形象大使走出去，正如美国和欧洲企业在某种意义上也代表他们各自的国家一样[3]。

服装鞋帽曾经是中国制造的代表，再到后来的电子配件加工，富士康的iPhone girl[4] 短短六天红遍全球，中国制造早已经进入地球几乎每一个家庭当

---

① LI Cheng. *The Rise of China's Yuppie Corps*：*Top CEOs to Watch*. China Leadership Monitor, Stanford：Hoover Institution，2005.

② 2013 年 8 月 19 日，习近平在全国宣传思想工作会议上指出，要精心做好对外宣传工作，创新对外宣传方式，着力打造融通中外的新概念新范畴新表述，讲好中国故事，传播好中国声音。

③ 乔舒亚·库珀·雷默等：《中国形象：外国学者眼中的中国》，社会科学文献出版社，2006。

④ 2008 年，富士康科技集团手机检测车间的员工，在进行 iPhone 拍照手机检测后忘记删除检测图片。这部手机被英国一名消费者购买后发现，手机的主屏上显示不是默认的图片，而是一张中国女生的照片，除了桌面这张照片外，手机内还存有几张她的照片。国外的一家苹果产品爱好者论坛曝光了这个小妹妹的照片，并披露了整个事件的过程。国外网友们在留言中都称赞该妹妹笑容可爱。有国外网友甚至还为她制作了网站，称她为"iPhone Girl"。

中。那么，进入家庭之后呢？中国制造又该在家庭生活中扮演什么样的角色呢？每天都在使用中国制造的海外民众又能够从其中联想到什么样的中国呢？从表1中我们可以看到，用制造业推荐国家形象的制造业强国如何领先我们一步，其所拟定的制造业推介词（正如乔舒亚·雷默所说）"代表了他们各自的国家"。

表1　各国制造业推介词

国　　家	制造业推介词
美　国	创新
日　本	品质
德　国	完美
瑞　士	精确性
法　国	时尚
意大利	吸引力

资料来源：《中国迈入"公关时代"：使用国际公关公司已成常态》，中新网，2010年9月9日，引用时间：2014年11月24日，http://www.chinanews.com/gn/2010/09－09/2522533.shtml。

中国的跨国企业逐渐成长为一种以全球市场为经营目标的企业形态，在促进经济发展、带动人员、文化跨国/地区交流等方面的职能不断加强，是重要的非国家传播载体之一，在担负经济职能之外，同样担负着外交与政治职能。有观点认为，企业行为本身以及其塑造的企业形象必然影响所在国的公众，进而影响国家的外部形象；而企业所进行的宣传与公关活动，企业管理者与员工作为公民外交家，也都关乎国家形象的塑造。[1] 因此，新时期新形势下，除了经济利益的追逐，中国企业在海外发展过程中所肩负的政治、文化、交流等功能，也成为新的关注焦点。那么，伴随着低廉的劳动力、土地和能源成本成长起来的中国制造，能够用什么词汇来描述呢？我们的推介词又能够传递什么样的国家形象呢？

从"Made in China"到"Made with China"，体现出中国深入开放，与世界合作和参与的精神和理念。回顾中国企业参与中国公共外交的历史，会发现中国制造在"走出去"战略推动之下跌宕起伏的发展历程。Made in China——

---

① 李永辉：《公共外交与企业"走出去"》，《现代国际关系》2011年第8期。

中国制造，已经成为一个广受关注的标志。从衣物鞋履到电子配件，从食品饮料到电视汽车，中国制造的标签遍布全球，因此中国常被称为"世界工厂"。价格低廉是中国产品的一大优势，但是近年来，与这一优势相伴而生的"山寨""劣质产品""品牌观念低""技术落后"等标签也被贴在了中国制造的身上。为了给"中国制造"正名，中国媒体进行了大量的正面报道，与此同时，中国企业也在海外为"正名"进行尝试。2010年，一则由四家中国民间商会出资拍摄的宣传广告在CNN正式播出，广告的主角是"中国制造"。广告中将中国制造译为"Made with China"，希望区别于"Made in China"，以合作和参与为理念，强调中国和世界各国一道，为消费者提供高品质的产品。借此体现"中国制造"品质的提升与结构的转换，目的在于塑造中国形象，减少文化误读。2010年6月28日至8月8日，这则广告又在英国广播公司（BBC）世界新闻频道再次播放，累计播放次数达到约400次。[①] 作为一部中国制造业宣传片，创作者将"中国制造"定义为中国国家形象的内涵和标志性元素。作为一种尝试，该广告片呈现出中国企业在参与全球化的过程中，不再仅仅是提供商品，也更加重视自身品牌的设计，体现了中国企业为各国民众提供高质量产品的信息与意愿。

如果我们为中国制造也找一个推介词的话，成本低、劳动密集型抑或是山寨，这些显然是我们不愿意看到也不符合中国制造业未来发展趋势的。虽然劳动力与成本是中国制造的传统优势，对此的过分强调却抹杀了中国企业为争取更长远发展所进行的尝试。在2014年9月夏季达沃斯论坛的"制造业的战略转变"研讨会上，中国制造前景问题又一次被提及。近几年来，越来越多的中国企业通过企业自身的转型告诉我们，改变劳动密集型产业，引入更多的自动化生产，促使中国制造业从产业低端逐渐走向高端是保持中国制造业竞争力的必经之路。中国制造业的转变，与其所面临的竞争环境不无关系。受2008年经济危机的影响，中国制造业出口订单随之减少，而与此相伴的是生产成本的提升，"低成本"这一中国制造的主要竞争优势正在丧失。因此，在中国制

---

① 2009年底，由商务部牵头，四家中国商会制作的时长30秒的"携手中国制造"形象广告在美国有线新闻网（CNN）滚动播出。2010年6月28日起至8月8日，在英国广播公司（BBC）世界新闻频道再次播放，累计播放次数约400次。参考链接：http://finance.qq.com/a/20100630/005299.htm，引用时间：2014年11月23日。

造走出去的新阶段，各个领域都需要新思维与多元化手段去推动，中国制造与"走出去"战略也需要在原有的基础上选择一个升级版，更为立体化的中介载体。

水立方、鸟巢以及中央电视台新大楼曾经试图取代长城、熊猫，以全新的、现代化的形象发挥中国国家形象更新和提升的作用。但是，水立方、鸟巢和 CCTV 新大楼无一例外都是外国设计师的产品，而自主研发同时逐步国际拓展的高铁则成为中国名副其实的新的形象名片。作为中国"走出去"战略最先成功的"中国制造"，作为早已深入千家万户的"中国元素"，中国企业是最先进入大家眼中能够参与国际传播的主体之一。在众多的中国制造企业当中，中国铁路——中国交通建设最杰出的成果之一，不仅带动了中国的经济发展、地区交流、文化传播，更成为长久以来，中国海外援助建设的王牌之一。随着中国拥有超过 10 万公里的铁路里程，高铁里程世界第一，中国高铁也成为中国商业发展的一张名片。并且，以此为契机，高铁整合上中下游的产业，发展连带效应，像催化剂一样，催生新一批产业龙头，推进国家形象的整体提升。

三　高铁公共外交职能担当的问题与方向

中国高铁面临的来自技术和市场方面的问题综合体现在表 2 中。

表 2　中国高铁在海外市场面临的主要问题

地区市场	问题
非　洲	中低端客货车,高端产品需求小
南　美	欧美标准;当地工会势力强大,要求聘用当地工人,本地化要求高
中　东	标准要求高于非洲、南美,当地政局动荡
大洋洲	中国高端装备走出去的"桥头堡",使用欧美标准,注重环境保护
俄罗斯	新兴市场,国内认证体系难以进入
欧　美	技术要求高,标准高,竞争难度较大
东南亚	部分国家政局不稳,走出去受当地文化观念影响

资料来源：《中国高铁出海六大市场：俄罗斯市场巨大　欧美严苛》，网易，2014 - 10 - 01，引用时间：2014 年 12 月 10 日，http：//money. 163. com/14/1001/09/A7FAOA5F0025260S. html？frp21。

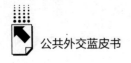

从上文分析我们已经了解，高铁并非单纯的企业逐利行为，也无法停留在单纯的市场和经济视角来看待和处置存在的问题。比如，除了技术标准、市场准入门槛等硬性约束之外，中国企业要进入海外市场都会碰到当地法律、风俗、政局、历史、外交关系、经济发展程度等软性约束，具体差异还是非常明显的。

综合来看，中国高铁企业在具体的"走出去"过程中，体现出三个特征，并且，也只有在逐步从如下三个方面凝聚共识，高铁的公共外交角色才能日趋丰满和有效体现。

（一）信息素养：传播学的思维方式

传播学的研究对象是信息（information），是研究信息的采集、编辑、传播、消费过程规律的一门学问。"信息"的基本特征是对于不确定性的消除——从高铁营销来说，传播学的思维方式，就是在合同签订、资金到位之前对一切不利于目标达成的不确定性信息的了解、把握和消除过程。在信息传播科技（ICTs）日新月异的条件下，如何认真研究传播理论和把握新兴传播科技的特点，掌握包括互联网思维在内的传播学的思维方式，有效推进高铁营销传播，是在合同签订之前和谈判过程所谓第一个阶段需要深入考虑的。

（二）跨文化传播能力：公共外交思维方式

中国企业进入当地之后，与当地民众有着最直接接触的即为中国籍员工。一位曾经采访安哥拉中国铁路建设的记者说，企业最底层的中国管理人员往往是直接接触当地百姓的，而这些员工存在素质良莠不齐的问题，比如会食用当地野生动物、破坏当地环境等等，这些问题都给中国企业在当地的形象造成了很大的困扰。[①]

如学者所言，对于一国政府而言，处理与本国公众之间的互动关系是政府国内的公共关系活动，不具有公共外交属性。政府和本国公众关于国情和政策经常性的沟通是扩大本国公共外交力量、提升公共外交质量必不可少的基础和条件。公众，尤其是有机会参与国际交往的民众，只有充分了解国际形势和本

---

① 笔者曾对一位采访中国在安哥拉铁路建设的记者进行访谈，来自于访谈内容。

国的国情、外交政策，才能有效地参与到公共外交中来，并发挥积极的作用。在中国公共外交的发展中，政府与本国公众的沟通十分密切。为推动政府与公众之间的沟通，让公众更为全面地了解国家的外交政策①成为重要环节；同理，对于相关人员的跨文化培训②也成为非常必要的环节。

类似股票市场的分析，成功的股票购销，既需要对企业经营和股票市场进行长期、细致研究，也需要对政治、经济、外交等形势分析进行所谓"基本面"的深入把握。在高铁的国际营销过程中，参与到这个项目过程中的所有人——包括项目一线的工人和项目规划者、谈判者等等，都需要在上述公共外交思维方式下，充分了解国际形势和本国、他国国情、外交政策，才可以有效达成高铁的营销和公共外交职能的担当。

（三）修和共识：战略传播思维方式

在苏联发射第一颗人造卫星"旅伴"号后不久，由詹姆斯·范·艾伦挂帅的美国科学家团队发现了一个绕地球轨道运行由高能粒子构成的环形物。此次发现是人类进入太空时代后第一个重要的科学发现，证明地球拥有一个可对太阳风起到防御功能的磁场。科学家后来发现，实际上存在两个范·艾伦辐射带，它们对卫星和宇航员均构成一定的威胁③。

在跨文化传播的旅程中，人类固有的思维方式带来的保守的行为方式成为彼此有效沟通和理解的辐射带，就像横亘在地球和太阳之间的范·艾伦辐射带，对太阳风起到有效防御功能，但同时也会对卫星和宇航员（跨文化传播的实施者）构成一定的威胁。

---

① 赵启正：《公共外交与跨文化交流》，中国人民大学出版社，2014。
② 跨文化培训不是简单的语言培训，它包括三个层面。其一，涉及目标国和地区政策、文化（包括宗教）、市场、法律基本知识的培训。其二，基本媒介素养的培训，包括如何面对专业记者和非专业记者基本问题的回答，如何解读本地媒体新闻信息，了解信息传播的基本规律基础上懂得个体言行在企业乃至国家形象方面的基本角色和功能等。其三，基本跨文化能力培训，包括如何与外国人打交道，如何处理好跨国企业内部的管理，如何与来自不同文化背景的员工相处等等。国内专业化的培训机构有中国社科院新闻与传播研究所的"中国跨文化传播研究与实践基地"以及一些商业化的培训公司等承担跨文化培训业务。
③ 《美媒体评出太空时代10大事件》，新浪科技，2007年09月28日，http://tech.sina.com.cn/d/2007-09-28/07501768214.shtml。

这样的文化意义上的"范·艾伦辐射带"包括社会归类（Social Category）、民族优越感（Ethnocenrism）、刻板印象（Stereotype）、偏见（Prejudice）、歧视或者欺视（Discrimination）、种族主义（Racism）等等。在中国经济发展到一定程度，整体性、真实性地出现在国际舞台上的时候，这个"范·艾伦辐射带"就横亘在中国和世界之间，那些切实参与和面对国际市场的人员和机构，包括中国高铁企业自然有非常深刻的体会。

从这个视角可以更好地理解媒体的角色——本来应该充当信息的传播者和共识桥梁的媒体，实际操作上，是在用各种假设、猜想甚至捏造、改编的信息，策略性地抵消中国高铁的积极效应，也让切实参与高铁国际营销的人员深刻认识到媒体和国家利益的战略一致性这个事实[1]，通过西媒的报道，中国高铁面临被污名化的风险，一旦污名化成功，就意味着中国高铁国际征途的阶段性终结。

从这个视角可以更好地理解产品的角色——本来应当充当天平，确保公正公平的国际贸易规则制定者和维持者，实际操作上，是在充分调用规则设置市场准入门槛，对新崛起的参与者进行场外施压，由此，以最小的投入获得最大的产出这样一个通行不悖的市场原理，使中国高铁在国际营销中出现变数。但是，客观来看，又存在一个机遇，即，有低端廉价产品冲击本地市场和带来对于中国制造诸多质疑的一端，也有在航空航天高端产品，比如和巴西的航天卫星研发和发射服务合作所带来的国际效应对中国国家形象提升的另外一端，高铁处于二者中间。高铁本质上具有绕开"中国威胁论"的潜质，或者说将传统意义上的威胁论锋芒有效避开，以其质量、速度、成本和效益重新凝聚在商业群体，或者说本地精英群体对于合作的共识，可修正其对中国的认识。

从这个视角可以更好理解公共外交的角色——正如2014年首届长江公共外交论坛所提及的，由于经验有限、准备不足，中国企业"走出去"面临不少问题和困难。由于长期受意识形态和关于中国负面报道的影响，一些国家的政府和部分公众对中国持有误解和偏见，使得我们在对外投资与合作的过程中往往面临着更多的怀疑和无端指责。因此，中国企业家不仅要善于投资经营活动，还需要以公共外交的意识跟东道国政府、议会、工会、媒体、环保组织、

---

① 姜飞：《"窃听门"事件：西方传媒与政府关系反思》，《人民论坛杂志》2011 年第 22 期。

公众等利益相关方进行沟通。如果企业不能对国际政治环境保持敏感，以最大限度地规避政治风险，不能及时消弭反对的声音，就会增加失败的可能。因此，积极开展公共外交，是避免上述误解、偏见和不信任的重要途径。

公共外交是向国际传播本国形象、提升外国公众对本国的友好态度，进而影响外国政府对本国政策的活动。在经济全球化背景之下，企业作为资本、知识、技术和人才高度密集的社会组织，是国际经济、文化交往中最为活跃的公共外交主体之一。普通民众对于高铁认识的普及；精英阶层对于中国崛起和亚洲梦的认识；海外媒体关于中国高铁在本地的经营模式的报道，比如培训本地人员、雇佣本地人员等，都需要在战略传播思维方式下统筹进行。20 世纪著名的三论——信息论、系统论、控制论，在当前不仅没有过时，而且在大数据时代充分得以验证①，并构成战略传播对于关键受众重点传播理念的精神指导。

可以这样说，中国企业如何深入理解二战结束以后美国政府主导的"国际传播"（International Communication）战略，到 60 年代初期的"跨文化传播"（Intercultural Communication）战略，再到新世纪以来的"战略传播"（Strategy Communication）战略②的时代转型，决定了下一步中国企业公共外交角色的成败，乃至中国国家层面国际传播战略能否成功实施。

参考文献

姜飞：《美国的传播霸权及其激发的世界范围的文化保护》，《对外大传播》2005 年第 4 期。

姜飞：《传播与文化》，中国传媒大学出版社，2011。

李安山：《媒体在中非关系中的作用》，《对外传播》2012 年第 7 期。

理查德·麦特白：《好莱坞电影——1891 年以来的美国电影工业发展史》，华夏出版社，2005。

---

① 姜飞：《如何理解大数据时代对国际传播的意义》，《对外传播》2012 年第 2 期。
② 姜飞：《如何加快实现中国从国际传播思路向跨文化传播思路转型》，载白志刚主编《外国问题研究论丛》，知识产权出版社，2013。

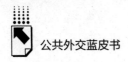
叶皓：《公共外交与国际传播》，《现代传播》2012 年第 6 期。

朱承铭：《赵启正院长在"发展中国家新闻部长研讨班"上就公共外交演讲》，《国际新闻界》2012 年第 11 期。

Berridge G. R. , Alan James. *Dictionary of Diplomacy*, London：Palgrave，2011.

Kishan S. Rana. *Bilateral Diplomacy*, New Delhi：Manas Publications，2001.

B.21

新媒体时代中国媒体外交活动的实践研究

陈 枫*

摘 要： 媒体外交是公共外交的重要组成部分。媒体开展公共外交主要有两种途径：一种是新闻报道，另一种是策划媒介活动。后者传统的形式有：组织媒体跨境采访，主办国际媒体会议，举办外交论坛等。新媒体时代，中国媒体纷纷利用新媒体技术开展媒体外交活动，使传统的媒体外交活动，在新媒体领域获得了拓展空间。国际台也不断整合自身优势资源，探索出一批内容独特、模式创新、效果良好的媒体外交活动新形式，呈现传统活动与新型活动相得益彰的良好态势。

关键词： 媒体外交 新媒体 公共外交 中国

作为公共外交的重要组成部分，媒体外交在20世纪90年代以来受到学者的广泛重视。有学者认为，如果是两国政府代表、外交官间正式交流，属于政府外交；如果是一国政府同另一国民众间交流，则属于公共外交；而如果是一国政府通过大众传媒与另一国民众交流，则属于媒体外交。[1] 可见，媒体外交是公共外交的一部分，是公共外交中通过媒体进行运作的那一部分活动。可以说，凡是那些由政府幕后操纵、运用大众传媒的力量，在特定的领域向其他国家的民众释放信息、影响舆论、塑造行为，希望在其他国家的民众中建立信

---

* 陈枫，中国国际广播电台英语环球广播中心、新闻平台副总监（副译审），研究方向：国际新闻、国际传播。

[1] Eytan Gilboa： " Media Diplomacy： Conceptual Divergence and Applications," The Harvard International Journal of Press/Politics, 1998, Vol. 3, Issue 3.

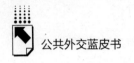

任、获得支持以及增强联系，进而间接影响他国政府行为的活动，都是媒体外交。[①]

再具体观察，媒体开展公共外交主要有两种途径：一种是新闻报道，另一种是策划媒介活动。本文将主要围绕后者进行实践研究，通过研究相关案例，探索媒体公共外交的有关规律，总结经验得失，为日后的媒体外交活动提供参考。

一 媒体外交是公共外交的重要组成部分

（一）媒体外交与公共外交

媒体外交对于公共外交的开展起着十分重要的作用。尤其在当今全球化、市场化、信息化不断向纵深发展的浪潮中，"媒体介入外交，外交融入媒体"的趋势越发明显。媒体塑造的形象改变公众舆论，继而对他国外交政策产生影响的案例越来越多。

早在海湾战争期间，许多国家的民众甚至包括美国总统布什、伊拉克总统萨达姆本人都是通过收看 CNN 的节目获取有关战争的第一手信息。时任美国参谋长联席会议主席的科林·鲍威尔曾说："鲜活的电视节目虽然不能改变政策，但是的确能够创造一种政策制定的环境。"[②] 面对 CNN 所设置的众多独特又刁钻的问题，以美国为首的多国部队和伊拉克双方不得不紧随其后做出直接解释与相关表态。各国政治家和外交家纷纷参与 CNN 的专题讨论和专访节目，阐述各自的观点，希望通过这种方式控制局势的发展，使舆论朝向有利于自己的一方。彼时的 CNN 已不仅仅是单纯地进行新闻报道，它在很大程度上影响着世界上很多国家的外交态度和外交决策。以至于有政治家将 CNN 说成是"联合国安理会的第十六个成员"。[③]

同样的，当 1999 年 5 月 8 日以美国为首的北约导弹袭击中国驻南联盟大

① 赵可金：《媒体外交及其运作机制》，《世界经济与政治》2004 年第 4 期，第 22 页。

② David R. Pearce, "Wary Partners: Diplomats and the Media," An Institute for the Study of Diplomacy Book, *Washington D. C. Congressional Quarterly*, 1995, p. 22。

③ 徐琴媛：《世界一流媒体研究》，中国广播电视出版社，2011，第 90 页。

使馆的事件发生后，中国媒体在第一时间向国内外报道了事件的最新进展和民众的反应，有力地配合了中国政府在外交领域的斗争，使国内高涨的民族主义情绪得到了有效释放，也得到了国际社会的理解和支持，使这起严重破坏中美关系的恶性事件最终以美方书面道歉的方式得到了比较妥善的解决，称得上是中国媒体外交的经典案例。

（二）媒体外交活动与媒体外交

上述两个案例集中于媒体的新闻报道在外交决策中的作用。即一国依靠媒体的新闻报道来培植或影响国际公众舆论，减少他国民众对本国产生的错误（消极）观念，提高本国在国际社会中的形象和影响力，进而左右他国的意志与行为来实现自身的外交战略意图。

其实，大众媒体还经常通过策划媒介活动、对内对外传播信息，从而与外交活动相互配合，促进外交关系的发展。这类媒体自主策划的活动又往往与新闻报道相结合，本文称之为媒体外交活动。

媒体外交活动传统的形式有：组织媒体跨境采访，主办国际媒体会议，举办外交论坛等。进入新世纪以来，随着中国国力的增强，中国媒体特别是中央级媒体在公共外交舞台上日趋活跃。它们积极开展媒体外交活动，发出中国的声音，为中国"和平崛起"创造良好的国际舆论氛围贡献了特殊的力量。

2005 年，中日关系发展遭遇了寒冬。在此背景下，《中国日报》发起创办了"北京－东京论坛"。每年举行一次，在中日两国交替召开。来自两国政治、经济、媒体、学术等领域的精英人士利用论坛就涉及双边关系发展的各种问题进行充分的讨论和沟通。由于时机恰当、主题重要，论坛得到了两国政界高层的高度重视。中国国务委员戴秉国，日本首相福田康夫、鸠山由纪夫，日本内阁官房长官仙谷由人等都对论坛给予了充分肯定和积极评价。在 2006 年 8 月的第二届论坛上，赵启正同志明确建议以此论坛作为平台积极开展中日间的公共外交，得到了日方的积极响应。① 可以说，"北京－东京论坛"对当时中日关系的发展起到了见证和一定的促进作用。

2006 年 7~9 月，在"国家年"框架下，作为中国"俄罗斯年"的官方活

---

① 赵启正：《公共外交与跨文化交流》，中国人民大学出版社，2011，第 25 页。

动之一，中国国际广播电台（以下简称国际台）承办了"中俄友谊之旅"大型跨境采访报道活动。活动组织中俄 10 家新闻媒体访问 23 座俄罗斯城市，从北京到莫斯科沿途进行采访，还举行了 7 场中俄媒体交流活动。仅参与活动的中国媒体就发表各类新闻报道共计 500 多篇（条），① 这些报道在中俄两国民众间掀起了"俄罗斯热"、"中国热"。同时，采访活动也得到了两国政府的高度重视。国务委员唐家璇出席了天安门广场的出征仪式，俄罗斯外长拉夫罗夫接受了媒体团记者的联合采访。国务院副总理吴仪、国务委员陈至立、俄罗斯政府第一副总理梅德韦杰夫都专门给活动组委会发来了贺信、贺电。正如时任中国驻俄罗斯大使刘古昌所言，"中俄友谊之旅"巩固了中俄关系的社会基础，为中俄战略协作伙伴关系的发展做出了宝贵贡献。②

北京奥运会之后，随着世界步入数字化多媒体时代，传统媒体面临重大挑战，同时也迎来了难得的发展机遇。为此，2009 年 10 月，新华社发起并承办了首届世界媒体峰会。全球 170 多家媒体（以发展中国家媒体为主）负责人围绕"合作、应对、共赢、发展"的主题展开了为期 3 天的讨论。国家主席胡锦涛出席开幕式并发表重要讲话。会议还发表了具有标志意义的《世界媒体峰会共同宣言》。目前，世界媒体峰会主席团由 15 家成员机构组成，新华社社长李从军担任主席团主席，秘书处设在新华社。可以说，通过世界媒体峰会，各国媒体增进了对彼此的了解，特别是对中国等发展中国家媒体的了解，增强了发展中国家媒体的国际话语权，从而有助于在国际舆论中发出有利的声音。

二　新媒体时代中国媒体外交活动的
探索与实践：以国际台为例

除了上述传统形式外，近年来，随着新传播技术的蓬勃发展，中国媒体纷纷利用新媒体技术开展媒体外交活动，更广泛深入地打破特定国际传播体系的

---

① 王冬梅、尹力：《从北京到莫斯科——中俄友谊之旅全记录》，中国国际广播出版社，2006，第 256 页。

② 王冬梅、尹力：《从北京到莫斯科——中俄友谊之旅全记录》，中国国际广播出版社，2006，第 4 页。

约束，直接到达目标受众，以争取理解和支持，使传统的媒体外交活动，在新媒体领域获得了拓展空间。作为中国唯一的国家级对外广播媒体，国际台也不断整合自身优势资源，以大型活动作为国际传播的契机，最大限度地提升对外传播的影响力、感染力与针对性和实效性，探索出一批内容独特、模式创新、效果良好的媒体外交活动新形式，呈现传统活动与新型活动相得益彰的良好态势。

（一）中日网络对话

网络传播不受时空的限制，同时具有互动及时的特点，而且网络受众的特点是年轻化、知识化和中高收入，属社会主流人群，在社会中拥有较大的话语权，对社会舆论有较大的影响力和传播力，是开展媒体外交活动的目标群体。因此，近年来，国际台各语言部门积极利用网络传播，与对象国受众开展双边交流活动，取得了一些实实在在的效果，如"中日网络对话"。

"中日网络对话"自 2006 年 10 月推出以来，迄今已举办了十余场。每场活动期间，在北京和东京各设一个直播间，各邀请一中一外两位嘉宾，从理论和实践的角度就社会、文化、体育等大家共同关心的话题，进行网络对话和交流，实现文字、图片、音视频的直播，同时邀请网民在线以提问或评论等方式参与。由于话题贴近性强、嘉宾知名度高，每场活动都吸引了大批中日网民，境外访问者的比例超过了一半。在直播过程中，一般都有几万网民在线参与，最多的一次达到了 13 万人。① 主要包括国家公务员、商务人士、大学生、学者、记者等。他们对网络对话活动给予了充分肯定，认为对话活动给中日两国民众提供了直接交流沟通、增进理解互信的平台。同时，围绕每一场活动，日本主要媒体都进行了积极、充分的报道。日本共同社、NHK、朝日新闻、时事通讯社、东京新闻、CJWEB 和 TOKOTOKO 等媒体分别派出记者，在北京和东京对话现场进行采访报道，进一步提高了网络对话活动的影响力和实效性。②

（二）"友城之约——中外友好城市网络对话"

如果说"中日网络对话"是民众与民众间的对话，那么国际在线的"友

---

① 王庚年：《新媒体国际传播研究》，中国国际广播出版社，2012，第 234 页。
② 王庚年：《新媒体国际传播研究》，中国国际广播出版社，2012，第 233 页。

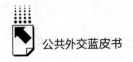

城之约——中外友好城市网络对话",则上升到了城市公共外交的层面。

2013年5月28日,正值北京与曼谷正式缔结为友好城市20周年之际,国际在线邀请北京和曼谷双方城市领导来台对话,讲述延续20年的友情故事,并就旅游话题进行有益的交流。通过对话,双方加深了彼此印象、增进了彼此友谊。

"友城之约"于2010年5月推出。它邀请中外友好城市市长、知名人士、普通市民,以网络音视频对话的方式,集中展示中国城市与海外友好城市的交往,以及双方在经济建设、城市文化、市民生活等方面呈现出来的"多元文明之美"。① 截至2014年12月已举办了17场对话活动。

"友城之约"品牌活动从策划之初就把自己定位为一个中外友好城市之间开放式的实现有效沟通与交流的平台。如"从黄浦江到亚伦湖——中国上海对话克罗地亚萨格勒布","永生的古城——中国西安对话意大利庞贝","天津、神户——天神之合","而立之交——中国广州对话美国洛杉矶","历史成就的文化名城——中国成都对话法国蒙彼利埃"等,既是两个城市的对话,也是两种语言、两种文明的对话。每期对话活动除城市参与外,中外主流媒体、使馆、社会机构均热情参与,从不同角度传递"城市之美"、"交流之美"。每期对话,除"国际在线"中文网进行网络直播外,"国际在线"外文网也同步直播对话实况,双方传统主流媒体则进行及时充分的报道。

(三)跨越太平洋的对话

如果说"中日网络对话"和"友城之约"还是网络虚拟空间的对话,那么"跨越太平洋"则为对话双方提供了面对面交流的机会。

英语中心自主策划的栏目"跨越太平洋"于2009年创办,2011年在原先网络对话视频直播的基础上,首次邀请来华的美国大学生与中国大学生面对面对话。2012年7月17日下午,"跨越太平洋"联合中国人民大学新闻学院、美国加州大学洛杉矶分校,在中国人民大学明德新闻楼举办了"中美大学生对话"活动,吸引了中美两校近八十位大学生参加。双方学生就"我眼里的中国和美国"、"中美大学生的就业与未来"、"中美面临的共同挑战"等话题

---

① 王庚年:《新媒体国际传播研究》,中国国际广播出版社,2012,第240页。

进行讨论。英语中心"英闻天下"网和美国加州大学洛杉矶分校校园网均播出了活动的音频和视频。除了网络传播外，此次活动还充分利用微博传播迅速、多级传播的特点，在知名微博上进行话题征集和图文直播，产生了良好的互动效果。很多网友表达了希望现场参与的愿望。参加活动的美国大学生也都非常兴奋，觉得与中国同龄人的对话能帮助他们更好地了解中国和中国的未来。2013 年又在北京南锣鼓巷组织了一次中美大学生对话，也取得了不错的效果。

2012 年 2 月，"跨越太平洋"在国际台还举办了一场特殊的音乐会。来自美国的"芝加哥三重奏乐团"为现场北京盲人学校和打工子弟学校——"蒲公英中学"的学生演奏演唱了来自美国的经典乐曲和传统民谣，为他们上了一堂生动的音乐课。这场"跨越太平洋的旋律——纪念美国总统尼克松访华 40 周年音乐会"，演变成了公共外交的绝好平台。在流淌的乐声中，台上的艺术家和台下的观众，完成了空间、语言、肤色和文化背景的跨越，融为了一体。[①]

同"中日网络对话"一样，经过数年的发展，"跨越太平洋"已成为国际台自主策划的品牌媒体活动。

（四）中越"同唱友谊歌"

如果说上述三项活动都属于对话类型，那么中越"同唱友谊歌"活动，则开创了中外媒体联合举办年度大型歌赛的先河。

中越"同唱友谊歌"活动，自 2010 年起，每年一届，总决赛在两国轮流举行，2014 年为第五届。2014 年 11 月 26 日，由国际台联合中越媒体共同主办的"同唱友谊歌"——2014 中越歌曲演唱大赛的南宁赛区选拔活动在广西南宁举行，正式拉开了 2014 中越"同唱友谊歌"系列活动的序幕。大赛总决赛于 12 月下旬在南宁举办。

歌赛借鉴了湖南卫视选秀节目"超级女声"的诸多做法，设置海选、初赛、复赛、分赛区决赛及总决赛环节。选手分别演唱本国歌曲和对方国家的歌

---

① 关娟娟：《英语环球传播中心打造"跨越太平洋"栏目》，《国际广播影视》2012 年第 5 期，第 46 页。

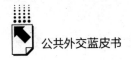

曲，使用两国语言演唱两国歌曲成为歌赛的一大特色。活动自举办以来，影响力越来越大，不仅赛区扩大到越南全境，参赛方式拓展到网络，参赛选手也从中越两国扩大到老挝、缅甸、泰国、菲律宾等东盟国家的留学生。

活动得到了中越两国媒体和民众的极大关注。每年，中越主流媒体都联合直播或者跟踪报道赛况，形成国际与国内、传统与新媒体联动报道的局面。2011 年，歌赛首次通过官方微博——"CRI 越南越美"微博全程直播总决赛，收效显著。众多网友纷纷给歌赛活动留言，仅腾讯微博上与"同唱友谊歌"的相关话题就突破十万条。[①]

不仅如此，活动还引起了两国政府高层及外交部门的重视。2011 年第二届总决赛举办前夕，决赛地所在的越南广宁省省委书记范明政还特意赶赴首都河内，向越南总理阮晋勇、副总理阮春福汇报歌赛活动情况。在 2012 年 5 月第三届大赛启动仪式上，中国外交部亚洲司司长罗照辉称赞中越"同唱友谊歌"活动已成为唯一得到两国政府认可的中越文化交流的一个重要品牌项目，是国际台作为媒体配合外交工作的主动之举。[②]

（五）广播孔子学院

语言是跨文化交流的桥梁与纽带。广播孔子学院自 2007 年 12 月成立以来，依托国际台独特的多语种、多媒体的优势，秉持"用母语教汉语"的理念，迄今在全世界共成立了 12 家广播孔子课堂，搭建了无线广播、网络传播、互联网电视、IPTV 等多媒体汉语国际推广平台，开发了《每日汉语》、《实景汉语》等多语种教材，推出了"你好，中国"、中国汉语水平考试等汉语教学和中华文化推广品牌，吸引了上万名海外学生接受汉语教学和文化培训，数万人次参加冬夏令营、太极文化推广、中国烹饪培训等丰富多彩的活动。[③]

---

① 罗继成：《2012 中越"同唱友谊歌"网络专区打造新媒体特色》，《国际广播日报》，2012 年 3 月 29 日。

② 刘芳华：《"同唱友谊歌"——2012 中越歌曲演唱大赛正式启动》，《国际广播日报》，2012 年 5 月 22 日。

③ 刘焕兴：《我台召开大会纪念广播孔子学院成立五周年》，《国际广播日报》，2012 年 12 月 17 日。

7 年来，广播孔子学院坚持以办课堂与办媒体相结合、课堂教学与广播节目相结合、文化传播与友谊传播相结合，培养出众多中国文化的爱好者，成为当地知名的汉语教学和中华文化品牌。其中"孟加拉广播孔子课堂已建成'我国最好的孔子学院'"。[①] 2012 年 12 月，广播孔子学院成立 5 周年之际，巴基斯坦总统扎尔达里还专门向国际台发来贺信，祝愿巴基斯坦广播孔子课堂取得更大成就。可以说，广播孔子学院已经成为国际台开展媒体外交的新名片。

三　近年来国际台媒体外交活动的经验得失

除了上述活动外，国际台近年来还创意策划并组织实施了像"中巴媒体母亲河之旅"采访活动、博鳌亚洲论坛媒体领袖圆桌会议等媒体外交活动，活跃创新了一种公共外交的模式。它的创新性具体表现如下。

（一）媒体推动

上述活动都是由媒体作为公共外交的实践主体来推动的。它整合了国际台自身媒体和合作伙伴的媒体资源，调动了传统媒体和新媒体手段，推动中外政府、民众间的对话交流，逐步塑造良好的国家形象。在这里，媒体已经不仅仅是信息的发布者，而且成为公共外交的推动者和实践者。当然，围绕活动进行多媒体全方位报道，也是媒体外交活动的一大特色和充分利用自身资源的突出表现。

（二）网络搭台

所有的活动都有网络传播的参与。有些活动网络就是传播的主体，以"网络"并且以直播这一互动性强、直观性强，为网民所偏好的形式"网罗"了大批受众，突破了时空的限制，取得了良好的传播效果。同时，微博、微信等新媒体力量逐步上升。微博、微信"蒲公英式"的传播功能进一步扩大了活动品牌的影响力。

---

① 摘自国家汉办主任许琳 2007 年 12 月 14 日在国际台广播孔子学院成立五周年纪念大会上的致辞。

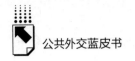

（三）母语沟通

国际台的媒体外交活动均以对象国母语或者中文和对象国母语两种语言进行。以"友城之约"对话活动为例，每期对话现场由国际台的翻译进行同声传译，现场的观众通过同传设备即时收听收看对话实况。对话过程中，"国际在线"中文网以及相关语种网站分别使用中文和对象国母语同步直播对话实况。这种使用母语的交流形式，既实现对话嘉宾的无障碍沟通，又便于受众的即时参与，使对话充分、自然，取得了良好的效果。

（四）重视策划

国际台的媒体外交活动，先期在时机把握、话题选择、互动效应等方面都进行了周密的策划，并在实施过程中随时根据实际情况进行具体调整。

1. 了解政策

在国际传播活动中，对国家政策的把握十分关键，而媒体外交活动在策划阶段也对政策性提出了较高的要求。在策划媒体外交活动时，要有强烈的国家意识和使命意识，对于整个国家的外交战略和政策应该有一个比较深入的了解和把握，换言之就是对活动的大背景要有深刻的理解。这样有助于紧扣国家战略，并主动配合其进行传播。由于符合外交形势和政策，在策划和实施过程中自然也会得到各方面的积极响应和配合，使活动取得理想的传播效果。①

"跨越太平洋"系列活动就是这一思路的典型案例。活动始于2009年1月中美两国建交30周年之际。"跨越太平洋"的创意缘于1972年2月美国总统尼克松访华时与周恩来总理"跨越太平洋"的握手，也与2012年2月时任国家副主席习近平访问美国前夕接受美国《华盛顿邮报》书面采访时说的"宽广的太平洋两岸有足够空间容纳中美两个大国"的语境表达相吻合。

借着中美领导人高访颇具成效的东风，借着中美两国庆祝"破冰之旅"40周年的契机，"跨越太平洋的旋律——纪念美国总统尼克松访华40周年音

① 张艳秋、刘素云：《国际传播策划》，中国传媒大学出版社，2011，第156页。

乐会"成功上演,① 很好地配合了国家对美外交的大局。

2. 平等对话

如何根据受众尤其是新媒体受众的特点调整传播策略,让他们愿意参与、主动参与,是国际台在推进媒体外交过程中一直在思考和探索的问题。"中日网络对话"之所以成功,选题具有很强的贴近性是一个重要因素。"中日国民相处之道"、"体育拉近中日距离"、"文化加深中日理解"、"青年——中日友好的未来",这些话题都很软,与网民的距离很近,容易为他们接受,所以吸引了大量网民在线收听。以软话题为切入点,展开平等的交流和沟通,能够实实在在地吸引受众,达到增进理解和友谊的目的。

3. 重视互动

新媒体时代,通过媒体进行的信息传播,已经不再是过去那种"媒体—受众"的单向传播,而是媒体与受众站在一起,通过各类互动手段共同传播信息。因此,互动既是媒体外交活动的一个重要环节,也是扩大自身影响力、知名度的有效手段。

仍以"中日网络对话"为例,它本身就是中日两国普通民众的一次网络跨国互动。之所以选择"网络互动"的方式,就是因为考虑到目前中日两国的网络都比较发达,两国的主流人群都是网络的重要用户。因此在整个活动过程中,"网络互动"既是最核心的手段,也是最大的亮点。

4. 名人效应

名人效应是当今传媒界、公关界、广告界普遍认同的一种可以在短时间内见效的宣传手段。在媒体外交活动中,由于活动的目标受众往往是另一个国家的民众,因此,借助一个该国民众比较熟悉的名人形象,可以有效地达到引起对方关注的目的。②

例如,"中日网络对话"曾经邀请20世纪80年代中国家喻户晓、日本人人熟知的电影《追捕》中"真由美"的扮演者——中野良子,以及日本"花游之母"井村雅代、中国知名作家莫言等人士直接以对话嘉宾的身份参与到

---

① 关娟娟:《英语环球传播中心打造"跨越太平洋"栏目》,《国际广播影视》2012年第5期,第50页。

② 张艳秋、刘素云:《国际传播策划》,中国传媒大学出版社,2011,第161页。

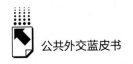

活动中来。在对话尚未开始，很多网民还不知道对话主题时，仅靠明星效应就已经赚足了媒体与网民的关注。

2012 年中越"同唱友谊歌"则邀请创作型歌唱组合"水木年华"担任品牌代言，很好地迎合了当年主打校园赛区的定位。

（五）衍生产品的开发

媒体活动的衍生产品近年来越来越受到重视。国际台媒体外交活动的组织者也开始关注衍生品的开发与生产。如"情动俄罗斯——中国人唱俄语歌大型选拔活动"，先后推出了《组委会推荐曲目》歌曲集和反映该活动幕后故事的书籍，同时还推出了节目的系列 DVD、T 恤衫等其他产品，发挥了一定的宣传推介作用。

中越"同唱友谊歌"则通过组织参与中国 - 东盟歌会、中越大学生友好交流会、境外巡演、"中越人民友好大联欢"等活动来提升品牌影响力。

不过，从整体情况来看，目前中国传媒业的衍生产品开发才刚刚起步，特别是媒体活动的组织者往往衍生品生产意识淡薄、形式单一，很多仍是停留在海报、钥匙扣、玩偶等小商品上，难以满足消费者的需求。①

四　结论

媒体外交"已成为国际关系中的一种'新外交范式'"。② 媒体外交是大众媒体具有时代性的功能之一，同时又是外交手段的一种新形式。媒体外交是综合国力和"软实力"的一部分，与传统的政治、经济、军事外交方式的不同之处在于，媒体外交更加灵活和巧妙。媒体外交对国家间的公众舆论、国家形象传播、跨文化传播、外事活动等方面均能够产生广泛的影响。

而媒体外交活动是媒体外交不可或缺的组成部分，并且在新媒体时代逐步走进媒体外交舞台的中央。媒体外交活动成为塑造中国与外部世界的关系，为

---

① 张艳秋、刘素云：《国际传播策划》，中国传媒大学出版社，2011，第 163 页。

② 钱皓、张晶晶：《媒介外交：国际关系中的新外交范式——以美国媒体与国际反恐联盟为例》，《国际观察》2003 年第 6 期，第 46 页。

中国的科学发展构建良好国际环境的重要途径之一。因此，重视和发展中国在新媒体时代的媒体外交活动，使其在中国与世界关系的互动中发挥更为积极、健康、有利的作用，是中国媒体外交的应有之义，也是"中国梦"的要义之一。

公共外交与民间交流

Public Diplomacy and Non – governmental Communications

B.22

国家意志主导下的民间外交

——以中国人民对外友好协会为例

赵 磊 黄景源*

摘 要： 中国人民对外友好协会（以下简称中国友协）是中华人民共和国从事民间外交事业的全国性人民团体，以增进人民友谊、推动国际合作、维护世界和平、促进共同发展为工作宗旨，代表中国人民在国际社会和世界各国广交深交朋友，奠定和扩大中国与世界各国友好关系的社会基础，致力于全人类团结进步的事业。2014 年正是中国友协成立六十周年，本文以中国友协作为切入口，对当前我国民间外交工作进行研究分析。

* 赵磊，中共中央党校国际战略研究所教授、台港澳与国际关系研究室副主任，主要研究方向：文化软实力、公共外交等；黄景源，中央党校中外人文交流基地研究助理。

关键词：　民间外交　中国友协　公共外交

　　民间外交的核心是通过民间交流，广交世界朋友，厚织人民友谊，中国自古就有国相交在民相亲的说法，当我们在谈到公共外交时不由自主地想到民间交流，而民间交流首先要谈到的就是民间外交。

　　关于民间外交的准确称谓和概念界定，学术界尚未达成统一，在西方国家一般将其称为"公民外交"、"公民间的外交"或"多轨外交"①。"多轨外交"最早由美国学者约翰·麦克唐纳提出，"多轨外交"的具体含义是：政府外交属于第一轨道外交；纯民间外交属于第三轨道外交；介于政府和民间之间的属于第二轨道外交，因此，第二轨道外交属于民间外交的范畴，它的意义在于有利于增进国际交流、加强政府间的信任、缓和国际矛盾等。在中国，一直有"人民外交"和"民间外交"两种说法。"人民外交"是指新中国成立初的一段时期具有中国特色的党政外交行为，是我们打破外交封锁的武器；"民间外交"最初与"人民外交"并用，在改革开放之后，"人民外交"的提法逐步退出历史舞台，而更注重实际政治、经济、文化利益的"民间外交"逐步成为主流。但是，不管称谓如何，这里面都包含着立足于民的思想，无论外交的目的如何，都要落实于人民之中。

　　民间外交作为民间交流中重要的一部分，历来受到党和国家的高度重视，由于历史和意识形态原因，在新中国成立之初，西方大国在政治和军事上对中国实行封锁，在外交上不愿意承认新中国。面对此种形势，以毛泽东、周恩来和邓小平为代表的老一辈外交家在各个阶段分别提出"民间先行，以民促官"和"以官带民、官民并举"的外交方针，为新中国外交指明方向。当时民间外交作为新中国整体外交的一部分，为我们打开外交封锁、广泛取得共识、赢得宝贵的国际支持起到过不可磨灭的作用。作为新中国外交事业上的一种创举，民间外交往往具有政府间外交所不具有的独特优势，因而成为我国在国际上取得认同的重要途径。新时期以来，中国改变了原有以意识形态划界的外交

---

① 张胜军：《新世纪中国民间外交研究：问题、理论和意义》，《国际观察》2008年第5期，第45页。

布局，逐步接轨全球化，逐渐融入国际大格局中，民间外交更加发挥出重要影响，成为宣扬我国新时期和平发展道路、和谐世界理念及成就，让世界了解中国的主要途径之一，推动了中国国际政治安全与经济合作的发展。历史不断证明，每当国际格局发生重大变动，我们的外交事业上遇到波折坎坷，民间外交事业往往因为其独特的优势起到压舱石和突破口的作用，为政府间开展对话与交流提供了民意支持和稳定渠道。

从民间外交的主要担纲机构来看，有中国人民对外友好协会、中国国际交流协会、中国国际友好联络会等等，分别在各自领域发挥着重要作用。2014年恰逢中国人民对外友好协会成立六十周年，中国国家主席习近平亲自出席纪念仪式，并发表重要讲话，再一次向全世界人民阐述了中国走和平发展道路的坚定决心。在此，本文以中国友协为样本，在结合党的十八大以来外交新思路、准确把握时代脉搏的基础上，介绍民间外交的最新情况及未来发展方向。

一 中国人民对外友好协会基本情况介绍

中国友协成立于1954年，最初称中国人民对外文化协会，1966年改称中国人民对外文化友好协会，1969年起改称现名。是中华人民共和国从事民间外交事业的全国性人民团体，以增进人民友谊、推动国际合作、维护世界和平、促进共同发展为工作宗旨，代表中国人民在国际社会和世界各国广交朋友，扩大中国与世界各国友好关系的社会基础，致力于全人类团结进步的事业。[1]

六十年来，中国友协为新中国在国际舞台中广播友谊，从革命时期一直到新中国成立，再到改革开放进入新时期，与来自全世界爱好和平、喜欢中国的人士结为朋友。中国人民感谢这些老朋友为中国发展所作出的贡献，而中国人民对于友谊的珍惜和呵护赢得了全世界人民的尊重与欢迎。

中国友协的各项活动得到我国政府的支持和社会各界的赞助，已设立46个中外地区、国别友好协会，与世界上157个国家的近500个民间团体

---

[1] 摘自中国人民对外友好协会网站，http://www.cpaffc.org.cn/introduction/agrintr.html。

和组织机构建立了友好合作关系。同时，受我国政府的委托，中国友协还负责协调管理中国国际友好城市工作。经过40多年的发展，中国已经与世界上133个国家建立起2122对友好省州、城市关系。陆续创立了中国国际友好城市大会、中美省州长论坛、中国长江与俄罗斯伏尔加河流域地方领导人座谈会、中日省长知事论坛、中法地方政府合作高层论坛、中非地方政府合作论坛、金砖国家友好城市暨地方政府论坛等双边或多边地方政府对话交流平台。

二 民间外交的独特优势

（一）春风化雨，润物无声

世界任何一个国家都不愿意沦为其他国家的附庸，都渴望在国际舞台上独立自主地行使自己的权利。政府间外交讲求实际利益，往往呈现零和局面，一国的收益经常是以另一国的损失为前提的，这就容易造成彼此之间的不信任。民间外交立足于普通民众之间的交往，通过社会、科技、文化、艺术交流等媒介，以在对象国民众之间形成良好的本国印象为目的，使当地人民自然而然地接受我们。举一个例子，过去我们在非洲的企业往往只重视与当地政府间的合作，而忽视了对于普通民众的关心，因此时常遭到当地百姓的抵制。华为公司却通过在当地修建图书馆、学校等一系列直接面向普通民众的举动，深得当地支持，华为公司自身的项目也得以顺利完成，这说明通过民间外交重新建立起彼此之间的信任才是最终实现双方目标的保证。

（二）涓涓细流，终成大川

民间外交不同于政府外交的另一个方面是具有长期性的特点，不同于政府之间签署的外交条约或者跨国公司的商业企划，要求在很短的时间内就能收到效果，民间外交是一项需要一代人甚至几代人去完成的使命，就如同中国友协在过去六十年做的那样。也许我们的思想意识最开始不能为他人所理解，也许我们的文化交流被外国宣传为"中国威胁"，也许我们的孔子学院遭到对象国政府的排挤，但是中国人民热爱和平、珍惜和平的思想从古至今没有改变过，

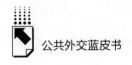
而中国友协对于中国和平发展道路的传播从来没有停止过。近年来，中国的声音传到了更多更远的地方，而越来越多的人也认识到中国人民对和平发展的坚持和渴望。相信在可见的未来，中国和平发展的道路必将随着中国的持续发展进一步得到世界的认同。

（三）外圆内方，以柔克刚

因为历史因素、文化问题和意识形态的差距，直到今天，东西方之间仍然存在巨大的隔膜。西方国家对我国的诋毁和攻击从来没有停止过，不断地为我国制造麻烦，从"中国崩溃论"到"中国威胁论"，从2008年威胁抵制北京奥运会到2014年对香港"占中"事件的偏袒报道，从纸质媒体到网络社区，我国在外交领域所面临的挑战仍然将随着中国综合实力的进一步提高而进一步加剧。这些抨击毁谤出现的根源实际上仍然是外国普通民众对我们的不了解，不了解使人恐惧。中国人民对外友好协会正是承担着点亮当代中国在其他国家人民心中那盏明灯的作用，将当代中国昂扬向上的最新面貌展示出来，与一切反华分子和抹黑中国的言论作斗争，维护一个有利于中国发展的国际环境。

三 民间外交仍是公共外交的重中之重

民间外交之所以在新中国的外交事业中发挥着不可替代的作用，是与党和国家的高度重视密不可分的，无论在过去还是在现在，民间外交以其自身的独特优势，一直在对外交流中起到先锋的作用，其实质是为中国与世界的联通架起了一座桥梁。国家主席习近平在2014年中国人民对外友好协会成立六十周年时指出：长期以来，中国人民对外友好协会贯彻中国奉行的独立自主的和平外交政策，在国际社会和世界各国广交深交朋友，为加深人民友谊深耕细作，为促进国家关系铺路架桥，为推动国际合作穿针引线，做了大量卓有成效的工作，发挥了不可替代的作用。中国人民对外友好协会六十年的发展历程，充分展现出人民友谊在促进世界和平与发展中的强大力量，充分证明了民间外交在国家总体外交中的重要地位。

四　对进一步做好中国友协的一些建议

整体而言，民间外交虽然受到党和国家的高度重视，却缺乏整体的战略规划和有效的制度流程。目前，我国国内有能力从事民间外交的机构多而杂，往往各行其是，甚至有的时候出现为了本单位的利益而牺牲整体利益；伴随公共外交热度持续升温，各方缺乏有效渠道统一沟通，分散了力量。而我国民间外交本身"民间性"就不足，在对外交往中容易受到他国的质疑，不利于为我国民间外交整体推进。以中国人民对外友好协会为例，可以从以下几个方面进步和提高。

（一）由政策主导向市场主导转型

中国友协不应该是政府外交政策的执行者，而应该是民间交流活动的辅助者，除必须由政府推动的民间外交活动外，中国友协应该主动提供更多更好的优质资源，让外国了解中国，也让中国了解世界。应该借助新媒体手段，例如微博、推特（twitter）、脸书（facebook）等一系列多元化社交媒体，与全世界热爱中国的朋友联系沟通，建立渠道让他们与最普通的中国人成为朋友，让这些中国的朋友成为向世界展示中国的窗口。从政策导向到市场导向，实际上是定位的问题，中国友协应树立服务普通群众的观念，尤其应该注意中国友协"民间性"和"外交性"兼顾的特点，加强与国内普通百姓之间的交流，使民间外交得到最多数群众的支持，真正回到民间外交的本质上来。

（二）由官本位向民本位转型

在全球化的浪潮中，个人的言行都会成为一个国家展示自身的窗口，不自觉地反映成一个国家、一个民族的全貌。在一个全球化的公民社会中，每一个人都将不仅作为本国的公民，更是全球的一分子，个体在对外交往中承担的作用将比以前大大增强。[1] 中国友协应该从"民间性"、"人民性"的角度出发，重视民众在民间外交中的重要作用，通过引导社会力量参与民间外交，激发人民群众的热情，发挥民众、民意在对外交往中的正面作用。

---

① 李楠、孙亚菲：《民间外交推动外交民主化》，《新闻周刊》，2002年9月30日，第29页。

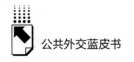

（三）由封闭式管理向开放式管理转型

作为全国性质的民间外交组织，在协会管理层人员的选拔任用上，不应该类比于公职单位，而应该以非政府组织的模式进行选拔。应该考虑吸收一些在国际国内有重要影响力的知名人士以及在 NGO 管理和组织方面有专业素养的人才加入到中国友协的发展管理队伍中。一方面知名人士的加入减少了中国友协政府性的色彩，使对外友好工作能够更接地气，更贴近对象国普通人；另一方面，随着专业人士的加入，中国友协无论在影响力还是在专业性上都会得到进一步的增强。与此同时，开放式的管理模式也会扩大中国友协在普通民众之中的覆盖范围。

五　民间外交的发展展望

今天的世界正进入一个高度融合的时代，科技日新月异，整个世界逐渐成为一个整体，新的国际关系正在形成当中，民间外交将逐渐成为未来中国外交的主战场。未来将会如何，笔者在此做出一些展望。

首先，人的权利将更加受到尊重。西方自思想启蒙运动以来，已经将公民的权利让渡或认可为国家权利的最终源头，而在中国，个人的权利意识正在逐步觉醒。也就是说，国家的对内统治和对外交往行为是作为公民权利和意志的代表来进行的，现代国家的合法性来源于公民的基本权利，人民最终将成为外交的主体。这就需要我们重新思考外交的定位，国家作为人民的仆人而非主人，外交的根本目的是为了使人民收获更大的福祉。

其次，政府与社会之间的关系会更趋于良性。发挥民间外交功能的核心在于鼓励每一个社会单元参与其中，关键在于政府与社会之间的关系融洽。这就要求我们既不能对社会力量放任不管，又不能任政府权力无限扩大，压缩社会资源，降低社会活力，失去主动性、灵活性的民间外交必然也会失去活力。政府应该通过资金、人力、税收等非行政化手段引导和整合社会力量，使民间外交真正做到以民为主。

最后，民间外交的地位将会更加重要。现代社会的发展必然带来公共领域的扩大，公民而非政府将成为这些领域的决定力量，在客观上就决定了必须由民间力量来填充这一领域，这就为民间外交改变国际关系结构带来了可能，例如环保、文化、宗教等领域，民间外交甚至会逐渐起到主导的作用。在今日的世界，政府已经不再是无所不能的，民间力量强弱将会成为国家实力的决定因素。

六　结语

在过去六十年间，中国民间外交事业蓬勃发展，中国人民对外友好协会也随着民间外交事业共同壮大。六十年中，中国社会结构不断发生着改变，不断进步。习近平主席在中国友协成立六十周年的讲话中充分肯定了民间外交在国家总体外交中的重要地位以及中国友协发挥的重要作用。随着民间外交的发展，中国友协一定会发挥出更加突出的作用，更好推进民间外交、城市外交、公共外交，不断为中国民间对外友好工作做出新的更大贡献。

B.23

华侨华人——公共外交的独特资源

赵 磊 胥慧颖 翟迈云*

摘　要：　华侨华人是中国开展公共外交的重要资源。随着中国对外开放程度的不断提高，以及华侨华人在海外影响力的日益扩大，以华侨华人社团为主要形式的组织在推动中国与其他国家地区经济、政治、文化交流等方面发挥着重要作用。本文以美国百人会、巴西华人文化交流协会、欧洲华侨华人联合会为例，分析华侨华人在推动我国公共外交方面的作用及特点，为我国今后更好地开展侨务外交提供借鉴。

关键词：　华侨华人　华侨华人社团　公共外交　中国

华侨华人是中华民族不可分割的一部分，是与我们血脉相连的骨肉同胞。在很大程度上，华侨华人在海外的一言一行都折射出中国人民的行为习惯，代表着中国国民的整体素质。同时，在这一过程中，中国政府处于非主角的位置，这就决定了侨务外交不同于我们熟知的新闻发布会、发布联合公报、举办世界性会议等传统的公共外交。华侨华人也因其身份的特殊性而拥有独特的优势。作为一种非传统的公共外交新形式，可以弥补传统外交的不足，在开展我国公共外交、塑造良好国家形象、推动和发展我国软实力过程中起着不容忽视的作用。

---

* 赵磊，中共中央党校国际战略研究所教授、台港澳与国际关系研究室副主任，主要研究方向为文化软实力、公共外交等；胥慧颖，中央党校中外人文交流基地研究助理；翟迈云，中央党校中外人文交流基地研究助理。

一 华侨华人在开展公共外交中的重要性

邓小平早在 1993 年就指出，"中国与世界各国不同，有着自己独特的机遇。比如，我们有几千万爱国同胞在海外，他们对祖国做出了很多贡献。"① 全国政协委员蔡建国说："中国是本大书，13 亿中国人每个人都是书的一页"②，华侨华人虽然长期远离中国国土，或者已成为其出生国或住在国的公民，但他们仍在一定程度上保留着中华文化情结，仍有着对中华民族的认同。2009 年 12 月全国政协副主席、致公党中央主席万钢说，世界上没有一个国家像中国这么重视侨胞，也没有一个国家的侨胞这么爱国③。

作为中国开展公共外交的重要载体，已有约 6000 万华侨华人分布在世界各国，近年来华侨华人在海外影响力的不断提升，为侨务外交的开展提供了重要资源。迄今为止，这一庞大群体不仅可以积极参与其住在国的政治、经济、文化、社会生活，还可以通过各种方式加强与祖国的交流和联系，并向外国介绍中国的发展状况。他们既是参与者，也是传播者和解说员，既了解中国文化，也受到其住在国文化的影响，在很大程度上起着本国与外国交往的桥梁和纽带作用。事实证明，华侨华人在国家建设、维护国家荣誉和利益、中西方之间双向沟通、文化传播交流等方面发挥了重要的积极作用。随着我国对外开放程度的不断提升，以及全方位外交的展开，华侨华人对公共外交的影响必将进一步强化。

华侨华人社团是华人社会的三大支柱之一，是华侨华人自发组织活动、传播中华文化、凝聚华侨华人力量的重要形式。华侨华人社团有着其独特的优势：首先，中国与全球化智库（CCG）2014 年发布的《中国国际移民报告（2014）》显示，海外华侨华人专业人士人数已达 400 万④，这表明许多华侨华人受教育程度较高，有的甚至是各领域的精英，这些"精英人物"可以直接

---

① 刘宏：《华侨华人与中国的公共外交》，《公共外交通讯》2010 年春季号，第 53 页。
② 刘子烨：《全国政协委员蔡建国谈公共外交与文化软实力 6000 万华侨华人：公共外交重要载体》，《联合时报》，2014 年 6 月 24 日，第 3 版。
③ 刘宏：《华侨华人与中国的公共外交》，《公共外交通讯》2010 年春季号，第 53 页。
④ 参阅 2014 年 1 月 22 日中国与全球化智库（CCG）发布的《中国国际移民报告（2014）》。

地展示良好的国民素质和勤劳、智慧的国家形象，可以发挥一定程度的名流效应，对其住在国公民了解中国、拓展中国的海外影响起到立竿见影的效果。其次，正因为华侨华人社团有非官方、民间化身份，其组织和结构呈现多样性和灵活性的特点，不拘泥于严肃刻板的形式，在社团内部沟通和与外部社团组织联合方面都可以发挥独特作用。再者，华侨华人与我们骨肉相连，与我们一样有着强烈的爱国情怀和责任感，他们有意愿也有能力传承中华文化、塑造中国形象、发展中外交流。

总之，要讲好中国故事，传播好中国声音，华侨华人是一支不容忽视的重要力量。重视华侨华人社团的发展，对于开展公共外交意义重大。

二 华侨华人社团助推公共外交——以美国百人会、巴西华人文化交流协会、欧洲华侨华人联合会为例

世界各国大小华人华侨团体不计其数，其分布的领域、产生的作用也各不相同。因此我们根据区域，选取南北美洲及欧洲各一有特点的华人华侨社团为样本，进行主要分析。

（一）美国百人会——推动中美关系发展

百人会是由贝聿铭、马友友等人共同发起，于 1990 年在纽约成立的非政治、无党派团体。与其他华侨华人社团不同的是，百人会是在美华裔精英组织，其会员须为各个领域内有较高知名度和声望的人士。自成立 25 年来，百人会秉承联合成员集体的力量和智慧、桥接中美的宗旨，致力于中美求同存异、共同发展进步，成为美国华人形象及中国形象的代言人，在推动中美间的相互了解与合作、促进中美关系良性发展、提升在美华人的社会地位等方面发挥了很大作用。

百人会自 1991 年起，以每年在美国举办的年会为契机，交流并探讨中美之间可能的合作途径以及中美关系的发展方向。2005～2014 年共 10 届年会的基本情况如表 1 所示。

表 1   2005～2014 年百人会年会基本情况

届别	举办时间	举办地点	主题	参与人
第 23 届	2014 年 4 月 26 日	旧金山（美）	求同存异	唐锐涛、贾庆国、杰瑞·布朗等
第 22 届	2013 年 4 月 25 日	华盛顿（美）	求同存异	吴建民、崔天凯、霍马茨等
第 21 届	2012 年 4 月 19 日	洛杉矶（美）	求同存异	吴建民、维拉莱戈萨、约翰·布莱森等
第 20 届	2011 年 5 月 12 日	纽约（美）	求同存异	程守宗、史蒂芬·罗奇、骆家辉等
第 19 届	2010 年 4 月 13 日	旧金山（美）	共创未来	程守宗、陈丕宏、卫斯理等
第 18 届	2009 年 5 月 01 日	华盛顿（美）	承前启后	程守宗、傅履仁、骆家辉等
第 17 届	2008 年 4 月 21 日	贝弗利山庄（美）	同舟共济	傅履仁、维拉莱戈萨、李开复等
第 16 届	2007 年 4 月 18 日	纽约（美）	桥连美中，展望未来	傅履仁、彭博、赵小兰等
第 15 届	2006 年 4 月 20 日	旧金山（美）	金桥连中美	傅履仁、Dianne Feinstein、杨元庆、马云等
第 14 届	2005 年 4 月 6 日	华盛顿（美）	登高望远	傅履仁、孟淑娟、陈香梅等

资料来源：《人民日报》海外版等报刊及主流媒体。

从上表可以看出，成为中美间相互了解的桥梁是百人会近十年来一直努力的方向，中美关系及发展方向也成为历届年会关注的焦点，尤其是近四年来"求同存异"更是成为百人会增进中美邦交的主题。且每年的年会都有中国商界、政界、文化界精英，以及美中部分专家学者和政府官员出席，如第 23 届年会上中美各领域精英借该次机会对中美构建战略互信、强化两国新型大国关系进行了畅想，并就中国网络消费群体、中美两国高科技法律风险以及硅谷亚裔等问题进行了深入商谈①。精英层面的对话可以提出更多有价值的观点和建设性、前瞻性意见，并在社会上发挥名流效应和带动作用，有利于决策的形成和开展实施。

百人会年会是中美各专业领域和专业人士之间开展对话、交流意见和建议的重要平台，使中国方面的声音平等地在美国精英中传播，向美国主流社会介绍中国的发展成就和政策理念，有利于增进中美各界精英间的相互了解与互信，传递中国和平发展的愿景，消除美国对中国的误解和对中国崛起的恐惧。通过社会上层意见逐步影响社会普通民众，营造有利于中美关系健康发展的氛

---

① 《美华裔组织"百人会"年会探讨中美关系等议题》，中国新闻网，2014 年 4 月 27 日，http：//www.chinanews.com/hr/2014 - 27/6110006.shtml。

围，有助于中美合作共赢，发展新型大国关系。同时也为中国建设提供了机遇，如2013年的第22届年会上，美国前副国务卿霍马茨提出建议，中美两国今后的合作不应局限于沿海大城市，还应该扩展到二线城市。

此外，百人会通过组织各民意调查，发现两国交往之间存在的问题和障碍，从而在开展工作的过程中努力消除误解，推进两国公众之间的相互认知和中美之间更深层次的了解。同时注重培养全球化人才，对青年领袖进行培训，关注他们的成长。2010年在旧金山举办的第19届年会中，两国著名大学校长们齐聚一堂，探讨如何培养新一代全球领袖，还对青年领袖的培训问题展开深入探讨。这些青年人才和全球性人才都将为中美新型大国关系搭建新桥梁，成为桥接中美的中坚力量。

（二）巴西华人文化交流协会——促进中巴文化交流

巴西华人文化交流协会成立于2000年12月2日，是巴西华侨华人为促进中巴文化交流而发起成立的组织。巴西华人文化交流协会秉承爱国精神和弘扬中华文化的宗旨，经过十余年的发展，已经成为一个在里约乃至巴西发挥重要作用和影响的华侨华人社团，致力于向巴西传播中华文化、文明成果以及中国发展建设中取得的伟大成就，已成功举办"中巴文化研讨会"、"中国人在巴西发展史研讨会"、"中巴法学研讨会"等，力图让更多的巴西民众认识并了解中国。除此之外，它还在团结侨胞反对分裂势力、维护祖国统一，促进中巴两国人民友好往来，推动两国文化、科技、经贸交流等方面做出了贡献。

在中国传统节日时，社团会通过组织联欢活动，不仅让远离祖国的游子切身感受到中华文化的氛围，也让居住国民众了解中国的节日和文化深意。如在2013年6月12日晚举办的端午节联谊聚会上，协会理监事和家属以及亲朋好友近70人欢聚一堂，共度佳节。在聚会中，大家一起品尝中国端午节的传统美食粽子和巴西最具代表性的烤肉，通过中巴两国的特色美食加深了两国的相互了解。端午节是中华文化中极具特色的民俗节日，体现了中华文化中忠、义的优秀品质。将中国传统节日传播向世界，展现了海外中华儿女弘扬民族精神、抒发爱国情怀的赤子之心；而在巴西举办端午联谊，丰富了侨胞的文化生活，增强了华侨华人的民族凝聚力，也有利于今后更好地传承中华文化。

巴西华人文化交流协会自成立以来，在支持和配合中国驻巴西使领馆的侨务公共外交中卓有成效，得到相关部门和社会各界的高度肯定。如 2014 年 8 月，在中巴建交 40 周年之际，巴西华人文化交流协会与中国驻里约总领馆、新华社和圣保罗亚文中心共同举办中巴建交 40 周年历史回顾图片展，并与里约高尔夫俱乐部共同举办中国杯高尔夫友谊赛，得到了里约各界的大力协助，取得了良好的社会反响。近 700 位中外朋友观看了中巴建交 40 周年历史回顾图片展，有 140 多位中巴高尔夫爱好者参加了中国杯高尔夫友谊赛；闭幕式上来宾们还欣赏到了中国传统的舞狮表演，品尝到了中国的传统美食。伊塔尼昂加俱乐部主席赛尔吉奥在致辞中说，此次庆祝活动是一次超越外交的民间行为，它让更多的巴西人深入了解了巴中两国关系发展的历史和现状，对中国这个最大的贸易伙伴有了更全面的认识[1]。国之交在于民相亲，为庆祝中巴建交 40 周年举办的这次活动，加强了中巴两国民间的文化艺术交流，增进了两国人民之间的传统友谊，为推进和发展中巴两国相互尊重、互利共赢的双边关系起到了积极的促进作用。

（三）欧洲华侨华人联合会——维护国家和平统一

欧洲华侨华人社团联合会（以下简称"欧华联会"）由欧洲各国的华侨华人协会、商会、同乡会以及和平统一会等华侨华人社团联合组织，于 1992 年 5 月 8 日在荷兰阿姆斯特丹成立。目前，欧华联会已有 28 个国家 300 多个华人社团参加，其会员社团分布在欧洲各国，是欧洲 200 多万华侨华人中最具代表性的非政府、非营利性的国际性社团组织，也是全球唯一的一个跨国洲际华人社团组织。欧华联会成立 20 多年以来，在民间交流方面，摒弃宗教、文化、地区和意识形态等的差异，力求团结欧洲华侨华人，引导其融入欧洲当地主流社会，维护华侨华人的合法权益，提高他们在当地的政治、经济、社会地位。在与官方的交往中，欧华联会通过与欧盟委员会和欧洲议会建立稳定的联系机制，逐步引导各国会员社团在其住在国华人社会中发挥主导作用，弘扬中华民族优秀传统文化，从而促进中欧的经贸、政治、文化等全方位的友好往来，加强政府间的各项交流合作，成为欧洲华侨华人与欧盟及欧洲各国政府的对话平台。

---

① 《庆祝中巴建交 40 周年高尔夫友谊赛里约闭幕》，2014 年 8 月 5 日，http：//www. bxqw. com/userlist/hbpd/newshow－32694. html。

此外，欧华联会还定期与欧盟官员举行会谈，向欧洲官方表明自己在涉及国家统一问题上的坚定立场，在反独促统、维护国家主权和和平统一大业、促进国家建设和改革开放等方面均做出很大努力和贡献。如 2014 年 6 月 1 日，欧华联会代表团 8 人与欧盟对话，向欧盟官员表达欧洲 250 万华侨华人的诉求。除了要求欧盟关注华侨华人的合法权益和切身利益受到侵犯的事实外，代表团还就新疆、西藏问题向欧盟表达了自己的态度，表明华侨华人坚决反对任何外部分裂势力干涉中国内政、破坏中国的统一和主权完整，希望欧盟国家和政府能够考虑中国人民的情感，理解中国政府在主权问题上的原则和立场。

同时，欧华联会在发展两岸关系方面也做出了积极贡献。2013 年 6 月，中华侨联总会与欧华联会共同签订倡议书，呼吁两岸侨胞及全球华侨华人共同维护和弘扬中华文化，共同践行这一理念和责任，并以此加强两岸文化、经贸等的交流合作，共同推动两岸关系进一步发展，最终目的是促进两岸侨胞的文化认同、国家认同和民族认同。两岸侨界一致认为两岸人民都是炎黄子孙，增进两岸对中华文化的共识、加强文化和经贸合作、推动两岸和平发展与政治互信是两岸侨胞的共同愿望；维护和传承中华文化更是全体华侨华人义不容辞的责任①，是促进民族和谐、维护两岸和平和促进统一大业的重要保障。2013 年 6 月 9～18 日，欧华联会来自欧洲 21 个国家的 36 名成员组成"欧洲华侨华人两岸中华文化之旅"参访团，促进两岸交流互通，对此欧华联会秘书长张曼新也说，"以海外侨界的身份，联络和沟通两岸，从文化、从商贸、从民间做起，这是最坚实的桥梁，也是最可靠的永远不会垮塌的桥梁。"②

三　华侨华人社团在推动公共外交中的特点

不论是百人会、中巴文化交流协会，还是欧华联会，都对中国和各协会所在国之间的关系产生了重要而积极的影响。

---

① 《两岸侨界倡议共同维护中华文化及价值观》，新华网，2013 年 6 月 11 日，http：// news. xinhuanet. com/2013－06/11/c_ 116117047. htm。

② 欧洲华侨华人联合会，2013 年 11 月 1 日，http：//www. theefco. com/news/html/？397. html。

（一）弘扬中华文化，以文化促外交

维护和弘扬中华民族优秀文化都是其宗旨之一，社团活动也或多或少涉及文化交流对话。在这一过程中，华侨华人社团更多地发挥联系国内外的文化纽带作用。双向交流互动，不仅为外来文化的传播提供了平台，也是中华文化"走出去"、展示中国形象的重要窗口。外国民众更加理解中国文化和社会生活，加强对中国的认同，中国民众也可以进一步提高对其他国家的认识。特别是近年来随着中外人文交流的日益频繁，海外华文教育、华文媒体、华侨华人艺术团体等不同形式的文化团体迅速发展，更加促进了不同国家不同文化的交流互动。全国政协委员蔡建国称，近年来，海外华文媒体普遍增加了对中国新闻的报道，不断扩大版面，加大报道强度，介绍中国的政治进步、经济发展、文化繁荣、社会稳定，有些国家的华文传媒，还运用两种文字介绍中国，这些都增进了外国民众对中国的了解。文化是全人类智慧的结晶，是世界人民共同的宝贵财富，中华文化更是中华民族优秀品格的集中体现。以文化为切入点，不仅使海外民众在情感上容易认可，扩大了中华文化的影响力和感召力，也能潜移默化地影响海外民众对中国的看法，有利于传播中国人勤劳善良、爱好和平等价值观，减少甚至消除他们对中国的误解，为外交工作的开展争取民心。

（二）与住在国政府、使领馆等官方机构密切联系，以非官方促官方

从以上典型案例不难看出，虽然华侨华人社团为海外非官方的民间组织，但与其所在国官方都保持紧密的联系，如与官员会晤、与当地政府对话、配合中国驻当地使领馆开展活动等。作为民间组织，社团虽然可以凭借自身规模的不断扩大提升影响力，但如果缺乏政府等官方支持，一些工作的开展难免会遇到许多障碍，不利于自身的发展壮大，难以融入当地主流社会。相反，加强与官方的联系，获得当地政府的认可，获得相对宽松的政策，营造良好的社会氛围，可以巩固华侨华人的社会地位，并为社团的发展争得更大的生存和发展空间。另外，与政府及政府官员开展对话协商，可以更直接地传达华侨华人的诉求，从而更好地维护华侨华人的合法权益；在一些涉及国家荣誉和利益的问题

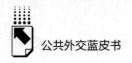

上，可以让所在国政府明确了解中国的态度和立场，更好地维护国家利益，以非官方促官方，推动政府间的协商合作和公共外交的开展。

四 结语

华人华侨社团作为中外民间交流的最便捷桥梁，其作用不容忽视。在今后，中国的公共外交要在海外落地生根，华人华侨社团是必须要依靠的对象。

个人影响力与公共外交

——2014年中国精英阶层海外影响力观察

惠春琳　黄景源*

摘　要：　时代的发展使公共外交越来越成为国家整体外交中的重要一部分，而个人在公共外交中所起的作用一直受到忽视。本文试图从个人对公共外交影响出发，介绍当前个人影响力在公共外交中的重要作用，分析影响力成因，为进一步扩大中国人在全球范围内的影响力建言献策。

关键词：　个人影响力　公共外交　马云　李娜　中国

公元1648年《威斯特伐利亚和约》的签订，奠定了近现代国际格局的基础，从那时以来，国际社会的认可被认为是与土地和人口一样重要的国家基本要素，而外交作为实现国际认可的手段，一直以来仅仅指国家与国家之间单纯的政府性行为。普通民众之间的交流受到交流渠道有限的影响，无论是频率还是深度都难以与政府外交相比，因此一直受到忽视。直到第二次世界大战之后，这种局面才因为交通运输的改善和通信工具的发展而改观，公共外交作为一种新的外交理念逐渐出现并受到关注。

一　公共外交已经成为国家整体外交的重要组成部分

今天，公共外交已经成为国家整体外交的重要组成部分，欧美日等发达国

---

* 惠春琳，中央党校国际战略研究所副教授，主要研究方向为世界能源与文化软实力等；黄景源，中央党校中外人文交流基地研究助理。

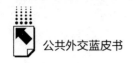
家在发挥国家外交主体作用的同时，也加强了对公共外交理论的研究，在内涵上不断深挖。在形式上推陈出新，城市公共外交、企业公共外交、个人公共外交等细分门类不断出现，扩大了公共外交的应用范围，在世界范围内形成了公共外交发展的热潮。就公共外交的作用而言，冷战期间，以美国为首的西方势力只是将公共外交作为输出意识形态、影响其他国家的重要手段之一，而没有挖掘公共外交深层次的内核。冷战结束之后，全球融合的大趋势代替了意识形态的紧张对立，公共外交作用更趋明显。

在中国，公共外交依然是外交工作中的一个全新的领域，随着国力增长，整体影响力不断提升，公共外交越来越受到关注，2009 年 7 月，胡锦涛同志在第十一次驻外使节会议的讲话上，首次提出中国要开展公共外交，这标志着公共外交正式提上政府的议事议程。2010 年全国"两会"期间，外交部部长杨洁篪第一次公开谈论公共外交。党的十八大以来，习近平主席对于公共外交也非常重视，在 2014 年中国人民对外友好协会成立六十周年的讲话上强调了公共外交在实现中国发展道路中的重要意义。

开展公共外交的目的是提升本国的形象，改善外国公众对本国的态度，进而影响外国政府对本国的政策，为此目的而展开的活动就是公共外交。中国公共外交的基本活动是向世界说明中国。但是过去我们在进行公共外交时，往往更注重中国人民对外友好协会等一系列半官方半民间外交组织的作用。这其中有便于管理的优势，但是与公共外交所追求的民间交流那样纯粹的民间对民间、个人对个人的关系尚有差距。推动民间交流的核心是推动普通民众之间的相互交流，不同于政府之间有相对固定的渠道、相对成熟的流程，民间交流如同桌面上的水流，个体相当于每一个水滴，尽管其流向可以由外力来引导，但是位置不能固定。这也是当前公共外交研究的难点所在，过去研究外交只需要研究政府行为，不需要考虑个体的因素，但是研究公共外交时不能大而化之，必须将研究对象定位于普通人，从最基础的社会组成单元个人的角度出发，了解个人的行为偏好，及其对民间交流的影响，以便引导个体行为向有利于实现国家公共外交的总目的方向发展，本文试图通过对近年来在海外产生一定影响力的个人行为的观察，寻找海外影响力产生的原因，对我国下一步引导个人行为有利于整体中国形象构建提出建议。

二 个人影响力扩大的动态分析

任何形式的民间交流都是由人完成的，区别在于个人行为究竟是受国家或组织安排，还是自发的行为。在过去的 20 年中，全球政治、经济、文化格局都发生了重大变化。

一方面，国际关系的主体开始下移，由单一的纯国家中心，逐步形成多中心并存的局面。由主权国家、跨国公司、非政府间组织乃至个人共同构成了新的国际关系格局，"单一的国家已经让位于'分散的国家'（dis-aggregated state）和兴起的政府间网络"①。甚至在一些专业领域，政府的权威性质和影响力不断下降，本身归属于国家的权力或被更高一级的国家联盟所吸收，或被跨国公司甚至个人行为所替代。

另一方面，新科技的出现，尤其是互联网 2.0 时代的到来，标志着以接受者为中心的观点逐渐代替了原有的以传播者为中心的传播模式，其主要特点有：一是用户分享。在 Web2.0 模式下，用户可以不受时间和地域的限制分享各种观点，可以得到自己需要的信息也可以发布自己的观点。二是信息聚合。信息在网络上不断积累，不会丢失。三是以兴趣为聚合点的社群。在 Web2.0 模式下，聚集的是对某个或者某些问题感兴趣的群体，可以说，在无形中已经产生了细分市场。四是开放的平台，活跃的用户。平台对于用户来说是开放的，而且用户因为兴趣而保持比较高的忠诚度，他们会积极地参与其中。

国际关系中的新变化及互联网 2.0 时代的这些新的特点，使单个人不再仅仅是信息的接收者，同时也是信息的传递者、信息的创造者，个人与政府或组织之间的差距被无限度地缩短，原来必须由大量人员共同完成的工作在新的技术条件下，由几个人甚至一个人就能完成。外交不再隐藏于帷幕之后，每个人都是外交官，都是国家形象的代言人，个人的行为对于国家形象的影响前所未有地扩大了。

在个人影响力空前扩大的时代，主导各国民众间政治、经济、文化交流的便不仅仅是政治家及国家机器，很有可能是在社交媒体如推特（twitter）、脸

---

① 〔英〕戴维·赫尔德：《全球盟约》，周华军译，社会科学文献出版社，2005，第 100 页。

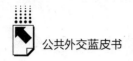

书（Facebook）、微博上的一些草根阶级，又或者是各个领域的精英，甚至是每一名留学生，每一名出国旅行者，每一名国际商人，每一个能与外国人接触的人。普遍的观点是，公共外交过程中，参与各方通过多种方式向外国公众或政府表达本国国情，并了解对方的有关观点，使得交流更直接、更广泛，更能有效地表达本国的真实形象，从而起到增强本国文化吸引力和政治影响力、改善国际舆论环境、维护国家利益的作用。但更多的人的参与必然带来了更多种多样的表达形式，也带来了国家意志控制之外的影响力。例如从 2004 年起每年美国《时代周刊》都会评选出影响世界的 100 位年度人物，其中中国美术学院建筑艺术学院院长王澍、网球运动员李娜入选 2013 年年度人物，演员姚晨入选 2014 年年度人物，阿里巴巴创始人马云、腾讯集团董事长马化腾更是多次入选其中。这些人大多是国家体制之外的成功者，而他们在表达观点时的立场也不再是统一的了，例如姚晨就多次在微博上发表对中国环境、社会、文化问题的忧虑，反映中国发展中的一系列问题。在新形势下，精英对于海外的影响力可能远大于官方的媒体，因此，对新生代精英阶层的研究显得尤为重要。

三　中国新生代精英阶层海外影响力发展观察

精英阶层的概念，学界没有统一认识。精英理论普遍认为，精英是社会的少数，但他们在智力、性格、能力、财产等诸多方面超过大多数人，对社会的发展有着极其重要的影响和作用。新生代中国精英正是指当前中国那一部分在财富、成就、影响力方面超过绝大多数普通人的少数人。他们伴随着中国融入世界，自身也在世界范围内产生重要影响。他们不仅具有影响世界的能力，也具有影响世界的意愿。精英作为少数，无疑拥有更多的资源和更多的渠道，是中国走出国门的急先锋，因此精英阶层将在很大程度上对中国海外形象的建立起到重要作用。以福布斯全球影响力人物的历年榜单为例，其中入围者都是本行业中的佼佼者，其影响力超越本行业，推动中国当代政治、经济、社会各个方面的发展。进一步研究，可以发现入选其中的精英都具有以下一些突出特点。

一是在行业中成就突出。历年来凡入选的人都是在各自领域中具有突出成就并带动行业发展的人物。

二是代表时代发展方向。在科技飞速进步的今天，新的科技每天都在出现，固守旧模式的人不可能成为时代的影响者。

三是鲜明的个性。网络时代为个体展现自己提供了舞台，青年更关注个体的成功，对于财富的追求和自身价值的实现的要求引导青年一代更热衷于个性鲜明、具有创新力的人。

新的时代是一个追求个人成功的时代，也是追求个人理想的时代，对于财富的追求和自身价值的实现驱动着人们向前。因此我们在坚持集体主义和奉献精神的同时，应该正确引导个人主义的发展，即不能放任不管，也不应该一味打压，将每个人的个人梦想与整个中国的中国梦相结合，个人与国家产生合力时，才最有可能取得成功。中国与美国的国情不同，中国人更倾向于含蓄的表达，不鼓励强烈鲜明的个性，但是如果我们要向全世界输出自己的偶像时，则需要从符合各国主流价值观认同的角度出发，寻找个性更为鲜明的案例。

四　以李娜及马云为例看精英阶层海外影响力发展

以中国女子网球运动员李娜为例。李娜是近年来在世界范围内都具有重大影响的中国人，在谷歌网（Google）上面搜索李娜（Li Na）时，搜索结果总数达到77,200,000条结果，同为著名球员的姚明（Yao Ming）的搜索结果仅为1,340,000条结果，甚至不到李娜总量的1/10，而同期其他中国运动员的搜索结果更是与之相差甚远。就全国而言，同为影响力巨大的个人，也只有马云（Jack Ma）的搜索量达到29,800,000条结果，虽然依旧相差甚远，但是已经达到同一数量级。尽管这其中有谷歌网站还没有进入内地的原因，但是总的来说，李娜较《时代周刊》列出的其他国内人物拥有更高的关注度。如果说民间交流的重要目的是推动国家之间、普通民众之间的互相了解，那么李娜已经在很大程度上成为外国人了解中国的一扇窗口。

李娜在全球拥有如此高的人气，在一定程度上成为中国新生代人物的一张名片，李娜是如何做到这点的？

最首要的在于李娜在网球这——直由欧美人所垄断的运动项目中取得了亚洲人从未取得的好成绩。李娜作为一名职业球员，两次夺得大满贯赛事冠军，

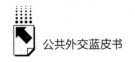
2011 年法国网球公开赛冠军是中国乃至整个亚洲第一座大满贯冠军奖杯，2014 年澳洲网球公开赛夺冠，更是创造多个历史纪录，不仅是澳网百年历史上亚洲选手首个澳网单打冠军，也是公开赛以来澳网最年长的单打冠军。李娜在网球领域的成就足以与历史上最伟大的网球运动员比肩。

其次，李娜本身拥有良好的英语沟通能力和表达技巧，在与国外记者周旋时游刃有余，充分展现出东方人的幽默与智慧，受到各国记者的欢迎。同时，李娜在比赛之余经常出席社交活动，甚至敢于登上 T 台，全方面展现自我，这与西方人一贯表达自我的精神相契合，也使其拥有了更高的知名度。

最后，李娜本身代表着中国年轻一代的自我崛起，其自身成功的生长过程，与多数运动员的训练方式不同，与旧有培养制度不同，这是需要话题的媒体所需要的。更多的曝光率加上李娜本身的传奇性，最终使李娜成为一个广为流传、脍炙人口的故事。

世界女子网球协会首席执行官丝黛西·阿拉斯特认为李娜以其个人惊人的网球天赋以及热情并幽默的个人魅力，必将在今后数十年内为中国乃至整个亚洲打开一扇了解网球的门。同样，作为代表中国出现在世界舞台上的李娜，也为整个世界带来了中国的身影。

据搜狐新闻报道，2013 年李娜在参加德国斯图加特保时捷网球公开赛时，当地有一大批李娜的支持者自发组织起来为李娜用中文加油。这从一个侧面证明了李娜带动了更多的外国人热爱中国文化，热爱汉语。

如果说李娜为全世界带去的是中国运动员自信和乐观的一面，那么 2014 年 9 月阿里巴巴在美国纽约证交所上市，其董事长马云则向世界人民展现出中国新一代企业家的风貌。阿里巴巴及其下属淘宝网正在成为千千万万中国人不可缺少的网站，同样，阿里巴巴致力于服务中小企业的宗旨也赢得了美国人的认可。中国曾经是吸收全球资本最多的国家，而现在中国的企业来到美国上市，淘宝网在美国实现落地，为美国提供了新的网络购物方式。在资本的交换之中，中美的相互依赖越发明显，在这个全球化的时代，无论是资本或是信息都自由地在全球流动，个人的影响力正在影响中美之间的互动，国家之间尽管仍会存在多种矛盾，但绝对不会再回到冷战那样相互对立的时代去了。

五 结语

当前中国正致力于实现中华民族伟大复兴的中国梦，而美国梦与中国梦之间的比较是公共外交研究中的一个热点问题。我们说美国梦所关照的是个体的成功，而中国梦更为关注的是国家及集体的发展壮大。美国梦的代表人物如苹果公司已故总裁乔布斯、NBA 著名球星詹姆斯、著名歌手碧昂丝等往往是个人奋斗最终实现人生理想的例子，而他们作为现实的参照物往往更能被普通民众接受，他们的影响力又在这种被接受中转化为美国文化的影响力，自然而然地带动了各国民众去了解美国文化，接受美国文化。

在过去很长一段时间，中国社会主流价值观一直崇尚集体主义，不鼓励个人的自我表达。在全球涌现出一批具有突出特点的中国人，打破了原有的惯性思维，有助于在国外重新建构中国人的形象。

未知产生隔膜，隔膜产生敌对，中外之间民众的交流是消除双方之间未知的最好办法，而更早走出国门的社会精英其实在其中发挥着更为关键的作用。

B.25

君子以文会友，以友辅仁

——孔子学院十周年发展介绍

惠春琳　王贝*

摘　要：　孔子学院作为国家文化"走出去"的一个重要项目，在十年的发展过程中，通过汉语教学，编写教材，培训本土教师，规范汉语考试，拓展中外文化交流渠道，建设品牌项目，获得了较大的成功；同时，作为政府主导的非营利性的教育机构，截至2013年底，孔子学院在境外有440所孔子学院和646家孔子课堂，这种跨文化的交流与传播被视为实现公共外交的重要手段，在提升中国国家形象、改善外国公众对中国的态度方面具有促进作用，成为中国公共外交的一个范例。

关键词：　孔子学院　公共外交　中国

在全球化与市民社会的背景之下，公共外交的兴起与发展已经成为一种不可阻挡的趋势，这种有别于传统外交的新方式具有鲜明的时代特色，也确实产生了明显的效果，它标志着一个新的外交时代的到来。

2004年开始，我国在借鉴英、法、德、西等国推广本民族语言经验的基础上，在海外设立以教授汉语和传播中国文化为宗旨的非营利性教育机构——孔子学院。"君子以文会友，以友辅仁"，今天的孔子学院被认为是中华文化

* 惠春琳，中央党校国际战略研究所副教授，主要研究方向为世界能源与文化软实力等；王贝，中央党校中外人文交流基地研究助理。

输出海外过程中的重要一环，作为中国公共外交的一个成功范例，尽管它遭遇过不解和质疑，但是成立十年来，孔子学院通过汉语教学，搭建了沟通中国与世界的桥梁，也为中国文化"走出去"铺设了一个综合性的平台，成为受到国际社会普遍认可的、传播中国文化的核心机构。

从 2004 年到 2013 年，孔子学院在五大洲 120 多个国家和地区开设了 440 所孔子学院和 646 家孔子课堂。这些国家和地区的民众以孔子学院为平台了解中国，感受中国文化，甚至通过孔子学院获得了第一次来中国的机会。并且，孔子学院在完善语言教学体系的同时，已经着手将其传播范围从中国文化的表层符号，例如太极、剪纸等，深入中国文化的内核。

一　孔子学院的十年发展

为了满足世界学习汉语的需求，在孔子学院成立后的十年间，其在不同地域、不同文化的国家遍地开花，汉语的国际传播从"摸着石头过河"到逐渐发展出自身的特色，基本实现了孔子学院的发展宗旨，即成为国际汉语学习网络的中心基地、中外教育合作交流的平台、中外经济文化交流的桥梁。①

其间，孔子学院提供的服务主要包括汉语教学、培训汉语教师、提供汉语教学资源，组织汉语考试和汉语教师资格认证，提供中国教育、文化等的信息咨询，开展国际文化交流活动。

（一）孔子学院建设

第一，孔子学院的建设得到了中央政府和地方各级政府部门的大力支持，国务院办公厅对孔子学院的建设给予了大力支持和帮助；财政部研究确定了孔子学院和汉语国际推广经费保障机制；国务院侨务办公室将孔子学院建设纳入海外华人华侨的华文教育统筹规划，并积极推动驻外使馆对孔子学院海外建设的支持，把孔子学院作为外交工作的重要内容；国家发改委、商务部、文化部、广电总局、新闻出版总署、国务院新闻办、国家语委等都十分重视孔子学

---

① 《2006 国家汉办年度报告》，第 17~18 页。

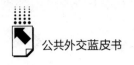

院建设。①

第二，孔子学院的办学特色是中外合作办学。在遵守《孔子学院章程》的前提下，先由外方自愿递交申请，中外双方在协商的基础之上签订协议，始终坚持外方为主、中方从旁协助的角色定位。根据不同情况，有五种合作模式，一是国内外高校合作，二是国内外中学合作，三是外国社团与国内高校合作，四是外国政府与我地方政府合作，五是企业与高校合作。

从其办学特点和合作模式来看，孔子学院（孔子课堂）的建设更多的是依赖外方的意愿，而外方形成此意愿的基础，与中国留学生的影响有关②。

第三，孔子学院以往的建设取得了丰硕成果，并在2013年发布的《孔子学院发展规划（2012～2020）》中，各国孔子学院制订发展计划，确立新的发展目标，提高办学质量，深化影响力。

表1　2006～2013年孔子学院（孔子课堂）数量变化及分布

	2006年	2007年	2008年	2009年	2010年	2011年	2012年	2013年
孔子学院	122	226	249	282	322	384	400	440
孔子课堂			56	272	369	500	535	646
亚洲	43	64	90	97	112	83/40①	87/45	93/50
非洲	6	18	21	25	26	25/5	31/5	37/10
美洲	25	56	81	292	343	112/324	131/339	144/384
欧洲	44	81	103	128	187	122/102	134/112	149/153
大洋洲	4	7	10	12	23	16/29	17/34	17/49

①前一数字是孔子学院数量，后一数字是孔子课堂数量。
注：数据来源于历年《国家汉办暨孔子学院年度报告》。

（二）汉语教学、教师、志愿者与教材

孔子学院在汉语国际推广的过程中，承担了汉语教学标准化的责任，2007年《国际汉语教师标准》正式公布，从而明确了从事国际汉语教学工作的教

---

① 《2006国家汉办年度报告》，第7页。
② 高永安：《十年来孔子学院布局及其相关性报告》，《华南师范大学学报》（社会科学版）2014年第5期，第55～59页。

师所应具备的知识、能力和素养，并为国际汉语教师的培养、培训、能力评价和资格认证提供依据；同年，《国际汉语能力标准》正式公布，《国际汉语教学通用课程大纲》（征求意见稿）公布，为世界汉语学习者制定了统一的标准，有利于汉语的全面推广。

相较于孔子学院的建立，师资力量的短缺一直是其提高办学质量的瓶颈。为解决这一问题，孔子学院总部一方面增加外派教师的人数，另一方面是加强针对本土教师的培训。

孔子学院的教师分为三种，一种是公派教师，一种是志愿者，一种是本土教师。2006 年，国家汉办向 80 个国家派出教师 1004 人，向 34 个国家派出志愿者教师 1050 人，培训国外汉语教师 15896 人；2007 年，向 104 个国家派出教师 1532 人，向 42 个国家派出志愿者教师 1445 人，为 70 个国家培训汉语教师 1.6 万人次；2010～2011 年，向 123 个国家派出教师 3343 人，向 81 个国家派出志愿者教师 3472 人，对 78 个国家 9612 名本土教师进行了培训；2012 年，向 132 个国家派遣了 1.1 万名汉语教师和志愿者。

在教材方面，2013 年成立了国际汉语教材编写指导委员会和专家组，并为加强教材标准建设，修订《国际汉语教学通用课程大纲》，开发《国际汉语教材编写指南》，实现课程、教材、考试标准相统一；为适应信息化与数字化的要求，孔子学院数字图书馆、孔子学院教学案例库、信息库正式上线运行；与国际出版机构合作开发本土教学资源，有英国 A-level 考试 1～12 年级"中华文明"系列读书、Daisy 网络汉语课程、牛津"阅读树"《中国好东西》文化动漫资源等项目。支持 9 个国家 18 所孔子学院开发本土教材共计 21 种 147 册。

（三）国际交流

孔子新汉学计划面向有志于深入了解中国文化的世界各国青年，以繁荣汉学研究，增进中国与各国人民之间的友好关系，同时也为了促进孔子学院的可持续发展。这一计划包含 6 个项目，即中外合作培养博士项目、来华攻读博士学位项目、"理解中国"访问学者项目、青年领袖项目、出版资助项目和国际会议项目，涉及的专业领域主要集中在人文科学和社会科学。

目前，孔子新汉学计划 2015～2016 年的招生已经开始。2014 年 6 月，13

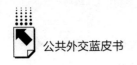

名缅甸青年领袖来华访问，在云南、北京等地围绕社会、经济、文化等开展访问和调研。同时，中国学者赴外讲学项目也顺利启动。

"汉语桥"系列活动是孔子学院的品牌项目，在 2013 年，孔子学院总部邀请来自 51 个国家的 2268 名大中小学校长、教师和教育官员访华，来自 87 个国家的 12649 名青少年参加"汉语桥"夏（冬）令营；全球共有 106 个国家 7 万多名学生参加"汉语桥"中文比赛，选拔了 77 个国家的 123 名选手来华参加第十二届"汉语桥"世界大学生中文比赛决赛，62 个国家的 124 名选手来华参加第六届"汉语桥"世界中学生中文比赛决赛，以及来自全国 27 个省市（含港、澳、台）近 200 所高校、106 个国家的近万名留学生参加第六届"汉语桥"在华留学生汉语大赛。

（四）汉语考试

从 1990 年起，国家汉办和孔子学院总部为了满足国外学生对汉语考试的需求，先后研发并实施了汉语水平考试（HSK）、汉语水平口语考试（HSKK）、中小学生汉语考试（YCT）、商务汉语考试（BCT）以及孔子学院（孔子课堂）测试（HSKE）等多种汉语考试。

2006 年，国家汉办着手改革命题方式，并调动全国高校力量参与命题和阅卷，鼓励海外汉语教学考试和机构承办汉语考试。同时通过增设考点、增加考试次数、缩短成绩公布周期等措施，吸引参加汉语考试的人数逐年递增。至 2013 年，考试人数较 2012 年增长 43%，334 所孔子学院（孔子课堂）正式开始举办汉语考试，比 2012 年的 287 所增长了 16%（见图 1）。

汉语考试影响力在逐年上升，在 2013 年，不仅在中国被作为外国人入学、就业的汉语水平证明，HSK、HSKK、YCT 和 BCT 已经被韩国、日本、新加坡、马来西亚、印度尼西亚、泰国、澳大利亚、加拿大、爱尔兰等国政府、教育机构和企业作为汉语教学和人员选聘的标准。

（五）网络孔子学院

为适应互联网时代的需求，孔子学院建立了网络孔子学院，于 2009 年，基本建成以北京、上海、香港、伦敦和洛杉矶为辐射点的全球网络传输硬件平台，架设新版网络架构、启动运营 48 个中英文汉语教学和中华文化频道，与

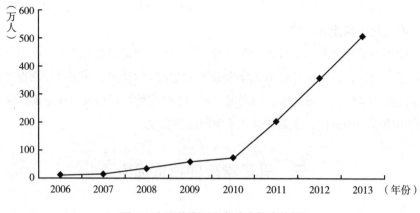

图1 孔子学院汉语考试人数变化图

60多家媒体、出版社建立内容合作关系，完成国内外网络调研工作。至当年12月底，网络孔子学院将网站内容分为孔子学院、资源、学习、互动和文化五个中心。

2013年，网络孔子学院完成升级改造，增设了互动教学、视频媒体和电子商务的系统功能，实现全新WEB2.0交互及基于MOOC教学理念的实际应用，开设新闻、在线自学、在线课堂、一对一辅导、文化、考试、全球孔子学院、媒体、学院商城等9个板块，注册人数达105万，其中，2013年新增注册数45.4万。

自媒体兴起，孔子学院在微信平台开设网络孔子学院的公众号，不定期地发送有关孔子学院、中国文化小趣事等文章。

二 孔子学院对中国公共外交的作用

国家形象是公共外交的内核，孔子学院是一个综合性的、常设性的平台，这个平台不仅向外展示了悠久的中国文化和现代中国人的精神风貌，同时也是一个反馈的渠道，通过直接的接触，可以接收来自不同国家、不同阶层的人对中国的看法，为各国民众之间的交流提供了渠道。

孔子学院的建设离不开国外对中国抱有好感、对中国文化怀有兴趣的各界人士的帮助，孔子学院将他们的力量凝聚起来，共同为传播中国文化、促进国际交流做贡献。例如，加拿大滑铁卢大学分管国际事务助理副校长Nello

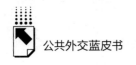
Angerilli 就认为，中国是一个正在发生高等教育变革的国家，而中国所做的，还没有其他国家能够超越。

中国经济蓬勃发展，世界上许多国家与中国打交道的机会增多，学习汉语以便了解中国，成为国外很多父母希望下一代掌握的技能。而国外民众选择孔子学院作为他们的学习场所，则表现出对孔子学院的信任以及对孔子学院所代表的中国政府的信任，这无疑提升了中国国家形象。

三　孔子学院的独特优势

在阿根廷的布宜诺斯艾利斯大学孔子学院，当时的普通话课程预计会有100～150人，结果报名人数达到900人，这从一个方面说明了外国人对中国的热情有时远远超过我们自己的想象。在笔者看来，孔子学院具有以下优势。

（一）模式新颖，讲究实效

孔子学院办学的一大特点是中外合资的教育发展模式，以外方为主、以中方为辅，在形式上是中外高校、中小学校一对一的合作方式。这样做一方面冲淡了其官方背景，另一方面，利用当地人更了解当地文化的特点，方便了解所在国对中国的感知程度以及对中国文化的需求程度，因地制宜，有的放矢，提高了孔子学院的办学效率，也为它赢得了更好的口碑。

以泰国孔子学院发展为例。作为我国东南亚近邻，自1975年7月两国建交起，中国领导人特别注重与泰国的关系发展，中泰两国经贸往来，文化交流活动日趋频繁。泰国共有12所孔子学院11家孔子课堂，清迈大学孔子学院在2006年正式挂牌成立，中方合作院校是云南师范大学，学院设有理事会，中泰各4名理事，双方校长轮流担任理事长并每年轮流在云南师范大学和清迈大学召开一次理事大会。孔子学院设在清迈大学语言学院大楼内，附有办公室、图书室、中国文化活动中心以及公用教室。清迈大学校长 Niwes Nantachit 认为，孔子学院是链接中泰历史文化的桥梁，可以让泰国民众特别是大学生更加了解中国。

（二）打造平台，开拓渠道

一方面，各地的孔子学院在具体办学过程中结合自身及当地情况，各有侧重，并不是简单的语言教学和穿插其中的文体活动；另一方面，孔子学院总部也在不遗余力地促进双方的文化交流。因为孔子学院的辐射范围不局限于所在学校的学生，而是会扩展到所在社区。这样就为想要了解中国文化的普通民众提供了平台，反过来，这个平台又为孔子学院扩大影响力提供了机遇。

英国伦敦金史密斯大学在艺术、设计、人文和社会学等学科领域颇具特色，为伦敦金史密斯舞蹈与表演孔子学院的成立提供了肥沃土壤，这是第一所以舞蹈和艺术为特色的孔子学院。学院开设了专门的舞蹈、武术、音乐课程。美国宾汉顿大学的专长在歌剧，学校有非常优秀的音乐系和戏剧系，所以联合中国戏曲学院成立了独具特色的戏曲孔子学院，这使得美国学生有机会学到中国艺术的戏曲部分，有脸谱、京剧、歌唱、笛子等。孔子学院内的学生或者从中国邀请而来的艺术家会在宾汉顿大学所在社区的安德森艺术中心大剧院进行表演，这对于不了解中国戏曲的美国人来说，无疑打开了一扇文化交流的窗户。

（三）架设桥梁，连接中外

邀请各孔子学院的学生来华是另一种方向的互动。孔子学院通过举办"汉语桥"世界大学生中文比赛、世界中学生汉语比赛以及全球外国人汉语大会，与国内大学建立留学生合作项目，吸引孔子学院中的优秀学生求学，组织来华夏令营和冬令营活动，尽可能地激发学生的学习热情，发挥中国文化传播桥梁的作用。如果没有孔子学院，他们不会来到中国，接触到真实的中国。

四　结语

中国公共外交的最基本活动是向世界说明中国，促进外国公众认识真实的中国——包括中国的文化传统、社会发展、经济状况、政治体制和对内、对外政策等等。孔子学院作为传播中国声音的最前沿，其发展受到党和国家的高度重视，十年来孔子学院经受住了国际局势变化的考验，不断发展壮大，已经成为中国公共外交中不可忽视的一环。在未来，随着中国综合实力的继续提高，孔子学院的影响力一定会继续扩大，遍播四海。

公共外交的理论争鸣

Theoritical Contending in Public Diplomacy

B.26

2013～2014年国际学术界对公共外交的理论探索

周庆安　田媛媛*

摘　要：　2013年以来国际学术界对于公共外交的理论探索是多方面的。从文献中看，这些内容包括了对公共外交的战略传播思维讨论，对公共外交的模式探讨，对公共外交活动中修辞的研究，也包括了对大量历史案例的研究和分析。这两年的公共外交理论研究，更加立足于具体的实践活动，尤其是在反恐斗争中的公共外交，以及科技外交和展览外交等，都日渐成为学者们关注的对象。

关键词：　战略传播　公共外交　学术研究　国际

---

* 周庆安，清华大学新闻与传播学院副教授，清华大学爱泼斯坦对外传播研究中心副主任；田媛媛，清华大学爱泼斯坦对外传播研究中心助理研究员。

作为近年来一个广受关注的概念，公共外交本身直接与国家形象、国际传播等问题相关，因此在国际学术界的研究成果越来越多。但是长期以来，无论在国内还是国际学术界，对于公共外交的研究多停留在概念分析、行动呼吁、案例综述的阶段，公共外交的研究对象在不断增加，但研究方法中普遍缺乏范式构建，也缺乏更加详尽的量化分析和历史比对，对于一些经典案例，如乒乓外交、推特外交等案例的研究也还是停留在案例描述上。

这种情况是否在2014年的全球研究中得到改善？2014年在全球公共外交的研究中有哪些最新的动态和成果出现？研究的侧重点和覆盖面主要集中在哪些问题中？本文拟从2014年在全球主要学术刊物上发表的研究论文入手，探讨公共外交的最新研究动态。总体上看，2014年，全球学术界对公共外交的研究仍然在快速发展，更多的研究变得更有针对性和指向性。通过对公共外交研究论文的综述与分析，基本上可以对公共外交与国家形象这一研究提供一定的借鉴意义。

总体上说，在经历了2012年公共外交研究论文的发表高峰之后，2013~2014年度基于Sage和Proquest数据库检索到的公共外交论文数量有所下降。尽管比较关注公共外交的杂志*Place Branding and Public Diplomacy*和*American Behavioral Scientist*等仍然在大范围内对公共外交进行研究，但同一个专题下的多视角公共外交研究和纵向历史回顾的大稿数量并不太多。在概念层面上，Battle of Ideas这样带有很强对抗性观点的文章数量较以往有所下降，公共外交效果分析的论文开始增加。基于美国的公共外交讨论文章数量虽然仍占较大比例，但也有越来越多的论文讨论包括中国在内的发展中国的公共外交活动。

一　基于实践层面推动的理论探索

由于公共外交本身既有国际政治的特点，又有新闻传播的属性，因此跨学科的研究需要一个更加明确的范式。2014年，对公共外交的理论研究，主要建立在范式构建的基础上，明显地体现了如下几个特点。

（一）公共外交的整合与战略传播思维受关注

公共外交的理论研究，目前仍然处于概念建构和模式划分的阶段。在这个阶段的研究有两个重要的导向。一个导向是明确的实践导向，公共外交的基础理论研究，着眼于公共外交工作如何更加有效地开展，因此对于公共外交的分类，常常基于主要国家在公共外交中的活动进行；另一个导向是效果导向，公共外交的理论研究构建在效果的基础上，对于时间限度、范围限度的划分，往往都以效果为标准进行。这一两年时间的论文，更有这种明确的特点。如美国学者 Nicholas J. Cull 分析了公共外交从历史中得出的七大教训，将其整理为（1）公共外交源于倾听；（2）公共外交需要与政策相结合；（3）公共外交不是根据国内需要进行的对外表演；（4）有效的公共外交需要信誉，但同样也有影响；（5）有时候有说服力的声音不是单方面阐述；（6）公共外交不总是"关于你的问题"；（7）公共外交与每个人都相关。[①] 这七个教训具有很强的实践意义，是在过去几年时间中比较全面的对于公共外交实践工作的一种探索。

在实践导向和效果导向的基础上，如何整合现有的公共外交手段和资源，在研究中讨论得比较多。其中比较典型的来源于 Guy J. Golan 的论文《公共外交的整合路径》，本文基于对 Joseph Nye 的软力量理论的反思，提出公共外交需要"整合式公共外交"（Integrated Public Diplomacy）的概念。这一概念融合了短期的媒介化公共外交、中长期的国家品牌构建/国家美誉度、长期的关系式公共外交[②]。当然，从这种分类来看，短期、中长期和长期的安排仍然主要是立足于工作效果。但是如何整合公共外交资源已经成为学术界必须要考虑的问题。关于这一领域，这些年学术界的讨论比较集中。比如公共外交与新闻业的整合、公共外交与全球秩序，甚至将公共外交置于理论物理的研究视野下，讨论公共外交与世界政治的熵值增减之间的关系。这些研究的主要结论基本上是，公共外交不可能在任何一个部门单打独斗，而需要将其与现有的一些对外工作结合起来进行。

在此前的研究中，这种整合式的公共外交，也被称为公共外交的战略传播路径或者模式。自 20 世纪 90 年代战略传播被 Jarol Manhaim 提出之后，在企业的运用和在国家对外传播活动中的应用同样受到重视。R. S. Zaharna 在 2014 年

---

① Nicholas J. Cull, Public diplomacy: Seven Lessons for Its Future from Its Past, *Place Branding and Public Diplomacy*, Vol. 6, 1, 11 – 17, 2010.

② Guy J. Golan, An Integrated Approach to Public Diplomacy, *American Behavioral Scientist*, 57 (9) 1251 – 1255, 2013.

出版了《桥梁之战：911之后的美国战略传播与公共外交》，全面评估了美国公共外交在2001年"9·11"之后的战略框架和战术运用，认为公共外交目前存在三种评估模式，一是战略层面的评估，即使用新思维在全球传播阶段推进公共外交；二是软实力层面的评估，既要重视大众传播，又要重视网络化的传播；三是战术层面的评估，将传播活动、文化活动和身份认同在活动中结合起来进行。[①] 将战略传播的思维与公共外交的实践相结合，为公共外交研究提供了一个新的理论框架。

（二）继续探索公共外交的模式创新

重视公共外交的模式研究和模式创新。应该说，Etan Giboa在2008年对于公共外交的三个模式的探讨（分别是基础冷战模式、非政府组织模式和国内公共关系模式），基本打开了对公共外交模式进行研究的大门。此后从整合路径的研究可以看出，公共外交的研究范式，仍然试图从效果层面去进行区分。由于公共外交活动本身的效果需要较长时间才能看出，因此以时间范围进行公共外交的层次区分，是一种最为简单和直接的方法。之后国内外的学术界对模式研究也没有停止。

当然，目前，比如Zhang Juyan提出了公共外交中社交媒体的使用应当采用"战略问题管理"（strategic issue management，SIM）的方法，通过两个案例研究揭示SIM法的四个阶段，即问题发酵和病毒式传播阶段、主动出击阶段、反应阶段和议题衰退及新议题发酵阶段。作者将这一模式与Etan Giboa的3种公共外交模式（基础冷战模式、非政府组织模式、国内公关、模式）进行了对比，新的模式在发起者、主要参与者、目标、媒体类型、渠道、测量等方面都有较大的不同，体现了公共外交中社交媒体使用的新特点。[②]

（三）公共外交的修辞研究受到重视

公共外交的主要内容研究开始变得更加具体，尤其是对于公共外交中的修

① R. S. Zaharna, *Battles to Bridges*, *US Strategic Communication and Public Diplomacy after 911*, Palgrave Macmillan, 2014.
② Juyan Zhang, A Strategic Issue Management (SIM) Approach to Social Media Use in Public Diplomacy, *American Behavioral Scientist* 57 (9) 1312-1331.

辞研究，体现了学者对公共外交研究深化的努力。这种修辞研究集中在两个方面，一部分较为集中的是政府部门信息发布的修辞。比如以色列海法大学的 Ben D Mor 研究了 2010 年以色列特种部队袭击土耳其船只之后，以色列的政府修辞，并将这种修辞形容为"公共外交中的修辞防御"。他认为，这是指国家在外交活动中被指责时，用修辞进行自我辩护的一种策略。他认为逃避责任的修辞防御由真相、权利和诚意组成，正如哈贝马斯在传播理论中所阐释的那样，在标准和语境中建立平衡。内塔尼亚胡使用了这些技巧来处理以色列袭击土耳其民船之后的舆论争议。①

另一部分则主要是领导人修辞。比如美国总统奥巴马、英国首相卡梅伦等在国际多边组织中的讲话，也都被作为研究的对象。奥巴马在布拉格的"无核世界"演讲之后，张巨岩对其演讲内容进行了修辞分析，主要探讨了混合动因条件下的公共外交修辞。他认为，此前国际社会对于"无核世界"这个概念的看法是非常复杂的，有着多种动因来理解这个词。奥巴马的这个演讲，首先是信息不对称，他通过强调美国的领导，提出不对称宣传，延续控制主题并为美国拥核问题正名。其次是描述有核世界的痛苦，这种修辞策略的吸引力法则是理性。奥巴马的公共外交演讲提出了构建主义的世界观，强调思想的力量，道德、规范和改变的可能性。②

领导人修辞在公共外交活动中的最大意义，是直观有效地作为政策阐释的第一信息来源。其观点、修辞和表达方式，都会受到国内外媒体的高度关注和多方引用。这些话传播到大众中间，不仅直接间接塑造领导人形象，而且通过领导人形象塑造一个国家的认知度和好感度。2013~2014 年，包括中国领导人在内，各主要国家领导人的修辞，都成为公共外交研究的重要范本。我们很难想象一个受人喜爱的国家，有一个让人讨厌的国家领导人；同样我们也很难想象一个不受人喜欢的国家，能够有一个广受好评的领导人。因此，对领导人形象的研究同样重要，比如 Guy J. Golan 和 Sung – Un Yang 评估了一国领导人

① Ben D Mor, The Structure of Rhetorical Defense in Public Diplomacy: Israel's Social Account of the 2010 Turkish Flotilla Incident, *Media*, *War & Conflict*, 2014, Vol. 7 (2).

② Juyan Zhang, Exploring Rhetoric of Public Diplomacy in the Mixed-motive Situation: Using the Case of President Obama's 'nuclear-free world' Speech in Prague, *Place Branding and Public Diplomacy* (2010) 6, 287 – 299.

对于影响外国公众对该国印象的作用。他们通过研究评估所谓的"奥巴马效应"对于巴基斯坦国民看待美国态度的转变。根据皮尤研究中心全球态度项目的分析结果，奥巴马的外交政策获得支持，美巴关系改善，巴基斯坦国民对美态度好转，这个研究结论强化了领导人公共外交的效果。①

（四）公共外交的主体研究

第三方面，公共外交行为主体的研究也开始变得日渐重要。除了政府支持的非政府组织之外，企业、社会团体和个人的研究也变得越发细化。总体上在这两年的时间中，研究者主要是讨论媒体在公共外交中的作用。但是非政府组织和个人的研究也开始多样化，城市公共外交和企业公共外交的讨论比较少，但在中国国内，这样的研究开始增多，研讨会也变得比较密集。这些研讨会更多的是鼓励中国企业和城市参与到公共外交的进程中，通过构建更加正面积极的企业和城市形象，为中国公共外交提供正面案例，推进公共外交工作。

在国际学术界，学者们不满足于将媒体作为一个孤立的个体，更多的是对媒体在公共外交中的角色进行细分研究。甚至一些学者认为媒体中的社论外交（Op-ed diplomacy），其实也是对公共外交研究的主体拓展。Guy J Golan 研究了《国际先驱论坛报》和《华尔街日报》（欧洲版）在 2011 年期间对埃及政局动荡的社论和评论，认为这些社论和评论的作者多数是美国媒体的新闻工作者，这也导致了媒体报道中仍然从西方视角出发，而埃及民众在阅读这些内容时，会对两家媒体本身产生一种不必要的对立情绪。② Melissa A. Johnson 则研究了少数族裔的博物馆，通过新媒体手段，能够让世界更多的国家和民众了解本国多元文化的包容性，是国家形象的重要构建手段。③

非政府组织如何发挥作用，也是公共外交研究探讨的主要命题。从根本上讲，目前国际学术界对于非政府组织的作用已有较大共识，因此目前的研究已

---

① Guy J. Golan and Sung – Un Yang, Diplomat in Chief? Assessing the Influence of Presidential Evaluations on Public Diplomacy Outcomes Among Foreign Publics, *American Behavioral Scientist*, 57 (9) 1277 – 1292.

② Guy J. Golan, The Gates of Op-ed Diplomacy: Newspaper Framing the 2011 Egyptian Revolution, *The International Communication Gazette*, 75 (4) 359 – 373.

③ Melissa A. Johnson, Ethnic Museum Public Relations: Cultural Diplomacy and Cultural Intermediaries in the Digital Age, *Public Relations Inquiry*, 2 (3) 355 – 376.

经不在于非政府组织的公共外交作用有哪些，而是非政府组织如何形成作用，在国际舆论和目标国家舆论中如何构建政策议题，形成公众认知。在 2013 ～ 2014 年度中，学术界一方面对西方国家非政府组织的公共外交效果展开调查，回顾和反思了一些主要非政府组织的历史效果；另一方面也关注了包括中国非政府组织在内的新兴非政府组织的作用。比如 Aimei Yang 和 Maureen Taylor 就研究了中国在免疫系统缺陷的疾病方面，与国内和国际非政府组织合作，在国际舆论中呈现了一种什么样的形象，哪些议题得到较高的认可度，哪些方面还存在问题。①

公共外交研究的另一命题是个人如何在公共外交中产生影响。如果是有影响力的舆论领袖，那么基于个人层面的对话，本身客观上可能构成公共外交的效果。有学者从 1797 ～ 1798 年的私人信件与公共外交入手，探讨了这一年间美国总统约翰·亚当斯的个人社交网络与 1798 年发生的美法准战争之间的关系。应该说这是一场世界史研究中关注度较低的战斗，因为双方并没有正式宣战，加之全场在海上进行，经常被淹没在美国史研究中。但是 Nathan Perl - Rosenthal 等在 2011 年发表的论文中认为，当时的美国总统约翰·亚当斯之所以选择与法国谈判，是受到了私人书信的影响。尽管学者们认为，内阁的建议和影响是亚当斯做出判断的主导因素，促使其重新开启对法国的谈判，并选出执行新任务的特使，但亚当斯关于是否选派特使这一问题先与其书信往来的私人网络进行沟通，其后才询问内阁的意见。当谈及选择具体的特使时，亚当斯询问了不同党派人物的意见，当然，这些人选也都是其私人网络推荐并信任的。因此个人也在不同程度上影响了对外决策。②

二　立足多样化讨论公共外交的分类效果

在 2013 ～ 2014 年度中，国际学术界仍然关注多样化的公共外交活动，对

---

① Aimei Yang, Maureen Taylor, Public Diplomacy in A Networked Society: The Chinese Government - NGO Coalition Network on Acquired Immune Deficiency Syndrome Prevention, *the International Communication Gazette 2014*, Vol. 76 (7) 575 - 593.

② Nathan Perl - Rosenthal, *Private Letters and Public Diplomacy*, The Adams Network and the Quasi-War, 1797 - 1798.

其研究占到了整体研究总量的 50% 以上。对于公共外交的研究集中在以下几个方面。

（一）公共外交与反恐

在过去的几年时间中，反恐活动仍然是国际社会尤其是西方国家的安全问题重点。因此，如何在反恐大背景下开展公共外交活动，一方面可以争取国际舆论对于各国反恐活动和反恐政策的支持；另一方面对于恐怖活动高发地区，或者潜在的恐怖分子活跃国家和地区进行公共外交活动，也是国际学术界研究逐渐热门的方向。正如 Philip Seib 在《公共外交、新媒体和反恐》一文中所强调的那样："提供一种能抵消敌意和暴力信息的对抗力量，是公共外交的基本任务之一。这项工作的一部分是建立对话，包含平等，尊重领导人，温和的神职人员和其他人。但它必须通过政策支持，才可以确保这种做出承诺的对话能成为现实。"[1]

从 Sage 等数据库检索的情况来看，2012 年以来反恐与公共外交的研究逐年增加。最新研究动态显示，*Media，War & Conflict* 杂志从 2013 年开始，先是讨论了如何在国际媒体上讲恐怖主义的故事。[2] 学者认为，讲恐怖主义的故事有两种因素，一种是情境因素，指被袭击国家受媒体的影响以及此前的恐怖主义记忆；另一种则是焦点事件因素，主要是恐怖事件报道中的新闻属性。国际媒体的记者更愿意将报道重点放在构建宏大的故事上，因此焦点事件的因素影响记者更大一些。

在整个理论构建中，公共外交能否在反恐活动中产生效果，学者的研究主要从两方面深入。一方面，学术界认为，恐怖主义行为产生的巨大伤害往往通过媒体的层面来实现。媒体的作用无疑是重要的，因为恐怖主义组织有巨大的文化和历史土壤，所以研究恐怖主义活动高发国家的媒体就变得十分重要。2014 年，从巴基斯坦媒体的报道研究中，几位学者罕见地提出塔利班在巴基斯坦记者中塑造议程的能力要强于美国，这是因为随着反恐的深入，塔利班和

---

[1] Philip Seib. （2011）. *Public Diplomacy, New Media, and Counterterrorism*, Figueroa Press, Los Angeles, America.

[2] Moran Yarchi, Promoting Stories About Terrorism to the International News Media: A study of Public Diplomacy, *Media, War & Conflict*, 2013 6 （3）263 – 278.

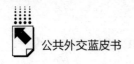
其他宗教团体在巴基斯坦媒体上呈现了一种受损的弱势形象，同时还和巴基斯坦记者共享天然的语言、社会和政治文化。这种研究继续认为，反恐中公共外交需要构建文化和政治上的一致性，否则将会非常困难。① 在这种情况下，公共外交专家们如何讲述恐怖主义的故事，如何构建反恐的话语体系，就需要更加深入的研究。在过去的一两年时间中，如何讲好恐怖主义和反恐的故事，也是学术界在研究的一个重要问题。

另一方面，对于这些媒体的研究，仍然需要借助传播学中的焦点事件理论来检视恐怖活动是否成为真正意义上的焦点事件。如果成为焦点事件，那么就会通过新闻媒体，最终进入决策环节，对决策产生影响；如果不成为焦点事件，那么会随着新的媒体议程的出现而被淡化甚至遗忘。Thomas Birkland 在早期的论文中就认为，恐怖主义对美国的威胁其实早就出现了。但"9·11"事件成为一个焦点事件，并最终改变了决策议程。② 在这两年中，虽然对美国本土的恐怖主义袭击并不多见，但是发生于 2013 年 4 月的美国波士顿马拉松爆炸案仍然构成了一个重要的焦点事件。爆炸刚发生，相关信息就被大家上传到 Twitter、Facebook 等社交网站，现场混乱、充满血腥的照片极具视觉冲击力。不仅如此，相关信息还借助网络的便捷迅速传播到了全球。

（二）文化外交、体育外交、科技外交的新研究

在近些年中，文化、体育作为公共外交的手段，也得到了进一步的研究。尤其是展览、博物馆和运动会，有数篇论文专门进行了讨论。在研究中还涉及 2010 年上海世博会的公共外交活动。展览工作作为公共外交的一个重要手段，一直保持了较好的传播效果。这也是为什么世博会受到国际舆论关注的原因。而在国际多边论坛中，如何借助这些平台进一步开展工作，也受到各国学术界的关注。

上海世博会的公共外交效果研究，一直受到海外学者的关注。继 2011 年开始，南加州大学公共外交研究中心的王坚教授等，将其作为中国公共外交研

---

① Rauf Arif, Mediated Public Diplomacy: US and Taliban Relations with Pakistani Media, *Media, War & Conflict*, 2014, Vol. 7 (2).

② Thomas A. Birkland, Agenda – Setting and Policy Change in the Wake of the September 11 Terrorist Attacks, *Review of Policy Research*, Volume 21, Number 2 2004.

究的重点案例开展，之后 2012 年，又有学者将上海世博会与 2012 年伦敦奥运会的公共外交活动进行了比较研究。总体上看，上海世博会因为其持续时间长、网上世博会的参与度高、媒体正面认知度大等，吸引了更多参观者和媒体的关注。旅游的公共外交工作，也是学术界讨论的焦点问题。总体上看，学术界仍然强调旅游是直观的感受，对于公共外交而言具有不可替代的"直播"效应。

同时资料显示，这两年中科学外交也逐渐成为研究新宠。澳大利亚学者 Frank L Smith III 和两位德国学者 Tim Flink、Ulrich Schreiterer 都从不同角度讨论了科学外交作为公共外交的组成部分所发挥的作用。他们都认为，科学外交是指在国与国之间通过科技交换建立国际合作，从而塑造国家形象，改变舆论看法。Frank L Smith III 将 90 年代美国海军医疗研究团队（US Naval Medical Research Unit 2）在印度尼西亚开展科技合作作为案例，探讨这种合作是否可能改变公众舆论的看法。他认为，科学外交能够改变精英阶层的印象，从而影响公共政策的走向，最终改变对另一个国家的看法。[1] 更早期一点，Tim Flink 和 Ulrich Schreiterer 则比较了六个国家（美国、英国、德国、法国、瑞士、日本）的科学外交，认为相对富裕的国家通过科学外交，能够提升塑造国家形象的创新能力。至于影响，这些国家使用科技手段可以相互合作，提高软实力，国际之间相互联系实现利益共赢，消除彼此的敌意。在这个基础上，还需要背景知识、个人联系和更好的科技外交的经验手段。[2]

（三）历史案例的重新挖掘和整理

除此以外，我们还关注到，对于一些历史上的公共外交案例的研究，也成为 2013～2014 年度的研究重点。尤其是澳大利亚早期的科伦坡计划，美国 90 年代在中东地区推进的民主化和信息化活动，以及早期亚洲各国公共外交形态的比较等。这些研究有共同特点，因为时间长远，资料足以对这些计划的具体

---

[1] Frank L Smith III, Advancing Science Diplomacy：Indonesia and the US Naval Medical Research Unit, *Social Studies of Science*, 2014, Vol. 44（6）.

[2] Tim Flink and Ulrich Schreiterer, Science Diplomacy at the Intersection of S&T Policies and Foreign Affairs：Toward a Typology of National Approaches, *Science and Public Policy*, 37（9）, November 2010.

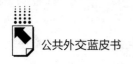

成效进行分析。通过这些分析我们也能了解到，公共外交的力度还与一个国家外交政策的活跃程度呈现正相关。

公共外交的历史研究，有着重要的学术价值。它是公共外交思想来龙去脉的一种梳理，也是了解当代政策的一种管窥和镜鉴。在一段时间中，公共外交研究容易陷入当代视野，认为当下是公共外交的事业开端，而忽视了其决策过程的长期性和复杂性。2013~2014 年度的研究中，案例研究本身的梳理都比较深入。公共外交的案例研究，基本上是从四个方面进行分析：首先梳理了公共外交活动本身的史料；其次对于这些史料从不同层面进行探索，如进一步量化，或者是做质化的分析；再则将这些史料与现有的公共外交思维进行比较和分析；最后形成研究结论。

在历史案例的挖掘中，这几年海外的公共外交研究，有一些突破性的进展。如对于澳大利亚科伦坡计划的研究。这一计划是二战结束后，澳大利亚为了更好地参与亚太事务而启动的公共外交计划，由著名记者担纲，虽然规模不大，但是很有代表性，是澳大利亚欧洲导向或者亚太导向的一个典型案例。历史上公共外交研究的视野也在不断开拓。*Place Branding and Public Diplomacy* 以珍珠港事件 70 年的公共外交为题，专门做了一篇社论，认为珍珠港事件 70 年是一个重要的公共外交契机，这个契机一方面能够推动各国正确认识历史，另一方面也需要添加更多的当代内容，来保证这一历史记忆的长期效果。[1] Thomas F. Carter and John Sugden 还比较了乒乓外交和 20 世纪 70 年代美国古巴之间的篮球赛，他认为之所以美国和古巴之间的篮球外交没有取得效果，是和当时的外交形势联系在一起的。美国和古巴之间的利益不对称，尽管公共外交工作开展了，但是效果并不如乒乓外交那么明显。而在乒乓外交中中美双方彼此都需要这样一个公共外交手段来创造改善关系的条件。[2]

---

[1] Pearl Harbor and Public Diplomacy：70 years on，*Place Branding and Public Diplomacy*（2012）8，1 – 5.

[2] Thomas F. Carter and John Sugden，The USA and Sporting Diplomacy：Comparing and Contrasting the Cases of Table Tennis with China and Baseball with Cuba in the 1970s，International Relations 26（1）101 – 121.

三 对公共外交效果的争鸣

在这一两年的时间中，国际学术界的不同著作也产生了对公共外交不同层面的争鸣。其中有不少争鸣有比较典型的代表性。

观点一：当代娱乐文化不能成为公共外交的主要思想。

Martha Bayles，波士顿学院的教师就是这些学者的代表。她在其2014年的著作《流行文化，公共外交与美国的海外形象》[①] 一书中指出：美国政府犯的一个严重错误是裁撤从事公共外交活动的机构（如美国新闻署）并且让美国流行文化成为其在海外"事实上的形象大使"。因为外国人从大多数美国娱乐文化的粗野和血腥中得到的是加强了的反美主义情绪，而错过了吸收Bayles所谓"谨慎的乐观主义"（prudent optimism）的机会，而后者在Bayles看来是美国国家精神的核心。这种观点与21世纪头十年部分法国、加拿大学者的观点相似。他们认为，不是所有的流行文化都能够成为公共外交。有些流行文化强化了国家精神的核心，如自由民主，有些流行文化则更像是摧毁性的。尽管国际舆论关注这些流行文化，但很难通过这些文化喜欢一个国家。

观点二：倾听和交流要比喊话的效果更好。

公共外交已经日渐成为双向交流，而并非单向度的传播。在21世纪的第二个十年中，公共外交的倾听和交流更加重要。这种倾听和交流意味着两方面的内容。一方面是对于目标国家受众主要观点的接纳和分析，不少国家驻华使馆的微博采集民意和"评论、转发"就是一个典型；另一方面则是创造一些更具有合作空间的公众议题，比如环境、道德、法律问题。如James Pamment在新书《21世纪的新公共外交》中指出，美国公共外交落于"传输模型"（transmission model）的窠臼而不能自拔，并认为英国和瑞典的公共外交实践相较而言更具优越性[②]。他指出，学术界和实践者达成了共识，即向民众喊话（talk at people）会制造敌意，倾听并与民众交流（talking with and listening to

---

① Martha Bayles, *Through a Screen Darkly*: *Popular Culture*, *Public Diplomacy*, *and America's Image Abroad*. New Haven, CT: Yale University Press, 2014, p. 336.

② James Pamment, *New Public Diplomacy in the 21st Century*: *A Comparative Study of Policy and Practice*, London: Routledge, 2012, p. 184.

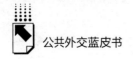

people）在道德上更受推崇且在政治上更加有效。旨在建立一种以解决问题为目的进行合作的国际系统，而不是持久的以宣扬意识形态为目的而设计公共外交项目。

观点三：政府资助的公共外交项目容易产生不信任。

政府资助的公共外交项目效果可能不如非政府组织自发组织的项目。这一观点在20世纪90年代开始出现，"9·11"事件之后得到学术界的重视。部分学者认为，因为尽管越来越多的发展中国家领导人在西方世界接受教育，但是美国的国家形象并未在这些地区发生巨大的转变。因此，美国的一些学者在研究公共外交项目在世界主要国家的受欢迎程度、受信任程度之后，认为由政府资助的公共外交项目可能会导致目标观众的不信任情绪。而这种质疑程度则取决于政府官员的受欢迎程度、目标国家的外交政策以及美国领导对于本国领导人的影响。部分项目在资助方面的优势也有可能因为与美国政府的联系而成为劣势，或招致误解与不信任。例如，支持这些项目的人群，不论是倡导者或是感兴趣的受众，多为受雇于美国政府的工作人员，因此必然支持美国的政策。"这样的结果对于个体最重要的可信度来讲，无疑是莫大的讽刺。媒体对于相关项目的报道也有可能成为双刃剑，尤其是当主办国有审查记者以及严格的媒体议程管控的历史"。在这种情况下，公众会认为这种新闻只是"宣传需要"。①

① J. Gregory Payne, Reflections on Public Diplomacy: People – to – People Communication, *American Behavioral Scientist*, 53 (4) 579 – 606.

2013～2014年国际学术界对中国
公共外交的研究观察

周庆安　吴月*

摘　要：　近年来，国际学术界对于中国公共外交的研究和观察日渐增
多。研究者将公共外交纳入中国外交风格变化的大背景中开
展研究，同时开始运用更多的社会科学研究方法，对一些具
体案例进行深入分析。尽管部分学者对中国公共外交的政策
背景和历史演变仍然缺乏足够了解，但新的研究成果也展现
了他们对中国公共外交另一个角度的分析。

关键词：　新媒体　公共外交　话语分析　学术界

作为近年来广受关注的概念，公共外交直接与国家形象、国际传播等问题
相关，因此在国际学术界的研究成果越来越多。随着中国国际地位的提高、公
共外交活动数量的增长、形式的多样化，对于中国公共外交的研究也随之增
加。长期以来，由于部分国际学者对中国公共外交背景的认识有所欠缺，国际
学术界对于中国公共外交的研究多停留在案例描述、比对分析的阶段，尽管公
共外交的研究案例在不断增加、更新，但研究方法中普遍缺乏范式构建，也缺
乏更加详尽的量化分析和历史比对。

这种情况是否在2013～2014年国际学术界对中国公共外交的观察中得到
改善，近年全球对中国公共外交的研究中有哪些最新的动态和成果出现，研究

---

* 周庆安，清华大学新闻与传播学院副教授，清华大学爱泼斯坦对外传播研究中心副主任；吴
月，清华大学爱泼斯坦对外传播研究中心助理研究员。

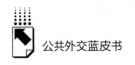
的侧重点和覆盖面主要集中在哪些问题中，是本文探讨的重点。他山之石，可以攻玉。观察世界对中国公共外交的研究，本质上也是对中国自身的公共外交研究提供镜鉴。本文从 2013～2014 年在全球主要学术刊物上发表的英文研究论文入手，探讨有关中国公共外交的最新研究动态。国际学术界对中国公共外交的研究相对中立、客观，对于评估中国公共外交的效果、拓展中国公共外交的思路具有较大的启发意义。

一 海外对中国公共外交研究的整体印象

对中国公共活动的研究是近年来全球学术界的热点之一，这是因为 21 世纪之后中国大大强化了公共外交活动，其中有些案例有很强的代表性和前瞻性。在文献研究中，我们以 public diplomacy、soft power、global communication 等为关键词，并将时间限定为 2013～2014 年，在 Sage、ProQuest、EBSCO 等数据库中对与中国公共外交相关英文文献进行检索。除此以外，在美欧国家的主要智库中，每年或者每隔一两年的时间，都会有相关的研究报告，分析世界各国的公共外交，尤其是中国的公共外交工作。

总体上看，近两年内，全球学术界对中国公共外交的研究仍然在快速发展，更多的研究变得更有针对性和指向性。通过对这一批研究论文的综述与分析，基本上可以对公共外交与国家形象这一研究提供一定的借鉴意义。从数量上看，经历了 2012 年公共外交研究论文的发表高峰之后，2013～2014 年度基于全球主要数据库检索到的公共外交论文数量有所下降。尽管比较关注公共外交的杂志 *Place Branding and Public Diplomacy* 和 *American Behavioral Scientist* 等仍然在大范围内对公共外交进行研究，但针对中国公共外交研究的大稿数量并不太多。从研究机构来看，以美国南加州大学公共外交研究中心为代表的学术研究机构，以美国参议院外交政策委员会为代表的政府部门，以国际战略研究中心（CSIS）和美国国会研究部（CSR）为代表的智库，对中国公共外交的关注度都比较高。

从质量上看，对中国公共外交的研究总体具备两个特点。一是将公共外交活动纳入中国国家形象塑造和外交风格变化的大框架中，并认为公共外交活动体现了中国融入世界的雄心壮志，尤其是对奥运会和世博会后日渐成熟的中国公共外交，国际学术界大多给予充分肯定。但也有学者认为公共外交活动本身不是孤立的，而是与一个国家的内政外交密切相连，从这个层面上看，中国的公共外交还未能成为国家核心战略的组成部分。但随着中国共产党十七届代表大会、十八届代表大会、近年来使节工作会议及外交工作座谈会中多次提到强化公共外交工作的需求，主要的中国观察者（China Watcher）都看好中国公共外交的研究趋势。

其次，2013～2014年度国际学术界对中国公共外交的研究呈现具体化、深入化的特点。在对公共外交的研究中，大部分都以具体案例为切入点，通过案例分析归纳出中国某一公共外交活动的特点及结论。与以往相比，近期的案例研究呈现出更加深入的特点，一定程度上突破了浮于表面、止于描述的弱点。在案例选择上，研究者大多选择近5年的公共外交事件作为研究对象，例如2008年"藏独"分子干扰圣火传递、2010年上海世博会中的文化外交、骆家辉访华、美国大使馆测量北京空气质量、2008年网民抵制家乐福事件等，都属于与中国相关的较为重大的公共外交事件。在分析过程上，不仅仅停留在案例描述的阶段，大多遵循了系统的案例分析方法，依照案例背景、阶段划分、重要节点、评价、总结的步骤依次分析。

二　对中国网络的研究仍然居公共外交前列

在这一两年中，对中国公共外交的渠道研究十分活跃。两大类型的渠道成为国际学术界的研究热点，一是中国媒体走出去的战略，二是网络公共外交的兴起，尤其是对后者的研究在2013～2014年中保持较高热度。从国际环境看，这是和全球网络公共外交或"公共外交2.0"时代的到来直接相关的；从中国来看，这也是和中国互联网的活跃度直接相关。随着中国互联网的发展、网民数量的持续增加和新媒体的不断涌现，网络公共外交行为频频出现，也成为研究者关注的对象。

首先，网络是否能够成为中国公共外交的重要渠道是学术界争论的焦点。一方面，海外学者认为中国舆论通过互联网直接介入外交事务，影响决策。另一方面，他们又认为中国存在一定的网络管理，制约公众舆论对国际事务和外交事务的了解。因此，学术界通过近年来的案例分析网络公共外交在中国的可行性和活跃度问题。例如，在网民抵制家乐福事件的研究中，Po-chi Chen 聚焦于中国网民的在线参与，包括 BBS、MSN、QQ 等，认为中国网民的在线参与和讨论不局限于国内问题，而是更多地使用新媒体产生公众舆论，直接介入外交事务，这就是"网络公共外交"的体现，而中国政府运用的"网络防火墙"等则阻碍了网络的流动空间。①

其次，如何使用中国的社交媒体来影响中国舆论，进而影响决策也是研究者的关注焦点。随着 2009 年微博登上中国社交媒体舞台，微博研究也受到海外学者的关注。这些年来，多个国家驻华使馆都开设了官方微博，部分海外政要如以色列总统甚至开设了个人署名的官方微博。与使用中国的微博、影响中国的舆论相关的公共外交案例开始出现，与微博等新兴社交媒体相关的公共外交案例也进入研究者的视线。《公共外交中社交媒体使用的"战略问题管理"法》② 通过骆家辉访华和美国大使馆测量中国空气质量两个案例，考察其中中国网民的社交媒体使用，主要文本来自于新浪微博发帖。作者的结论包括：社交媒体使用带来公共领域的扩展应当成为公共外交的核心目标，社交媒体时代的公共外交信息应当与目标群体有较高的接近性而非自利性，国际事务与国内事务的分界模糊化等。

最后，对网络公共外交的研究不是孤立的，毕竟社交媒体只能作为今天多媒体环境信息来源的一部分。尽管学者们大多提倡增强公共外交中的社交媒体使用、强调新媒体渠道的重要性，但同时他们也认为公共外交中社交媒体使用更有效的是公共议题，如环保、人权、气候变化等。Zhu Licheng 考察了中国近期的环保运动，认为目前环保管理体制和环保 NGO 面临困境，而通过新浪微博等新媒体的使用，环保人士和环保组织可以接触更广泛的受众、设置环保议程、与其他环保组织互动，并且社交媒体使用的成本非常低廉。作者提倡中国的环保组织可以更广泛地使用社交网站，与国际 NGO 合作来促进环境运动

① Chen, Po-chi. *"Cyber Public Diplomacy as China's Smart Power Strategy in an Information Age: Case Study of Anti – Carrefour Incident in 2008."*

② Zhang, Juyan. *"A Strategic Issue Management (SIM) Approach to Social Media Use in Public Diplomacy."American Behavioral Scientist* (2013).

的进行、公民环境意识的觉醒、公共外交的开展，这一研究从侧面体现了社交媒体的重要性。①

三 对中国公共外交研究的新模型和新路径开始出现

伴随着公共外交形式的多样化、公共外交新特点的出现，一些研究者尝试提出新的模型，对公共外交的新情况进行构造与解释，对经典的公共外交理论模型进行了补充。在这两年中，中国公共外交的研究给理论模型的研究带来了新的启示，也带来了一些关键性的研究资料。

除了 Juyan Zhang 研究公共外交中的模式变革之外，部分学者针对中国的公共外交现象、公共外交的模式变化也进行了新的讨论。应该说，这种讨论与赵启正在公共外交模式中提出的政府—民众四边形关系的思考很相近，结论也比较类似。

在研究中国公共外交的模式中，学术界考虑到了中国新媒体的发展，公共外交也基于一种新媒体的舆论环境展开。在中国公共外交研究中，新模型和新路径的产生，大部分是与网络及新媒体在公共外交中的应用相关的。

一方面，学者关注网民在互联网的高度活跃，对于公共外交是否能够产生新的模式。Po-chi Chen 在对 2008 年网民抵制家乐福事件的研究②中，补充了 Jarol Manheim 的战略性公共外交模式，提出了网络公共外交的理想模型和 2008 年抵制家乐福案例中体现出的"公民—政府"模型，强调公民可以通过网络与非政府组织及政府进行对话。作者认为这一模型是 Jarol Manheim 对公共外交进行四种分类（政府对政府、外交官对外交官、公民对公民、政府对公民）之外的第五种模式，而这种新模式的出现是由数字化时代带来的。

另一方面，在政府背景的学术对话和二轨外交中，新媒体也成为公共外交的重要议题。2014 年，尽管中美之间在网络安全问题上产生了巨大的争议，

① Zhu Licheng. "Social Media and Public Diplomacy: Foreign to China's Environmental Movements." Exchange: The Journal of Public Diplomacy 4.1 (2013): 7.

② Po-chi Chen Cyber Public Diplomacy as China's Smart Power Strategy in an Information Age: Case Study of Anti-Carrefour Incident in 2008, International Journal of China Studies, Vol. 3, No. 2, August 2012, pp. 189-217.

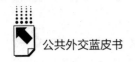
也出现了一些热点敏感问题，如美国在 2014 年初以黑客的名义起诉部分中国军官，但是两国在互联网的学术方面开始深度对话。熊澄宇教授也认为中美互联网论坛中的公共外交活动是一种有价值的、创新的模式，兼有传统精英外交和非正式的公共外交的特点，解决了传统公共外交只注重单向输出、效果难以测量的不足。① 在未来的互联网议题中，中美之间可能需要更多从公共外交层面开展对话交流。

四 新的研究方法的使用

传统意义上说，对中国公共外交的研究主要以案例分析为主，因此研究方法多是定性研究，少数比较了解中国的学者会通过查询历史文献的方式对这些案例进行梳理和归纳，但是发现的问题往往是片段式的，对中国的公共外交研究列举性内容较多，系统性分析内容较少。这一两年时间当中，我们看到中国公共外交的两种路径都比较活跃，可以说处于并行的行列中。

首先，较为传统的研究方法，如历史文献法、比较分析法仍然在案例研究中充分使用。在纵向上，历史分析的资料更加充分，对中国公共外交的历史分析和比较分析在近年中依然较多，相较以往呈现方法更为规范、研究更为深入的特点。Tsan – Kuo Chang 和 Fen Lin 的《从宣传到公共外交：评估 1949 ~ 2009 年中国的国际实践与国家形象》② 属于纵而深的历史分析，运用了知识社会学的理论，选取 JSTOR 和 SSCI 等数据库中有关中国国际传播的研究作为样本，分析其关键词、文本等，发现 1949 ~ 2009 年来对中国国际传播的研究中"宣传"减少而"公共外交"增多。研究虽属于历史梳理，但采用了跨学科的理论、量化研究方法，具有较强的创新性。作者这一结论也与中国学者对中国公共外交活动的直观感受较为一致，但作者并未深入解释"宣传"减少、"公共外交"增多的政治因素和社会因素，其还有进一步深化的空间。在横向上，也出现一些常规的中国与其他国家之间公共外交活动的对比研究，例如 2008

---

① Xiong, Chengyu. "Coexist, Complement, Converge and Innovate: Public Diplomacy of US – China Internet Industry Forum." *Telematics and Informatics* 30. 4 (2013): 331 – 334.

② Chang, Tsan – Kuo, and Fen Lin. "From Propaganda to Public Diplomacy: Assessing China's International Practice and Its Image, 1950 – 2009." *Public Relations Review* (2014) .

年北京奥运会与 2012 年伦敦奥运会中公共外交的比较、中日韩三国举办亚运会中的体育外交对比等。比较分析类的研究较多，但大多比较常规。学者的结论主要包括，不同国家、不同时期的公共外交设计体现了不同的公共外交战略，在效果上也有所不同，这一点将在后续篇幅中讨论。

其次，更加深入的社会科学研究方法也在公共外交的研究中得以应用，主要是内容分析和话语分析两个层面的研究方法使用较为集中。

在话语分析的层面，比较典型的是从修辞学角度入手的研究，例如 Zhang Juyan 和 Yi Han 的《中国软实力运动的修辞学分析：朝核六方会谈中的战略模糊分析》[1]，采用了修辞分析和关键词分析的方法，选取外交部网站上有关"六方会谈"和"大局"两个关键词的文件进行修辞分析，认为中国在朝核六方会谈中采取了"战略模糊"的方法。其他采用修辞分析的研究还包括 Craig Hayden 的《软实力的前提：中日公共外交政策修辞的比较分析》[2]、Yang Yang 的《中共十八大报告对新兴外交思想的阐释》等[3]。以前者为例，作者研究中日两国公共外交政策的修辞，研究对象选择了两国政府发言人的摘录，例如中国领导人的会议讲话、政府公文、政策的历史记录等，研究发现软实力这一修辞集（rhetorical episode）在中国几乎等同于综合国力或国家实力，中国对软实力的修辞体现了中国希望成为重要的全球行动者的壮志雄心。话语分析的优势在于，能够对中国公共外交的具体内容展开有针对性的研究，由于公共外交的内容主要有领导人讲话、媒体报道、对外传播的故事（如中国梦、反腐败）等，所以话语分析能够展现这些内容中的表达特点、权力关系，能够更具体地对中国公共外交的意义和内涵进行解释。

结合内容分析，也有部分学者使用了新的研究方法，毕竟传统的内容分析主要用于平面媒体，如报纸、杂志、书面谈话，而这些年来在中国的公共外交中，国家形象宣传片、专题电视节目，甚至是利用 Twitter、Facebook 的网络公

---

① Zhang Juyan, and Yi Han. "Testing the rhetoric of China's soft power campaign: a case analysis of its strategic ambiguity in the Six Party Talks over North Korea's nuclear program." *Asian Journal of Communication* 23. 2 (2013): 191 – 208.

② Craig Hayden. "The Premises of Soft Power: A comparative Analysis of Public Diplomacy Policy Rhetoric in China and Japan"，博士论文。

③ Yang Yang. "Interpretations of New Diplomatic Thoughts in the Report of the 18th National Congress of the Communist Party of China." *Journal of Politics and Law* 7. 1 (2014): p. 30.

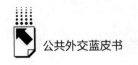

共外交都在一定范围内得到应用，内容分析的研究方法必须与新的媒介环境相结合才能得到更好的研究结论。

五 关于中国公共外交的热点研究问题

案例研究依然是 2013～2014 年学界对中国公共外交的研究重点，而多数案例都是进入 21 世纪第二个十年之后全球关注到的中国公共外交的活动，总体上说这些活动规模效益较强、运用媒介的手段也比较灵活多样，因此产生的效果也具备一定的正面积极意义。

目前对中国公共外交的案例研究集中于几个方面。从地域上看，中国对非洲的公共外交是研究的重点，外交活动形式不限于媒体层面，还包括领导人讲话、企业活动、对外援助等；从机制上看，遍布全球的孔子学院是公共外交学者研究中国的重要案例，尽管孔子学院存在一定的争议，结论也参差不齐，但不可否认孔子学院本身已经成为中国公共外交关注的重点；从多元化的公共外交活动来看，体育公共外交长期作为中国公共外交的一种特色，从 20 世纪 70 年代的乒乓外交到 2008 年的北京奥运会再到 2010 年的广州亚运会，研究的内容也比较多。

（一）研究地域：以对非洲的公共外交研究最为突出

在中国的公共外交版图中，目标国的受众是多元的，但由于近年来中国加大了对非洲的公共外交力度，加之对中非关系存在大量的报道和讨论，因此非洲是这两年中国际社会关注中国公共外交最突出的地区，也是研究者关注的主要区域。更何况随着南非成为金砖国家、习近平主席出访选择非洲作为重点区域，因此对非洲的公共外交不再是简单的报道、援助，更有不少领导人层面的公共外交活动开启。但在这两年的研究中，有关领导人层面的还相对较少，不少海外学术机构正在启动相关研究。

首先，评价中国对非洲的公共外交形态是研究的重点。不少学者认为，中国对非洲的教育合作、援助、培训是长期坚持的公共外交形态，如 2013 年，爱丁堡大学的荣誉退休教授 Kenneth King 出版了一本关于中国对非洲公共外交的专著《中国对非援助及在非洲的软实力：教育与培训的案例》，内容包括中国与非洲的高等教育合作、中国的非洲研究、在非洲的中国企业及培训项目、中国在非洲软实力的过去现在和未来等。他认为中国对非洲的援助是为了中非的共同利益、共同发展，是双赢的合作；结合自己的经历，他认为孔子学院与英国文化委员会、歌德学院十分不同，孔子学院本质上是大学之间的合作（如作者所在的爱丁堡大学与复旦大学），是当地大学主动申请、孔子学院进行回应的"回应模式"。① 以专著的形式研究中国对某一目标国的公共外交较为少见，中国对非公共外交的受关注度可见一斑。

在中国对非公共外交的众多措施中，公共健康领域是一个较新的研究热点。Matthew Brown 等研究者②和 Megan M. McLaughlin③ 等研究者分别研究了中国在非洲当地的公共健康措施和中国对中国境内非洲移民的公共健康措施，以及这些措施产生的公共外交效果。Matthew Brown 等人认为，中美两国应当在对非洲的公共健康领域加强战略协作，措施包括增加对全球公共卫生的议题讨论、发起与非洲实验室医学协会的合作、疾病防治培训项目、鼓励全球基金会的更多投入等。Megan M. McLaughlin 等人关注在华非洲人的医疗卫生需求，提倡中国加强对他们的公共健康外交，认为健康、贸易、外交政策三者之间有潜在协同性，使领馆、贸易组织、社区团体需要共同努力。

其次，对非洲公共外交的效果评估研究日渐增多，并注重从中提取出可供美国等国家借鉴的公共外交操作方式。中国在强化与非洲的关系之后，曾经有大量的西方媒体戴着有色眼镜看待这一问题，认为这是一种"新殖民主义"。在效果评估层面上的研究非常重要，因为它会对"新殖民主义"的标签化认识进行纠正，例如 Jennifer G. Cooke④ 评估了中国在非洲的软实力，他认为整体看来，非洲人认为中国发挥了正面作用，中国注重人道主义和发展援助，传递了团结、尊重主权和领土完整、注重双赢的信息，并与美国对非洲的公共外交做了对比、为美国政府提出建议，属于较为宏观的研究。

---

① King, Kenneth. "*China's Aid and Soft Power in Africa. The Case of Education and Training.*" (2013).

② Brown, Matthew, et al. "China's Role in Global Health Diplomacy: Designing Expanded US Partnership for Health System Strengthening in Africa." *GLOBAL HEALTH* 6. 2 (2013).

③ McLaughlin, Megan M., et al. "Improving Health Services for African Migrants in China: A Health Diplomacy Perspective." *Global public health* ahead – of – print (2014): 1 – 11.

④ Jennifer G. Cooke, China's Soft Power in Africa, CSIS 网站。

同时，一些研究采用内容分析法，通过非洲媒体的报道来评估中国对非公共外交。Bob Wekesa 立足东非，研究中非媒体互动的趋势。① 自 2000 年中非合作论坛之后，中国媒体、非洲媒体和全球媒体对中国的报道处于变化之中，东非媒体对中国的报道呈现四个趋势，分别是：中国媒体与非洲媒体从业者合作，推出工作坊等；在内容生产和发行上与东非媒体进行合作；将东非媒体视为推广中国形象的平台；与东非媒体进行竞争。这几个趋势不是孤立的，而是自我强化的。Jaroslaw Jura 等的研究更为具体，选取赞比亚和安哥拉的媒体及网民评论，运用较为规范的内容分析法研究了中国在非洲媒体上的国家形象，发现中国在非洲的软实力并不体现在孔子、中国功夫等文化层面，而更多的体现在经济和商业层面。②

除非洲之外，也有学者研究中国在东亚、欧洲的公共外交，但研究的数量较少，零星出现。Chin – Hao Huang 研究中国在东亚的软实力，认为中国开展的发展援助、贸易、文化交流等公共外交活动没有在提高国家地位与政权合法性上达成很好的效果，原因可能在于中国在东亚的领土争端及政治改革的停滞。③ Goran Svensson 研究瑞典媒体对 2010 年上海世博会的报道，选取四家瑞典媒体报道进行内容分析，发现瑞典媒体对世博会的报道力度较弱，对中国形象的呈现较少，世博会上更多的是"世界走进来"而非"中国走出去"。④

（二）研究对象：孔子学院仍是重点

中国的公共外交活动日渐多元化，但坚持时间较长、覆盖面比较广的是孔子学院。2013～2014 年，孔子学院遇到了较多的争议，也饱受学术界的关注。从研究论文中看，学者们仍然把孔子学院视为重要的公共外交机构，在研究中出现的频率较高。近两年对于孔子学院的研究有一些新的观点与趋势。

---

① Wekesa, Bob. "Emerging trends and patterns in China – Africa media dynamics: A discussion from an East African perspective." *Ecquid Novi: African Journalism Studies* 34. 3 (2013): 62 – 78.

② Jura, Jaroslaw, and Kaja Kaluzynska. "Not Confucius, nor Kung Fu: Economy and business as Chinese soft power in Africa." *African East – Asian Affairs* 1 (2013).

③ Huang, Chin – Hao. "China's Soft Power in East Asia: A Quest for Status and Influence?" *National Bureau of Asian Research Special Report*, 42 (2013).

④ Svensson, G? ran. "'China Going Out' or the 'World Going In'? The Shanghai World Expo 2010 in the Swedish Media." *Javnost – The Public* 20. 4 (2013): 83 – 97.

　　一些学者将孔子学院作为一种网络节点进行研究，认为孔子学院能够帮助中国构建更加完善的公共外交网络，他们认为中国的公共外交体系以国家为中心，而当前的公共外交趋势是网状、多中心的，二者之间存在一定的差异。Terry Flew 和 Falk Hartig[1] 从网络的视角出发，通过网络传播（network communication）的方法研究公共外交中的孔子学院。他们的理论出发点是社会学家曼纽尔·卡斯特提出的信息时代中的网络化社会，认为政府越来越难以控制传播网络或信息流。通过定性的分析和描述，他们认为孔子学院是一种全球网络，在这种网络结构中蕴含公共外交和文化外交的可能。孔子学院的成立需要当地相关人员的参与，参与方式应当是一种不集中的、网状的方式。

　　另一种新观点认为，孔子学院使用孔子作为文化符号，本身重在运用儒家的传统文化资本，毕竟在之前的歌德学院、塞万提斯学院的语言推广活动中带有标志意义的文化符号——名人，都会为公共外交的品牌塑造增分。所以，Randolph Kluver 在《作为战略的圣人：孔子学院的节点、网络和地缘政治》中，也利用了曼纽尔·卡斯特的文化结点（cultural nodes）理论，研究孔子学院的影响力，研究发现孔子学院的最大的影响不在于其宣传效果，而是试图建立一种"儒家节点"（Confucian nodes）的网络或中国文化资本（cultural capital）的场所来增强中国地缘政治的影响力。[2] 这些新观点通过运用社会学的理论，推进了对孔子学院的更深入认识，开辟了研究的新路径。

　　当然，其他对于孔子学院的研究更多的是关注孔子学院的当地情况和影响力，尽管比较常态化，但是为我们了解孔子学院在非洲、欧洲、美洲等地的发展情况、当地反馈和影响力都提供了丰富的研究素材。以 Anita Wheeler 的《文化外交、语言计划和内罗毕大学孔子学院》为例[3]，作者选取了33位与内罗毕大学孔子学院相关的参与者（主要是学生）作为采访对象，了解他们学中文的动机、对孔子学院目标的认识、对课程与教学的看法等，发现孔子学院

[1]　Flew, Terry, and Falk Hartig. "Confucius Institutes and the Network Communication Approach to Public Diplomacy." *IAFOR Journal of Asian Studies* 1. 2 (2014).

[2]　Kluver, Randolph. "The Sage as Strategy: Nodes, Networks, and the Quest for Geopolitical Power in the Confucius Institute." *Communication, Culture & Critique* 7. 2 (2014): 192 – 209.

[3]　Wheeler, Anita. "Cultural Diplomacy, Language Planning, and the Case of the University of Nairobi Confucius Institute." *Journal of Asian and African Studies* 49. 1 (2014): 49 – 63.

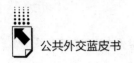
的目标与实际效果之间存在断裂，肯尼亚学生期待通过学习汉语来与中国人和中国企业建立联系，而孔子学院更关注通过文化交流和语言教学带来国家形象的提升、政治和经济利益等。

（三）公共外交形式：体育公共外交较为突出

体育外交作为中国公共外交的一种形态，这些年来广受关注。在公共外交的研究历史上，体育外交曾经有过研究的高峰期，当时的典型代表包括中美之间的乒乓外交，也包括美苏之间的友好运动会，甚至西方世界抵制1980年莫斯科奥运会和苏东国家反对1984年洛杉矶奥运会，都成为公共外交研究的重要案例。这种研究热潮在20世纪90年代底有所减少，原因是体育公共外交的新形态和新结论并不突出。但自北京奥运会之后，一方面中国承担了越来越多的国际体育赛事主办工作，并将其视为中国公共外交的重要平台，另一方面新媒体参与体育赛事的报道和直播，公共外交的效果开始提升。因此，与这些赛会相伴的公共外交的研究也开始增多。Public Diplomacy Magazine、Hague Journal of Diplomacy等学术期刊在过去两年中都推出了体育公共外交的专刊，中国作为体育大国，也成为研究者关注的对象。

从结论来看，首先是继续强调体育外交作为公共外交的意义，并推崇乒乓外交对全球公共外交历史的示范效果。Stuart Murray 在《超越乒乓球台：现代外交环境中的体育外交》[1] 中，将中国作为研究的引子。他称，以往对体育公共外交的研究大多是零星的案例分析、趣闻轶事的描写（例如乒乓外交），而近年来学者对体育公共外交的理论和实践的研究兴趣都在增长。在现代外交环境中，体育外交的潜力是巨大的，但是必须考虑体育外交能否成为现代外交中有规律的、可持续的、有意义的一部分。他认为体育和运动员可以促进一国的外交，例如20世纪70年代中国的乒乓外交。尽管文章是对全球体育公共外交的概述、对中国的具体分析较少，但在标题、内容中都强调了乒乓外交的当代意义。

其次，体育外交能够更加清晰地体现公共外交的国家理念，是观察一个国

---

① Murray, Stuart. "Moving Beyond the Ping-pong Table：Sports Diplomacy in the Modern Diplomatic Environment." *PD Magazine* 9 (2013)：11–16.

家公共外交战略的最佳窗口，尤其是各国越来越强调公共外交的协调机制和整合作用，所以针对国际赛事整合公共外交资源、强化公共外交战略也在研究当中被观察和发现。在具体案例上，对2012年伦敦奥运会中公共外交的研究较多，其中许多涉及与2008年北京奥运会的对比。Yu Wai Li[1]认为两场奥运会体现了不同的公共外交战略，北京奥运会强调自上而下、中央驱动的方法，更加精英化，而伦敦奥运会侧重政府协调、广泛参与，后者可能更具持久性、更受欢迎。Victor Cha 在《亚运会及亚洲外交：韩国、中国、俄罗斯》[2] 一文中，选取了亚运会、亚洲作为研究的对象和地域，通过不同时期、不同国家的亚运会的成果的对比，论证了体育公共外交的作用。与中国有关的案例包括1986年的首尔亚运会和1990年北京亚运会中中韩两国的互动促进了1992年中韩建交，2008年北京奥运会将中国推向世界舞台、展现国家形象，2010年广州亚运会是北京奥运会后中国体育公共外交的新起点，代表了中国在体育公共外交上的持续加强。

总体而言，在近两年全球学术界对中国公共外交的研究中，亮点和突破较为明显。网络公共外交的出现扩展了研究的领域，也推动了新的研究方法的使用和新模式的开辟，研究者们具有较强的创新意识。在热点问题如非洲、孔子学院公共外交的研究上，不局限于旧有的研究思路，而是通过跨学科理论的应用、系统科学的定量方法的使用，推出了新的研究成果。总体看来，国际学术界对中国公共外交的研究保持了较高的关注与热情，研究呈现深入化、创新性的特点，对中国公共外交的实践和理论研究具有启发意义。

当然，我们也认为，海外学术界对中国公共外交的观察和研究还需要时间，目前的研究缺点在于，对中国的公共外交仍然处在知识普及和案例介绍的阶段，比较分析仍比较浅显，常规、重复性的研究仍然较多，突破性的大稿在数量上较少。

---

[1] Li, Yu Wai. "Public Diplomacy Strategies of the 2008 Beijing Olympics and the 2012 London Olympics: A Comparative Study." *The International Journal of the History of Sport* 30. 15 (2013): 1723 – 1734.

[2] Cha, Victor. "The Asian Games and Diplomacy in Asia: Korea – China – Russia." *The International Journal of the History of Sport* 30. 10 (2013): 1176 – 1187.

B.28
2013~2014年全球公共外交的制度创新

邓仙来　陈娅*

摘　要：　本节梳理了2013年以来世界主要大国公共外交的制度创新。美国通过社交网络对抗极端组织"伊斯兰国"（ISIS）日益猖獗的网络宣传；俄罗斯借助索契冬奥会的契机，利用体育外交修复国家形象；印度的公共外交活动聚焦本国宗教文化，创造出佛教外交和瑜伽外教的新颖方式；巴西通过圣保罗州和圣保罗市的协同合作促进区域公共外交发展，并依靠数字技术推广旅游产业，走出新兴经济体公共外交的创新之路；以色列前总统西蒙·佩雷斯以出演幽默喜剧的方式展现国家形象，让观众在欢笑之余对以色列的国家理念深有感悟。综合以上诸国的公共外交实践可以看出，公共外交多从文化传统出发且与新媒体技术结合愈加紧密，做到了内容更加吸引人而手段更加先进有效。

关键词：　公共外交　制度创新　文化传统　新媒体技术

在2013~2014年的世界公共外交舞台上，各国的公共外交活动和制度创新都在继续。总体上看，公共外交作为一种实践性很强的工作，各国往往实践走在了理论创新的前头。总体上说，2013年以来各国在公共外交实践领域的制度创新处于上升期。其特点主要有三个方面：一是公共外交工作的针对性强，瞄准目标更加精确，如美国从20世纪90年代的大中东民主计划，到近年

---

* 邓仙来、陈娅，清华大学爱泼斯坦对外传播研究中心助理研究员。

来推动以社交网络对抗 ISIS 恐怖主义，其战略目标更加明确；二是公共外交的重大活动更加全面，如俄罗斯借助索契冬奥会，借助各种类型的传统文化手段在国家形象、旅游推广、体育和文化外交等多方面全力投入；三是新媒体手段的使用成为常态，越来越多的国家，如巴西和以色列等，都开始使用更加多元化的新媒体手段，如 Twitter、Facebook、Instagram 等都成为公共外交的工作平台。

这启示我们，公共外交的制度创新不是偶然的，也不是随意的。它是根据战略目标的总体判断，借助各国的外交和文化平台进行的，同时更重视制度上的借船出海，有更多的技术手段相配合。

一 美国以社交网络对抗"伊斯兰国"：公共外交在反恐上的应用

随着叙利亚和伊拉克局势的持续动荡，伊斯兰极端组织"伊斯兰国"在 2014 年夏天强势崛起，并在叙伊两国攻城略地，目前已取代"基地"组织，成为西方世界乃至全球的头号恐怖主义威胁。值得注意的是，"伊斯兰国"不仅在军事战场上对世界构成极大的恐怖威胁，而且善于运用互联网，特别是社交媒体，宣扬极端思想，招募"圣战"战士，尤其是年轻人。这使得数字通讯技术在 2014 年成为打击恐怖主义的重要筹码，而社交媒体成了反恐斗争的重要战场。

一位不便透露姓名的美国国务院高官于 2014 年 9 月接受《华盛顿邮报》采访时说："'伊斯兰国'在质量和数量上都堪称恐怖主义宣传战的黄金典范，他们在新闻媒体和网络上有效地宣传自己，而这些实践是'基地'组织一直教唆却从来没有做到的。"美国国家反恐中心（National Counterterrorism Center）主任马特·奥尔森（Matt Olsen）曾在美智库布鲁金斯学会发表演讲称："'伊斯兰国'的宣传机器在所有伊斯兰极端组织中是运作得最出色的……没有其他组织比他们的宣传更成功且有效，特别是在社交媒体上。"

为了应对"伊斯兰国"的急速扩张，特别是反击其网络攻势，美国国务院下属的"战略反恐传播中心"（Center for Strategic Counterterrorism Communications，CSCC）于 2014 年 7 月发起了名为 Think Again，Turn Away 的

网络宣传项目，在 YouTube，Twitter，Tumblr 等社交媒体上发布旨在揭露"伊斯兰国"暴力恐怖事实的内容，以反击该恐怖组织的网络宣传和在线招募。强化和拓展对"伊斯兰国"的政治宣传战是奥巴马政府联合阿拉伯国家和其他伙伴国对抗该极端组织的新策略。

CSCC 现有员工 50 人，其发起者起初想让它成为隶属于国务院的一个永久而有力的公共外交机构，但是白宫的国家安全理事会（National Security Council）对此并不感兴趣。在经历了开局的不利之后，时任美国国务卿希拉里亲自介入，为 CSCC 游说。她向奥巴马总统强调在数字平台上建立一个集中的、致力于对抗极端主义意识形态的组织的重要性。经过希拉里和其他国务院高官的努力，奥巴马总统于 2011 年 9 月签署行政命令，在"国务院公共外交和公共事务局"（The State Department's Bureau of Public Diplomacy and Public Affairs）下设立"战略反恐传播中心"。

2014 年 7 月，"伊斯兰国"攻占伊拉克北部重镇摩苏尔之后，CSCC 仓促启动其 Think Again，Turn Away 项目，在 YouTube 上设立英文频道并发布一部名为"欢迎来到'伊斯兰国'领土"（Welcome to the 'Islamic State' Land）的视频。与此同时，该项目还在 Twitter 上设立了账号，并在备注上写"关于恐怖主义的一些事实"。同样的备注也见于该项目在 Tumblr 的账号上。

CSCC 的视频多以反讽的口吻、化用极端组织自己的言论或图片模仿原教旨主义者的等方式，达到反宣传的目的。CSCC 负责人阿尔伯托·费尔南德斯（Alberto Fernandez）称此举是"加入思想的自由市场"的体现。美国国务院在其该项目的 Facebook 页面上说："我们的任务是揭露极端组织及其宣传攻势的实质。"美国国务院发言人玛丽·哈芙（Marie Harf）说："很显然，我们的目标是那些［'伊斯兰国'组织］潜在的新成员和同情者，［向他们］展示该组织的残忍，并指出其言论的荒谬和自相矛盾。"

然而，媒体报道却不这样认为。《华盛顿邮报》在其报道中指出："这是一个诡异的套路，因为通过化用挑衅性的或恐怖的画面来打消提供那些画面的组织的权威性，其结果是令极端组织的思想达到了更广泛的传播。"小布什政府的最后一任负责公共外交及公共事务的副国务卿詹姆斯·格拉斯曼（James Glassman）在接受美国广播公司的采访时说："加入'伊斯兰国'或者'基地'组织的二十来岁的人并不是理性的人，他们并不会说：'嘿，让我再想一想，我对此有一点怀疑。'"

从该项目视频的浏览量上看，实际数据似乎站在了该项目的批评者一边。据《华盛顿邮报》报道，与"不要走进'伊斯兰国'领土"的英文视频同时发布于2014年7月的阿拉伯语版视频在YouTube上的浏览次数是42000次。相比之下，"伊斯兰国"发布的该组织斩首美国记者詹姆斯·弗利（James Foley）的视频有至少几十万的浏览量，尽管该视频在主流视频网站上是被禁播的。伊凡·科尔曼（Evan Kohlmann），纽约一家安全咨询公司的首席信息官，认为Think Again，Turn Away和以往一样缺乏对目标受众的清晰认识，也不知道如何去影响他们。"国务院的人们没有认识到这一点，即愿意加入'伊斯兰国'的西方人事实上是被斩首和自杀式爆炸的行为所吸引，而不是受到惊吓。"

此外，快速应对而缺资源统筹也是人们诟病美国此次应对"伊斯兰国"威胁的公共外交的问题之一。克林顿政府时期的"国务院反对暴力极端主义高级顾问"（The State Department's senior adviser for countering violent extremism）威廉·麦肯茨（William McCants）反对小布什和奥巴马应对极端主义的方法，认为两位总统都"过快地将问题设定在影响全体穆斯林的框架之下，而不是一小部分邪恶的人们"。他还认为政府对CSCC的资助——过去三年徘徊在500万美元上下——是不够的。此外，CSCC反抗极端主义言论的工作有太多的方向，缺乏聚焦，直到2012年中期才开始使用社交媒体发布内容。他们早先多用阿拉伯语、乌尔都语，而不是英语，进行宣传。对此，批评者认为英语是国际性语言，防止熟练讲英语的人走向极端化要重要得多。同时，阿尔伯托·费尔南德斯的团队也无可厚非，因为"他们有太多的责任却太缺乏资助"。

二 俄罗斯索契冬奥会：以大型体育赛事为 载体的修复式公共外交

2014年2月7～23日，第22届冬季奥林匹克运动会在俄罗斯黑海海滨城市索契举行。任何国际大型体育赛事，尤其是奥运会这样具有最广泛影响力的综合性体育赛事，都是主办国开展公共外交、构建国家形象、展示国家实力的重要机会。然而，俄罗斯——甚至可以说是普京总统本人——利用索契冬奥会

进行的公共外交，其特点在于利用体育赛事进行一种修复式的公共外交活动。这种修复行为主要体现在三个方面。

第一，它是对前苏联 1980 年举办的并不成功的夏季奥运会的修复。1980年的莫斯科奥运会由于前苏联 1979 年对阿富汗的入侵而受到包括中国在内的世界多国的抵制，可以说是悄无声息地进行的。事实上，在那之前的几年，时任苏共中央总书记列奥尼德·勃列日涅夫曾非常认真地考虑过放弃举办该届奥运会。1975 年，勃列日涅夫曾给政治局的幕僚写信抱怨举办奥运会的花销并警告可能带来的丑闻。"有些同志向我提过建议，说如果我们交少量的罚金，我们就能撤出了。"他在信中写道。然而，普京在应对索契冬奥会时，采取了完全不同的做法：从说服国际奥委会给予索契冬奥会的举办权，到亲自视察场馆建设，再到亲自试用完工的体育设备，普京对这次冬奥会的重视程度超乎寻常。索契冬奥会的场馆及附属设施建设总投资 500 亿美元，成为历史上最昂贵的奥运会。赛事开幕前有持续大规模的媒体报道（包括一部普京本人对赛事贡献的专题纪录片），开幕式上极力展示俄罗斯灿烂的历史文化，普京希望透过这些向世界传达强大的俄罗斯回来了，现代的俄罗斯在当今的国际舞台上仍然扮演着重要的角色。普京和他的俄罗斯试图通过举办一届璀璨夺目的奥运会弥补前苏联在 1980 年的失败。

第二，它是对该赛事举办之时，由俄罗斯与西方的矛盾造成的该国的负面形象的修复。美国中央情报局雇员斯诺登到俄国避难、俄罗斯的反同性恋法、西方对奥运工程中腐败行为和拖欠建设工人工资的指控、由伏尔加格勒火车站和汽车站的自杀式恐怖爆炸袭击引发的对奥运安全保障的担忧……这些当时的热点事件使索契冬奥会在开幕之前就笼罩在一片阴霾之下。美国总统奥巴马缺席了开幕式，而这是美国自抵制 1980 年莫斯科奥运会以来第一次参加在俄罗斯举行的奥林匹克运动会。冬奥会开幕前夕，普京释放了被其关押多年的石油大亨霍多尔科夫斯基，以及因抗议俄反同性恋政策而入狱的流行乐组合 Pussy Riot。另外，据美国 Occidental College 教授和前驻芬兰大使 Derek Shearer 在索契冬奥会开幕前夕的一次南加州大学公共外交研究中心的研讨会上介绍，"他们几乎关闭了所有进入奥运会区域的入口并部署了 5 万名警力"。这些都是俄罗斯为修复其当时国际形象所做出的努力。

第三，这种修复还体现在该届冬奥会开闭幕式的具体细节上，成为形象修复的创新案例。在开幕式上，由于技术环节上的失误，体育场上空吊下来的五朵代表奥运五环的绒花有一朵没有打开，这成为开幕式的最大败笔，引起媒体和观众的一片哗然。然而，在闭幕式时，导演针对那次失误设计了集体舞蹈，先复制开幕式上失败的造型，随后那个没有打开的绒花终于重新绽放。俄罗斯人用独特的智慧和自嘲式的幽默修复了开幕式上的失误。另一个值得一提的例子是闭幕式临近尾声之时，吉祥物米沙小熊在吹灭奥运圣火后留下了不舍的泪水。这个设计其实是在呼应 34 年前莫斯科奥运会闭幕式上米沙小熊的泪水。当时的莫斯科奥运会由于受到西方国家的抵制，米沙留下了伤心的泪水。而这次米沙的泪却是感动和不舍的泪。这样的重复和呼应，修复了 1980 年奥运会的失败，给世界观众留下了深刻印象。中央电视台解说员邵圣懿在自己的微博中说道："摆脱花哨的炫技，用温情来告别已足够感人～此刻，我真切地感受到了因奥林匹克再度荣耀的俄罗斯，竟可以举重若轻展现如此强大的自信。"

三　印度的佛教外交和瑜伽外教：莫迪的公共外交大打宗教文化牌

自 2014 年 5 月 26 日上台以来，印度总理纳伦德拉·莫迪孜孜不倦地开展公共外交活动。莫迪利用社交媒体和跨国访问展示印度形象，其中尤其强调印度的佛教文化和瑜伽文化，创造了本国"佛教外交"和"瑜伽外教"的公共外交新形态。

1991 年，印度宣布推行"东望政策"（Look East Policy）。在该政策的指引下，印度更加致力于与亚洲伙伴的交流合作，其经济也与东亚和东南亚更大地融合。印度前总理曼莫汉·辛格说："东望政策不只是一个对外经济政策，它也是印度的世界展望和在不断变化的全球经济中定位的一个战略转移。"

莫迪接任印度总理后，佛教外交成为"东望政策"一个显著的发展方向。莫迪在处理与周边国家的外交关系中打出佛教牌，这一方面是因为印度是"法"（Dhamma）和"僧伽"（Sangha）的发源地，另一方面，佛教在东亚和东南亚拥有众多信众，使得印度可以成为佛教徒的朝圣之地。莫迪在他就任后首次出访不丹和尼泊尔时，就表达了在新版"东望政策"中强调佛教外交的想法，而他首个到访的南亚以外国家日本，也是具有深厚佛教传统的国家。

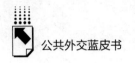

2014年9月，中国国家主席习近平访问印度时降落在古吉拉特邦的艾哈迈达巴德（Ahmedabad），当时莫迪向习近平主席强调了古吉拉特邦在佛教传统上的重要性，还特别提到唐朝的玄奘法师访印的历史。之后，莫迪又利用当年11月在澳大利亚布里斯班举行的G20首脑峰会以及12月在缅甸首都内比都举行的印度—东盟峰会等机会，阐述他的佛教外交。

佛教外交的第一阶段是建立一个"佛教旅游圈"（Buddhist Tourism Circuit），其中包括佛祖释迦牟尼的诞生地蓝毗尼（Lumbini）、释迦牟尼在菩提树下获得启发的菩提伽耶（Budhagaya）、释迦牟尼第一次讲授佛法之处鹿野苑（Sarnath）、释迦牟尼曾居住及行教的王舍城（Rajgir）、佛教学术中心那烂陀（Nalanda）等众多佛教圣地。据统计，自"佛教旅游圈"于1986年成为一个实质的概念以来，针对这一概念几乎没有任何实质的工作，而印度仅仅吸引了全球佛教游客的0.005%。大多数外国游客由于难以承受夏季的酷暑，纷纷选择冬季到印度旅游，因而错过了许多佛教节日。

近年来，印度开始大力投资佛教复兴事业。国际金融公司（International Finance Corporation）的研究表明，印度的公立机构和私立机构在过去的四年中各为促进本国佛教文化复兴投资50亿卢比，而印度政府也在当前的预算计划中提出了相关的初步投资计划。目前，莫迪正在努力吸引来自东亚和东南亚国家的外国直接投资（FDI），比如在重建古代佛教学术中心那烂陀大学的项目上，许多国家已经承诺做出贡献。除此之外，印度的佛教外交还涉及帮助东南亚国家修复古代佛寺旧址。印度考古协会正致力于协助柬埔寨、老挝、缅甸、斯里兰卡和越南修复其各自的古代佛教遗迹。

佛教作为印度外交的一部分，能够成为本国联结东亚和东南亚地区的软实力。人文交流是莫迪外交政策的一个重要基石，他将佛教外交加入印度的软实力之中，试图突破向来敌视印度的巴基斯坦，整合与南亚诸国的关系，进而拓展与同样具有佛教传统的东南亚诸国的关系。有学者认为，在印度开展佛教外交的过程中，中国会对历史上玄奘和法显两个法师的旅行路线很感兴趣，而且鉴于中国已经开辟了经由锡金那堆拉山口（Nathu La）到达位于西藏的印度教圣地玛旁雍错（Mansarovar）的道路，中国也应该在允许西藏朝圣者赴印度方面展现更高的姿态。学者指出，在成功举办奥运会后，中国愈发强有力地推动其传统文化在全球的传播，并将从印度那里寻找其传统文化的历史联系，特别是佛教的传播和高僧的访学。许多分析家预测，佛教外交甚至可能缓解中印因领土纠纷造成的关系紧张。

莫迪公共外交的另一成就是进一步将印度的瑜伽推向国际化，可谓成功的"瑜伽外教"。在莫迪的推动下，联合国大会于2014年12月11日确立每年的6月21日为"世界瑜伽日"。该项提案获得了包括中国在内的170多国的赞成，使瑜伽获得了更广泛的国际支持，成为促进世界健康和平的一支力量。有观点认为瑜伽是一种宗教活动，且仅限于印度教的范畴。联合国大会的决议否认了这种观点，确认瑜伽在身体、精神和灵魂上对全体人类有重要作用，这又是"瑜伽外交"的一大成果。

近年来，瑜伽作为一种健身和修行方式，在欧美及许多亚洲国家得到极大的普及，甚至成为许多欧美国家教育机构的日常课程。以美国为例，据统计，截至2013年，美国有1500万瑜伽练习者，而这一数字正在以20%的速度逐年增长。在美国，瑜伽产品的年度消费在270亿美元左右，而预计到2017年，瑜伽产业的年收益将以4.8%的速度逐年增长。与此同时，也有人担心过度商业化给瑜伽带来负面影响。比如，瑜伽导师吉里安·迈克尔斯（Jillian Michaels）的DVD光碟《瑜伽炼狱》（*Yoga Inferno*）以及由模特转行为瑜伽教练的塔拉·斯黛尔斯（Tara Stiles）的书《纤瘦、沉静、性感的瑜伽》（*Slim Calm Sexy Yoga*）等在全世界获得极大的发行量。但这些出版物背离了瑜伽的教导，失去了神圣的印度经典所信奉的精神特质。因此，有印度裔美国人发起组织，倡导瑜伽中精神元素的回归。

公共外交学者对印度的瑜伽外交提出种种建议，其中包括：印度设立单独的负责推广瑜伽的政府部门是可喜的举动，该部门应与人力资源与发展部合作，促进国家间的机构合作，鼓励外国大学进行瑜伽研究和练习；印度政府可以在国外开设工作室，训练感兴趣的人们练习瑜伽并教授瑜伽理疗；瑜伽应该成为吸引外国游客到印度旅游的一个元素，为此印度政府应该增设"瑜伽/精神之旅旅游圈"（Yoga/Spiritual Tourist Circuit）。这将进一步强化印度作为热爱和平国家的形象，同时创造国民收入、增加国际交流、提供本国就业岗位；印度公共外交已经努力地展示了瑜伽，下一步要传播更多的关于瑜伽的文献和故事。

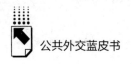
四　巴西公共外交的创新：新兴市场
国家公共外交的案例

巴西作为一个新兴市场国家和金砖国家的成员，其经济实力和政治地位都在逐年增长，与此同时，也未能幸免于发展中的各种问题。诸如教育不平等、公共交通拥堵和基础设施不完善、医疗保障的缺乏等都是政府极力解决的问题。2014 年世界杯前夕的大规模反政府示威、持续走高的犯罪率、圣保罗等大城市的群体性社会运动等，都给巴西的国家形象带来了负面影响。当研究巴西在世界范围内的崛起时，学者的目光多聚焦于巴西具有巨大的经济潜力，如丰富的自然和人力资源，在外交方面，特别是公共外交领域，却鲜有关注。事实上，近年来巴西在公共外交领域做出了可观的投入和创新，具有代表性的是圣保罗州和圣保罗市的协同公共外交，以及巴西旅游委员会的数字公共外交。

圣保罗州与圣保罗市的公共外交活动呈现一种"市依托于州，州带动市"的互补型协同发展模式。圣保罗州致力于通过外交途径和城市交流促进经济增长、吸引国外投资、鼓励对外贸易。圣保罗州是巴西重要的次国家级外交行为体（subnational diplomatic actor），该州努力与纽约（城市）、加利福尼亚（州）、加拿大（国家）等发展多层次的公共外交。吸引外国直接投资和促进国际商贸合作也是圣保罗市公共外交的重要目标，该市推出的"投资圣保罗"（Investe Sao Paulo）项目向外商介绍巴西税法并帮助他们了解如何进入巴西市场。同时，圣保罗市也以文化旅游胜地和金融中心的形象推介自身。以往，圣保罗市被普遍认为是巴西的金融中心，而该市当前的公共外交战略是强调其文化和都市中心（cultural and cosmopolitan center）的角色。在此过程中，圣保罗市着力展示其殖民历史、舞蹈、美食和艺术。圣保罗州和圣保罗市还抓住2014 年在本土举办世界杯足球赛的契机，协同进行全面综合的形象构建和传播战略，推动跨机构的"后世界杯遗产项目"（Post – World Cup Legacy Projects）。圣保罗市的形象构建和传播战略的关注点在于突出包容性，积极涉及反世界杯示威、多样性、透明性、民主、贫穷等议题。该市还利用新技术提高信息的透明性和准确性，从而让市民和全世界受众得到高质量的新闻。

在巴西旅游委员会（The Brazilian Tourism Board，aka EMBRATUR）的公共

外交活动中，最成功的是其视觉传播策略。文化决定交往，而巴西具有植根深远的口语传播传统，这种传统体现在该国的传播实践中并很大程度上依赖于多媒体，特别是视觉和广播媒体。巴西自命为拉丁美洲的经济中心，然而其人口中很大比例的一部分不能拼写自己的名字。文盲率使得视觉传播在消费和生产两个领域同时占据主导地位。这种基于文化传统的对视觉传播的强调引领了旅游委员会的公共外交活动。该委员会发现，在旅游信息的传播层面，在线视频的关注度比移动应用程序、网络游戏、国际新闻通稿等都要高。此外，该委员会还基于数据分析的结果，大力推进数字外交战略。该委员会通过对受众数字媒体使用的数据进行分析，得出当前的旅游潮流和不同国家游客的消费偏好，从而相应地制定活动并发布信息，而这种分析大多是基于网站浏览量和点击率。巴西旅游委员会数字外交的重要举措是在保持品牌整体性的前提下进行中心化操作。为了避免信息的稀释，该委员会在各种社交网络中都只用一个账号发布多语言内容。该委员会还雇佣市场营销公司 Isobar 为其提供翻译服务，确保信息能够准确有效地传达给国外受众。

圣保罗的"州市协同"模式是公共外交组织形式的创新。一方面，圣保罗市作为巴西最大城市和金融中心，其影响力能够带动圣保罗州公共外交活动的繁荣，这将有助于该州开展对外合作，特别是吸引外商投资以促进本州各区域均衡发展。另一方面，圣保罗市也能从其所在州的公共外交活动中借力，进一步进行城市形象的塑造。然而，该市的形象塑造战略与圣保罗州的战略有协调但不尽相同——更重视促进其文化旅游方面的宣传。这种做法在该市原有的金融中心基础上，力图丰富城市职能，展现融悠久历史、传统文化和现代化文明于一体的综合性大都市形象。

巴西旅游委员会的数字公共外交对新兴经济体公共外交模式创新具有指导意义。《福布斯》杂志 2014 年刊文称巴西是世界上社交媒体使用的第三大国。美国驻圣保罗领事馆也指出："如果美国能够利用［社交网络］这个工具作为对巴西外交的一种形式，那么美国国务院将会更好地与该国民众联系并更好地推行美国对巴西外交政策的优先方向。"

然而，巴西的文盲率、移动互联科技的普及率、口语传播传统等国情特点是该国开展数字公共外交必须要考虑的特殊因素。根据世界银行的统计，巴西全国 2013 年的识字率（literacy rate）是 90%，这个数字在拥有超过 2 亿人口的巴西虽然看上去比较高，但其排名却是全世界 193 个联合国会员国中的第 134 名。事实上，巴西有很多人仍不能阅读和书写。这就造成巴西旅游委员会的公共外交产品中视觉传播产品最为成功。另外，在巴西，高科技产品的价格非常昂贵。根据《彭博商业周刊》（Bloomberg Business Weekly）的受众投票结果，巴西被认为是世界上高科技产品——如 iPhone，电脑等——售价最贵的国家，这是由该国的高进口税导致的。因此，巴西旅游委员会的数据分析不但应从当前单一地以点击率为主的分析标准转向更具体的受众特点分析及反馈分析，更应关注移动设备的发展，因为移动互联是新兴的全球传播平台。最后，巴西在历史上具有悠久的口语传播传统，包括亚裔和非洲裔在内的种族群体习惯于以讲故事的方式在代际传播信息。这一特点使得巴西旅游委员会的公共外交活动多在 Youtube、Facebook 和 Orkut 这些综合视频、图片、音频等多种内容形式的平台上进行，而在主要以文字形态呈现的平台，如 Twitter 上就相对较少。

五　以色列前总统变身喜剧明星：领导人　公共外交的创新

2014 年 9 月 21 日，美国智库大西洋理事会（Atlantic Council）在纽约的一次节日聚会上播放了以色列前总统西蒙·佩雷斯出演的一个幽默视频，在座的观众有包括美国前国务卿亨利·基辛格博士在内的众多知名人士。在该视频中，91 岁的佩雷斯以加油站工作人员、披萨外卖员、超市收银员等多种角色出镜。佩雷斯试图向愿意听他讲话的人们重述他从政 70 多年来讲过的诸多至理名言，但人们大多对他投去冷漠的目光。视频讲述了这位以色列前总统及诺贝尔和平奖获得者退休之后重新找工作的故事。

这个希伯来语配英文字幕的喜剧视频由佩雷斯的女儿米卡·阿尔莫格创作，她本身就是一个编剧。故事以佩雷斯当年 7 月卸任总统后清理办公室的场景开始，他整理书柜，留下了一个士兵公仔，捐掉了《傻瓜系列之总统入门》（Presidency for Dummies）漫画书。随后，佩雷斯去就业中心应聘。招聘人员问他是否有过相关经历时，他说自己挤牛奶很出色，对方说现在都是自动挤奶了；他说自己做过牧羊人且没丢过一只羊，对方说现在人们都吃素了；他说自己曾当过邮政部长，对方说现在人们都发电子邮件。当他解释自己建立了以色列先进的国防科技时，招聘人员不知其所云，不耐烦地说他没有任何经历。

佩雷斯的第一份工作是加油站工作人员。当一个司机急切地想要加满油时，佩雷斯向他推荐水、润滑油、挡风玻璃清洗液甚至卡拉 OK 机。他说："如果你拒绝我的所有提议，你要付出沉重代价。"司机最终接受了游泳浮漂时，前总统说："和平，这是唯一的解决方案。"佩雷斯去当安检员，他问人们是否携带进攻性枪支或者弹道导弹并告诉他们："智力是我们最好的武器，纳米技术就是未来。"他去做超市收银员，向一脸茫然的家庭主妇讲关于"恩德培行动"（Operation Enttebe）的历史，那是 1976 年以色列在乌干达解救本国人质的军事行动。他去送披萨外卖，顾客抱怨送货时间太长，他说路途并不长，但取得突破很难。佩雷斯想要给这位顾客一些建议，而当那顾客转头掏钱时（英文的"建议"和"小费"是同一个词"tips"），佩雷斯告诉他："从不失去希望的民族给别人建议，而不是等待别人的建议。"他甚至以 Shimi P 的名字去当脱口秀喜剧演员，当他讲的关于以色列核能力的开场包袱遭遇冷场时，他告诉观众："你们知道，我们在内盖夫（Nagev）建了一座纺织工厂，而所有人都觉得那是别的什么东西。"在最后一个场景中，佩雷斯成为一名跳伞教练，在高空的飞机上劝说一个犹豫不决的学生跳下去。他说："看看这美丽的土地吧，未来属于那些勇敢的人！"随即和那学生一起跳了下去。当他们着陆以后，他对那学生说："我们还有很多事情要做。"学生说："这里一片荒芜，什么都没有。"他说："在什么都没有的地方，可以做出任何事情。"

作为以色列的国家形象宣传片，这种公共外交的形式已被多个国家普遍使用，屡见不鲜，但这个片子的独特创意却令人拍案叫绝。首先，佩雷斯在整个片子中从未展现严肃的态度，而是表现了他的幽默气质。这一点从本片开头他捐掉自己办公室书柜上的《傻瓜系列之总统入门》一书就有暗示，并贯穿在随后他担任一系列工作时的"呆萌"形象中。其次，该片的创新之处在于它是以退休的总统，即前政要作为国家形象宣传的主角。在整个片中，佩雷斯从未提及他的前总统身份，而是以普通人的身份出现，以至从招聘人员到加油站顾客、超市购物的家庭主妇、等披萨外卖的顾客等人都不知道他是谁，他为什么要说那些话。这种幽默和普通人的形象拉近了民众与政治人物的距离，使佩雷斯本人和以色列国家的形象更加亲切。最后，本片的精华之处在于佩雷斯作为普通人所讲的那些令人不知所云的话。这些话中既包含对以色列民族的创新基因极其强大的科技实力的推介，也包含佩雷斯本人 70 多年政治生涯的理念（如"和平是唯一的道路"、"未来属于勇敢的人"、"什么都没有的地方什么都有可能"等）。强大的科技实力是以色列的"硬实力"，而创新精神和政治理念则是其"软实力"，这是本片作为以色列国家形象宣传片所希望传达的实质内容的核心。该片向我们展示了幽默和人性的联系（a connection between humor and humanity），并表现出 91 岁高龄的佩雷斯依然精力旺盛，"有很多事情要做"，而这也正是以色列民族精神的体现。

参考文献

1. *War on Twitter：State Department Makes Mock ISIS Recruiting Video to Counter Terror Group's Online Pursuit of Westerners*, Daily Mail, Sep. 6, 2014, http：//www. dailymail. co. uk/news/article - 2745875/War - Twitter - State - Department - releases - mock - ISIS - recruitment - film - bid - counter - terror - groups - online - pursuit - Westerners. html.

2. *U. S. Attempts to Combat Islamic State Propaganda*, The Washington Post, Sep. 7, 2014, http：//www. washingtonpost. com/world/national - security/us - attempts - to - combat - islamic - state - propaganda/2014/09/07/c0283cea - 3534 - 11e4 - 9f4d - 24103cb8b742_ story. html.

3. *Obama's Social Media Strategy Against ISIS Falling Short*, *Experts Say*, ABC News, Oct. 1, 2014, http：//abcnews. go. com/News/obamas - social - media - strategy - isis - falling - short - experts/story? id = 25903375.

4. *Putin's Hopes to Burnish Russia's Image with Sochi 2014*, BBC, Feb. 6, 2014, http：//www. bbc. com/news/world - europe - 26062757.

5. *India and East Asia：Prime Minister Narendra Modi's "Buddhist Diplomacy"*, Nov. 5, 2014, http：//www. globalresearch. ca/india - and - east - asia - prime - minister - narendra - modis - buddhist - diplomacy/5412129.

6. *Yoga as Indian Soft Power*, USC Public Diplomacy, Dec. 19, 2014, http：//uscpublicdiplomacy. org/blog/yoga - indian - soft - power.

7. *Innovation in Brazilian Public Diplomacy*, USC Public Diplomacy, Feb. 5, 2014, http：//uscpublicdiplomacy. org/sites/uscpublicdiplomacy. org/files/useruploads/u20150/Brazil% 20Composite% 20Report% 20 - % 20Complete. pdf.

8. *Shimon Peres Becomes Comedy Star*, Daily Telegraph, Sep. 23, 2014, http：//www. telegraph. co. uk/news/worldnews/middleeast/israel/11117337/Shimon - Peres - becomes - comedy - star. html.

国际视野下的公共外交

Public Diplomacy From the Internatinal Perspective

B.29

2014年中国对美公共外交综述

张毓强　钱林浩*

摘　要：　2014年是中美建交的第35个年头。经历过风风雨雨，中美两国现正沿着构建新型大国关系的方向不断前行。在这个特殊的历史节点上，对美公共外交扮演着更为重要的角色，发挥着更为丰富的功能。本文试图通过梳理对美公共外交在2014年的发展情况，总结对美公共外交在2014年的突出成果，展现出在构建新型大国关系的崭新时代背景下，对美公共外交承担的重要角色与产生的良好效应。

关键词：　新型大国关系　对美公共外交　中国

---

* 张毓强，中国传媒大学国际传播战略与发展研究中心常务副主任、教授，研究方向为国际传播、传播思想史、公共外交；钱林浩，中国传媒大学国际传播战略与发展研究中心助理研究员。

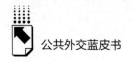
2014 年对美公共外交在过往实践的基础上，在机制建设、教育、文化、体育以及科技等多个领域呈现稳步推进的"新常态"。同时，在构建中美新型大国关系的时代背景下，借助中美建交 35 周年的有利契机，对美公共外交机制不断完善，活动领域继续扩展，交往程度不断深化，实践模式得到创新，取得了一系列值得关注的"新突破"。

在构建中美新型大国关系的时代背景下，"中美两国欲超越差异与分歧，做大互利共赢的蛋糕，必须始终把人文交流作为构建新型大国关系的助推器和增信释疑的润滑剂。中美两国要通过人与人、心与心的交流，消弭隔阂与误解，增进理解与共识，为两国关系发展大局提供正能量。"刘延东副总理在出席第五轮中美高层人文交流磋商会议时，把中美间的人文交流比做"探路者"与"铺路者"、助推器与润滑剂。① 在过去的一年中，作为"铺路者"，对美公共外交的实践为两国间文化、经贸、体育、教育等方方面面的交流与合作牵线搭桥，提供平台；作为"探路者"，对美公共外交的实践引领着两国关系沿着不冲突、不对抗、相互尊重、合作共赢的时代方向积极前行，勇敢探索；作为助推器，对美公共外交通过增进两国人民的理解与情谊，促进两国民众的交流与合作，推动着中美关系持续、健康、稳步地发展；作为润滑剂，对美公共外交通过开展富有成效的实践工作，为中美建设新型大国关系提供着源源不断的正能量。

一 机制建设：拓展平台，丰富主体

2014 年对美公共外交实践的一个突出特点就是机制得到完善，平台不断拓展，主体日趋丰富。第五轮中美人文交流高层磋商会议上达成的联合成果清单为这一年开展对美公共外交活动提供了重要指南。同 2013 年相比，此次磋商取得的成果更为丰硕，体现了这一交流机制正在不断得到完善，作用日益突出。数量众多、主题丰富的论坛活动也是 2014 年对美公共外交实践的一大亮点。这些论坛活动的开展，极大地促进了中美之间的交

---

① 刘延东：《人文交流是构建中美新型大国关系的助推器》，新华网，2014 年 7 月 10 日，http：//news. xinhuanet. com/world/2014 – 07/10/c_ 1111559162. htm。

流,推动了中美之间的合作,为对美公共外交开拓出一片广阔的新天地。另一个不可忽视的特点就是对美公共外交参与主体的日益多元化。除了政府机构,民间机构与智库都在2014年的对美公共外交中表现抢眼,发挥了积极的作用。

（一）中美人文交流高层磋商机制更趋完善,成果更加丰硕

2009年,中美两国政府决定建立中美人文交流高层磋商机制,以加强两国人文交流。从2010年开始,每年中美双方都会就教育、科技、体育等领域所关注的问题达成一系列共识,并发布成果清单。① 五年来,双方通过这一机制达成的成果数量不断增加,交流领域不断拓宽,合作程度不断深入。2014年7月9~10日,第五轮中美人文交流高层磋商会议在北京举行,会谈取得了很大的成功,其成果涵盖教育、科技、体育、文化、妇女、青年等六大领域,达成100余项成果。这一清单在一定程度上成为开展对美公共外交的"路线图",其中的多项成果都变为2014年对美公共外交的重要实践。

（二）搭建更广阔平台

除了前文提到的中美人文交流高层磋商机制,2014年,多种多样的论坛活动为开展对美公共外交搭建了更广阔的平台。这些论坛活动涵盖医学、教育、体育、网络等多种领域,例如中美职业教育论坛、中美21世纪检验医学发展高峰论坛、中美互联网论坛、中美体育研讨会等。在不断完善和丰富已有论坛活动的同时,对美公共外交的参与者还积极创造新的交流机制,搭建新的沟通平台。2014年9月9日,由《财经》杂志携手中国国际法律文化交流中心联合主办的第一届"法律与经济:中美法律高峰论坛"在北京召开。这一新的沟通平台为中外法律界工商界的交流开启了一个新的领域,也将极大地推动中外法律文化交流和公司法务合作。②

---

① 《中美人文交流高层磋商机制》,新华网,2011年4月11日,http://news.xinhuanet.com/ziliao/2011-04/11/c_121289693.htm。
② 《首届中美法律与经济高峰论坛召开 聚焦海外法律风险治理》,人民网,2014年9月9日,http://finance.people.com.cn/n/2014/0909/c42773-25627929.html。

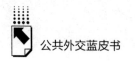
（三）参与主体更加多元

在过去的一年中，更加多元的主体参与到对美公共外交活动中来。这其中不仅有国家汉办、国新办这样的传统单位，也不乏中国人民对外友好协会、中国公共外交协会、CBD公共外交文化交流中心等非政府组织，还包括美中友好协会这样的美国民间机构。参与主体的多元化促进了对美公共外交活动内容的丰富性，同时，更多元的主体构成也在一定程度上帮助对美公共外交活动收获更加理想的效果。以美中友好协会为例，2014年，这一致力于美中友好的美国民间机构积极策划举办了第六届"中华之夜"系列活动，向美国民众展示中国的旅游文化，并协助发起"北京旅游志愿者"项目，为美国青少年提供认识北京、了解中国的平台，都收到了良好的社会反馈。

二 孔子学院：走过十年，迈向未来

2014年是孔子学院自创立以来走过的第十个年头。2004年6月，马里兰大学孔子学院成为美国第一所孔子学院。从2004年到2014年，在短短的十年时间里，美国已经开办了102所孔子学院以及377个孔子课堂，是世界上拥有孔子学院和孔子课堂最多的国家。十年耕耘，十年收获，如今孔子学院已逐渐结出累累硕果。美国中田纳西州立大学校长西德尼·麦克斐在出席于2013年底举行的第八届孔子学院大会开幕式时发表演讲，称赞孔子学院为美国的教育机构带来了国际视野，为当地社区增加了文化体验，促进了美国人对中国的理解。[①] 美国布鲁金斯学会的董事会主席约翰·桑顿在出席2014年的第九届孔子学院大会时，更是提出，"孔子学院坚持这样办下去，30年不动摇，世界将会大变样。"[②]《纽约时报》、《泰晤士报》等西方主流媒体甚至将孔子学院评价为"中国出口的最好最妙的文化产品"。[③]

---

① 《开幕式发言人美国中田纳西州立大学校长演讲全文》，国家汉办网站，2013年12月7日，http://www.chinese.cn/conference/article/2013－12/08/content_ 518114. htm。
② 《顶级智库掌门人约翰·桑顿：孔子学院让世界更懂中国》，国家汉办网站，2014年12月10日，http://conference.chinesecio.com/? q =node/162。
③ 孔子学院总部：《孔子学院10年发展回顾》，《公共外交季刊》2014年第6期。

2014 年，美国的孔子学院在总结过往经验的基础上稳步发展，同时不拘泥于现有的程式，积极尝试，勇于开拓。总体来说，表现在以下几点。

（一）规模继续扩大

2014 年美国新开设包括萨凡纳州立大学孔子学院、美国北佛罗里达大学孔子学院在内的 5 家孔子学院，并新增 62 个孔子课堂。据教育部国际合作与交流司司长岑建君介绍，截至 2014 年 7 月，孔子学院在美国拥有注册学生 22 万人，并且有 267 万人次参与过孔子学院组织的各类活动。[①]

（二）办学效果突出

在 2014 年年底举行的第九届孔子学院大会上，孔子学院总部发布了 2014 年度孔子学院光荣榜。在"先进孔院"的评比中，美国有佩斯大学孔子学院、肯塔基大学孔子学院、明尼苏达大学孔子学院、得克萨斯大学达拉斯分校孔子学院及韦伯斯特大学孔子学院等五所学院榜上有名，在数量上为各国之最。在榜单公布的 5 个"先进课堂"中，美国独占 3 席。另有四位美国孔子学院院长获评为"先进个人"，同样在数量上居首位。[②]

（三）内容日趋丰富

从中国戏曲讲座到汉语征文比赛，从中国书法展到汉字听写比赛，从龙舟友谊赛到中国武术比赛，从中国文化主题周到中国文化体验活动，2014 年，美国各地的孔子学院开展了一系列形式多样、内容丰富的文化活动，为当地的学生与居民带去精彩的中国文化体验，加深了学生与当地居民对中国文化的了解，极大地提升了孔子学院的形象，取得了更好的办学效果。

（四）品牌不断提升

"汉语桥"中文比赛是由国家汉办以孔子学院为依托创办的国际性中文比

---

① 《在美孔子学院达 102 所》，《人民日报》（海外版），2014 年 7 月 11 日，http://paper. people. com. cn/rmrbhwb/html/2014 –07/11/content_ 1451634. htm。

② 《2014 年度孔子学院光荣榜》，国家汉办网站，http://conference. chinesecio. com/？q = advanced_ persons。

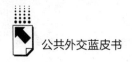
赛。如今，"汉语桥"旗下已包括"汉语桥"世界中学生中文比赛、"汉语桥"全球外国人汉语大会、"汉语桥"校长访华、"汉语桥"夏令营等多个项目，"汉语桥"比赛已经成为全世界汉语学习者的"奥林匹克"。2014 年，"汉语桥"世界中学生中文比赛中西部赛区选拔赛的规模创新高，无论参赛大学还是参赛选手数量均打破纪录。① 同时，在"汉语桥"品牌的带动下，美国中小学校长访华团造访郑州，"'汉语桥'——美国高中生夏令营"活动也在北京取得圆满成功。

（五）不断探索创新

在稳步发展的基础上，孔子学院在办学、教学方面勇于探索创新，取得了不俗成绩。2014 年 6 月，由上海中医药大学与美国佐治亚瑞金斯大学合作创办的中医孔子学院正式成立。这是在美洲成立的第一所中医孔子学院，它将提供中医的教育培训，展示中医药的历史与文化，普及中医药养生保健知识。② 同时，孔子学院还试图通过技术创新来解决国际汉语教学教材紧缺的问题。美国的几所孔子学院就开始试用"国际汉语教材编写指南网络应用平台"。使用这一平台的教师只要选定学习对象的年龄、等级和话题，就可以自助编写讲义和辅导教材，因此该平台受到很多本土化汉语教师的欢迎。③ 同时，网络孔子学院也得到了积极的发展，截至 2014 年底，网络孔子学院的学生人数已超过23 万，这些学生通过网络进行了超过 6000 门课程的学习。④

三　教育文化：关注青年，投资未来

在 2014 年，针对美国青年群体的公共外交实践成为一个独立的板块，改变了以往散落于文化体育交流、教育合作中的状况。这一改变清晰地显示出青

---

① 《"汉语桥"美国中西部选拔赛规模创新高》，新华网，2014 年 4 月 20 日，http：//news. xinhuanet. com/world/2014 -04/20/c_ 1110319063. htm。

② 《美国首个中医孔子学院成立》，新华网，2014 年 6 月 11 日，http：//www. gx. xinhuanet. com/qy/2014 -06/11/c_ 1111094495. htm。

③ 《国际汉语教材编写指南网络平台正式上线》，国家汉办网站，2014 年 12 月 8 日，http：//conference. chinesecio. com/？ q = node/152。

④ 参加国家汉办网站：http：//www. chinesecio. com/。

年群体在公共外交中日益显著的地位与日益提升的影响力。我国的公共外交活动路线越来越清晰，投资青年就是投资未来。

2014年，中国针对美国青年群体开展了多种形式、多重领域的公共外交活动。其实践可以简单地归纳如下。

（一）持续增进两国青年交流

内容丰富、主题广泛的论坛活动持续推进中美两国青年的深入交流。2014年，中国举办了包括哈佛大学中美学生领袖会议、中美青年领导者论坛、中美青年高峰论坛、中美青年学者论坛、中美青年领袖对话等在内的一系列面向两国青年精英的论坛活动。其中，不乏首创之举，2014年6月3日，首届中美学生领袖会议就在北京大学英杰交流中心举行，来自中国和美国两国大学与中学的360名学生围绕"青年与创新"的主题，聆听来自学术及各界精英的精彩演讲，通过形式丰富的活动，增进交流与友谊。[①]

（二）进一步加强两国教育合作

首先，注重项目的多样性。在两国的教育合作中既有合作办学项目，如清华大学与黑石集团开展的"苏世民学者项目"，也包括中国在美国创办的国际学校，如中国人民大学附属中学在美国成立的普林斯顿国际数理学校，该校是中国教育部批准成立的首家由中国学校在美国创办的纳入美国基础教育建制的国际学校。其次，注重主体的多元性。参与对美教育交流合作的单位，不仅有中国的顶尖大学，还有中国教育国际交流协会、中国大学生体协、亚洲协会等机构，它们都在其中起了重要的作用。最后，既坚持成果又不断创新。一方面，继续推行取得不错效果的项目，如"万名中美人文交流专项奖学金"项目、中美富布赖特项目等；另一方面，积极设计尝试新的项目，如在两国中小学间举办的"千校携手、热爱自然、绿色生活"倡议活动就希望通过崭新的形式吸引两国青少年关注环保，建立友谊。[②]

---

① 《中美学生领袖在京交流"青年与创新"》，人民网，2014年6月3日，http://edu.people.com.cn/n/2014/0603/c1053-25096439.html。

② 《中美携手启动环保倡议 彭丽媛米歇尔致贺信》，中国日报中文网，2014年7月10日，http://world.chinadaily.com.cn/2014-07/10/content_17706383.htm。

（三）努力促进两国青年协作

2014 年 5 月，中美青年创客大赛正式启动。根据总决赛赛制的要求，中美青年必须混搭组队。通过两国近 2 个月的选拔，近 150 名中美青年学生混搭组建成 30 个团队，晋级决赛，并在决赛中大展风采。[①] 2014 年中美青年创客大赛的成功举办为中美两国青年提供了一个促进协作的难得机会，同时也为中美两国青年人搭建了一个良好有效的交流互动平台。

（四）拓展青年交流领域

2014 年的对美公共外交在青年领域不断补充新的内容，尝试新的形式。在过去的一年中，开展了以中美青少年乐团交流、中美少年暑期茶艺派对、中美青少年篮球训练营、中美青少年足球赛、中美青少年航空交流团等为代表的多种多样的活动，以拓展中美青年的交流领域，培养两国青年的共同兴趣，增进两国青年的情谊。

四 体育交流：发扬传统 精彩纷呈

43 年前，美国乒乓球队应邀访华。这一轰动世界的"乒乓外交"成功地以"小球推动大球"，为中美之间打破坚冰、实现关系的正常化做出了重要的贡献。在"乒乓外交"的影响下，体育交流一直是中国开展对美公共外交的重点领域和重要手段。2014 年是中美建交 35 周年。40 多年前，跳动的乒乓球拉近了两个彼此隔绝多年的大国之间的距离；今天，宽领域、多层次、高质量的体育交流更是在中国对美公共外交中继承传统，不断突破，发挥着不可替代的作用。

（一）搭建互动平台，创新交往体制

2014 年 7 月 9 日，中国国家体育总局和美国国务院体育联合办公室发起

---

① 《中美青年创客大赛 总决赛开赛》，凤凰网，2014 年 7 月 8 日，http：//finance. ifeng. com/a/20140708/12670433_ 0. shtml。

创办的首届中美体育研讨会在北京举行。① 在研讨会上，两国的体育专家、学者就竞技体育、体育产业等各方面的问题交换意见，深入讨论，并达成共识，促进成果向实践转化。这一平台的成功搭建将给两国体育专家、学者提供一个沟通互动的有效平台，给两国体育界开展全面且富有成效的合作注入新的活力，也将为两国体育交流机制化、常态化开辟更加广阔的空间。

（二）层次更加丰富，主体更加多元

在过去的一年中，政府、高校、民间团体、体育精英等都积极地参与到体育领域的对美公共外交活动中来。中国武术协会举行"文化之旅"访美活动，并结合实际让美国观众更好地理解中国武术。② 由温州肯恩大学主办的"2014中美高校体育与文化交流活动"以足球赛为契机，促进中美高校间的了解。③ 2014年4月，松原市前郭尔罗斯蒙古族自治县迎来史上首次中美民间体育交流活动，向美国的体育工作者介绍中国的蒙古族传统文化和体育教学。④ 中国著名的体育明星姚明则利用前NBA明星的身份参与哈佛中美学生领袖峰会与中美关系35周年研讨会，取得了不错的反响。不断丰富的实践层次与不断多元的参与主体，扩大了中美体育交流的范围，提升了对美公共外交的效果。

（三）青年学生仍是主要目标群体

同教育文化领域相似的是，2014年对美公共外交实践在体育领域也将焦点聚集在青年学生群体上。青年学生是中国对美开展体育交流的重点对象。"2014年8月，中美大学体育文艺周"在北京和上海两站分别举行。北京工业大学篮球队等中国高校篮球队同美国德雷尔大学篮球队进行了多场友谊赛，并在赛后安排了文艺联欢、学术论坛等活动，很好地促进了双方运动员和教练员

---

① 《首届中美体育研讨会7月9日在北京举行》，中央政府门户网站，2014年7月10日，http：//www. gov. cn/xinwen/2014－07/10/content_ 2715492. htm。

② 《不同寻常的文化之旅——中国武术代表团即将访美》，中国武术协会网，2014年4月10日，http：//wushu. sport. org. cn/home/wlkd/2014－04－10/433014. html。

③ 《中美高校文化交流拉开序幕　美国大学足球队造访中国》，人民网，2014年5月26日，http：//sports. people. com. cn/n/2014/0526/c22141－25067062. html。

④ 《松原史上首次中美民间体育交流活动日前展开》，网易新闻，2014年4月20日，http：//news. 163. com/14/0420/05/9Q8J6R7L00014Q4P. html。

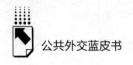

的交流。① 而大学生体育协会相关负责人表示，未来中美高校间的体育文化交流将更加常态化。②

（四）国际体育赛事的公共外交作用更加凸显

2014 年 5 月，中国青年女子排球队赴布拉格参加国际排球比赛。在与美国阿肯色大学女排交手之后，中国同对手举行了联欢活动，增进了双方的友谊，加深了双方的相互了解。③ 2014 年 7 月，已在北美举办了 22 年的铸久杯青少年围棋公开赛首次在中国浙江举行。铸久杯围棋赛在成功举办之余，也为中美少年儿童建立友谊提供了条件，还有力地推动了围棋成为中美交流的桥梁、成为世界了解中国的窗口。④ 在参加或举办国际体育赛事的过程中，对美公共外交 "润物细无声"，极大地提升了对美公共外交的效率与效果，收到了良好的反馈。

五　科技交流：开拓进取　共创双赢

中美建交 35 年来，双方在教育、文化、体育等领域表现出强大的活力，随着中国经济水平的发展以及"中国智造"的崛起，在中国政府、科研机构以及企业的推动下，中美间的科技交流正得到快速的发展。科技领域成为对美公共外交实践中不容忽视的重要一环。

（一）保持和加强科技人员的对话与合作

自 2004 年起，"中美科技人员交流计划"已成功执行了 11 年。2014 年 6～8 月，40 名来自美国的优秀青年学者在中国导师的配合下完成了为期两个

---

① 《第三届中美大学生体育文艺周北京站落幕》，新华网，2014 年 8 月 29 日，http：// www. hq. xinhuanet. com/news/2014 - 08/29/c_ 1112277950. htm。
② 《中美高校 "对抗"将常态化》，人民网，2014 年 9 月 3 日，http：//politics. people. com. cn/n/ 2014/0903/c70731 - 25591601. html。
③ 《国青女排 3～0 胜美国阿肯色大学　中美联欢交流心得》，新浪体育，2014 年 6 月 3 日，http：//sports. sina. com. cn/o/2014 - 06 - 03/11467192395. shtml2。
④ 《铸久杯围棋赛中国首次举办　架起中美间交流桥梁》，搜狐体育，2014 年 7 月 8 日，http：//sports. sohu. com/20140708/n401955293. shtml。

月的研究活动，取得了丰硕成果，也为未来合作打下了良好的基础。同时，2014年3月和8月，旨在深化和扩展两国科技交流的"中美青年科学论坛"分别在华盛顿和北京召开，近百位来自中美两国科研机构和高校的青年学者围绕论坛主题深入交谈。① 保持和加强中美间科技对话的努力，进一步推动了中美青年之间的科研交流，增进了中美两国青年之间的理解，加深了彼此之间的友谊，为双方未来的长期合作奠定了坚实有效的基础。

（二）科技企业开始展现良好形象

作为在美最大的中国手机企业，中兴同美国高校以及美国高科技企业都建立了紧密的联系，向他们展示了中国科技企业的崭新面貌；中兴还雇用大量美国人作为企业员工，为当地提供了大量的就业岗位。因此中兴在美国的成功获得了美国主流媒体的广泛赞誉，《财富》杂志连续两年将中兴评为"中国企业社会责任排行榜前十"，并被《华尔街日报》评为"中国最受尊敬十强公司"。以中兴为代表的中国科技企业在美国所展现的良好形象，将会进一步推动中美科技交流向更深层次发展，进一步扩展双方在科技经济等领域合作双赢的空间，从而进一步推动中美新型大国关系的建设更上一层楼。②

（三）注重施展"互联网外交"魅力

2014年12月，中国国家互联网信息办公室主任鲁炜赴华盛顿参加第七届中美互联网论坛。在美国乔治·华盛顿大学发表演讲时，鲁炜邀请华盛顿大学校长率学生代表团，到阿里巴巴等中国最优秀的互联网企业参观学习；邀请美国大学生明年参加世界互联网大会，与中国大学生联合举办"中美大学生互联网论坛"，充分施展了"互联网外交"的魅力，收到了不错的反响。③ 中美

---

① 《"2014中美科技人员交流计划"总结会暨第六届"中美青年科学论坛"在京成功举行》，中国科学技术交流中心网站，2014年8月8日，http://www.cstec.org.cn/zh/news/detail.aspx? id = 5085。
② 《中兴展现中国通讯科技实力》，光明网，2014年9月9日，http://it.gmw.cn/newspaper/2014 - 09/09/content_ 100769707.htm。
③ 《鲁炜邀美国大学生访华 施展"互联网外交"魅力》，新华网，2014年12月4日，http://news.xinhuanet.com/world/2014 - 12/04/c_ 1113517845.htm。

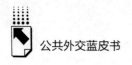
两国都是互联网大国，充分挖掘互联网外交的潜力将会极大地提升对美公共外交的效果与影响。

六 结语

回顾 2014 年，对美公共外交在保持与完善"新常态"的基础上不断寻求"新突破"，探索"新模式"，谋求"新发展"；展望 2015 年，对美公共外交将在总结实践经验的基础上，继续大胆探索，开拓创新，继续保持与完善"新常态"，继续探索与收获"新突破"，更好地为构建中美新型大国关系探索方向，铺平道路，更好地为构建中美新型大国关系提供动力，增信释疑。

B.30

2014年中国对英公共外交综述

黄典林　刘君怡*

摘　要： 2014 年，中国与英国在教育、学术、文化、商业等方面的交流与合作都取得了长足的进展，对英国本土社会产生了积极影响，同时也给两国公共外交的深入发展注入新的活力，为消除中英之间在相互理解方面长期存在的认知方面的"认知误差"和"历史逆差"做出了积极贡献。

关键词： 中英关系　公共外交　教育文化交流

中英自 1972 年建立正式的外交关系以来，两国官方和非官方的外交活动都取得了令人瞩目的进展。

从公共外交的层面上来看，公共外交是关系建构的竞争，是在一般意义的信息传达和宣传攻势之外的针对公众塑造良性互动关系的活动。

回顾 2014 年，中英两国在针对彼此的公共外交活动方面，展现出不同的重点，各具特色。就英国而言，英国在高等教育和以影视剧等文化产品的输出为代表的文化软实力方面具有强大实力。从英国本土庞大的中国留学生数量和以《大侦探福尔摩斯》等英剧在中国主流视频网站的点击量就可以看出，英国在这两个领域对中国社会的影响巨大。教育和文化娱乐产业依然是英国对外传播和公共外交的两个最重要的领域。

从中国的视角来看，作为现代中国软实力的重要组成部分，我国的基础教育、电影和时装设计，也在过去的一年中开始向英国社会展现出独特的吸

---

* 黄典林，中国传媒大学传播研究院助理研究员，研究方向为传播学基础理论、国际传播、传媒文化；刘君怡，中国传媒大学国际传播战略与发展研究中心助理研究员。

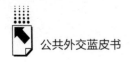

引力。例如，中国中学生的学习能力受到英国基础教育界的重视，甚至东来取经；针对英国本土的文化传播方面，冯小刚导演的电影在英国展映受热捧，中英双方甚至计划合作拍摄《天下无贼》英国版；中国新锐时装设计师登上世界四大时装周之一的英国时装周，向英伦文化界展示了来自中国的时尚元素。

以上这几个微观事件从不同侧面反映了中国国家软实力和公共外交的几个不同侧面。从中可以看出，在过去的一年中，中国针对英国公众的公共外交活动在平稳发展中不断寻求创新的突破口，以更加丰富多元的方式和维度展示当代中国的文化软实力。

一　中英教育和学术交流

"中英留学交流四十年论坛"是 2014 年中英两国教育和文化交流方面的一件大事。中国驻英大使刘晓明在中英留学交流四十年论坛上的发言指出，"中英留学是两国人文交流的重要形式，是中英关系发展的桥梁和纽带。中英都是拥有悠久历史和灿烂文化的国家，双方通过平等交流，就能实现互学互鉴，共谋发展，共创未来。40 年来，中国留学人员作为对外开放的先锋，既学习了英国的先进科学技术和管理经验，也促进了中国文化的传播，增进两国人民之间的了解和友谊。同时，两国留学人员充分发挥自身优势，牵线搭桥，促进中英在经贸、教育、科技等各领域广泛交流与合作，为两国关系发展起到了推动作用。可以说没有 40 年中英留学的大交流，就没有今天中英关系的大发展。"①

刘晓明大使的发言充分肯定了中英之间的教育交流对中英关系深入发展具有重要意义。这不仅体现在大量中国留学生在赴英留学的过程中将对英国政治、经济、文化和社会的了解带入中国，同时中国留学生也是传播中国文化、展现当代中国年轻人精神面貌、塑造良好中国人形象的重要力量。庞大的留学生群体不仅是促进中英教育交流的重要力量，同时也是促进两国文化交流、夯

---

① 《"中英留学交流四十年论坛"在伦敦圆满闭幕》，人民网，http://world.people.com.cn/n/2014/1122/c157278-26072818.html，检索日期：2015 年 1 月 20 日。

实两国公共外交平台的重要人力资源。留学生群体不应当被单纯地看做一种教育和人力资源流动的国际市场行为，同时应当被视为国家公共外交的重要战略资源。如何借助留学生群体推动我国优良国民形象的国际呈现和中华文化的国际传播是一个全新的重要课题。

除了一般的高等教育之外，在国家支持的文化传播和语言教育方面，孔子学院是我国对外传播和公共外交的一个重要平台和窗口。2014 年，正值孔子学院在全球范围内开办的十周年纪念，英国本土为此举办了一系列的纪念和庆祝活动。其中，中国驻英国大使馆和伦敦南岸大学中医孔子学院为伦敦圣乔治中学联合举办的"中国日"活动就是一个典型的例子。

截至 2014 年，我国在英国 16 座城市共设有 25 所孔子学院，针对当地公众和青年学生进行汉语教学和中华文化传播。在英国，孔子学院已经成为传播汉语和中华文化的窗口，承载着跨文化交流的重要职责，在推动中英语言和文化交流方面发挥了十分重要的积极作用。除了在覆盖范围逐年扩大和数量逐年上升之外，孔子学院还以中英双方的高校为平台，探索超越纯语言教育之外的教育模式。例如，中国政法大学与英国班戈大学合作开办的孔子学院于 2014 年 9 月 10 日正式启动，与一般的孔子学院以语言教育为主不同，这是一所以法律文化教育为特色的孔子学院。[①] 它的建立有利于中英之间增进对彼此法律文化和法律教育的理解，促进两国法律界的交流。孔子学院在英国的这一创新之举，为孔子学院今后在其他国家的发展提供了可供借鉴的宝贵经验。

在基础教育交流方面，2014 年，近几年我国在基础教育领域取得的成就引起了英国基础教育界的广泛关注。2012 年，在由经济合作与发展组织（OECD）举办的全球 PISA 测试[②]中，中国上海的中学生在数学、科学和阅读

---

① 中华人民共和国驻英国大使馆教育处：《班戈大学孔子学院揭牌仪式隆重举行》，http：// www. edu－chineseembassy－uk. org/publish/portal24/tab5260/info94720. htm，检索日期：2015 年 1 月 20 日。

② PISA 测试，即国际学生能力评估计划（Programme for International Student Assessment，简称 PISA），是一个经济合作与发展组织（OECD）筹划的对全世界 15 岁学生阅读、数学、科学能力水平的测试计划，最早开始于 2000 年，每三年进行一次，旨在发展教育方法与成果，是目前世界上最具影响力的国际学生学习评价项目之一。上海 2009 年和 2012 年参加了两次 PISA，两次均夺冠。

三项测试中连续两届取得世界第一的成绩，而英国学生没有任何科目进入前
20 名。2014 年 2 月末，英国教育和儿童事务部副部长莉兹·特鲁斯（Liz
Truss）女士率英国教育代表团一行来华访问，参访上海的四所中学，就如何
推动基础教育发展、提高学生综合素质和学习能力向中国"取经"。① 作为中
英在基础教育领域交流的重要内容之一，"中英数学教师项目"在 2014 年 4 月
第二轮"中英高级别人文交流机制"会议期间被正式纳入双边交流范畴。
2014 年 9 月首批 73 名英国数学教师赴上海参加了为期两周的培训交流活动。
11 月 2 日，首批 29 名上海小学数学教师抵英，并在近 20 所数学资源中心校进
行了为其 4 周的教学实践活动。根据计划，2015 年中英间还将重点就小学、
中学数学教育开展包括教师交流在内的一系列活动。②

在科研学术交流方面，中英两国在 2014 年同样取得了令人瞩目的成就，
这主要体现在制药、微生物、创业设计、工程等领域。在制药科研方面，2014
年 10 月，中国中药企业陕西摩美得制药有限公司与世界著名高等学府牛津大
学开展有关中药复方合作研究，双方签订了心速宁胶囊作用机制研究合作协
议。牛津大学是全球范围内最早开展系统生物学研究的高校之一，这是牛津大
学历史上首次与中国民营制药企业合作开展中药复方研究，对国际学术界增进
对中医药的理解与认识、消除西方医学界对中国传统医学的错误认知、推动中
医药走向国际具有重要意义。③

在自然科学领域，2014 年 9 月，中国国家自然科学基金委与英国皇家学
会和英国医学科学院签订牛顿基金合作谅解备忘录，旨在促进中英自然科学领
域和医学领域的科学家之间进行深度的交流与合作，并建立长期的研究伙伴关
系。英国方面还计划推出自然和科学领域的奖学金和助学金计划。国家自然科
学基金委将分别为上述资助项目提供配套资金。这有利于中英双方在自然科学

---

① 东方早报：《数学成绩差来沪"取经"英国教育代表团明抵沪将访四校》，《东方早报》，
http：//www. dfdaily. com/html/21/2014/2/23/1120881. shtml，检索日期：2015 年 1 月 20
日。

② 中华人民共和国驻英国大使馆教育处：《中英数学教师交流项目在英正式启动》，http：//
www. edu - chineseembassy - uk. org/publish/portal24/tab5260/info113465. htm，检索日期：
2015 年 1 月 20 日。

③ 《中国中药企业首次与牛津大学开展合作研究》，新浪网，http：//health. sina. com. cn/news/
2014 - 11 -04/1601156102. shtml，检索日期：2015 年 1 月 20 日。

领域进行进一步学术交流与合作，并在此领域实现合作共赢。[①] 在植物与微生物研究领域，2014年7月，中国科学院和英国约翰·英纳斯中心合作成立植物与微生物科学联合卓越研究中心。双方计划在未来五年中共同投资1200万英镑，推动针对农业和人类健康所面临的各种挑战的科学研究，包括增加农作物产量、抵制农作物疾病以及通过开发植物和微生物制造保健性自然产品等。

综上可以看出，2014年是中英在教育和科学研究领域交流非常活跃的一年，中国针对英国社会在高等教育、语言文化交流、基础教育和高端学术科研等方面都积极采取了一系列重要举措，利用各方资源促进英国社会对中国教育和科学文化事业的了解，塑造了良好的国家文化形象。

二 传统与现代文化的对外传播

中国传统文化和当代流行文化在英国社会的广泛传播同样是2014年中英文化交流和我国对英公共外交中的一大亮点。

2014年4月，英国《每日电讯报》网站刊登题为《史上十佳亚洲小说》的报道，列出十本所有书迷都应当阅读的经典之作。其中，中国的四大名著之一《红楼梦》位列第一，说明中国古典文学在英国文化界日益引起更多人的关注。

此外，2014年，我国还通过博物馆这一对社会公众具有重要影响的渠道与英国相关机构开展历史文物展。11月中旬，大英博物馆与中国文化交流中心共同策划的"明：皇朝盛世五十年"文物展在大英博物馆展出，中国文物交流中心相关负责人在接受《欧洲时报》的专访时表示，中英博物馆交流已有30余年，双方已从出借藏品为主的合作办展阶段，逐步扩展到学术交流等领域。经过多年的发展，海外公众对中国文物的关注度日益提升，观众对进一

---

① 中华人民共和国驻英国大使馆：《中国国家自然科学基金委与英国皇家学会、英国医学科学院签订牛顿基金合作谅解备忘录》，http://www.chinese-embassy.org.uk/chn/zywl/t1198698.htm，检索日期：2015年1月20日。

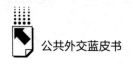
步了解文物所蕴含的历史文化信息的需求也日益增强。① 通过与英国博物馆机构的合作，以直观的形式向英国公众展示中国历史文物，讲述中国故事，不仅有利于中英两国人民的相互了解，更有利于扩大我国历史文化的影响力，增强中华传统文化的国际吸引力。

在民间工艺交流方面，作为我国民间传统文化的标志之一，有着 1800 多年历史的汉族工艺品"灯笼"也一直受到英国民众的喜爱。2014 年 11 月，英国威尔特郡的朗利特庄园举行中国巨型灯笼会，这也是迄今为止欧洲最大规模的中国灯笼会。这次灯会一直持续到 2015 年 1 月，跨越圣诞节和元旦，灯会面积超过 30 亩，现场展示的巨型灯笼有数百个之多。这次灯会的设计由来自中国自贡的知名专家和庄园设计师一同协作设计策划六个月。②

由以上几例可以看到，包括古典文学、文物和民间工艺等在内的我国传统文化在英国社会存在一定的影响力，努力开发和发挥传统文化资源在公共外交方面的优势依然是我国对外传播的一个重要任务。与此同时，还应不断向国际公众传播我国当代文化的新面貌，以防将传统中国当做现代中国的"真实"面貌，从而产生"认知误差"。

2014 年，我国在针对英国公众进行的现代文化传播活动方面，亦取得了可圈可点的成就。

在这一年中，中国的现代流行文化逐渐在英国本土摸索到了适合自身的传播模式。其中，中英电影界的交流是一大亮点。通过在不同国家的本土院线播放中国电影、宣传中国导演的重要作品来传播现当代中国人的文化、生活方式和价值观，加深英国公众对中国社会和文化的了解，同样是国家软实力的一种重要体现，是我国进行国际文化竞争的重要形式和对政府层面的正式外交形式的有力补充。2014 年 2 月，我国著名导演冯小刚携自己的多部影片在英国电影协会举办的"中英电影盛典"上进行了展映，并与英国电影协会电影节和影院负责人克莱尔·斯图阿特对话，面向英国观众讲述中国电影的现状和他本

① 《聚焦中英博物馆交流：合作 30 载，不只是展品互借》，《欧洲时报（英国版）》，http://www.oushinet.com/news/europe/britain/20141128/173599.html，检索日期：2015 年 1 月 20 日。

② 《英国推超大规模中国巨型灯笼会　最大灯笼高 18 米》，《南方日报》，http://www.jfdaily.com/wenyu/new/201411/t20141113_952848.html，检索日期：2015 年 1 月 20 日。

人的职业生涯。英国电影协会先后展映了冯小刚的《集结号》、《非诚勿扰》、《唐山大地震》等影片以及张扬执导的《飞越老人院》。据英国电影协会主席阿曼达·内维尔介绍，冯氏作品在英国观众中非常受欢迎。她表示，"我们没有想到冯小刚作品展映会如此地成功。其实我们的主要目的是吸引华裔影迷，同时将他的作品介绍给英国观众。事实证明，大家被冯小刚电影的广度、深度和多样性征服了。"以这次展映活动为契机，冯小刚与英国著名制片人邓肯·肯沃西商谈了合拍英文版《天下无贼》的合作计划。2014年6~10月，英国电影协会还继续举办一系列与中国电影相关的活动，并与多伦多国际电影节合作"一个世纪的中国电影"项目，选映80部中国电影，并追溯中国内地、中国香港、中国台湾电影在历史和文化上的渊源、共性和特点。①

此外，2014年5月，中国还在英国举办了第二届伦敦国际华语电影节（China International Film Festival London），在电影节上放映了《一代宗师》、《中国合伙人》等近期制作的华语电影。伦敦国际华语电影节致力于华语电影全球化发展与影视版权海外分销，是由中国国家新闻出版广电总局与英国文化协会（BCF）特别支持的海外规模最大、最具影响力的华语电影节之一。这次电影节为两国联合制作电影打下了基础，促进了中英影视界在影片创作、制作理念、市场推广、人才交流等方面的深度合作。②

除了电影，作为当代流行文化重要组成部分的时装设计也成为2014年中国对英国公共外交领域的一大亮点。2014年2月，作为世界四大时装周之一的伦敦时装周拉开帷幕。伦敦时装周向来以前卫先锋为特点，是新锐时装设计师们展现设计的绝佳舞台。在此次时装周上，出现了多位中国时装设计师的身影，比如定期在伦敦时装周举办发布会的设计师王海震、张卉山、万一方、吉承等。同时，以李筱、范致谦、何平、高扬为代表的中国新锐时装设计师也借助伦敦时装周这一平台展示了自己的时装设计作品。这群中国年轻时装设计师的作品引起英国时尚界和主流媒体的广泛关注。③

---

① 《英国举办"中英电影盛典"冯小刚携多部影片出席》，中国新闻网，http://www.chinanews.com/yl/2014/02-22/5869924.shtml，检索日期：2015年1月20日。

② 参见该电影节官网：http://ciff.cc/，检索日期：2015年1月20日。

③ 《伦敦的中国设计师"军团"》，新浪网，http://fashion.sina.com.cn/z/s/voice014/，检索日期：2015年1月20日。

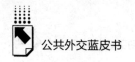

上述几个例子，可以说是以中国电影和时装设计为代表的当代中国文化近几年在"走出去"方面取得的实质性进展，也从一个侧面反映了中国文化产业在近几年取得的飞速发展及其国际影响力的提升。中国电影业的国际化发展充分说明，贴近中国普通民众真实生活、反映当代中国真实面貌、同时又能表达普世人性关怀的优秀电影作品对包括英国公众在内的国际受众是有吸引力的。国家软实力的建设应当在考虑文化主体性和个性的同时，兼顾文化表达中具有普遍价值的人性要素，从而能够唤起广泛的共鸣，提高文化表现的吸引力。中国年轻时尚设计师在国际舞台大放光彩的事实同样表明，营造开放的文化创作环境、发挥年轻一代文化人的创造活力，是推动我国文化原创力、促进公共外交和建设我国国家软实力的重要途径之一。

三 小结

综合前文所述，从 2014 年我国在教育、科研、语言文化交流、文物展览、民间文化、电影、和时尚等领域针对英国公众开展的一系列公共外交活动可以看出，我国对英公共外交工作成就斐然，在能够引起英国公众普遍关注的主要领域，既注重传统文化的传播，也兼顾当代文化交流，提高了我国文化在英国社会的影响力、亲和力和吸引力，有利于为中英之间良性的国家关系发展营造积极的民意基础和文化氛围。展望新的一年，如何进一步整合传统和现代文化资源，协调教育、文体、文化产业、民间文化等各个领域的资源，形成合力，如何从中英文化交流与公共外交的成功实践中不断总结经验，探寻发展和巩固我国国家软实力的规律和模式，是下一步需要深入探索的新课题。

2014年中国对法公共外交综述

黄典林　来莎莎*

摘　要：　2014 年，中国与法国之间的文化交流和公共外交活动十分丰富。本文主要围绕 2014 年发生的一系列具有代表性的中国对法公共外交事件，评述这些重要案例活动呈现出来的我国对法公共外交的特点，简要概括中国对法公共外交的现状，并探讨我国在对法公共外交方面存在的一些不足之处。

关键词：　中法关系　公共外交　文化交流

一　中国对法公共外交发展历程

1964 年，中法两国跨越重重障碍，发表联合公报，宣布建立外交关系。法国成为最早与新中国建立外交关系的西方资本主义国家，而这一建交行为被称为 20 世纪外交史上的"核爆炸"。[1] 两国关系在建交后曾遭到破坏，但总体上仍保持良好的发展势头。目前，中法关系正处在承前启后的重要时刻。

在建交后的 50 年里，两国在政治、经济交流日益密切的基础上，文化方面的交往也不断加强。1999 年和 2000 年，"巴黎·中国文化周"和"中国文化季"等文化交流活动在法国成功举办，是中国在法国乃至欧洲举办的规模较大的文化交流活动，吸引了大量法国观众。2003 年 1 月，巴黎中国文化中

---

* 黄典林，中国传媒大学传播研究院助理研究员，研究方向为传播学基础理论、国际传播、传媒文化；来莎莎，中国传媒大学国际传播战略与发展研究中心助理研究员。
① 《前驻法大使吴建民：中法建交是"外交核爆炸"》，人民网，http://world.people.com.cn/n/2014/0127/c1002-24240909.html。

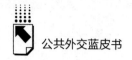
心成立。这是中国在西方国家成立的第一个，同时也是在海外投资规模最大的文化中心。巴黎中国文化中心成立 11 年来，主要开展文化交流活动、组织教学与培训以及提供信息服务。①

2003～2005 年，中法两国互办文化年。其中，2003 年 10 月至 2004 年 7 月，中国在法国举办文化年。这是中国与法国开展的一次大规模文化交流活动，是中法关系史上的一个里程碑。

2006 年起，作为文化年的后续活动，法国驻华使馆、北京法国文化中心每年都在中国举办"中法文化交流之春"系列文化活动。

此外，中法在建交 10 周年、20 周年、30 周年、40 周年之际，均举办了大大小小的文化交流活动。

2014 年是中法建交的第 50 个年头，在这一年的时间里，中法在政治、经济、文化、生态等各个领域都进行了深入的交流，上半年有近 90 个项目，下半年有 80 余个。② 在这些活动中，中国文化对法国公众的影响力逐步扩大，在电影、美术、音乐、舞蹈、戏剧、文学、建筑、教育、科技和学术研究等方面向法国大众全面展示了当代中国取得的非凡成就，对法公共外交取得积极进展。

二 多元主体助推中国对法公共外交

党的十八大以来，党和政府的各类政策文件均多次提出要积极"开展公共外交"，在执政党和国家层面为当代中国的公共外交提供了政策保障，公共外交成为国家软实力战略的重要组成部分，而对法公共外交则是国家公共外交的一个重要内容，吸纳了从政府到社会组织和个体等多元主体的参与。

中国政府在对法公共外交实践中发挥了主导作用，这首先表现在政府在相关政策上给予的支持。2014 年 3 月，习近平主席成功访法，与法国总统奥朗德就建立中法高级别人文交流机制达成重要共识。他提出，中法双方要积极推

---

① 马锐：《欧时专访巴黎中国文化中心主任殷福：让法国人渴望去中国》，http：//dujia. oushinet. com/20140122/19253. html。

② 郑青亭、常红：《抢先看：中法建交 50 周年下半年将有 80 余个文化项目》，http：//world. people. com. cn/n/2014/0709/c1002－25256985. html。

动两国社会各界广泛开展交流合作，使两国人民成为中法友好合作的坚定支持者、积极建设者、真正受益者，尤其要引导两国广大青年投身到中法友好事业中来。① 9 月 18 日，国务院副总理刘延东在巴黎与法国外长法比尤斯共同主持中法高级别人文交流机制启动仪式暨首次会议。② 中法两国对双方加强交流合作，推动各项人文交流活动都寄予厚望。以双方高层的支持和相关政策文件的出台为依托，中法在 2014 年的一系列活动得以顺利开展。

首先，由两国政府主办的项目有条不紊地实施。例如，由中国国际文化传播中心和法国尼斯市政府共同主办的"庆祝中法建交 50 周年文艺演出"于 2014 年 6 月在法国尼斯隆重举行；10 月，中国国家文物局与法国国立吉美亚洲艺术博物馆共同主办"汉风——中国汉代文物展"，吸引了大批参观者。其次，两国地方政府也积极参与组织了一系列交流活动。北京、深圳、西安、武汉、吉林、青海等省市均组织了赴法交流团。郎朗和深圳市携手，通过音乐、图片、视频等多媒体资料在巴黎举办深圳推介会；西安将其古老历史和极具地方特色的美食与传统艺术呈现给法国民众；武汉则借助巴黎中国文化中心"法国武汉文化周"活动开展了丰富多彩的文化交流活动并设立"武汉之窗"。

其次，以聚焦中法社会精英人物为特色的相关活动在 2014 年的对法公共外交中大放异彩。为了纪念中法建交 50 周年，法国前总理拉法兰和中国前驻法大使吴建民发起了"中法建交 50 年 50 人"活动。该活动旨在表彰过去 50 年里为增进中法两国文化了解、交流合作而做出杰出贡献的人士。以"50 年 50 人"为平台，分别在中法两地开展颁奖、对话、互访、研讨会、论坛等高层对话活动，形成长效交流机制，增进两大文明的理解与交融。③ 法国作家保罗·安德鲁、设计师皮尔·卡丹，中国翻译家李治华、音乐家陈其钢、画家范曾等这些在中法文化交流领域拥有重大影响力的社会精英人物进入中法公众的视野。此外，2014 年也有很多中国著名艺术家在法国各地从事演出、展览和

---

① 《习近平在中法建交 50 周年纪念大会上的讲话》，http：//news. xinhuanet. com/politics/2014 – 03/28/c_ 119982956. htm。

② 郑斌、尚栩：《结文明之友　筑共荣之桥——中法启动高级别人文交流机制》，http：// news. xinhuanet. com/world/2014 – 09/19/c_ 1112547407. htm。

③ 高玉叶：《纪念中法建交 50 周年"50 年 50 人"活动正式启动》，http：//news. xinhuanet. com/world/2014 – 01/26/c_ 119138098. htm。

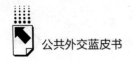

文化交流活动，增进了法国公众对中国艺术文化的了解。例如，中国当代油画家李丝云画展在2014法国卢浮宫国际美术展活动期间举办。同时，巴黎美术界最权威的学术机构法国美术家协会授予李丝云法国卢浮宫艺术沙龙展金奖（我国著名画家徐悲鸿、林风眠、刘海粟、吴冠中等都曾入选法国沙龙艺术展）。①

最后，人员交流也构成对法公共外交的重要一环。中法两国人员交流在近几年达到了前所未有的高潮。2013年，中国赴法国游客约150万，年增长速度达20%。按这个增长速度，2014年中国赴法游客将达180万左右。面对如此巨大的旅游消费人群，法国方面采取了一系列服务中国游客的举措，包括提高法国旅游业者对中国文化的了解。除了旅游，留学也是学习、体验不同文化的重要途径。目前，每年有超过10000名中国留学生赴法学习，法国目前累计有35000名中国留学生。在中国，法国的学生人数也有7500名左右。② 在法国，汉语热持续升温，中国在法国开办的十余所孔子学院累计接收学员近万人。

三 活动层次提升、密度增加

法国总统奥朗德上任前虽未曾到过中国，但其对中国的重视程度堪比前总统希拉克。尤其是近一年来，法国总统、总理和国民议会议长等三位高级领导人接连访华，两国外长近10次会晤③，双方建立起高级别经济财金对话机制和中法高级别人文交流机制。

在这样的背景下，中国和法国的文化交流项目的规模在2014年有所扩大，层次也进一步提高。由中国国家文物局与法国国立吉美亚洲艺术博物馆共同主办的"汉风——中国汉代文物展"是中法互办文化年以来在法举办的最大规模的中

---

① 《2014法国艺术家协会金奖颁给了李丝云》，http：//www. zggjysw. com/ConDetail. aspx？ id = 41280。
② 乌元春：《法外长：人数虽增法仍望接待更多中国留学生》，http：//world. huanqiu. com/ exclusive/2014 – 02/4854197. html。
③ 周谭豪：《习近平主席访问法国中法关系驶入"高铁时代"》，http：//news. china. com. cn/ world/2014 –03/28/content_ 31930885. htm。

国文物展。中国国家主席习近平和法国总统奥朗德分别为展览题写序言，并共同担任监护人，多位中法政界、文化界的重要嘉宾出席开展仪式。① 此次汉代文物展展出了中国九省150件（组）文物，突破了一般情况下外展最多展出120件（套）左右文物的惯例，这是中法文化交流史上前所未有的现象。② 此外，2014年举办的"装饰艺术博物馆中国珍品展"是法国装饰艺术博物馆历史上第一次大规模展出中国珍品。③ 此类相关文化交流活动均是在中法高层的直接支持下举办的，很多做法均打破了以往的常规，在规格、规模方面均达到了史所未见的程度。

除了层次的提升，2014年中国对法公共外交的另一个重要特征是活动密度的增加。"贯穿全年、均匀分布、重点突出、媒体助阵"是2014年中国对法文化活动的特点之一，活动从年初贯穿到年底，均匀分布在各个月份中，全年每个月均有重点项目推出，让两国民众全年都能获得高品质艺术享受。④ 在2014年1月27日建交纪念日，北京和巴黎分别举办的"开拓者的远见与智慧——中法建交50周年回顾展"和"中国之夜"晚会拉开了纪念两国建交50周年活动的序幕，全年共有各个门类170余个文化项目。仅仅在11月就有"亲情中华 多彩贵州"油画展、巴黎中国电影节、"聆听深圳：郎朗和他的城市"专场推介会等多场大型活动。中法互办文化年之后，双方的交流在近几年从未延续如此长的时间，也从未如此密集。

四 交流模式逐渐成熟、向纵深拓展

中国对法公共外交活动覆盖多个领域，包括体育、科技、卫生、教育、人文交流等诸多方面，如果缺乏整体战略规划，容易流于泛滥和形式主义，无法

① 焦波：《中法建交50年文化活动异彩纷呈开启未来合作之路》，http：//www. chinaqw. com/zhwh/2014/11－13/25597. shtml。
② 郑青亭、常红：《抢先看：中法建交50周年下半年将有80余个文化项目》，http：//world. people. com. cn/n/2014/0709/c1002－25256985. html。
③ 《法国装饰艺术博物馆展出中法艺术精品》，新浪网，http：//collection. sina. com. cn/zlxx/20140313/1015145982. shtml。
④ 郑青亭、常红：《抢先看：中法建交50周年下半年将有80余个文化项目》，http：//world. people. com. cn/n/2014/0709/c1002－25256985. html。

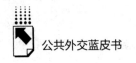

形成最大效益。经过十余年的实践和经验积累，到2014年，我国对法公共外交和文化交流的基本模式已经日渐成熟，形式和内容上均在向纵深方向拓展。

首先，在活动组织模式方面，有些活动是中方主动赴法主办。例如，"亲情中华 多彩贵州"油画展由中国侨联、贵州海外联谊会、贵州省侨联等机构共同主办。有些活动则是与法国的地方政府、政府相关单位或社会文化组织合办。例如，巴黎亚洲艺术博物馆"白明"艺术专展就是由巴黎中国文化中心、中国对外文化交流协会和巴黎亚洲艺术博物馆联合举办，"水墨聚焦——话说中国沉浮画展"则由中国国际文化传播中心和尼斯市政府共同主办。第三种模式则是在法国官方或社会组织举办的文化活动中担任主宾国或主宾城市。例如，在2014年"艺术巴黎"博览会上，中国成为博览会的主宾国。约有90名中国艺术家的作品在博览会上展出，现场还举办了相关讲座表演等活动。此外，中国上海受邀担任2014年巴黎图书沙龙主宾城市。

其次，就文化交流的内容而言，主要包含杂技、戏剧、民族歌舞、书画等中国传统和民间艺术，同时也包括电影、油画等当代艺术和教育、文学、学术等文化交流项目。在中国传统艺术中，杂技最受法国观众欢迎。上海杂技团演出的杂技《十二生肖》从2013年到2014年，驻巴黎连演76场，在法国观众中引起轰动，杂技中的中国元素吸引了巴黎观众的极大关注。巴黎最后一场结束时，观众总人次已超过35万，演员们的精湛表演得到了法国主流媒体的褒扬。[①] 与此同时，中国当代艺术也在法国大放异彩。2014年5月，第四届法国中国电影节在巴黎开幕，先后在世界电影的发源地里昂、国际电影节所在地戛纳以及法国著名的海港城市马赛，展映了《北京爱情故事》、《大闹天宫3D版》、《中国合伙人》等近几年出品的优秀中国电影。由于宣传推广工作的加强，2014年的中国电影节比前三届影响力更大。[②] 11月4～18日，第九届巴黎中国电影节举行，共展映了《无人区》、《同桌的你》、《飘落的羽毛》等多部优秀的中国电影。不少法国观众在观看影片后表示对中国电影非常感兴趣，希

---

① 李峥：《三次谢幕后观众仍不愿离开〈十二生肖〉巴黎献演》，http：//newspaper. jfdaily. com/jfrb/html/2013 – 11/18/content_ 1115836. htm。

② 蔡菲菲：《第四届法国中国电影节在"欧洲文化首都"法国马赛开幕》，http：//gb. cri. cn/ 42071/2014/06/11/5931s4572495. htm。

望进一步了解中国电影和中国。①

除了电影之外，"法国华人历史照片资料展"、"中国梦——人民生活与社会变迁"大型图片影像展、"中法友谊 50 年"图片展、"从戴高乐到范冰冰——法中艺术交流 50 年"特别展等展览均真实地反映了中国社会的风貌和中法之间的交流，吸引了大量的法国市民和过往游客驻足参观。

除了文化艺术方面的交流，对法学术交流也是 2014 年中国对法公共外交领域的一个重要组成部分。2014 年中法学术和专业领域交流覆盖面较广，包括"中法可持续城镇化发展学术研讨会"、"计算与应用数学学术研讨会"、"太湖文化论坛 2014 年巴黎会议"、"气候变化高级专家研讨会"、"中法媒体论坛"、"艺术家高层论坛"等学术研讨会和讲座活动相继举办，涉及文化、气候、医学等多个领域，而且更注重对现实问题的探讨。② 由此看出，中法之间的交流逐渐深化，双方专家学者聚焦中法文化和社会等各方面的热点问题，推动中法两国在学术科研和思想文化领域的交流向纵深发展。

五 小结

综上所述，以中法建交 50 周年为契机，2014 年我国在对法公共外交方面开展了数量众多、质量上乘的文化交流活动，取得了十分丰硕的成果，向法国民众展示了一个全面、立体、既传统又现代的中国。但与此同时，从我国对法公共外交实践中也可以发现一些不足之处，这主要体现在两个方面。

一方面，交流活动中传统文化偏多，现当代文化较少。可以看到，在过去一年的交流活动中，较之现当代文化，戏曲杂技、民族歌舞、传统工艺、古代文物等传统艺术和文化活动占据了相当大的比重。弘扬中国古代文化是推动公共外交十分重要的手段，可以培养国际公众对中华传统文化的好感和兴趣，但如果国外民众对于中国的认识仅仅停留在杂技、熊猫、中国功夫、民族歌舞、孔子等传统文化符号上，对于现当代的中国文化和现实发展情况、对当代中国

---

① 参见新浪网第九届巴黎中国电影节专题，http：//ent. sina. com. cn/f/m/blzgdyj9/。

② 董山峰：《中法专家研讨可持续城镇化》，http：//politics. gmw. cn/2014 – 11/18/content_
13882449. htm。

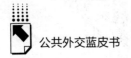

人的日常生活和价值观念缺乏基本的了解，很容易造成认知误差和刻板印象，不利于塑造文明进步的国家形象。应当考虑将更多的现代元素和传统文化相融合，提高文化形式和内容的吸引力。

另一方面，公共外交整体定位不明确，目的意识不强。公共外交的目的是要通过影响外国民众，进而影响外国政府对我国的决策，最终目标是实现国家利益的最大化。而我国的公共外交主要"采用各种传播手段介绍中国的发展和政策，或是通过各种文化协定和合作计划增进民间和学者之间的关系，以友谊为目标"①，缺乏政策层面的针对性和目的性。这并不意味着举办任何活动都要带着功利主义的目的，而是说我们在举办这些活动时不应单纯为办活动而办活动，应当高瞻远瞩，有针对性地设计各个活动项目，尽可能在无形之中影响外国受众，进而影响其民意和政府决策，争取实现我国国家利益的最大化。具体而言，2014 年我国对法交流的项目大部分都是展览或是文化表演，主要以文艺交流为目的。很多活动没有深入分析法国公众的文化心理和社会舆论环境，没有采取有针对性的传播策略，将文化活动与国家政策目的相衔接。考虑到精英阶层对政府的决策影响巨大，今后着力通过文化和其他手段的公共外交活动培育法国的精英阶层对中国文化的好感或许更为重要。

---

① 唐小松：《中国公共外交的发展及其体系构建》，《现代国际关系》2006 年第 2 期，第 257 ~ 266 页。

2014年中国对俄公共外交综述

龙小农 韩 蕾*

摘 要： 对于中国和俄罗斯而言，2014年是一个具有里程碑意义的年份。中国并没有因为俄罗斯在国际上的不利形势而暂停或者减少对其展开的公共外交，正相反，在教育、科技、文化、旅游等领域，中国对俄罗斯施展的公共外交大放异彩。

关键词： 公共外交 中俄关系

自1949年苏联成为第一个与中国建交的国家以来，中国和俄罗斯之间的友好关系已经走过了65个年头。新中国成立后，中俄关系经历了友好结盟—紧张对峙—睦邻友好三个发展阶段。目前，中俄双边关系正处于建交65年来最好时期。2014年7月，在纪念《中俄睦邻友好合作条约》签署13年的圆桌会议上，中国驻俄罗斯大使馆的临时代办张霄称，"当前的中俄关系处于历史最好时期，中俄双方均将对方视为本国外交优先的国家，两国关系现已成为大国之间双边关系的典范"①。

2014年对俄罗斯来说，无疑是个多事之年，一波未平一波又起。索契冬奥会标志着俄罗斯在该年外交困境的开端。2013年美国和俄罗斯在叙利亚问题、导弹防御和"斯诺登事件"等国际问题上分歧严重，导致双边关系趋冷。加之在同性恋问题上的不可调和，美、英、法、德四国领导人均

---

* 龙小农，中国传媒大学传播研究院副教授、博士、科研办主任，研究方向为大众传播与国际关系、传播与创新社会治理；韩蕾，中国传媒大学国际传播战略与发展研究中心助理研究员。

① 《俄中友协纪念〈中俄睦邻友好合作条约〉13周年》，国际在线，http://gb.cri.cn/42071/2014/07/08/6891s4607294.htm。

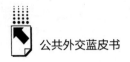

未出席索契冬奥会开幕式。此外，克里米亚问题则使俄罗斯和乌克兰的紧张局势不断升温。俄罗斯政府遭到了欧美各国的围追堵截，暂停武器供应、连番的经济制裁、卢布的迅速贬值，导致俄罗斯国内民众的生活受到了影响。

中国国家主席习近平坚守承诺出席了索契冬奥会的开幕式，这是中国最高领导人首次出席在境外举行的大型体育赛事，此举标志着 2014 年中俄公共外交拉开了崭新的序幕。在克里米亚问题上，中国政府秉承公正、客观的态度，希望通过政治途径解决问题。中国并没有因为俄罗斯在国际上的不利形势而暂停或者减少与其的交往，正相反，在教育、科技、文化以及旅游等领域，中国对俄罗斯的公共外交可谓大放异彩。

中俄两国致力于发展全面战略协作伙伴关系，互为对方最重要的双边关系之一。2014 年是一个具有里程碑意义的年份，对于中俄关系来说殊不平凡。在多种因素的推动下，两国在一系列重要合作领域实现历史性突破，收获了令世人瞩目的成果。一些业内分析人士称，中俄关系开启了"蜜月期"。整体来说，中国持续对俄实行合作型公共外交策略，以良性话语进行交流，保持两国之间良性的互动关系，力求在俄罗斯民众中建立一种良好的国家形象，实现互利共赢、共同发展。

一　以孔子学院及"汉语桥"为基础的教育外交不断推进

青年是国家未来的希望。如果俄罗斯青年学生能够进一步了解中国，对中国的印象有所改观，那么中俄关系在未来将有望顺利发展。中国对俄罗斯展开的公共外交紧紧抓住了教育这条主线，着眼于长远发展，力图影响俄罗斯的青年一代。"工欲善其事，必先利其器"，语言是增进文化交流的桥梁，俄罗斯青年通过学习汉语才能进一步了解中国文化，从而增进俄罗斯和中国人民的友好关系，促进世界多元化发展，造就和谐世界。

孔子学院的职能与法国的法语联盟、德国的歌德学院、西班牙的塞万提斯学院相类似。作为非营利教育机构，孔子学院是中国开展公共外交的重要平台，也是中国进行公共外交的常规项目之一。目前，中国在俄罗斯共开设了

18 所孔子学院①。2014 年 9 月 30 日，苏方遒②在俄罗斯远东联邦大学致辞，和师生共同庆祝中国孔子学院成立 10 周年，该校孔子学院成立 7 周年。作为俄罗斯最早成立的孔子学院，远东联邦大学已为俄罗斯 5 万多名远东地区汉语爱好者提供了专业的汉语教学服务。2014 年 10 月 4 日，中国驻俄罗斯大使馆教育处公使衔参赞赵国成出席了在莫斯科大学举办的"全球孔子学院日"庆祝活动。当天，他还参加了位于彼尔姆市第二中学的孔子课堂的揭牌仪式。中国对发展孔子学院和孔子课堂的持续关注和投入，将有利于更多的俄罗斯青年及民众通过学习汉语来了解中国，以此树立中国在国际上的良好形象。

近些年，中国抓住汉语对外传播的契机，借助"汉语桥"等汉语语言类真人秀节目积极推动汉语在俄罗斯的传播。"汉语桥"自 2008 年落户湖南卫视以来，收视率不断攀升，打破了文化类节目难有高收视率的困境，在国内外受众中赢得了一定的口碑。2012 年，中国驻俄罗斯大使馆教育处承办了俄罗斯境内第一届大学生"汉语桥"活动。2014 年，俄罗斯选手雷鸣达在第十三届"汉语桥"总决赛中表现出色，取得了第五名的好成绩。2014 年，第三届全俄大学生"汉语桥"中文比赛在符拉迪沃斯托克成功举行。2014 年，莫斯科还举办了第二届全俄中学生"汉语桥"中文比赛。在这些比赛中，选手们展现出的汉语水平和汉语热情使主办方感到吃惊和欣慰。

除了依托孔子学院进行教育方面的公共外交外，中国驻俄罗斯大使馆教育处还通过许多其他的方式进一步开展相关行动。2014 年，中国驻俄使馆教育处多次举办"科学文化大讲堂"活动和各类讲座，吸引学生和学术人士参与；此外，赵国成参赞还不断与俄罗斯各大学校长会面，推动中俄教育领域的相关合作，并取得了一定的成效。

二 以"手机外交"为代表的科技外交发展迅速

21 世纪，科学发展日新月异。"秀才不出门，便知天下事"、"科学技术是

---

① 说明：本文时间和数字均来源于中国驻俄罗斯外交部网站及相关新闻报道，http：//ru. china – embassy. org/chn/。

② 中国驻俄罗斯哈巴罗夫斯克总领事。

第一生产力"等耳熟能详的话语都形象描述了科技在生活中的重要地位。美国苹果公司通过科技研发使小小的 iPhone 风靡全球，全世界都在接受着美国的科技思想和理念，这是公共外交成功的典范。在 2014 年北京 APEC 峰会期间，俄罗斯总统普京向习近平主席赠送了一部俄罗斯本土研发的手机 yotaphone，可见科技不仅有利于国家的发展，在公共外交中也同样重要。

如果说普京赠送习近平一部本国国产手机是想把俄罗斯手机打入中国市场，那么以华为为代表的数家中国手机制造商则展现了中国对俄罗斯展开的更为猛烈的外交攻势。目前，华为旗下的华为 P7 和荣耀 6 款手机在俄罗斯势头正劲，产品广告席卷了莫斯科及圣彼得堡的所有地铁站，覆盖两个城市 70% 的目标人群。① 另外，俄罗斯首富阿利舍尔·乌斯马诺夫在接受 CNBC② 采访时表示其投资了小米公司，并认为这是一家"未来的科技巨头"，"是自华为以来最成功的公司"。③

中国驻俄罗斯大使馆网站上的新闻信息显示，近年来，我国与俄罗斯在科技领域的交流不断增多。由此可见，我国逐渐意识到科学技术在公共外交中的重要作用，并不断重视起来。2014 年 10 月 31 日，第三届中俄莫斯科"开放式创新"论坛成功举办。当天，清华大学副校长薛其坤，俄罗斯科学院院士、诺贝尔物理学奖获得者阿尔费罗夫等 100 多位中俄科技界精英都参加了此次论坛。该论坛将推进中俄两国有关科技的合作，并为两国科技创新可持续发展注入新的动力。2014 年，中国对俄罗斯展开的科技外交不仅有国家层面上的深入交往，国内各省人员也来到俄罗斯积极推进合作创新。为了满足江西省在俄罗斯开展有机硅等方面科技人才合作的需求，中国驻俄使馆科技处工作人员在年初就走访了俄罗斯罗蒙诺索夫精细化工学院等多家企业和高校，积极落实相关项目的合作。2014 年 6 月 16 日，"福建省—俄罗斯技术转移专场对接会"在莫斯科举行，双方进行了有关科技项目的对接。

中方的努力没有白费，在莫斯科召开的"开放创新论坛"上，"中国科技与创新"展览受到了俄罗斯教育界、产业界代表的广泛关注。11 月 7 日，在

---

① http：//tech. china. com/news/company/domestic/11066129/20141121/18992731. html.

② 美国 NBC 环球集团所持有的全球性财经有线电视卫星新闻台。

③ http：//www. ithome. com/html/it/114115. htm.

国际科技信息中心成员国第65次会议上，包括俄罗斯在内的各国纷纷表示将继续支持与中国在科技信息方面的交流与合作。在12月举行的2014年全球移动宽带论坛上，我国国产手机品牌华为与俄罗斯电信运营商MegaFon签署了一份有关5G合作的谅解备忘录，双方将为2018年俄罗斯世界杯足球赛合作建设5G实验网，为世界球迷打造高速的观赛体验。①

三 以传统文化为主导的文化外交新方式层出不穷

五千年来，中华大地孕育了璀璨的民族文化，造就了中国这个文明古国。几个世纪以来，包括俄罗斯在内的世界各国被中国独特的东方文化所感染。但是由于语言和历史原因，中国文化并不能被外国受众很好地吸收和包容，所以就需要进行文化领域的公共外交，使外国人不仅有接触中国文化的渠道，还能培养对于中国文化的兴趣，进而爱上中国文化，从而提高我国的文化感染力和向心力。

同在其他各国一样，中国文化在俄罗斯受到了当地人民的广泛欢迎。2014年，由中国驻俄使馆牵头，在俄罗斯境内举行了丰富多彩的文化活动，极大地扩展了我国的公共外交。其中文化交流项目主要集中在书画作品、电影展示、文学作品、武术和传统技艺等方面。2014年，中俄在文化方面的公共外交在春节期间开了个好头。春节期间，中国驻俄使馆文化中心筹办了多项文化活动，如"中国电影日"活动、"欢乐春节"讲座、春季汉语班开课以及举办青铜器文化讲座等。这些活动丰富了俄罗斯民众的视野，使他们对汉语以及对中国的潮流文化和传统文化都有了更深入的了解。

书是人类最好的朋友，我们往往通过书籍来了解另一个陌生国度的风土人情和各类文化。在中国作家莫言获得了诺贝尔文学奖后，俄罗斯民众对中国文学作品的兴趣又上了一个台阶。在中俄公共外交的进程中，中国驻俄使馆非常重视文学作品的推介。2014年初，使馆文化参赞就会见了俄罗斯国际作家协会联合会执委会主席。年中，使馆文化中心还举办了讲座推介中国国学经典、"品读中国"读书周等活动。9月3日，"中俄经典与现当代文学作品互译出版

---

① http：//mobile. 163. com/14/1121/12/ABIV598A0011309M. html.

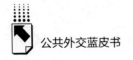
项目"首批成果联合首发式也在莫斯科国际图书博览会上举办。此外，文化中心还多次举办了杨一峰等一批书画家的画展，弘扬中国传统艺术；邀请俄罗斯武术泰斗举办中国太极文化讲座，进行武当武术培训，为中俄武术爱好者提供交流的平台；拜会俄文化部电影司司长，进行中国电影的宣传，帮助中国电影走进俄罗斯。

令人耳目一新的是，2014 年 8 月 27 日，莫斯科中国文化中心与完美世界网络技术有限公司共同举办了网络游戏新品发布会，让中国文化通过网络游戏这个轻松的平台走向俄罗斯的千家万户。9 月 16 日，莫斯科中国文化中心的微信号正式上线，使更多的俄罗斯人可以通过手机互联网来学习和了解中国文化。

四 以媒体和旅游为渠道的多方位外交稳步推进

2014 年，除了在教育、科技、文化等常规领域进行公共外交外，中国还致力于借助媒体和旅游等渠道，采取了许多其他的方式来推进多方位的公共外交。

在中俄两国迎来正式建交 65 周年庆典之际，中俄两国元首共同宣布将 2014、2015 两年定为"中俄青年友好交流年"。中俄新一轮国家级主题年活动于 2014 年 3 月 28 日在俄罗斯圣彼得堡拉开大幕，而闭幕式则将在 2015 年底于北京上演。中俄青年友好交流年包含 100 多项具体活动，涉及艺术、科学、教育等多个领域。中俄互办青年友好交流年将促进两国青年的相互交流、相互来往、相互认识。中俄两国之间加强交流、达成互信非常重要，这也是双方发展经贸合作的基础。作为邻国，两国之间有着相似的发展进程，有很多相似的问题可以合力解决。俄罗斯同中国一样正进行教育改革，而这就需要两国青年多多交流。

2014 年 1 月 24 日，中国哈尔滨与俄罗斯远东地区广播电视公司、俄罗斯远东博物馆等签订战略合作协议，开通俄语频道，搭建起对俄宣传和交流的新平台，这对提升哈尔滨对俄罗斯的投资吸引力将产生积极深远影响。在未来，哈尔滨将扩大对俄交流合作，把哈尔滨建设成为国家沿边开发开放战略的重要中心城市。2014 年 5 月，中国国际广播电台和俄通社－塔斯社在上海共同举办"世界俄文媒体大会",并在会议期间举行了国际台俄语广播开播60周年纪念活动。

2014年3月4日,中国中央电视台俄语频道同时在俄罗斯社交网站VK及Youtube、Facebook、Twitter四个境外社交平台开通了官方账号,主要分享俄语频道时政、经济、文化类的新闻节目,同时包括动画片、厨艺、旅游、功夫等中国文化类视频。截至2014年10月8日,央视在VK上的专页订户已突破一千位,在Youtube平台上视频总观看数已突破万次。此外,央视俄语频道还同俄罗斯伊尔库茨克州阿伊斯特(AIST)电视台和俄罗斯外贝加尔边疆区赤塔阿利泰斯电视股份公司签署了部分节目的转播协议,将四档文化专题节目植入当地电视频道播出,使一百多万俄罗斯观众可以收看到俄语频道根据需求而制作的新闻节目和旅游、厨艺等专题节目。收视效果良好,带动了收视率,同样也带动了广告的收入增加。这是央视俄语频道根据市场需求,首次在俄罗斯远东及西伯利亚地区施行播出计划并取得成功。

央视俄语频道是一个24小时播出的综合电视频道,同时也是一个代表中国同俄语国家进行交流与合作的"媒体大使"。一方面,俄语频道立足传播实效,通过与对象国电视同行进行节目方面的合作,大力开展本土化传播,构建本土化的播出体系。另一方面,通过组织和承办各类交流活动,实现不断强化频道国际合作平台的效果。2013年6月,央视俄语频道参与主办了"上合组织国家媒体合作论坛"。2014年8月31日,央视俄语频道承办了第四届中国—亚欧博览会亚欧新闻媒体论坛广电分论坛。2014年9月10日,央视俄语频道联合俄罗斯、白俄罗斯、哈萨克斯坦等俄语国家的几十家电视台,面向整个欧亚大陆俄语受众正式播出《欧亚新闻联播》栏目。

此外,2014年,中国驻俄大使李辉接受了俄罗斯《明日报》、《龙源》杂志等多家媒体的采访,把中俄友好关系和中国良好形象通过俄罗斯本土媒体传播出去,取得较好的效果。在此期间,他还多次撰文,弘扬中俄精诚合作的精神,祝贺中俄建交65周年。李辉大使还会见了俄罗斯各个部门和多个行业的负责人,为中俄的政府和企业合作贡献了不少力量。

全球经济的不断发展,使旅游业成了重要的第三产业。2014年,中俄民众交往尤显热络。到2014年3月底,中国已超越德国成为俄罗斯第一大旅游客源国,中国公民赴俄旅游人数保持了6.6%的增长。同时,俄罗斯继续保持

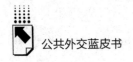

中国第三大旅游客源国地位。两国跨境电子商务也蓬勃发展起来。来自阿里巴巴的数据显示，截至 2014 年 6 月底，速卖通在俄罗斯的活跃用户超过 400 万人，阿里巴巴商户每天向俄罗斯发货金额约 200 万美元，节假日甚至翻倍。阿里巴巴的速卖通目前已成为俄罗斯第一大电商网站。

9 月 22 日，由中国国家旅游局主办的"中国旅游之夜"旅游产品说明会在莫斯科大都会酒店举行。俄罗斯联邦旅游署顾问奥萨德切娃在中俄蒙三国五地旅游联席会议上曾表示，"最近两年来，中俄两国已举办超过 400 项的旅游交流活动，旅游业交流与合作达到前所未有的水平，中国俄罗斯互为重要旅游客源国和旅游目的地国"①。11 月 22 日，首届中俄文化旅游论坛也在俄罗斯举办。让更多的俄罗斯人来中国旅游观光，能让他们更深层次地认识中国和中国人，进一步巩固中俄友谊。

五 中国对俄公共外交的不足及趋势

中国对俄媒体外交有别于中国同其他大国开展类似的活动，有其历史、人文和地缘政治的特殊性；中俄政府间合作机制是两国开展媒体互动的制度保障；中俄媒体互动过程中，两国主要国家媒体发挥了核心作用。尽管中国对俄罗斯公共外交一直在向上发展，但仍有许多明显的不足。两国媒体和文化机构对对方国家输出的文化产品，尤其是娱乐产品较为缺乏；目前我国对俄传播的机构和资源较为分散；面对新媒体的挑战，中国传统对俄传播媒体的步子依旧缓慢。国家媒体更承载着塑造国家形象、担负对外传播的责任。但同时，也必须看到，媒体和文化毕竟应该根植于产业和市场，应该有更多的市场主体参与到两国人文交流领域，使其更具活力和可持续性。

其一，政府牵头公共外交多，民众自发组织少。尽管中国对俄罗斯公共外交的活动十分丰富，但还是以政府牵头的公共外交行为为主。在教育方面，孔子学院和"汉语桥"节目都是政府一手发起创办；在科技合作方面，各省市科技项目的合作发起和牵头者都是地方政府；在文化方面，虽然没有太多的限

---

① 《中国俄罗斯已互为重要旅游客源国和旅游目的地国》，新华网，http://news.xinhuanet.com/world/2014－11/27/c_ 1113426674. htm。

制，但是要将中国的文化传送到俄罗斯，也需要通过一定的媒介，这就要得到俄罗斯政府的许可，我国政府组织就不得不出面进行洽谈；在旅游方面，大型的活动也都是以国家旅游局出面承办的为主，很少有旅行社自行组织开展公共外交活动。国之交在于民相亲，我国对俄罗斯的公共外交，只有弱化了政府的主导地位，才能取得良好的成果；只有民众自发自觉地主动交往，才能达到更好的效果。

其二，公共外交内容和形式相对单一。2014年，虽然中国对俄罗斯的公共外交中涌现出了一些新的内容，但还是以常规活动为主。形式上也一如从前：公共论坛、汉语比赛、艺术展览、文化讲座、主题年活动等。相对单一的内容和形式在头几年，也许俄罗斯民众还会看看热闹，但十年如一日都是一样的内容将不利于公共外交的长期发展。固定化的模式在一定程度上有助于活动的顺利举办，可是外交效果就会大打折扣。

其三，对新媒体外交方式的采用不够重视。2014年，尽管中国驻俄罗斯大使馆文化中心新上线了自己的微信公众号，中国对俄公共外交的活动也得到了俄罗斯媒体的报道，但是在新媒体趋势日益发展的今天，这些还远远不够。官方举办的公共外交活动，很少依赖新媒体进行传播。根据搜索显示，中国驻俄罗斯大使馆没有自己的新浪微博账号和微信公众号，更别说推特和Facebook账号了，使馆活动内容仅在官方网站上公布。这种中规中矩的模式在今天看来有些跟不上时代的脚步，传播效果也会不尽如人意。

随着公共外交作用的日益凸显，其地位也不断上升。由2014年中方对俄罗斯公共外交的种种举措，我们可以推断，在未来，中方对俄罗斯公共外交有以下四大趋势。

第一，中俄公共外交对象年轻化。从在俄罗斯的大学里开办孔子学院，到在中学里成立孔子课堂，以及举办俄罗斯少儿艺术交流，中国对俄罗斯公共外交的对象日益年轻化。在未来，这一趋势还会继续深入发展下去。目前在俄罗斯，有一部分老人仍对中国怀有深厚的感情，但是俄罗斯青年和世界上其他国家的青年一样，更多的是去追逐国际时尚潮流。如果用长远眼光来看，对俄罗斯青年甚至青少年展开公共外交，会更大程度上有利于未来中俄友好关系的发展。所以，中俄公共外交对象年轻化具有一定的现实意义和必要性。

第二，中俄公共外交层次深度化。如前文所述，从2004年我国外交部新

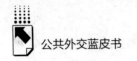

闻司公共外交处成立至今，我国正式开展公共外交不过短短十年时间。公共外交的内容还停留在浅层次的使馆活动和汉语教学，并没有起到潜移默化的影响别国民众的效果。中方对俄罗斯的公共外交也存在同样的问题。虽然中方举办了许多讲座和论坛，但效果究竟如何不得而知。目前还没有一套行之有效的评估体系，很多活动看起来只是单方面的行事，并没有深入俄罗斯百姓中间去。所以在未来，中方对俄罗斯公共外交的层次会更加有深度，力求取得更好的效果和反馈。

第三，中俄公共外交种类多样化。从中方对俄罗斯展开公共外交的具体行为来看，举办的常规活动多，特色活动少，活动种类也比较单一，虽然新颖的活动项目不断增加，但是数量仍旧有限。可喜的是，在2014年的公共外交中，我们还是能够看到中国驻俄罗斯大使馆和其他相关机构成功举办了一些有吸引力的特色活动。在未来，中方对俄罗斯公共外交的种类会继续丰富，不单单停留在文化教育领域，还会逐步重视旅游业、建筑业等方面，同时举办一些丰富多彩、可参与性强的活动来吸引俄罗斯民众，同时采用新媒体的外交方式和手段，达到广泛的覆盖和良好的效果。

第四，中俄公共外交网络化社交化。随着社会和国际传播的网络化，在未来，中国对俄公共外交，将在2014年试水网络外交的基础上，强化对俄社交网络、电商网站的开拓，搭建新兴的移动网络外交平台。网络化社交化平台将成为中国对俄公共外交的新兴主流平台，这也符合国际传播范式向互联网转移的大趋势。

综上所述，在2014年这个特殊的年份，中方对俄罗斯进行了有针对性且丰富的公共外交。在这个过程中，传统渠道与项目系列化、制度化得以推进，新兴渠道与项目正日益丰富并更加具有针对性，俄罗斯民众正逐步接受中国的文化和价值观。2014年是承前启后的一年，中国对俄罗斯这一最大邻国的公共外交得到持续巩固；在未来，面对千变万化的国际形势，中国对俄罗斯的公共外交会伴着新的趋势不断前行。

2014年中国对日公共外交综述

龙小农　马　葳*

摘　要： 本文试图基于2014年中日外交关系大背景，通过归纳中国对日公共外交的战略理念走向以及所借助平台、渠道的情况，分析2014年对日公共外交的总体特点；在回顾2014年对日公共外交之后，沉淀分析其中的弱点与不足，结合中国发展公共外交的新优势以及日本社会的新变化，寻找今后对日公共外交新契机。最后，根据2014年中国社会的变化，做出未来对日公共外交展望。两国民众亲近感有待提升，中国对日公共外交任重道远。

关键词： 公共外交　中日关系

2013年10月，国家主席习近平在中国周边外交工作座谈会上提出"亲、诚、惠、容"的外交理念①，该理念是中国周边公共外交文明担当的支柱。②习近平还提出，要对外介绍好我国的内外方针政策，讲好中国故事，传播好中国声音，把中国梦同周边各国人民过上美好生活的愿望、同地区发展前景对接起来，让命运共同体意识在周边国家落地生根。③中日两国一衣带水、经贸关

---

*　龙小农，中国传媒大学传播研究院副教授、博士、科研办主任，研究方向为大众传播与国际关系、传播与创新社会治理；马葳，中国传媒大学国际传播战略与发展研究中心助理研究员。

①　《习近平：让命运共同体意识在周边国家落地生根》，新华网，2013年10月25日，http://news.xinhuanet.com/politics/2013 - 10/25/c_ 117878944. htm。

②　王义桅：《中国周边公共外交的文明担当》，《公共外交季刊》2014年春季号第17期。

③　王义桅：《中国周边公共外交的文明担当》，《公共外交季刊》2014年春季号第17期。

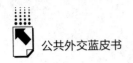

系密切，发展战略互惠关系即体现"命运共同体"合作双赢的最好例证。

2014 年 5 月，在上海举行的第四届"亚信峰会"上，国家主席习近平发表了题为《积极树立亚洲安全观　共创安全合作新局面》的主旨讲话，提出应该积极倡导"共同、综合、合作、可持续"的亚洲安全观。① 亚洲新安全观摒弃了霸权、强权和武力威胁等元素，是追求平等、正义和公平的新型安全观②，为我国对日公共外交的开展奠定了理论和政策基础。目前，中日民众感情亲疏程度，高度受制于两国政治争端。持久的润物细无声的中日民间交流，是对日公共外交的特殊要求，更是推动政治争端缓和的突破口。

中国提出的"亲、诚、惠、容"周边外交理念和习近平倡导的"共同、综合、合作、可持续"新亚洲安全观，为我国对日公共外交提供了理念指导。中日互为利益竞争对手，同时保有重要的双边关系。但由于中日之间在历史问题、钓鱼岛问题及东海划界问题上存在利益冲突和纠纷，整体来说，2014 年中国对日实行"争夺型"公共外交，旨在争夺对本国和对方民众的影响力和话语权，争取双方民众支持本国的外交意图和战略部署，在国际上赢得有关中日历史问题、钓鱼岛问题及东海划界问题等的话语主导权。中国对日公共外交的目标是在日本民众中塑造自己和平发展的形象，理顺两国的历史政治关系，为建构"战略互惠"关系制造良好的舆论基础。

一　2014 年中国对日公共外交特点分析

（一）汉语国际推广植根日本，由"单向宣传"向"双向沟通"转变，灵活性、自主性增强

2014 年，孔子学院成立 10 周年。目前日本已有 13 所孔子学院和 7 个孔子课堂，是亚洲设立孔子学院数量第二多的国家，仅次于韩国。这不仅为广大日本民众提供了学习汉语的机会，也成为全面介绍中国文化和社会发展情况的重

---

① 《习近平：积极树立亚洲安全观　共创安全合作新局面》，新华网，2014 年 5 月 21 日，http：//news. xinhuanet. com/world/2014 – 05/21/c_ 126528981. htm。

② 《新亚洲安全观：破旧立新"中国风"》，《东方早报》2014 年 5 月 23 日，http：//www. dfdaily. com/html/51/2014/5/23/1154770. shtml。

要平台，为促进中日友好交流做出了积极贡献。① 日本各孔子学院和孔子课堂于2008年自发成立"日本孔子学院协议会"这一联络组织，旨在加强信息交流和资源共享，密切各孔子学院及课堂之间的协作。2014年10月21日，日本孔子学院协议会年度会议在大阪召开。此外，由中国国家汉办主办的"汉语桥"世界大学生中文比赛也受到日本各地大学生的热爱。他们齐聚一堂，通过演讲、背诵、才艺表演等方式展示其扎实的汉语功底，表达了对中国文化的热爱和尊崇。2014年5月下旬，第13届"汉语桥"世界大学生中文比赛预选赛在日本各个地区拉开帷幕。5月24日，日本九州预选赛在北九州市立大学成功举办②；25日，西日本地区预赛在大阪产业大学孔子学院举行③。以汉语国际推广为渠道的对日公共外交，开展得有声有色，是中日"政冷经凉"大背景下，中日民间文化交流的一股暖流。

（二）政府主导的论坛、会议等传统公共外交平台仍起主要作用

2014年，中国日本友好协会会长唐家璇、中国人民对外友好协会会长李小林分别于6月、10月访日，在中日政治寒潮之下，搭起中日民间沟通的桥梁。访日期间，唐家璇在"新日中友好21世纪委员会"非正式会议开幕式上发表了题为《正本清源、标本兼治，推动中日关系改善发展》的讲演，日本媒体认为"日中交流的大门有可能被推开"。9月22日，第十四次中日友好交流会议在大阪召开，中日各界300余名代表出席会议，就如何在困难形势下"掀起中日民间交流的新高潮"这一议题广泛深入交换意见。会议一致通过并共同发表了《第十四次中日友好交流会议大阪宣言》，呼吁中日双方共同拿出智慧，早日克服困难，推动中日关系回到健康稳定发展的轨道。④ 除中日国家级别的友好交流大会之外，中国与日本各个地区间也开展了友好交流大会，如

① 《日本孔子学院、孔子课堂共商发展大计》，新华网，2014年10月22日，http：//news. xinhuanet. com/world/2014－10/22/c_ 1112934776. htm。

② 《2014年日本"五星奖中文比赛"举行》，中新网，2014年5月27日，http：//www. chinanews. com/hwjy/2014/05－27/6216008. shtml。

③ 《"汉语桥"西日本地区预赛在大阪举行》，新华网，2014年5月24日，http：//japan. xinhuanet. com/2014－05/26/c_ 133360511_ 2. htm。

④ 《第14次中日友好交流会议发表"大阪宣言"》，新华网，2014年9月23日，http：//news. xinhuanet. com/world/2014－09/23/c_ 1112595604. htm。

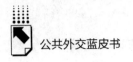
2014 年 6 月 7 日，由中国驻福冈总领馆和福冈县日中友协共同举办了九州中日友好交流大会。①

2014 年 9 月 28 日，第十届北京－东京论坛在东京开幕，450 名与会代表围绕"构筑东北亚和平与中日两国的责任——通过对话克服困难"这一主题进行深入讨论。双方坦诚相见，直面问题，传递了促进中日关系改善发展的正能量，并且在闭幕式上共同发布了《东京共识》。北京－东京论坛 10 年来在民间外交中发挥了重要作用，通过官民互动，加强交流，影响和引导两国公众舆论。② 10 月 28 日，第二届中日省长知事论坛在北京举行。本届论坛主题为"加强务实合作，实现共同发展"。双方与会代表围绕如何深化在经贸、环保、旅游等领域交流合作交换了意见。中日省长知事论坛旨在为中日两国省长、知事搭建高端交流平台，以增进双方相互理解与信任，推动两国地方友好交流，深化务实合作。③

12 月 8 日，"日本东京—中国吉林经济贸易合作交流会"在日本东京举行，这是地方政府利用地理优势发展与日本经济互利合作交流的例子，是扩大吉林省与日本交流合作的机遇，是中日睦邻友好合作的机遇，也是东北亚地区实现和平与繁荣的机遇。④

（三）社会专业领域的交流多样，组织性、针对性提高

为改善陷入骤冷状态的中日关系，5 月 6 日，中国和日本的乒乓球爱好者在东京都内举行了乒乓球比赛交流活动，以乒乓促交流。赛后，双方参赛人员表演使用写有"中日乒乓球之缘"的特制陶器球拍。⑤ 为纪念梅兰芳诞辰 120

---

① 《2014 年九州中日友好交流大会在福冈举行》，中华人民共和国驻福冈总领事馆网站，2014
年 6 月 7 日，http：//www. fmprc. gov. cn/ce/cgfuk/chn/zlgdt/t1163167. htm。

② 《第十届北京－东京论坛在东京开幕》，新华网，2014 年 9 月 28 日，http：//news. xinhuanet. com/
world/2014－09/28/c_ 1112660655. htm。

③ 《第二届中日省长知事论坛在北京举行》，国际在线，2014 年 10 月 28 日，http：//
gb. cri. cn/42071/2014/10/28/6891s4744655. htm。

④ 《日本东京－中国吉林经济贸易合作交流会在东京举行》，中华人民共和国商务部网站，2014
年 12 月 17 日，http：//www. mofcom. gov. cn/article/difang/jilin/201412/20141200836435. shtml。

⑤ 《中日人士举行乒乓球比赛交流促进两国关系改善》，日本新华侨报网，2014 年 5 月 7 日，
http：//www. jnocnews. jp/news/show. aspx？ id＝73429。

周年，中国国家京剧院访日团于 5 月 14 日在东京成功演出了《霸王别姬》和《凤还巢》。中国国家京剧院在这次访问演出中，通过艺术交流，增进中日两国人民之间的"友谊金桥"。①

应日中文化交流协会的邀请，中国友协代表团于 10 月 14~18 日访问日本东京、京都、札幌等地。访日期间，代表团会见日本文化、教育及经济界知名人士，参观画家和书法家工作室，视察企业和日本传统文化设施，就进一步加强两国民间文化领域的专业交流与日方广泛交换意见。中日民间加强两国文化领域交流，坚持以文促情，为推动中日关系改善与发展创造良好氛围和民意基础。② 中国人民对外友好协会组派的中国志愿者代表团于 11 月 9~14 日应邀访问日本东京、大阪、神户等地。在深入了解和学习日本社会福利和志愿服务体系的同时，也向日方介绍了中国志愿服务开展情况，展示了中国志愿者的良好形象。③。

（四）网络外交成为对日公共外交的新常态，影响力逐渐显现

随着社会的网络化、互联网意见领袖的崛起，网络成为中国对日公共外交的新平台、新渠道。中日之间的历史问题是"死结"，国民心结尚未化解，即使有理性的中日关系方略，但在网络意见领袖推手作用下，很容易使问题迅速升温进而"热点化"。为廓清网络上的非理性认识，引导中日两国网民正确认识中日关系，中国日语版主流网络媒体统一发声，辅之以各类周边网站，最终汇集到如中日交流论坛、中日 BBS 这样的交流发布网站产生观点碰撞。

中国中央电视台、《人民日报》以及新华社开通了 Twitter 和 Facebook 账号。2014 年 6 月 12 日，人民网日文版推出 LINE 官方账号，成为国内第一家登陆 LINE 的日文新闻网站。日本网民日常生活工作外出时，随身携带一部常

---

① 《京剧艺术之花怒放东京》，中国国家京剧院网站，2014 年 5 月 16 日，http：//www. cnpoc. cn/HZcommoninfo. asp？NID = 25506&CNAME = % CB% D1% CB% F7% BD% E1% B9% FB。

② 《户思社副会长率全国友协代表团访日》，中国人民对外友好协会网站，2014 年 10 月 18 日，http：//www. cpaffc. org. cn/content/details20 - 66383. html。

③ 《中国志愿者代表团访问日本》，中国人民对外友好协会网站，2014 年 11 月 14 日，http：//www. cpaffc. org. cn/content/details20 - 66871. html。

规功能的手机，即可满足基本通信需求。① 当前在日本最受欢迎的社交软件是 LINE、Twitter 及 Facebook，而使用手机应用"LINE"的年轻人更是高达 80%。② 但中国外交部及驻日使馆均未在这几个社交应用中注册账号，中国驻日使馆开通的微信公共号仅服务于旅日侨胞。

2014 年 12 月 30 日，国家海洋信息中心主办的钓鱼岛专题网站正式开通上线。③ 网站专设板块展示史料物证，包括 700 余年前的珍贵史料，并发布了一系列相关文献和法律文件。随后，网站还将发布英、日、法、德、西、俄、阿等其他文字版本。这个从 2012 年底开始筹备的网站是中国官方首次以专题网站的形式对外宣示钓鱼岛主权。

而纵观 2014 年中日网友交流现状，在涉及中日关系议题时，两国意见领袖在持不同观点的封闭的信息圈中分别拥有自己的忠实追随者，但大体较为冷静、中立。尤其是中国网友，在保留自己意见的同时，能够理智地接受主流媒体的引导，重新审视对日思维。在人民网"强国社区"中的"中日论坛"上，不乏反思的声音。

（五）利用媒体外交平台投放的公共外交产品内容增加，在日媒体独立扎根竞争力增强

中国对日投放的媒体产品的内容更加丰富多样，并进一步深入生活的各个细节。总体来看，这些公共外交产品投放渠道数量没有明显变化，但是在原有渠道基础上，提高了渠道与内容的契合度，内容增量明显。很多渠道开始生产原创内容，而不是转载已有的信息。纵向整合度的提高大大增强了渠道的权威性与可信度，同时也提高效率、节省资源，优化资源配置。

中国对日传播媒体体系较为全面，主要包括以中国中央电视台大富频道、中国国际广播电台日语广播为代表的广电媒体，以人民网日语版、中国网日语版为代表的网络媒体，以及以《人民中国》、《中国新闻周刊》日文版——

① 《近半日本网民称常规手机可满足日常出行需求》，腾讯网，2009 年 8 月 25 日，http：//tech. qq. com/a/20090825/000355. htm。
② 《日本 80% 年轻人爱用手机应用"LINE"》，中华人民共和国驻日本国大使馆经济商务参赞处网站，2014 年 4 月 23 日，http：//jp. mofcom. gov. cn/article/jmxw/201404/20140400560007. shtml。
③ 钓鱼岛专题网站，http：//www. diaoyudao. org. cn/。

《月刊中国 NEWS》为代表的印刷媒体。在日播出的央视大富频道大多数节目为同时间在国内播出的央视节目，如《新闻联播》、《体育在线》、《中华医药》、《今日关注》、《百家讲坛》等。此外，央视大富频道还播出中国最新电视连续剧、经典纪录片、海内外重大事件现场直播、各种国家级大型文艺晚会、音乐会、影视颁奖晚会的现场直播等节目。①

同时，中国媒体借力日本本土媒体。例如，《月刊中国 NEWS》由日中通信社精选自《中国新闻周刊》上的内容并将之翻译为日文，编辑成册。该刊实行市场化运作，受众锁定为受过高等教育、关心国际事务并关注中国发展的日本知识型读者，内容多为民众关心的深度报道，已经成为日本主流杂志之一。

华人华侨在日独立经营媒体，已在日本生根，并逐渐跻身日本知名媒体行列。以日本侨报社为代表的在日华文出版社的经营给日本华文媒体带来一些亮点。日本侨报社自 1996 年创立以来，集报纸、出版、研究于一体，已累计出版各类图书超过 160 种。②《日本侨报》和《日本侨报电子周刊》主要关注活跃在日本的华人华侨学者、企业家、文化名人以及为中国发展做出贡献的日本人，并且大量出版关于中国社会、经济、文化、中日交流的书籍，引起日本社会广泛关注，成为中日民间交流的著名品牌。

（六）将部分公共外交活动仪式化、节日化，是2014年对日公共外交的大手笔

2014 年，中国全国人大常委会确定 9 月 3 日为中国人民抗日战争胜利纪念日，12 月 13 日为南京大屠杀死难者国家公祭日。两个节日的确定，为中国对日公共外交提供了法理依据，增加了合理方式。2014 年 7~9 月，中国举行甲午战争爆发 120 周年系列纪念活动。12 月 13 日，在首个南京大屠杀死难者国家公祭日当天，党和国家最高领导人习近平出席并发表重要讲话，"缅怀南京大屠杀的无辜死难者，缅怀所有惨遭日本侵略者杀戮的死难同胞，缅怀为中

---

① 百度百科，http://baike.baidu.com/link? url = 0WmRkAyn_ 0u9 - g3E0_ yPASGFtZ9v9E1TyS - 3QXU1xc0v5D9z - L1eDBU4eEiDNIzIaHvN75MbAU7nIur - 09G8tK。

② 日本侨报社日语网站，http://jp.duan.jp/event.html。

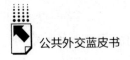

国人民抗日战争胜利献出生命的革命先烈和民族英雄，表达中国人民坚定不移走和平发展道路的崇高愿望，宣示中国人民牢记历史、不忘过去，珍爱和平、开创未来的坚定立场"。① 系列活动的仪式化、节日化，为中国对日公共外交增加了新手段，设置了新议题。

二 新兴媒体为中国对日公共外交提供新契机

中国对日公共外交尽管特点鲜明，但弱点同样显著。（1）手段明显不足，处理方式单一，导致中国在一些重要的涉日事务处理上显得非常被动。如在钓鱼岛问题、历史认识问题、东海问题上，国际社会对中国处理问题方式的认识似乎总被日本舆论所引导，致使中国有理却不得势。（2）过于依赖传统媒体和渠道，对新兴媒体和渠道认识不够、重视不足。面对日本社会网络化、个人媒介化的趋势，尤其是年轻人主要借助移动互联网和社交网络获取信息的趋势，中国对日公共外交需根据日本人口结构变化及各人口群体信息获取方式的不同，采取有针对性、可接近性的公共外交方式。

要克服以上弱点，中国必须紧紧抓住新兴媒体为中国对日公共外交提供的新契机，做好日本未来一代的网络外交。公共外交积极倡导"政府为主导，社会精英为中坚，普通公众为基础"的信息流通模式，而以互联网和移动互联网为代表的新兴媒体恰恰采用"所有人向所有人"的传播模式。这类传播活动更注重目标公众的反馈和参与。不难看出，新兴媒体的传播模式与公共外交的基本理念之间有着天然的契合度②。中国在全球网络话语中积极抢占一席之地，就相当于为我国开展公共外交占领了舆论阵地；面对公共外交主渠道由传统媒体向新兴媒体转型，中国作为新兴网络大国，应在对日网络外交方面大有作为。

2014 年全球公共外交渠道加快由传统媒体向新兴媒体转移。与此同时，2014 年全球网络空间的话语权也开始悄然发生变化。这些变化来自中国一系

---

① 《习近平在南京大屠杀死难者国家公祭仪式上的讲话》，新华网，2014 年 12 月 13 日，http：//news. xinhuanet. com/politics/2014 - 12/13/c_ 1113630100. htm。

② 《新媒体与公共外交：运用好民间的声音》，《中国青年报》，2014 年 4 月 9 日，http：//zqb. cyol. com/html/2014 -04/09/nw. D110000zgqnb_ 20140409_ 5 -02. htm。

列积极主动的举措：7月16日，习近平主席在巴西系统地提出"共同构建和平、安全、开放、合作的网络空间，建立多边、民主、透明的国际互联网治理体系"，这一代表中国和大多数发展中国家利益的互联网治理观，得到全世界的积极响应；11月19日，首届世界互联网大会在中国浙江乌镇召开，开始正面挑战美国垄断国际互联网的单极格局；12月2日，第七届中美互联网对话在华盛顿举行，中国网络空间的声音在美国政治中心响起。① 2014年，中国作为新兴的网络大国，正重塑全球网络话语权格局和治理新秩序。

日本已是高度信息化、网络化的社会，这为日本多元化声音的表达提供了出口。安倍政府代表了日本虚张声势的民族主义，它散发出的讯息是日本是世界上不接受中国复兴的代表性力量。但是日本政治家们都应该意识到，尽管舆论往往被某种最有号召力的情绪主导，但在网络时代，现实社会的民众并非完全受制于政府舆论。在大众传媒时代，由于日本大众传媒的触角能伸到全国各个角落，国民又高度信赖大众传媒，所以报纸、电视等提供的各种信息很容易成为国民舆论导向。一旦这些媒体的信息被操纵或误报，带有某些政治目的或错误的信息就会很快蔓延全国各地。然而，在互联网时代，越来越多的日本人尤其是年轻人倾向于从网络中获取信息，Twitter、Facebook 等社交媒体很快就在日本扎根并迅速发展壮大。自2011年3月11日发生东日本大地震后，社交媒体作为一种非主流媒体的作用更加显著。② 传统大众传媒的式微、社交网络媒体的兴盛，给中国对日公共外交提供了机会，让日本民众可以通过亲身交流去认识中国，而不是从与政府有着千丝万缕关系的日本国内主流媒体中获知被扭曲解读的中国。

2014年9月9日，由中国日报社和日本言论NPO共同开展的第十次一年一度"中日关系舆论调查"结果显示，③ 64.4%（2013年60.7%）的日本民众认为日中民间层面的人员交流对两国关系的改善发展"重要"或"相对重

---

① 方兴东：《中国正重塑全球网络话语权格局》，环球网，2014年12月11日，http://opinion. huanqiu. com/1152/2014 – 12/5234634. html。

② 《社交媒体冲击下的日本大众传媒》，中国报业网，2014年3月13日，http://www. baoye. net/News. aspx? ID = 330262。

③ 《2014年中日关系舆论调查研究报告》，http://world. chinadaily. com. cn/2014 – 09/09/content_ 18568901. htm。

要"。中国民众中，认为这种交流"重要"的人也多达 63.4%（2013 年 67.7%），表明两国民众都认识到民间层面交流的重要性。关于民间层面交流"重要"的理由，日本民众选择"通过交流能加深两国民众间的相互理解"的比例达 70.7%，较上年 66.2% 有所增加。与此同时，56.7%（2013 年 46.0%）的中国民众选择"扩大两国共同利益的基础"，表明中国民众更期待通过民间交流扩大共同利益。以上数据表明，中日民众都期待通过民间交流来撬动阻碍中日建构"战略互惠"关系的磐石。而借助新兴媒体开展的网络外交，将是撬动这一磐石的有力杠杆。

三 未来对日公共外交展望

2014 年 12 月，日本内阁府公布的外交舆论调查结果显示：对中国"不抱亲近感"的日本人比例为 83.1%，[①] 再度升至历史新高。面对中日"政冷经凉"的现实，加上日本社会右翼势力的崛起，日本社会出现整体右倾趋向，传统外交为中日关系融冰依然难以突破，中国对日公共外交任重道远。

（一）中日领导人 APEC 会面预示着传统外交作用受限，公共外交有待加强

由于日本"国有化"钓鱼岛以及安倍参拜靖国神社，中日关系从 2012 年 9 月开始陷入僵局。而在 2014 年北京 APEC 会议期间，日方动用大量政治和外交资源，力图安排安倍晋三借 APEC 舞台与中国领导人见面，实现政经分离。但是，安倍的机会主义姿态很难获得中国的认可，习近平主席在 AEPC 会议上与安倍握手只是作为东道主的待客之道。在中国新的外交大格局中，日本已经唱不了主角，这是中日关系的"新常态"。而对中国而言，中日关系只是周边外交的一个环节，是外交大棋盘的一隅。中日关系中存在的各种问题，不会因为有了"四点原则共识"就得到彻底的解决，中日关系也不会因为有了"四点原则共识"发展就一片坦途，既合作又斗争将是

---

① 《调查显示对中韩不抱亲近感的日本人比例升至新高》，日本共同网中文网站，2014 年 12 月 20 日，http://china.kyodonews.jp/news/2014/12/88778.html。

常态。基于中日目前的"冷和平"基本态势可能会持续很长时间，中日关系不会迎来根本好转。因此，在两国之间，需要保持高层领导、企业家、文化界人士的密切沟通，以及国民之间，尤其是青年的交流，这正是公共外交所能发挥作用的空间。唯此，两国关系方有可能从"冷和平"走向"真和平"。

（二）以发展对日网络外交为突破口，创生新平台

抓住日本移动网络发展契机，借助日本已有的新媒体渠道展开公共外交，如运用 Twitter、Facebook 等社区网络来宣传，这些新媒体以文字、照片、音频、视频相互配合为优势。最为重要的是，这些新媒体平台上汇聚着庞大的注册用户群，会将该项公共外交活动迅速发展成为一种网络社区文化。要迈出对日移动网络外交第一步，既不能太直接生硬惹人反感，也要避免缺乏实质作为。目前看来，由于语言与传播方式等问题，由中国政府相关部门牵头的社交媒体作用是非常有限的。不妨利用在华日本群体开展传播。目前，在中国长期居住的日本人约有 14 万人，其中很多人都拥有 Facebook 等社交网络，有些还开设了自己的网页或网站，对中国社会生活都比较熟悉，较之其他媒体平台，能够更客观地向日本民众传递中国的信息。

（三）完善顶层设计，重视议程设置

我们需要创新国际表达方式，有效地讲好中国故事。媒体往往最终不能影响人们怎么想，却可以影响人们去想什么。因此，要影响日本受众对华看法和态度，对日传播当然要在议程设置上下功夫。议程设置中，必须解决好日本受众的"信息饥渴症"。[①] 传播模式要从"被动应付"走向"主动设置"，及时和准确设置新闻议程，才能在国际传播中赢得主动。日本民众有着不同的思维方式、生活方式和价值观，因此在评价国家形象时看重的主题也不同。根据对日本网民对华关注度特征分析可以发现，发端于中国的大气污染和流感疫情，因其具有"越境污（传）染"的可能性而深受日本网民关注。对此，中国在对日传播议题中，应当随着日本网民关注焦点的变动，相应增加有关空气污染

---

① 叶皓：《公共外交与国际传播》，《现代传播》2012 年第 6 期（总第 191 期），第 11～19 页。

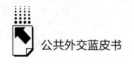

治理举措、防治流感疫情等方面的健康环保议题输出，以塑造一个负责任的大国形象。①

（四）整合"讲故事"主体，运用舆论智库和意见领袖的声音

公共外交的主体多元化是必然趋势，每个人都是中国故事的讲述者，但不同公共外交主体讲故事的能力参差不齐。2014年，中国以"整合'三外'力量，建立外交、外宣、外经贸部门之间的工作协调机制"为宗旨，国新办并入了中宣部，同时新成立了国传办。目前的"三外鼎立"和资源、人力、资金、思想、政府支持的"五足鼎立"，整合公共外交主体，创造公共外交新机制，形成话语合力，为对日公共外交提供了新机遇。

中国主流对日传播媒体应积极将有关中日关系的精华内容筛选出来放在社交网络平台上进行推送，激起网友们的讨论，通过思考、发言使网友产生强烈的参与感，从而产生更加客观的认识。例如，2014年12月11日，中国各网络媒体开始转载《中国青年报》一篇题为《一个中日青年交流社团的八年坚守》②的文章，立即引发中国网友热烈的讨论，很多人重新审视自己的观点，开始考虑自己可以做点什么。如果这篇文章本身及中国网友就这篇文章的讨论和审视过程都被翻译成日文或英文呈现给日本网友，有可能会产生对中国新的认识。

（五）借力学术界，创制中国特色的国际传播话语体系

一直以来，中国外宣缺少智慧支持，国家政府部门与学术界缺少弥合。学者理性的智慧应诉诸描述与传播、策划与评估、分析与反思、批判与维护。令人欣慰的是，2014年中国的公共外交正式地具有了"学术"色彩，标志着公共外交领域的践行者在观念上正式确立"公共外交思维"的开端。大量优质的研究机构和研究者以及为数甚众的优质学术期刊为中国"新媒体公共外交"提供资源。新媒体制造的种种奇观在不断被展示和消费，并开始被纳入社会科学研究之中。

---

① 吴文汐、刘航：《日本网民对华关注特征及其启示——基于近五年谷歌关键词搜索数据的分析》，《青年记者》2014年1月下，第87~88页。

② 《一个中日青年交流社团的八年坚守》，凤凰网，2014年12月12日，http://news.ifeng.com/a/20141212/42698948_0.shtml。

2014年中国对韩公共外交综述

刘 玲*

摘　要：　本文从政府、社会精英和普通民众三个方面梳理总结了自2014年以来的中国对韩公共外交发展情况，并且对其特点进行了分析。在此基础之上，进一步探究提升中国对韩公共外交能力的方法策略，以期推动中国对韩公共外交在新的时代背景下实现新发展，提升中国国家形象。

关键词：　中韩关系　公共外交　文化交流

2014年以来，随着全球化的进一步发展以及信息技术革命的持续推进，国际竞争逐渐从由军事、科技和经济等主导的硬实力较量转变为以文化、价值观为主的软实力比拼，呈现出由"硬"趋"软"的发展态势。在这种背景下，公共外交作为国家文化软实力的重要组成部分，是外国民众了解本国的政治、经济、文化、价值观以及对外政策的重要渠道，影响他国对本国的认知。因此，对于中国来说，要想在国际竞争中立于不败之地，就要不断提升软实力，开展公共外交，塑造良好的国家形象。

一　中国对韩公共外交的地理环境

自古以来，韩国一直是中国一衣带水的邻邦。两国地缘相近，人缘相亲，文缘相通，韩国在中国的周边关系中占据着重要位置。两国自1992年建交以

---

* 刘玲，中国传媒大学国际传播战略与发展研究中心助理研究员。

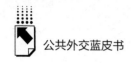
来，在政治、经济、文化各个领域的交流合作迅速发展。

2014年，中国已然成为韩国最大贸易伙伴、最大出口市场、最大进口来源国、最大海外投资对象国，韩国则是中国第三大贸易伙伴国、第五大外资来源国，双方互为最大海外旅行目的地国、最大留学生来源国。中韩已成为名副其实的战略合作伙伴，双边关系迈入最好发展时期。① 此外，实现中华民族伟大复兴的"中国梦"和开创国民幸福时代、创造"第二汉江奇迹"的"韩国梦"是相通的，这为双边加强合作奠定了基础。

中国对韩公共外交在面临上述机遇的同时，也面临着不小的挑战。伴随着中国这个世界第二大经济体的不断崛起，"中国威胁论"等一系列负面声音也甚嚣尘上。2014年7月，美国皮尤研究中心发布了一个"亚洲国家对中美的好感度"的调查结果，此次研究调查历时两个月，在44个国家对共计4.8万人进行了调查抽样。② 其数据显示，韩国对中国的好感率仅为56%，远低于其对于美国的好感率92%。此外，持"中国威胁论"的国家逐渐增多，韩国也位列其中。这位近邻与中国的关系表面上看起来似乎和谐，但实际上有83%的韩国人很担心中韩间会爆发战争。因此，面对这些复杂挑战，中国亟须公共外交这种较为柔和的方式，来进一步化解当前两国关系中的尴尬，让韩国民众了解真实的中国，架起两国关系健康发展的桥梁。

二　中国对韩公共外交的主要内容

公共外交作为国家整体外交的重要组成部分，是指公众参与信息和观点的流通，实质是公众参与的外交行为。主体包括政府、社会精英和普通公众三个方面。③ 接下来就从公共外交的这三个方面来概括自2014年以来中国对韩国开展公共外交的内容。

---

① 《习近平在韩国国立首尔大学的演讲》，新华网，2014年7月4日，http：//news. xinhuanet. com/world/2014 -07/04/c_ 1111468087. htm。
② *Asian Nations' Fears of War Elevated as China Flexes Muscle, Study Finds*，《华尔街日报》，2014年7月14日，http：//www. wsj. com/articles/asian - nations - fears - of - war - elevated - as - china - flexes - muscle - study - finds - 1405361047。
③ 赵启正：《中国登上公共外交世界舞台》，《秘书工作》2010年第6期，第32页。

（一）驻外机构主导的公共外交成为主流政府主导的公共外交

2014 年对中韩两国来说，无疑是一段蜜月期。两国间的关系有了很大的发展，政府主导的公共外交成为主流。首先，7 月习近平主席的访韩之旅在公共外交方面取得了丰硕的成果。不仅人民共同交流委员会推进了韩中青少年交流、政府邀请奖学金、传统艺术体验学校等 19 个项目，而且由两国文化艺术领域代表参与的"文化交流会议"也以研究论坛等形式推进文化产业领域研究及项目合作。第二届韩中公共外交论坛 6 月 12 日在北京召开，双方签署了《中华人民共和国政府与大韩民国政府关于合作拍摄电影的协议》，并确定将2015 年和 2016 年分别作为"中国旅游年"和"韩国旅游年"，该论坛机制也将作为两国关系健康发展的重要推动力量而延续下去。

其次，中国驻韩大使馆和中国文化中心作为中国在韩开展公共外交的先锋力量，一直发挥着不容小觑的作用。驻韩大使馆在开展活动的时候比较注重上层社会群体，在官方色彩上着墨较多，利用各种形式的活动传递出中国声音。2014 年 7 月 4 日，国家主席习近平在韩国国立首尔大学发表题为《共创中韩合作美好未来，同襄亚洲振兴繁荣伟业》的重要演讲，向韩国传递了中方希望维护和平、促进两国友好的愿景。而中国驻韩文化中心在进行公共外交活动时则更为注重文化方面的交流，注重人文的贴近性。纵观 2014 年文化中心举办的活动，大致可分为展览、演出、教学以及综合类四个板块。其中，展览活动有如 3 月 6 日至 4 月 5 日举办的甘肃省风情摄影展；演出活动有如 4 月 18日的"首尔之春"韩中音乐会；综合类有如仁川亚运会——"亚洲饮食文化庆典"以及中国传统节日端午节民俗文化体验活动；教学活动则囊括了每一季度开办的各种文化课程，如传统文化汉语班、书法班、太极拳班。这些活动增加了韩国公众对中国的亲近感，帮助他们更好地接触并了解中国。此外，2014 年亦是世界上第一个孔子学院首尔孔子学院成立十周年，其作为韩国人学习汉语和了解中国语言文化的重要平台，在公共外交方面也是出力不少。

综上可以看出，2014 年对中国外交来说无疑是势如破竹的一年，从国内的两会到十八届四中全会，再到亚信峰会、APEC 峰会等系列重大国际会议，虽然主客体在不断发生变化，公共外交却是一直备受重视。而韩国作为中国一衣带水的近邻，随着习主席的访韩之行，双方关系又将迎来一个新的发展。在

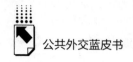
公共外交方面，中国对韩公共外交实践不断深入，不仅地方组织交流有所增加，而且文化和经贸合作往来也进一步深入，人文交流范围也在逐步扩大。所有的这些有助于增进两国民众之间的情感，加强两国之间的政治互信和相互理解，对于传播东亚地区文化、维护地区安全稳定也具有积极意义。

（二）中坚力量——社会精英进一步介入公共外交中来

"精英"概念起源于西方的社会学，指的是现实社会中的杰出分子，社会交往中的代表人物，社会活动中的领头羊，对社会的前进发展起一定的带动促进作用。而在实施公共外交方面，所谓的中坚力量、社会精英则包括在各个领域有显著成就的优秀人物，以及民间组织和社会活动中能占有显著地位的积极分子等。

互联网精英人物在公共外交中发挥了巨大作用。习近平主席2014年7月的访韩之旅中随行的史上最大访韩经济使团便包括了华为总裁任正非、百度董事长李彦宏、阿里巴巴董事会主席马云等知名企业家。7月4日，百度CEO李彦宏作为唯一的中国互联网企业家代表在论坛上发表了《技术创新撬动"亚洲新时代"》的主题演讲，将百度与韩国的搜索引擎Naver进行对比，拉近了双方的距离，同时表明合作意愿，希望一同努力开创亚洲新时代，让世界感知亚洲脉动。此外，马云的阿里巴巴与韩国企业也开展了广泛的交流合作。2014仁川亚运会，淘宝网成为中国地区宣传及票务支持的唯一官方指定网站。天猫国际和韩国对华垂直电商公司韩国街（Korea Street）签署战略合作协议，韩国街将在天猫国际开设旗舰店，服务韩国企业。此前韩国最大的在线零售商Gmarket已经进驻天猫国际，加入天猫国际后，Gmarket和韩国街将能够享受天猫国际的保税进口模式。[①] 这种国际经济合作方式为双方民众间往来提供了便利，两国民众能够更轻松地享受到来自对方国家的产品，也对对方有了更为直观的感受和了解。

除了互联网之外，房地产、电子通信、体育等领域精英们的活跃度也十分活跃。2014年7月，万达进军韩国房地产，总裁王健林同韩国衣恋集团签署

---

① 《马云三访韩国，在下什么棋》，新浪财经，2014年8月19日，http：//finance. sina. com. cn/roll/20140819/083920052314. shtml。

了战略合作协议。9月，华为X3（国内名为"荣耀6"）在韩国市场一经登陆便掀起了一股抢购狂潮。此外，华为还将在韩建立研究中心，并筹备进一步打入韩国市场。京东、聚美优品等在最新韩剧《doctor异乡人》和《匹诺曹》中分别投入广告进行品牌价值推广。仁川亚运会后，宁泽涛的风头一时无二，直逼"长腿欧巴"都教授。不仅当选为仁川亚运会第一帅哥，其"名品style"——雕塑般的美丽容貌＋倒三角身材＋厚实的肩膀，一度成为韩国各大俘获了包括'艺体小妖精'孙妍在等韩国女生的芳心门户网站的热门搜索关键词。① 而这种精英式的公共外交无疑是增强韩国民众对华好感度的有效催化剂。

（三）基础力量——普通大众交流不断加深

国之交在于民相亲，人员往来是公共外交的基础力量。目前，中韩两国大众在教育、文化、旅游、贸易等各个方面的交往都愈加频繁，2014年两国人员往来有望首次突破1000万人次。2014年9月召开的韩国仁川亚运会中国运动员人数居首，约占运动员总人数的1/10。② 相较于韩流风靡国内的氛围，比如《来自星星的你》带火了"初雪的时候要喝啤酒吃炸鸡"的风气，火了"初雪的时候任何谎言都可以被原谅"的热潮，更是火了万能的"都教授"，而韩国观众对中国电视剧也是偏爱有加，从90年代初期的《还珠格格》到2014年时下热播剧《风中奇缘》都在韩国大受欢迎。《风中奇缘》于11月10日下午5点20分在韩国有线台CHING首播，还把名称改回了桐华小说原著名称《大漠谣》。虽然播出时间不长，但韩国网友们还是对这部中国收视率第一的电视剧抱有很高的期待。③ 除了古装剧之外，《历史转折中的邓小平》这部描述一代伟人领袖邓小平的电视剧也将走进韩国，登陆韩国荧屏。这部作品自8月在央视首播以来，就在国内引起了巨大的反响，收视率和口碑都获誉良

---

① 《孙妍在表白引热议　韩网友：宁泽涛帅过都教授》，腾讯体育，2014年11月14日http：//sports. qq. com/a/20141114/049956. htm。

② 《仁川亚运会报名工作结束，中国运动员人数居首》，人民网，http：//world. people. com. cn/n/2014/0820/c157278－25503375. html。

③ 《中国古装剧早就逆袭泡菜了你造吗？》，财经网，2014年11月13日，http：//life. caijing. com. cn/20141113/3748034. shtml。

多。毋庸置疑，在韩国播放这些优秀的影视作品无疑是韩国人民了解中国的重要途径，也是宣传中国文化的不可或缺的窗口和平台。在综艺节目方面，此前多为中国引进韩国版权，从《爸爸去哪儿》、《我是歌手》到《奔跑吧兄弟》，这样的例子比比皆是。但此次中国版《两天一夜》落地韩国 KBS 旗下频道，从 11 月 22 日开始在韩播出，成为首个"回流"韩国的引进版权节目。① 这种由韩国引进再由中国制作并在韩国播出的全新模式在促进双方文化交流、开展公共外交方面大有裨益。除此之外，原创综艺《一年级》一改往日中国引进格局，成功逆袭输出韩国，这既是中国电视节目上的一个创新，更是文化输出的新创举，在对韩的公共外交方面也具有积极意义。

三　中国对韩开展公共外交的特点分析

（一）受众以社会上层群体居多，普通民众方面略显不足

纵览 2014 年中国对韩的公共外交活动，中国对韩的公共外交多侧重于社会上层，有别于韩国方面的聚焦普通大众，充分利用"韩流"优势展现韩国的魅力。比如韩剧《来自星星的你》引发热潮之际，韩国驻华大使馆②就多次举办活动，如在官方微博上发起"来自星星的见面会"话题活动，以及 8 月举行"来自星星的你"演唱会等，这都是和中国普通大众近距离接触、倾听民间声音、增加公众好感度的有效渠道。而与之相比，中国对韩公共外交的目标受众则大多为有一定影响力的群体、组织、个人或企业等，与民间普通大众的互动交流稍显不足。比如中国公共外交协会副会长舒乙接见韩国网络意见领袖代表团、中韩村官对话活动，都体现了这一特点。

中国对韩开展公共外交，应继续坚持官方与民间双管齐下，线上和线下齐头并进。韩国外交部建立了专门的公共外交网站（www. publicdiplomacy. go. kr），除了本国驻外机构的公共外交活动外，还介绍了中日美等国公共外交的

---

① 《中国版〈两天一夜〉落地韩国　引进节目首度"回流"》，中青网，2014 年 12 月 5 日，http：//fun. youth. cn/2014/1205/747129. shtml。

② 韩国驻华大使馆新浪微博，http：//weibo. com/embassykr。

现状。这对我们也是一个很好的启示，应加强利用这些专门的网站，如公共外交网、公共外交协会、对外友好协会、中韩友协等进行对外宣传，进一步提高国民对公共外交的理解。此外，在继续保持官方交流同时，要进一步深入同民间普通大众的交流。韩国民众作为公共外交的主要对象，要让他们更近距离地亲身感受到"汉风"的独特元素，让他们更全面地感受到真实的现代中国。中国企业、精英阶层在韩国也可以加强和当地民众的交流，提升国外民众对华好感度。此外，还可以对中国赴韩留学生启动系统的公共外交课程培训，通过他们在韩的人际传播来开展公共外交。通过这些切身接触韩国的中国大众来形成一个个对外传播的小窗口，合力塑造良好的中国形象。

（二）在新媒体方面留有空白

媒体一直是进行公共外交活动时候的重要力量，作为国家重要的传声筒和发声筒，在畅通双方信息沟通渠道、消除误会偏见、加强了解互信、发出中国声音以及塑造中国良好形象等方面具有重大意义，能够让国际社会了解一个全面真实的现代中国。而伴随着Web2.0条件下新媒体的迅速崛起，新媒体的实时传播、跨域传播、全民传播以及去中心化传播等特质已经将国际社会带入了一个信息传播更为便捷、轻松的时代——新媒体时代。在这个崭新的背景下，公共外交也有了各种全新的诠释方式，如新媒体外交等。作为国际传播的新生力量和公共外交的全新形式，新媒体外交的话语优势正日益凸显出来，并逐渐改变着现有的传播格局。普通大众都可以通过微博、博客、BBS网络论坛等多样的渠道，自由发布和传递信息，新媒体日益成为各个国家开展公共外交活动的重要技术手段。

在信息互动传播的基础上利用新媒体，公共外交能更好地实现传播效果，为本国利益服务。以韩国对华公共外交为例，一方面，驻华韩国文化院和韩国驻华大使馆在中国微信公共账号上进行消息推送，向中国民众介绍韩国的语言、歌舞和文化等；另一方面，在新浪微博上，韩国驻华大使馆有34万多的粉丝，驻华韩国文化院和韩国驻华大使权宁世也均有高达3万的粉丝，他们在微博上与中国大众均进行互动实时交流，有效地拉近了彼此的距离，这种方式也是宣传韩国、提升国家形象的直接手段。

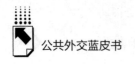

而反观中国在新媒体上的对韩公共外交则不那么令人满意。在脸谱（Facebook）平台上输入"中国驻韩"关键字对其进行搜索，并没有显示相关认证账号。这表明中国在这个方面无疑有一个巨大的空缺，没有与韩国民众进行直接交流、传播中国声音和传递中国讯息的有效渠道。此外，在国内的新浪微博和微信上进行同样的关键字搜索，也均没有相关结果，这无疑丢失了政府与国内韩国留学生交流、开展公共外交的得天独厚的优势。因此，中国有必要利用韩国民众间使用范围较为广泛的 kakaotalk、line 以及 Facebook 和 Twitter 等新媒体平台来开展公共外交活动。政府通过这些平台发布本国的外交政策、文化政治等资讯，来与韩国民众进行互动交流，不仅可以激发普通民众参与外交事务的积极性，让韩国受众更好地了解中国的政治文化生活；与此同时，发布主体也能通过这种互动回收反馈信息，从而对发布内容进行改善修正，使其更进一步满足公众的需求，提升传播效果。

因此，要充分发挥新媒体在公共外交中的重要作用，为中韩交往构建良好的桥梁，提升彼此友好认知度，求同存异化解矛盾，达到润物细无声的效果。而在当今新媒体时代下，公共外交借助网络空间获得了更多的机遇，能够更加快速地传播信息，进行议题设置，引导舆论方向，在向他国大众进行信息传递的同时，进行本国价值观和意识形态等深层输出。同时，新媒体打破了信息在时间和空间上的传播障碍，促进了公共外交主体客体的多元化，打破了精英对政治外交活动的垄断性，使得一国普通大众也可以在国际事务中发声。另一方面，新媒体用户作为外交主体积极参与国际事件的讨论，发表观点，汇集成一股强大的舆论磁场，这种舆论力量也为本国外交提供了不小的助力，更能在一定程度上打破西方主流媒体的话语霸权。总之，新媒体在世界范围内架起一座互相交流的桥梁，让每个人都成为外交事务中的一分子。利用新媒体来开展公共外交是一种双赢互惠、多方共赢的有力方式。

（三）舆论引导待加强

此外，还要不断加强舆论机制的完善，对两国公众进行正确的舆论引导。毫无疑问，中韩间的民众舆论对两国关系有着重要的影响。但随着中国的不断崛起，"中国威胁论"等偏见声音也层出不穷，严重损害了中国的国际形象，而且如皮尤调查的结果显示，韩国对华的好感度确实不高，因而进行公共外交活动时，正确引导舆论尤为重要。尤其在网络信息爆炸的今天，要坚决杜绝片面激进的文化中心主义和民族中心主义，要坚决防止因为误解从而产生对本国的扭曲认识。我们要保持理性的态度，努力塑造为世界和平做贡献的积极形象来推进公共外交，掌握国际传播中的话语权。

四 中国加强对韩公共外交的展望

我国开展公共外交的目的就是为了争取国外民意，引导国内民意。在梳理2014年中国对韩开展的公共外交活动并进行分析之后，对于来年的期许，可应在进一步传承传统的同时，继续发挥现有的优势，同时弥补此前的不足和空缺来努力进行战略提升。在新的时代背景下，随着公共外交主客体的多元化发展，要进一步提升中国对韩的公共外交，就要全方位地齐力发展，将官方和民间相结合，使精英和企业相呼应，令传统媒体与新媒体相融合，要善于打"组合拳"，让他们在"融媒体"时代充分发挥各自的作用，扬长避短，寻求一条具有中国特色的公共外交之路，使得中国对韩的公共外交活动能够起到事半功倍的效果，为中国在国际上的形象树立添砖加瓦。

❖ 皮书起源 ❖

"皮书"起源于十七、十八世纪的英国,主要指官方或社会组织正式发表的重要文件或报告,多以"白皮书"命名。在中国,"皮书"这一概念被社会广泛接受,并被成功运作、发展成为一种全新的出版型态,则源于中国社会科学院社会科学文献出版社。

❖ 皮书定义 ❖

皮书是对中国与世界发展状况和热点问题进行年度监测,以专业的角度、专家的视野和实证研究方法,针对某一领域或区域现状与发展态势展开分析和预测,具备权威性、前沿性、原创性、实证性、时效性等特点的连续性公开出版物,由一系列权威研究报告组成。皮书系列是社会科学文献出版社编辑出版的蓝皮书、绿皮书、黄皮书等的统称。

❖ 皮书作者 ❖

皮书系列的作者以中国社会科学院、著名高校、地方社会科学院的研究人员为主,多为国内一流研究机构的权威专家学者,他们的看法和观点代表了学界对中国与世界的现实和未来最高水平的解读与分析。

❖ 皮书荣誉 ❖

皮书系列已成为社会科学文献出版社的著名图书品牌和中国社会科学院的知名学术品牌。2011年,皮书系列正式列入"十二五"国家重点图书出版规划项目;2012~2014年,重点皮书列入中国社会科学院承担的国家哲学社会科学创新工程项目;2015年,41种院外皮书使用"中国社会科学院创新工程学术出版项目"标识。

中国皮书网

www.pishu.cn

发布皮书研创资讯，传播皮书精彩内容
引领皮书出版潮流，打造皮书服务平台

栏目设置：

- ☐ 资讯：皮书动态、皮书观点、皮书数据、
  皮书报道、皮书发布、电子期刊
- ☐ 标准：皮书评价、皮书研究、皮书规范
- ☐ 服务：最新皮书、皮书书目、重点推荐、在线购书
- ☐ 链接：皮书数据库、皮书博客、皮书微博、在线书城
- ☐ 搜索：资讯、图书、研究动态、皮书专家、研创团队

中国皮书网依托皮书系列"权威、前沿、原创"的优质内容资源，通过文字、图片、音频、视频等多种元素，在皮书研创者、使用者之间搭建了一个成果展示、资源共享的互动平台。

自 2005 年 12 月正式上线以来，中国皮书网的 IP 访问量、PV 浏览量与日俱增，受到海内外研究者、公务人员、商务人士以及专业读者的广泛关注。

2008 年、2011 年中国皮书网均在全国新闻出版业网站荣誉评选中获得"最具商业价值网站"称号；2012 年，获得"出版业网站百强"称号。

2014 年，中国皮书网与皮书数据库实现资源共享，端口合一，将提供更丰富的内容，更全面的服务。

法 律 声 明

"皮书系列"（含蓝皮书、绿皮书、黄皮书）之品牌由社会科学文献出版社最早使用并持续至今，现已被中国图书市场所熟知。"皮书系列"的LOGO（）与"经济蓝皮书""社会蓝皮书"均已在中华人民共和国国家工商行政管理总局商标局登记注册。"皮书系列"图书的注册商标专用权及封面设计、版式设计的著作权均为社会科学文献出版社所有。未经社会科学文献出版社书面授权许可，任何使用与"皮书系列"图书注册商标、封面设计、版式设计相同或者近似的文字、图形或其组合的行为均系侵权行为。

经作者授权，本书的专有出版权及信息网络传播权为社会科学文献出版社享有。未经社会科学文献出版社书面授权许可，任何就本书内容的复制、发行或以数字形式进行网络传播的行为均系侵权行为。

社会科学文献出版社将通过法律途径追究上述侵权行为的法律责任，维护自身合法权益。

欢迎社会各界人士对侵犯社会科学文献出版社上述权利的侵权行为进行举报。电话：010－59367121，电子邮箱：fawubu@ ssap. cn。

社会科学文献出版社

権威报告・热点资讯・特色资源

皮书数据库
ANNUAL REPORT(YEARBOOK)
DATABASE

当代中国与世界发展高端智库平台

S 子库介绍
ub-Database Introduction

中国经济发展数据库

涵盖宏观经济、农业经济、工业经济、产业经济、财政金融、交通旅游、商业贸易、劳动经济、企业经济、房地产经济、城市经济、区域经济等领域，为用户实时了解经济运行态势、把握经济发展规律、洞察经济形势、做出经济决策提供参考和依据。

中国社会发展数据库

全面整合国内外有关中国社会发展的统计数据、深度分析报告、专家解读和热点资讯构建而成的专业学术数据库。涉及宗教、社会、人口、政治、外交、法律、文化、教育、体育、文学艺术、医药卫生、资源环境等多个领域。

中国行业发展数据库

以中国国民经济行业分类为依据，跟踪分析国民经济各行业市场运行状况和政策导向，提供行业发展最前沿的资讯，为用户投资、从业及各种经济决策提供理论基础和实践指导。内容涵盖农业，能源与矿产业，交通运输业，制造业，金融业，房地产业，租赁和商务服务业，科学研究，环境和公共设施管理，居民服务业，教育，卫生和社会保障，文化、体育和娱乐业等 100 余个行业。

中国区域发展数据库

以特定区域内的经济、社会、文化、法治、资源环境等领域的现状与发展情况进行分析和预测。涵盖中部、西部、东北、西北等地区，长三角、珠三角、黄三角、京津冀、环渤海、合肥经济圈、长株潭城市群、关中一天水经济区、海峡经济区等区域经济体和城市圈，北京、上海、浙江、河南、陕西等 34 个省份及中国台湾地区。

中国文化传媒数据库

包括文化事业、文化产业、宗教、群众文化、图书馆事业、博物馆事业、档案事业、语言文字、文学、历史地理、新闻传播、广播电视、出版事业、艺术、电影、娱乐等多个子库。

世界经济与国际政治数据库

以皮书系列中涉及世界经济与国际政治的研究成果为基础，全面整合国内外有关世界经济与国际政治的统计数据、深度分析报告、专家解读和热点资讯构建而成的专业学术数据库。包括世界经济、世界政治、世界文化、国际社会、国际关系、国际组织、区域发展、国别发展等多个子库。

权威·前沿·原创

社会科学文献出版社

皮书系列

2015年

盘点年度资讯 预测时代前程

社会科学文献出版社 学术传播中心 编制

社会科学文献出版社成立于1985年，是直属于中国社会科学院的人文社会科学专业学术出版机构。

成立以来，特别是1998年实施第二次创业以来，依托于中国社会科学院丰厚的学术出版和专家学者两大资源，坚持"创社科经典，出传世文献"的出版理念和"权威、前沿、原创"的产品定位，社科文献立足内涵式发展道路，从战略层面推动学术出版的五大能力建设，逐步走上了学术产品的系列化、规模化、数字化、国际化、市场化经营道路。

先后策划出版了著名的图书品牌和学术品牌"皮书"系列、"列国志"、"社科文献精品译库"、"全球化译丛"、"气候变化与人类发展译丛"、"近世中国"等一大批既有学术影响又有市场价值的系列图书。形成了较强的学术出版能力和资源整合能力，年发稿5亿字，年出版图书1400余种，承印发行中国社科院院属期刊70余种。

依托于雄厚的出版资源整合能力，社会科学文献出版社长期以来一直致力于从内容资源和数字平台两个方面实现传统出版的再造，并先后推出了皮书数据库、列国志数据库、中国田野调查数据库等一系列数字产品。

在国内原创著作、国外名家经典著作大量出版，数字出版突飞猛进的同时，社会科学文献出版社在学术出版国际化方面也取得了不俗的成绩。先后与荷兰博睿等十余家国际出版机构合作面向海外推出了《经济蓝皮书》《社会蓝皮书》等十余种皮书的英文版、俄文版、日文版等。截至目前，社会科学文献出版社共推出各类学术著作的英文版、日文版、俄文版、韩文版、阿拉伯文版等共百余种。

此外，社会科学文献出版社积极与中央和地方各类媒体合作，联合大型书店、学术书店、机场书店、网络书店、图书馆，逐步构建起了强大的学术图书的内容传播力和社会影响力，学术图书的媒体曝光率居全国之首，图书馆藏率居于全国出版机构前十位。

上述诸多成绩的取得，有赖于一支以年轻的博士、硕士为主体，一批从中国社科院刚退出科研一线的各学科专家为支撑的300多位高素质的编辑、出版和营销队伍，为我们实现学术立社，以学术的品位、学术价值来实现经济效益和社会效益这样一个目标的共同努力。

作为已经开启第三次创业梦想的人文社会科学学术出版机构，社会科学文献出版社结合社会需求、自身的条件以及行业发展，提出了新的创业目标：精心打造人文社会科学成果推广平台，发展成为一家集图书、期刊、声像电子和数字出版物为一体，面向海内外高端读者和客户，具备独特竞争力的人文社会科学内容资源供应商和海内外知名的专业学术出版机构。

社长致辞

　　我们是图书出版者，更是人文社会科学内容资源供应商；

　　我们背靠中国社会科学院，面向中国与世界人文社会科学界，坚持为人文社会科学的繁荣与发展服务；

　　我们精心打造权威信息资源整合平台，坚持为中国经济与社会的繁荣与发展提供决策咨询服务；

　　我们以读者定位自身，立志让爱书人读到好书，让求知者获得知识；

　　我们精心编辑、设计每一本好书以形成品牌张力，以优秀的品牌形象服务读者，开拓市场；

　　我们始终坚持"创社科经典，出传世文献"的经营理念，坚持"权威、前沿、原创"的产品特色；

　　我们"以人为本"，提倡阳光下创业，员工与企业共享发展之成果；

　　我们立足于现实，认真对待我们的优势、劣势，我们更着眼于未来，以不断的学习与创新适应不断变化的世界，以不断的努力提升自己的实力；

　　我们愿与社会各界友好合作，共享人文社会科学发展之成果，共同推动中国学术出版乃至内容产业的繁荣与发展。

社会科学文献出版社社长

中国社会学会秘书长

2015 年 1 月

❖ 皮书起源 ❖

"皮书"起源于十七、十八世纪的英国,主要指官方或社会组织正式发表的重要文件或报告,多以"白皮书"命名。在中国,"皮书"这一概念被社会广泛接受,并被成功运作、发展成为一种全新的出版形态,则源于中国社会科学院社会科学文献出版社。

❖ 皮书定义 ❖

皮书是对中国与世界发展状况和热点问题进行年度监测,以专业的角度、专家的视野和实证研究方法,针对某一领域或区域现状与发展态势展开分析和预测,具备权威性、前沿性、原创性、实证性、时效性等特点的连续性公开出版物,由一系列权威研究报告组成。皮书系列是社会科学文献出版社编辑出版的蓝皮书、绿皮书、黄皮书等的统称。

❖ 皮书作者 ❖

皮书系列的作者以中国社会科学院、著名高校、地方社会科学院的研究人员为主,多为国内一流研究机构的权威专家学者,他们的看法和观点代表了学界对中国与世界的现实和未来最高水平的解读与分析。

❖ 皮书荣誉 ❖

皮书系列已成为社会科学文献出版社的著名图书品牌和中国社会科学院的知名学术品牌。2011年,皮书系列正式列入"十二五"国家重点出版规划项目;2012~2014年,重点皮书列入中国社会科学院承担的国家哲学社会科学创新工程项目;2015年,41种院外皮书使用"中国社会科学院创新工程学术出版项目"标识。

经 济 类

经济类皮书涵盖宏观经济、城市经济、大区域经济，
提供权威、前沿的分析与预测

经济蓝皮书

2015 年中国经济形势分析与预测

李 扬 / 主编　　2014 年 12 月出版　　定价 : 69.00 元

◆ 本书课题为"总理基金项目"，由著名经济学家李扬领衔，
联合数十家科研机构、国家部委和高等院校的专家共同撰写，
对 2014 年中国宏观及微观经济形势，特别是全球金融危机及
其对中国经济的影响进行了深入分析，并且提出了 2015 年经
济走势的预测。

城市竞争力蓝皮书

中国城市竞争力报告 No.13

倪鹏飞 / 主编　　2015 年 5 月出版　　估价 : 89.00 元

◆ 本书由中国社会科学院城市与竞争力研究中心主任倪鹏飞
主持编写，汇集了众多研究城市经济问题的专家学者关于城市
竞争力研究的最新成果。本报告构建了一套科学的城市竞争力
评价指标体系，采用第一手数据材料，对国内重点城市年度竞
争力格局变化进行客观分析和综合比较、排名，对研究城市经
济及城市竞争力极具参考价值。

西部蓝皮书

中国西部发展报告（2015）

姚慧琴　徐璋勇 / 主编　　2015 年 7 月出版　　估价 : 89.00 元

◆ 本书由西北大学中国西部经济发展研究中心主编，汇集
了源自西部本土以及国内研究西部问题的权威专家的第一手
资料，对国家实施西部大开发战略进行年度动态跟踪，并对
2015 年西部经济、社会发展态势进行预测和展望。

中部蓝皮书
中国中部地区发展报告（2015）

喻新安 / 主编　　2015 年 5 月出版　　估价 :69.00 元

◆　本书敏锐地抓住当前中部地区经济发展中的热点、难点问题，紧密地结合国家和中部经济社会发展的重大战略转变，对中部地区经济发展的各个领域进行了深入、全面的分析研究，并提出了具有理论研究价值和可操作性强的政策建议。

世界经济黄皮书
2015 年世界经济形势分析与预测

王洛林　张宇燕 / 主编　　2014 年 12 月出版　　估价 :69.00 元

◆　本书为"十二五"国家重点图书出版规划项目，中国社会科学院创新工程学术出版资助项目，作者来自中国社会科学院世界经济与政治研究所。该书总结了 2014 年世界经济发展的热点问题，对 2015 年世界经济形势进行了分析与预测。

中国省域竞争力蓝皮书
中国省域经济综合竞争力发展报告（2015）

李建平　李闽榕　高燕京 / 主编　　2015 年 3 月出版　　估价 :198.00 元

◆　本书充分运用数理分析、空间分析、规范分析与实证分析相结合、定性分析与定量分析相结合的方法，建立起比较科学完善、符合中国国情的省域经济综合竞争力指标评价体系及数学模型，对 2013~2014 年中国内地 31 个省、市、区的经济综合竞争力进行全面、深入、科学的总体评价与比较分析。

城市蓝皮书
中国城市发展报告 No.8

潘家华　魏后凯 / 主编　2015 年 9 月出版　　估价 :69.00 元

◆　本书由中国社会科学院城市发展与环境研究中心编著，从中国城市的科学发展、城市环境可持续发展、城市经济集约发展、城市社会协调发展、城市基础设施与用地管理、城市管理体制改革以及中国城市科学发展实践等多角度、全方位地立体展示了中国城市的发展状况，并对中国城市的未来发展提出了建议。

金融蓝皮书

中国金融发展报告（2015）

李　扬　王国刚 / 主编　2014 年 12 月出版　估价 :69.00 元

◆　由中国社会科学院金融研究所组织编写的《中国金融发展报告（2015）》，概括和分析了 2014 年中国金融发展和运行中的各方面情况，研讨和评论了 2014 年发生的主要金融事件。本书由业内专家和青年精英联合编著，有利于读者了解掌握 2014 年中国的金融状况，把握 2015 年中国金融的走势。

低碳发展蓝皮书

中国低碳发展报告（2015）

齐　晔 / 主编　2015 年 3 月出版　估价 :89.00 元

◆　本书对中国低碳发展的政策、行动和绩效进行科学、系统、全面的分析。重点是通过归纳中国低碳发展的绩效，评估与低碳发展相关的政策和措施，分析政策效应的制度背景和作用机制，为进一步的政策制定、优化和实施提供支持。

经济信息绿皮书

中国与世界经济发展报告（2015）

杜　平 / 主编　2014 年 12 月出版　估价 :79.00 元

◆　本书由国家信息中心继续组织有关专家编撰。由国家信息中心组织专家队伍编撰，对 2014 年国内外经济发展环境、宏观经济发展趋势、经济运行中的主要矛盾、产业经济和区域经济热点、宏观调控政策的取向进行了系统的分析预测。

低碳经济蓝皮书

中国低碳经济发展报告（2015）

薛进军　赵忠秀 / 主编　2015 年 5 月出版　估价 :69.00 元

◆　本书是以低碳经济为主题的系列研究报告，汇集了一批罗马俱乐部核心成员、IPCC 工作组成员、碳排放理论的先驱者、政府气候变化问题顾问、低碳社会和低碳城市计划设计人等世界顶尖学者、对气候变化政策制定、特别是中国的低碳经济经济发展有特别参考意义。

社 会 政 法 类

社会政法类皮书聚焦社会发展领域的热点、难点问题，
提供权威、原创的资讯与视点

社会蓝皮书

2015 年中国社会形势分析与预测

李培林　陈光金　张　翼/主编　2014 年 12 月出版　定价:69.00 元

◆　本报告是中国社会科学院"社会形势分析与预测"课题组 2014 年度分析报告，由中国社会科学院社会学研究所组织研究机构专家、高校学者和政府研究人员撰写。对 2014 年中国社会发展的各个方面内容进行了权威解读，同时对 2015 年社会形势发展趋势进行了预测。

法治蓝皮书

中国法治发展报告 No.13（2015）

李　林　田　禾/主编　　2015 年 2 月出版　　估价:98.00 元

◆　本年度法治蓝皮书一如既往秉承关注中国法治发展进程中的焦点问题的特点，回顾总结了 2014 年度中国法治发展取得的成就和存在的不足，并对 2015 年中国法治发展形势进行了预测和展望。

环境绿皮书

中国环境发展报告（2015）

刘鉴强/主编　　　2015 年 5 月出版　　估价:79.00 元

◆　本书由民间环保组织"自然之友"组织编写，由特别关注、生态保护、宜居城市、可持续消费以及政策与治理等版块构成，以公共利益的视角记录、审视和思考中国环境状况，呈现 2014 年中国环境与可持续发展领域的全局态势，用深刻的思考、科学的数据分析 2014 年的环境热点事件。

反腐倡廉蓝皮书

中国反腐倡廉建设报告 No.4

李秋芳 张英伟 / 主编　2014 年 12 月出版　　定价 :79.00 元

◆　本书抓住了若干社会热点和焦点问题，全面反映了新时期新阶段中国反腐倡廉面对的严峻局面，以及中国共产党反腐倡廉建设的新实践新成果。根据实地调研、问卷调查和舆情分析，梳理了当下社会普遍关注的与反腐败密切相关的热点问题。

女性生活蓝皮书

中国女性生活状况报告 No.9（2015）

韩湘景 / 主编　2015 年 4 月出版　　估价 :79.00 元

◆　本书由中国妇女杂志社、华坤女性生活调查中心和华坤女性消费指导中心组织编写，通过调查获得的大量调查数据，真实展现当年中国城市女性的生活状况、消费状况及对今后的预期。

华侨华人蓝皮书

华侨华人研究报告 (2015)

贾益民 / 主编　2015 年 12 月出版　　估价 :118.00 元

◆　本书为中国社会科学院创新工程学术出版资助项目，是华侨大学向世界提供最新涉侨动态、理论研究和政策建议的平台。主要介绍了相关国家华侨华人的规模、分布、结构、发展趋势，以及全球涉侨生存安全环境和华文教育情况等。

政治参与蓝皮书

中国政治参与报告（2015）

房　宁 / 主编　2015 年 7 月出版　估价 :105.00 元

◆　本书作者均来自中国社会科学院政治学研究所，聚焦中国基层群众自治的参与情况介绍了城镇居民的社区建设与居民自治参与和农村居民的村民自治与农村社区建设参与情况。其优势是其指标评估体系的建构和问卷调查的设计专业，数据量丰富，统计结论科学严谨。

行业报告类

房地产蓝皮书

中国房地产发展报告 No.12（2015）

魏后凯 李景国 / 主编　　2015 年 5 月出版　　估价 :79.00 元

◆　本书汇集了众多研究城市房地产经济问题的专家、学者关于城市房地产方面的最新研究成果。对 2014 年我国房地产经济发展状况进行了回顾，并做出了分析，全面翔实而又客观公正,同时，也对未来我国房地产业的发展形势做出了科学的预测。

保险蓝皮书

中国保险业竞争力报告（2015）

姚庆海　王　力 / 主编 2015 年 12 出版　　估价 :98.00 元

◆　本皮书主要为监管机构、保险行业和保险学界提供保险市场一年来发展的总体评价，外在因素对保险业竞争力发展的影响研究；国家监管政策、市场主体经营创新及职能发挥、理论界最新研究成果等综述和评论。

企业社会责任蓝皮书

中国企业社会责任研究报告（2015）

黄群慧　彭华岗　钟宏武　张　蒽 / 编著
2015 年 11 月出版　估价 :69.00 元

◆　本书系中国社会科学院经济学部企业社会责任研究中心组织编写的《企业社会责任蓝皮书》2015 年分册。该书在对企业社会责任进行宏观总体研究的基础上，根据 2014 年企业社会责任及相关背景进行了创新研究，在全国企业中观层面对企业健全社会责任管理体系提供了弥足珍贵的丰富信息。

投资蓝皮书

中国投资发展报告（2015）

杨庆蔚 / 主编　　2015 年 4 月出版　　估价 :128.00 元

◆　本书是中国建银投资有限责任公司在投资实践中对中国投资发展的各方面问题进行深入研究和思考后的成果。投资包括固定资产投资、实业投资、金融产品投资、房地产投资等诸多领域，尝试将投资作为一个整体进行研究，能够较为清晰地展现社会资金流动的特点，为投资者、研究者、甚至政策制定者提供参考。

住房绿皮书

中国住房发展报告（2014~2015）

倪鹏飞 / 主编　　2014 年 12 月出版　　估价 :79.00 元

◆　本报告从宏观背景、市场主体、市场体系、公共政策和年度主题五个方面，对中国住宅市场体系做了全面系统的分析、预测与评价，并给出了相关政策建议，并在评述 2013~2014 年住房及相关市场走势的基础上，预测了2014~2015 年住房及相关市场的发展变化。

人力资源蓝皮书

中国人力资源发展报告（2015）

余兴安 / 主编　　2015 年 9 月出版　　估价 :79.00 元

◆　本书是在人力资源和社会保障部部领导的支持下，由中国人事科学研究院汇集我国人力资源开发权威研究机构的诸多专家学者的研究成果编写而成。 作为关于人力资源的蓝皮书，本书通过充分利用有关研究成果，更广泛、更深入地展示近年来我国人力资源开发重点领域的研究成果。

汽车蓝皮书

中国汽车产业发展报告（2015）

国务院发展研究中心产业经济研究部 中国汽车工程学会
大众汽车集团（中国）/ 主编　2015 年 7 月出版　　估价 :128.00 元

◆　本书由国务院发展研究中心产业经济研究部、中国汽车工程学会、大众汽车集团（中国）联合主编，是关于中国汽车产业发展的研究性年度报告，介绍并分析了本年度中国汽车产业发展的形势。

国别与地区类

国别与地区类皮书关注全球重点国家与地区，
提供全面、独特的解读与研究

亚太蓝皮书

亚太地区发展报告（2015）

李向阳 / 主编　　2015 年 1 月出版　　估价 : 59.00 元

◆　　本书是由中国社会科学院亚太与全球战略研究院精心打造的品牌皮书，关注时下亚太地区局势发展动向里隐藏的中长趋势，剖析亚太地区政治与安全格局下的区域形势最新动向以及地区关系发展的热点问题，并对 2015 年亚太地区重大动态做出前瞻性的分析与预测。

日本蓝皮书

日本研究报告（2015）

李　薇 / 主编　　2015 年 3 月出版　　估价 : 69.00 元

◆　　本书由中华日本学会、中国社会科学院日本研究所合作推出，是以中国社会科学院日本研究所的研究人员为主完成的研究成果。对 2014 年日本的政治、外交、经济、社会文化作了回顾、分析与展望，并收录了该年度日本大事记。

德国蓝皮书

德国发展报告（2015）

郑春荣　伍慧萍 / 主编　　2015 年 6 月出版　　估价 : 69.00 元

◆　　本报告由同济大学德国研究所组织编撰，由该领域的专家学者对德国的政治、经济、社会文化、外交等方面的形势发展情况，进行全面的阐述与分析。德国作为欧洲大陆第一强国，与中国各方面日渐紧密的合作关系，值得国内各界深切关注。

国际形势黄皮书

全球政治与安全报告（2015）

李慎明　张宇燕 / 主编　2014 年 12 月出版　估价 :69.00 元

◆　本书为"十二五"国家重点图书出版规划项目、中国社会科学院创新工程学术出版资助项目，为"国际形势黄皮书"系列年度报告之一。报告旨在对本年度国际政治及安全形势的总体情况和变化进行回顾与分析，并提出一定的预测。

拉美黄皮书

拉丁美洲和加勒比发展报告（2014~2015）

吴白乙 / 主编　2015 年 4 月出版　估价 :89.00 元

◆　本书是中国社会科学院拉丁美洲研究所的第 14 份关于拉丁美洲和加勒比地区发展形势状况的年度报告。本书对 2014 年拉丁美洲和加勒比地区诸国的政治、经济、社会、外交等方面的发展情况做了系统介绍，对该地区相关国家的热点及焦点问题进行了总结和分析，并在此基础上对该地区各国 2015 年的发展前景做出预测。

美国蓝皮书

美国研究报告（2015）

黄　平　郑秉文 / 主编　2015 年 7 月出版　估价 :89.00 元

◆　本书是由中国社会科学院美国所主持完成的研究成果，它回顾了美国 2014 年的经济、政治形势与外交战略，对 2014 年以来美国内政外交发生的重大事件以及重要政策进行了较为全面的回顾和梳理。

大湄公河次区域蓝皮书

大湄公河次区域合作发展报告（2015）

刘　稚 / 主编　2015 年 9 月出版　估价 :79.00 元

◆　云南大学大湄公河次区域研究中心深入追踪分析该区域发展动向，以把握全面，突出重点为宗旨，系统介绍和研究大湄公河次区域合作的年度热点和重点问题，展望次区域合作的发展趋势，并对新形势下我国推进次区域合作深入发展提出相关对策建议。

地方发展类

地方发展类皮书关注大陆各省份、经济区域，
提供科学、多元的预判与咨政信息

北京蓝皮书

北京公共服务发展报告（2014~2015）

施昌奎/著　　2015年2月出版　估价：69.00元

◆　本书是由北京市政府职能部门的领导、首都著名高校的教授、知名研究机构的专家共同完成的关于北京市公共服务发展与创新的研究成果。内容涉及了北京市公共服务发展的方方面面，既有综述性的总报告，也有细分的情况介绍，既有对北京各个城区的综合性描述，也有对局部、细部、具体问题的分析，对年度热点问题也都有涉及。

上海蓝皮书

上海经济发展报告（2015）

沈开艳/主编　　2015年1月出版　估价：69.00元

◆　本书系上海社会科学院系列之一，报告对2015年上海经济增长与发展趋势的进行了预测，把握了上海经济发展的脉搏和学术研究的前沿。

广州蓝皮书

广州经济发展报告（2015）

李江涛　朱名宏/主编　　2015年5月出版　估价：69.00元

◆　本书是由广州市社会科学院主持编写的"广州蓝皮书"系列之一，本报告对广州2014年宏观经济运行情况作了深入分析，对2015年宏观经济走势进行了合理预测，并在此基础上提出了相应的政策建议。

文 化 传 媒 类

文化传媒类皮书透视文化领域、文化产业，
探索文化大繁荣、大发展的路径

新媒体蓝皮书

中国新媒体发展报告 No.5（2015）

唐绪军 / 主编　　　2015 年 6 月出版　　　估价 :79.00 元

◆　本书由中国社会科学院新闻与传播研究所和上海大学合作编写，在构建新媒体发展研究基本框架的基础上，全面梳理2014 年中国新媒体发展现状，发表最前沿的网络媒体深度调查数据和研究成果，并对新媒体发展的未来趋势做出预测。

舆情蓝皮书

中国社会舆情与危机管理报告（2015）

谢耘耕 / 主编　　　2015 年 8 月出版　　　估价 :98.00 元

◆　本书由上海交通大学舆情研究实验室和危机管理研究中心主编，已被列入教育部人文社会科学研究报告培育项目。本书以新媒体环境下的中国社会为立足点，对2014 年中国社会舆情、分类舆情等进行了深入系统的研究，并预测了 2015 年社会舆情走势。

文化蓝皮书

中国文化产业发展报告（2015）

张晓明　王家新　章建刚 / 主编　　　2015 年 4 月出版　　　估价 :79.00 元

◆　本书由中国社会科学院文化研究中心编写。 从 2012 年开始，中国社会科学院文化研究中心设立了国内首个文化产业的研究类专项资金——"文化产业重大课题研究计划"，开始在全国范围内组织多学科专家学者对我国文化产业发展重大战略问题进行联合攻关研究。本书集中反映了该计划的研究成果。

经济类

G20国家创新竞争力黄皮书
二十国集团（G20）国家创新竞争力发展报告（2015）
著（编）者：黄茂兴 李闽榕 李建平 赵新力
2015年9月出版 / 估价:128.00元

产业蓝皮书
中国产业竞争力报告（2015）
著（编）者：张其仔　2015年5月出版 / 估价:79.00元

长三角蓝皮书
2015年全面深化改革中的长三角
著（编）者：张伟斌　2015年1月出版 / 估价:69.00元

城乡一体化蓝皮书
中国城乡一体化发展报告（2015）
著（编）者：付崇兰 汝信　2015年12月出版 / 估价:79.00元

城市创新蓝皮书
中国城市创新报告（2015）
著（编）者：周天勇 旷建伟　2015年8月出版 / 估价:69.00元

城市竞争力蓝皮书
中国城市竞争力报告（2015）
著（编）者：倪鹏飞　2015年5月出版 / 估价:89.00元

城市蓝皮书
中国城市发展报告NO.8
著（编）者：潘家华 魏后凯　2015年9月出版 / 估价:69.00元

城市群蓝皮书
中国城市群发展指数报告（2015）
著（编）者：刘新静 刘士林　2015年1月出版 / 估价:59.00元

城乡统筹蓝皮书
中国城乡统筹发展报告（2015）
著（编）者：潘晨光 程志强　2015年3月出版 / 估价:59.00元

城镇化蓝皮书
中国新型城镇化健康发展报告（2015）
著（编）者：张占斌　2015年5月出版 / 估价:79.00元

低碳发展蓝皮书
中国低碳发展报告（2015）
著（编）者：齐晔　2015年3月出版 / 估价:89.00元

低碳经济蓝皮书
中国低碳经济发展报告（2015）
著（编）者：薛进军 赵忠秀　2015年5月出版 / 估价:69.00元

东北蓝皮书
中国东北地区发展报告（2015）
著（编）者：马克 黄文艺　2015年8月出版 / 估价:79.00元

发展和改革蓝皮书
中国经济发展和体制改革报告（2015）
著（编）者：邹东涛　2015年11月出版 / 估价:98.00元

工业化蓝皮书
中国工业化进程报告（2015）
著（编）者：黄群慧 吕铁 李晓华　2015年11月出版 / 估价:89.00元

国际城市蓝皮书
国际城市发展报告（2015）
著（编）者：屠启宇　2015年1月出版 / 估价:69.00元

国家创新蓝皮书
中国创新发展报告（2015）
著（编）者：陈劲　2015年6月出版 / 估价:59.00元

环境竞争力绿皮书
中国省域环境竞争力发展报告（2015）
著（编）者：李闽榕 李建平 王金南
2015年12月出版 / 估价:148.00元

金融蓝皮书
中国金融发展报告（2015）
著（编）者：李扬 王国刚　2014年12月出版 / 估价:69.00元

金融信息服务蓝皮书
金融信息服务发展报告（2015）
著（编）者：鲁广锦 殷剑峰 林义相　2015年6月出版 / 估价:89.00元

经济蓝皮书
2015年中国经济形势分析与预测
著（编）者：李扬2014年12月出版 / 定价:69.00元

经济蓝皮书·春季号
2015年中国经济前景分析
著（编）者：李扬　2015年5月出版 / 估价:79.00元

经济蓝皮书·夏季号
中国经济增长报告（2015）
著（编）者：李扬　2015年7月出版 / 估价:69.00元

经济信息绿皮书
中国与世界经济发展报告（2015）
著（编）者：杜平　2014年12月出版 / 估价:79.00元

就业蓝皮书
2015年中国大学生就业报告
著（编）者：麦可思研究院　2015年6月出版 / 估价:98.00元

临空经济蓝皮书
中国临空经济发展报告（2015）
著（编）者：连玉明　2015年9月出版 / 估价:79.00元

民营经济蓝皮书
中国民营经济发展报告（2015）
著（编）者：王钦敏　2015年12月出版 / 估价:79.00元

农村绿皮书
中国农村经济形势分析与预测（2014~2015）
著（编）者：中国社会科学院农村发展研究所
　　　　　国家统计局农村社会经济调查司
2015年4月出版 / 估价:69.00元

农业应对气候变化蓝皮书
气候变化对中国农业影响评估报告（2015）
著（编）者：矫梅燕　2015年8月出版 / 估价:98.00元

企业公民蓝皮书
中国企业公民报告（2015）
著(编)者:邹东涛　2015年12月出版 / 估价:79.00元

气候变化绿皮书
应对气候变化报告（2015）
著(编)者:王伟光 郑国光　2015年10月出版 / 估价:79.00元

区域蓝皮书
中国区域经济发展报告（2015）
著(编)者:梁昊光　2015年4月出版 / 估价:79.00元

全球环境竞争力绿皮书
全球环境竞争力报告（2015）
著(编)者:李建建 李闽榕 李建平 王金南
2015年12月出版 / 估价:198.00元

人口与劳动绿皮书
中国人口与劳动问题报告（2015）
著(编)者:蔡昉　2015年11月出版 / 估价:59.00元

世界经济黄皮书
2015年世界经济形势分析与预测
著(编)者:王洛林 张宇燕　2014年12月出版 / 估价:69.00元

世界旅游城市绿皮书
世界旅游城市发展报告（2015）
著(编)者:鲁勇 周正宇 宋宇　2015年6月出版 / 估价:88.00元

西北蓝皮书
中国西北发展报告（2015）
著(编)者:张进海 陈冬红 段庆林　2014年12月出版 / 估价:69.00元

西部蓝皮书
中国西部发展报告（2015）
著(编)者:姚慧琴 徐璋勇　2015年7月出版 / 估价:89.00元

新型城镇化蓝皮书
新型城镇化发展报告（2015）
著(编)者:李伟　2015年10月出版 / 估价:89.00元

新兴经济体蓝皮书
金砖国家发展报告（2015）
著(编)者:林跃勤 周文　2015年7月出版 / 估价:79.00元

中部竞争力蓝皮书
中国中部经济社会竞争力报告（2015）
著(编)者:教育部人文社会科学重点研究基地
　　　　南昌大学中国中部经济社会发展研究中心
2015年9月出版 / 估价:79.00元

中部蓝皮书
中国中部地区发展报告（2015）
著(编)者:喻新安　2015年5月出版 / 估价:69.00元

中国省域竞争力蓝皮书
中国省域经济综合竞争力发展报告（2015）
著(编)者:李建平 李闽榕 高燕京
2015年3月出版 / 估价:198.00元

中三角蓝皮书
长江中游城市群发展报告（2015）
著(编)者:秦尊文　2015年1月出版 / 估价:69.00元

中小城市绿皮书
中国中小城市发展报告（2015）
著(编)者:中国城市经济学会中小城市经济发展委员会
　　　　《中国中小城市发展报告》编纂委员会
　　　　中小城市发展战略研究院
2015年1月出版 / 估价:98.00元

中央商务区蓝皮书
中国中央商务区发展报告（2015）
著(编)者:中国商务区联盟
　　　　中国社会科学院城市发展与环境研究所
2015年10月出版 / 估价:69.00元

中原蓝皮书
中原经济区发展报告（2015）
著(编)者:李英杰　2015年6月出版 / 估价:88.00元

社会政法类

北京蓝皮书
中国社区发展报告（2015）
著(编)者:于燕燕　2015年6月出版 / 估价:69.00元

殡葬绿皮书
中国殡葬事业发展报告（2015）
著(编)者:李伯森　2015年3月出版 / 估价:59.00元

城市管理蓝皮书
中国城市管理报告（2015）
著(编)者:谭维克 刘林　2015年10月出版 / 估价:158.00元

城市生活质量蓝皮书
中国城市生活质量报告（2015）
著(编)者:中国经济实验研究院　2015年6月出版 / 估价:59.00元

城市政府能力蓝皮书
中国城市政府公共服务能力评估报告（2015）
著(编)者:何艳玲　2015年7月出版 / 估价:59.00元

创新蓝皮书
创新型国家建设报告（2015）
著(编)者:詹正茂　2015年3月出版 / 估价:69.00元

慈善蓝皮书
中国慈善发展报告（2015）
著(编)者：杨团　2015年5月出版 / 估价：79.00元

大学生蓝皮书
中国大学生生活形态研究报告（2015）
著(编)者：张新洲　2015年12月出版 / 估价：69.00元

法治蓝皮书
中国法治发展报告No.13（2015）
著(编)者：李林　田禾　2015年2月出版 / 估价：98.00元

反腐倡廉蓝皮书
中国反腐倡廉建设报告No.4
著(编)者：李秋芳　张英伟　2014年12月出版 / 定价：79.00元

非传统安全蓝皮书
中国非传统安全研究报告（2015）
著(编)者：余潇枫　魏志江　2015年6月出版 / 估价：79.00元

妇女发展蓝皮书
中国妇女发展报告（2015）
著(编)者：王金玲　2015年9月出版 / 估价：148.00元

妇女教育蓝皮书
中国妇女教育发展报告（2015）
著(编)者：张李玺　2015年1月出版 / 估价：78.00元

妇女绿皮书
中国性别平等与妇女发展报告（2015）
著(编)者：谭琳　2015年12月出版 / 估价：99.00元

公共服务蓝皮书
中国城市基本公共服务力评价（2015）
著(编)者：钟君　吴正杲　2015年12月出版 / 估价：79.00元

公共服务满意度蓝皮书
中国城市公共服务评价报告（2015）
著(编)者：胡伟　2015年12月出版 / 估价：69.00元

公民科学素质蓝皮书
中国公民科学素质报告（2015）
著(编)者：李群　许佳军　2015年6月出版 / 估价：79.00元

公益蓝皮书
中国公益发展报告（2015）
著(编)者：朱健刚　2015年5月出版 / 估价：78.00元

管理蓝皮书
中国管理发展报告（2015）
著(编)者：张晓东　2015年9月出版 / 估价：98.00元

国际人才蓝皮书
中国国际移民报告（2015）
著(编)者：王辉耀　2015年1月出版 / 估价：79.00元

国际人才蓝皮书
中国海归发展报告（2015）
著(编)者：王辉耀　苗绿　2015年1月出版 / 估价：69.00元

国际人才蓝皮书
中国留学发展报告（2015）
著(编)者：王辉耀　苗绿　2015年9月出版 / 估价：69.00元

国家安全蓝皮书
中国国家安全研究报告（2015）
著(编)者：刘慧　2015年5月出版 / 估价：98.00元

行政改革蓝皮书
中国行政体制改革报告（2014~2015）
著(编)者：魏礼群　2015年3月出版 / 估价：89.00元

华侨华人蓝皮书
华侨华人研究报告（2015）
著(编)者：贾益民　2015年12月出版 / 估价：118.00元

环境绿皮书
中国环境发展报告（2015）
著(编)者：刘鉴强　2015年5月出版 / 估价：79.00元

基金会蓝皮书
中国基金会发展报告（2015）
著(编)者：刘忠祥　2015年6月出版 / 估价：69.00元

基金会绿皮书
中国基金会发展独立研究报告（2015）
著(编)者：基金会中心网　2015年8月出版 / 估价：88.00元

基金会透明度蓝皮书
中国基金会透明度发展研究报告（2015）
著(编)者：基金会中心网　清华大学廉政与治理研究中心
2015年9月出版 / 估价：78.00元

教师蓝皮书
中国中小学教师发展报告（2015）
著(编)者：曾晓东　2015年7月出版 / 估价：59.00元

教育蓝皮书
中国教育发展报告（2015）
著(编)者：杨东平　2015年5月出版 / 估价：79.00元

科普蓝皮书
中国科普基础设施发展报告（2015）
著(编)者：任福君　2015年6月出版 / 估价：59.00元

劳动保障蓝皮书
中国劳动保障发展报告（2015）
著(编)者：刘燕斌　2015年6月出版 / 估价：89.00元

老龄蓝皮书
中国老年宜居环境发展报告(2015)
著(编)者：吴玉韶　2015年9月出版 / 估价：79.00元

连片特困区蓝皮书
中国连片特困区发展报告（2015）
著(编)者：冷志明　游俊　2015年3月出版 / 估价：79.00元

民间组织蓝皮书
中国民间组织报告(2015)
著(编)者：潘晨光　黄晓勇　2015年8月出版 / 估价：69.00元

民调蓝皮书
中国民生调查报告（2015）
著(编)者：谢耘耕　2015年5月出版 / 估价：128.00元

民族发展蓝皮书
中国民族区域自治发展报告（2015）
著（编）者:王希恩 郝时远　2015年6月出版 / 估价:98.00元

女性生活蓝皮书
中国女性生活状况报告No.9（2015）
著（编）者:《中国妇女》杂志社 华坤女性生活调查中心
　　　　华坤女性消费指导中心
2015年4月出版 / 估价:79.00元

企业国际化蓝皮书
中国企业国际化报告(2015)
著（编）者:王辉耀　2015年10月出版 / 估价:79.00元

汽车社会蓝皮书
中国汽车社会发展报告（2015）
著（编）者:王俊秀　2015年1月出版 / 估价:59.00元

青年蓝皮书
中国青年发展报告No.3
著（编）者:廉思　2015年4月出版 / 估价:59.00元

区域人才蓝皮书
中国区域人才竞争力报告（2015）
著（编）者:桂昭明 王辉耀　2015年6月出版 / 估价:69.00元

群众体育蓝皮书
中国群众体育发展报告（2015）
著（编）者:刘国永 杨桦　2015年8月出版 / 估价:69.00元

人才蓝皮书
中国人才发展报告（2015）
著（编）者:潘晨光　2015年8月出版 / 估价:85.00元

人权蓝皮书
中国人权事业发展报告（2015）
著（编）者:中国人权研究会 2015年8月出版 / 估价:99.00元

森林碳汇绿皮书
中国森林碳汇评估发展报告（2015）
著（编）者:闫文德 胡文臻　2015年9月出版 / 估价:79.00元

社会保障绿皮书
中国社会保障发展报告（2015）
著（编）者:王延中　2015年6月出版 / 估价:79.00元

社会工作蓝皮书
中国社会工作发展报告（2015）
著（编）者:民政部社会工作研究中心
2015年8月出版 / 估价:79.00元

社会管理蓝皮书
中国社会管理创新报告（2015）
著（编）者:连玉明　2015年9月出版 / 估价:89.00元

社会蓝皮书
2015年中国社会形势分析与预测
著（编）者:李培林 陈光金 张 翼
2014年12月出版 / 定价:69.00元

社会体制蓝皮书
中国社会体制改革报告（2015）
著（编）者:龚维斌　2015年5月出版 / 估价:79.00元

社会心态蓝皮书
中国社会心态研究报告（2015）
著（编）者:王俊秀 杨宜音　2015年10月出版 / 估价:69.00元

社会组织蓝皮书
中国社会组织评估发展报告（2015）
著（编）者:徐家良 廖鸿　2015年12月出版 / 估价:69.00元

生态城市绿皮书
中国生态城市建设发展报告（2015）
著（编）者:刘举科 孙伟平 胡文臻
2015年6月出版 / 估价:98.00元

生态文明绿皮书
中国省域生态文明建设评价报告（ECI 2015）
著（编）者:严耕　2015年9月出版 / 估价:85.00元

世界社会主义黄皮书
世界社会主义跟踪研究报告（2015）
著（编）者:李慎明　2015年3月出版 / 估价:198.00元

水与发展蓝皮书
中国水风险评估报告（2015）
著（编）者:王浩　2015年9月出版 / 估价:69.00元

土地整治蓝皮书
中国土地整治发展研究报告No.2
著（编）者:国土资源部土地整治中心　2015年5月出版 / 估价:89.00元

危机管理蓝皮书
中国危机管理报告（2015）
著（编）者:文学国　2015年8月出版 / 估价:89.00元

形象危机应对蓝皮书
形象危机应对研究报告（2015）
著（编）者:唐钧　2015年6月出版 / 估价:149.00元

医改蓝皮书
中国医药卫生体制改革报告（2015～2016）
著（编）者:文学国 房志武　2015年12月出版 / 估价:79.00元

医疗卫生绿皮书
中国医疗卫生发展报告（2015）
著（编）者:申宝忠 韩玉珍　2015年4月出版 / 估价:75.00元

应急管理蓝皮书
中国应急管理报告（2015）
著（编）者:宋英华　2015年10月出版 / 估价:69.00元

政治参与蓝皮书
中国政治参与报告（2015）
著（编）者:房宁　2015年7月出版 / 估价:105.00元

政治发展蓝皮书
中国政治发展报告（2015）
著（编）者:房宁 杨海蛟　2015年5月出版 / 估价:88.00元

中国农村妇女发展蓝皮书
流动女性城市融入发展报告（2015）
著（编）者:谢丽华　2015年11月出版 / 估价:69.00元

宗教蓝皮书
中国宗教报告（2015）
著（编）者:金泽 邱永辉　2015年9月出版 / 估价:59.00元

行业报告类

保险蓝皮书
中国保险业竞争力报告（2015）
著(编)者:王力　2015年12月出版 / 估价:98.00元

彩票蓝皮书
中国彩票发展报告（2015）
著(编)者:益彩基金　2015年10月出版 / 估价:69.00元

餐饮产业蓝皮书
中国餐饮产业发展报告（2015）
著(编)者:邢颖　2015年6月出版 / 估价:69.00元

测绘地理信息蓝皮书
智慧中国地理空间智能体系研究报告（2015）
著(编)者:徐德明　2015年1月出版 / 估价:98.00元

茶业蓝皮书
中国茶产业发展报告（2015）
著(编)者:杨江帆　李闽榕　2015年1月出版 / 估价:78.00元

产权市场蓝皮书
中国产权市场发展报告（2015）
著(编)者:曹和平　2015年12月出版 / 估价:79.00元

电子政务蓝皮书
中国电子政务发展报告（2014~2015）
著(编)者:洪毅　杜平　2015年2月出版 / 估价:79.00元

杜仲产业绿皮书
中国杜仲橡胶资源与产业发展报告（2015）
著(编)者:胡文臻　杜红岩　俞锐
2015年9月出版 / 估价:98.00元

房地产蓝皮书
中国房地产发展报告No.12（2015）
著(编)者:魏后凯　李景国　2015年5月出版 / 估价:79.00元

服务外包蓝皮书
中国服务外包产业发展报告（2015）
著(编)者:王晓红　刘德军　2015年6月出版 / 估价:89.00元

工业设计蓝皮书
中国工业设计发展报告（2015）
著(编)者:王晓红　于炜　张立群　2015年9月出版 / 估价:138.00元

互联网金融蓝皮书
中国互联网金融发展报告（2015）
著(编)者:芮晓武　刘烈宏　2015年8月出版 / 估价:79.00元

会展蓝皮书
中外会展业动态评估年度报告（2015）
著(编)者:张敏　2015年1月出版 / 估价:78.00元

金融监管蓝皮书
中国金融监管报告（2015）
著(编)者:胡滨　2015年5月出版 / 估价:69.00元

金融蓝皮书
中国商业银行竞争力报告（2015）
著(编)者:王松奇　2015年12月出版 / 估价:69.00元

客车蓝皮书
中国客车产业发展报告（2015）
著(编)者:姚蔚　2015年12月出版 / 估价:85.00元

老龄蓝皮书
中国老年宜居环境发展报告（2015）
著(编)者:吴玉韶　党俊武　2015年9月出版 / 估价:79.00元

流通蓝皮书
中国商业发展报告（2015）
著(编)者:荆林波　2015年5月出版 / 估价:89.00元

旅游安全蓝皮书
中国旅游安全报告（2015）
著(编)者:郑向敏　谢朝武　2015年5月出版 / 估价:98.00元

旅游景区蓝皮书
中国旅游景区发展报告（2015）
著(编)者:黄安民　2015年7月出版 / 估价:79.00元

旅游绿皮书
2015年中国旅游发展分析与预测
著(编)者:宋瑞　2015年1月出版 / 估价:79.00元

煤炭蓝皮书
中国煤炭工业发展报告（2015）
著(编)者:岳福斌　2015年12月出版 / 估价:79.00元

民营医院蓝皮书
中国民营医院发展报告（2015）
著(编)者:庄一强　2015年10月出版 / 估价:75.00元

闽商蓝皮书
闽商发展报告（2015）
著(编)者:王日根　李闽榕　2015年12月出版 / 估价:69.00元

能源蓝皮书
中国能源发展报告（2015）
著(编)者:崔民选　王军生　2015年8月出版 / 估价:79.00元

农产品流通蓝皮书
中国农产品流通产业发展报告（2015）
著(编)者:贾敬敦　张东科　张玉玺　孔令羽　张鹏毅
2015年9月出版 / 估价:89.00元

企业蓝皮书
中国企业竞争力报告（2015）
著(编)者:金碚　2015年11月出版 / 估价:89.00元

企业社会责任蓝皮书
中国企业社会责任研究报告（2015）
著(编)者:黄群慧　彭华岗　钟宏武　张蒽
2015年11月出版 / 估价:69.00元

汽车安全蓝皮书
中国汽车安全发展报告（2015）
著(编)者：中国汽车技术研究中心　　　2015年4月出版 / 估
价：79.00元

汽车蓝皮书
中国汽车产业发展报告（2015）
著(编)者：国务院发展研究中心产业经济研究部
　　　　中国汽车工程学会 大众汽车集团（中国）
2015年7月出版 / 估价：128.00元

清洁能源蓝皮书
国际清洁能源发展报告（2015）
著(编)者：国际清洁能源论坛（澳门）
2015年9月出版 / 估价：89.00元

人力资源蓝皮书
中国人力资源发展报告（2015）
著(编)者：余兴安　2015年9月出版 / 估价：79.00元

软件和信息服务业蓝皮书
中国软件和信息服务业发展报告（2015）
著(编)者：陈新河 洪京一　2015年12月出版 / 估价：198.00元

上市公司蓝皮书
上市公司质量评价报告（2015）
著(编)者：张跃文 王力　2015年10月出版 / 估价：118.00元

食品药品蓝皮书
食品药品安全与监管政策研究报告（2015）
著(编)者：唐民皓　2015年7月出版 / 估价：69.00元

世界能源蓝皮书
世界能源发展报告（2015）
著(编)者：黄晓勇　2015年6月出版 / 估价：99.00元

碳市场蓝皮书
中国碳市场报告（2015）
著(编)者：低碳发展国际合作联盟
2015年11月出版 / 估价：69.00元

体育蓝皮书
中国体育产业发展报告（2015）
著(编)者：阮伟 钟秉枢　2015年4月出版 / 估价：69.00元

投资蓝皮书
中国投资发展报告（2015）
著(编)者：杨庆蔚　2015年4月出版 / 估价：128.00元

物联网蓝皮书
中国物联网发展报告（2015）
著(编)者：黄桂田　2015年1月出版 / 估价：59.00元

西部工业蓝皮书
中国西部工业发展报告（2015）
著(编)者：方行明 甘犁 刘方健 姜凌 等
2015年9月出版 / 估价：79.00元

西部金融蓝皮书
中国西部金融发展报告（2015）
著(编)者：李忠民　2015年8月出版 / 估价：75.00元

新能源汽车蓝皮书
中国新能源汽车产业发展报告（2015）
著(编)者：中国汽车技术研究中心
　　　　日产（中国）投资有限公司 东风汽车有限公司
2015年8月出版 / 估价：69.00元

信托市场蓝皮书
中国信托业市场报告（2015）
著(编)者：李旸　2015年1月出版 / 估价：198.00元

信息产业蓝皮书
世界软件和信息技术产业发展报告（2015）
著(编)者：洪京一　2015年8月出版 / 估价：79.00元

信息化蓝皮书
中国信息化形势分析与预测（2015）
著(编)者：周宏仁　2015年8月出版 / 估价：98.00元

信用蓝皮书
中国信用发展报告（2015）
著(编)者：田侃　2015年4月出版 / 估价：69.00元

休闲绿皮书
2015年中国休闲发展报告
著(编)者：刘德谦　2015年6月出版 / 估价：59.00元

医药蓝皮书
中国中医药产业园战略发展报告（2015）
著(编)者：裴长洪 房书亭 吴篠心　2015年3月出版 / 估价：89.00元

邮轮绿皮书
中国邮轮产业发展报告（2015）
著(编)者：汪泓　2015年9月出版 / 估价：79.00元

支付清算蓝皮书
中国支付清算发展报告（2015）
著(编)者：杨涛　2015年5月出版 / 估价：45.00元

中国上市公司蓝皮书
中国上市公司发展报告（2015）
著(编)者：许雄斌 张平 2015年9月出版 / 估价：98.00元

中国总部经济蓝皮书
中国总部经济发展报告（2015）
著(编)者：赵弘　2015年5月出版 / 估价：79.00元

住房绿皮书
中国住房发展报告（2014~2015）
著(编)者：倪鹏飞　2014年12月出版 / 估价：79.00元

资本市场蓝皮书
中国场外交易市场发展报告（2015）
著(编)者：高峦　2015年8月出版 / 估价：79.00元

资产管理蓝皮书
中国资产管理行业发展报告（2015）
著(编)者：智信资产管理研究院　2015年7月出版 / 估价：79.00元

文化传媒类

传媒竞争力蓝皮书
中国传媒国际竞争力研究报告（2015）
著(编)者:李本乾 2015年9月出版 / 估价:88.00元

传媒蓝皮书
中国传媒产业发展报告（2015）
著(编)者:崔保国 2015年4月出版 / 估价:98.00元

传媒投资蓝皮书
中国传媒投资发展报告（2015）
著(编)者:张向东 2015年7月出版 / 估价:89.00元

动漫蓝皮书
中国动漫产业发展报告（2015）
著(编)者:卢斌 郑玉明 牛兴侦 2015年7月出版 / 估价:79.00元

非物质文化遗产蓝皮书
中国非物质文化遗产发展报告（2015）
著(编)者:陈平 2015年3月出版 / 估价:79.00元

非物质文化遗产蓝皮书
中国少数民族非物质文化遗产发展报告（2015）
著(编)者:肖远平 柴立 2015年4月出版 / 估价:79.00元

广电蓝皮书
中国广播电影电视发展报告（2015）
著(编)者:杨明品 2015年7月出版 / 估价:98.00元

广告主蓝皮书
中国广告主营销传播趋势报告（2015）
著(编)者:黄升民 2015年5月出版 / 估价:148.00元

国际传播蓝皮书
中国国际传播发展报告（2015）
著(编)者:胡正荣 李继东 姬德强
2015年7月出版 / 估价:89.00元

国家形象蓝皮书
2015年国家形象研究报告
著(编)者:张昆 2015年3月出版 / 估价:79.00元

纪录片蓝皮书
中国纪录片发展报告（2015）
著(编)者:何苏六 2015年9月出版 / 估价:79.00元

科学传播蓝皮书
中国科学传播报告（2015）
著(编)者:詹正茂 2015年4月出版 / 估价:69.00元

两岸文化蓝皮书
两岸文化产业合作发展报告（2015）
著(编)者:胡惠林 李保宗 2015年7月出版 / 估价:79.00元

媒介与女性蓝皮书
中国媒介与女性发展报告（2015）
著(编)者:刘利群 2015年8月出版 / 估价:69.00元

全球传媒蓝皮书
全球传媒发展报告（2015）
著(编)者:胡正荣 2015年12月出版 / 估价:79.00元

世界文化发展蓝皮书
世界文化发展报告（2015）
著(编)者:张庆宗 高乐田 郭熙煌
2015年5月出版 / 估价:89.00元

视听新媒体蓝皮书
中国视听新媒体发展报告（2015）
著(编)者:庞井君 2015年6月出版 / 估价:148.00元

文化创新蓝皮书
中国文化创新报告（2015）
著(编)者:于平 傅才武 2015年4月出版 / 估价:79.00元

文化建设蓝皮书
中国文化发展报告（2015）
著(编)者:江畅 孙伟平 戴茂堂
2015年4月出版 / 估价:138.00元

文化科技蓝皮书
文化科技创新发展报告（2015）
著(编)者:于平 李凤亮 2015年1月出版 / 估价:89.00元

文化蓝皮书
中国文化产业供需协调增长测评报告（2015）
著(编)者:王亚南 郝朴宁 张晓明 祁述裕
2015年2月出版 / 估价:79.00元

文化蓝皮书
中国文化消费需求景气评价报告（2015）
著(编)者:王亚南 张晓明 祁述裕 郝朴宁
2015年2月出版 / 估价:79.00元

文化蓝皮书
中国文化产业发展报告（2015）
著(编)者:张晓明 王家新 章建刚
2015年4月出版 / 估价:79.00元

文化蓝皮书
中国公共文化投入增长测评报告(2015)
著(编)者:王亚南 2015年5月出版 / 估价:79.00元

文化蓝皮书
中国文化政策发展报告（2015）
著(编)者:傅才武 宋文玉 燕东升 2015年9月出版 / 估价:98.00元

文化品牌蓝皮书
中国文化品牌发展报告（2015）
著(编)者:欧阳友权 2015年4月出版 / 估价:79.00元

文化遗产蓝皮书
中国文化遗产事业发展报告（2015）
著(编)者:苏杨 刘世锦 2015年12月出版 / 估价:89.00元

文学蓝皮书
中国文情报告（2015）
著(编)者:白烨 2015年5月出版 / 估价:49.00元

新媒体蓝皮书
中国新媒体发展报告（2015）
著(编)者:唐绪军 2015年6月出版 / 估价:79.00元

新媒体社会责任蓝皮书
中国新媒体社会责任研究报告（2015）
著(编)者：钟瑛　2015年10月出版 / 估价：79.00元

移动互联网蓝皮书
中国移动互联网发展报告（2015）
著(编)者：官建文　2015年6月出版 / 估价：79.00元

舆情蓝皮书
中国社会舆情与危机管理报告（2015）
著(编)者：谢耘耕　2015年8月出版 / 估价：98.00元

地方发展类

安徽经济蓝皮书
芜湖创新型城市发展报告（2015）
著(编)者：杨少华　王开玉　2015年4月出版 / 估价：69.00元

安徽蓝皮书
安徽社会发展报告（2015）
著(编)者：程桦　2015年4月出版 / 估价：79.00元

安徽社会建设蓝皮书
安徽社会建设分析报告（2015）
著(编)者：黄家海　王开玉　蔡宪　2015年4月出版 / 估价：69.00元

澳门蓝皮书
澳门经济社会发展报告（2015）
著(编)者：吴志良　郝雨凡　2015年4月出版 / 估价：79.00元

北京蓝皮书
北京公共服务发展报告（2014~2015）
著(编)者：施昌奎　2015年2月出版 / 估价：69.00元

北京蓝皮书
北京经济发展报告（2015）
著(编)者：杨松　2015年4月出版 / 估价：79.00元

北京蓝皮书
北京社会治理发展报告（2015）
著(编)者：殷星辰　2015年4月出版 / 估价：79.00元

北京蓝皮书
北京文化发展报告（2015）
著(编)者：李建盛　2015年4月出版 / 估价：79.00元

北京蓝皮书
北京社会发展报告（2015）
著(编)者：缪青　2015年5月出版 / 估价：79.00元

北京旅游绿皮书
北京旅游发展报告（2015）
著(编)者：北京旅游学会　2015年7月出版 / 估价：88.00元

北京律师蓝皮书
北京律师发展报告（2015）
著(编)者：王隽　2015年12月出版 / 估价：75.00元

北京人才蓝皮书
北京人才发展报告（2015）
著(编)者：于淼　2015年1月出版 / 估价：89.00元

北京社会心态蓝皮书
北京社会心态分析报告（2015）
著(编)者：北京社会心理研究所　2015年1月出版 / 估价：69.00元

北京社会组织蓝皮书
北京社会组织发展研究报告(2015)
著(编)者：李东松　唐军　2015年2月出版 / 估价：79.00元

北京社会组织蓝皮书
北京社会组织发展报告（2015）
著(编)者：温庆云　2015年9月出版 / 估价：69.00元

滨海金融蓝皮书
滨海新区金融发展报告（2015）
著(编)者：王爱俭　张锐钢　2015年9月出版 / 估价：79.00元

城乡一体化蓝皮书
中国城乡一体化发展报告（北京卷）（2015）
著(编)者：张宝秀　黄序　2015年4月出版 / 估价：69.00元

创意城市蓝皮书
北京文化创意产业发展报告（2015）
著(编)者：张京成　2015年11月出版 / 估价：65.00元

创意城市蓝皮书
无锡文化创意产业发展报告（2015）
著(编)者：谭军　张鸣年　2015年10月出版 / 估价：75.00元

创意城市蓝皮书
武汉市文化创意产业发展报告（2015）
著(编)者：袁堃　黄永林　2015年11月出版 / 估价：85.00元

创意城市蓝皮书
重庆创意产业发展报告（2015）
著(编)者：程宇宁　2015年4月出版 / 估价：89.00元

创意城市蓝皮书
青岛文化创意产业发展报告（2015）
著(编)者：马达　张丹妮　2015年6月出版 / 估价：79.00元

福建妇女发展蓝皮书
福建省妇女发展报告（2015）
著(编)者：刘群英　2015年10月出版 / 估价：58.00元

甘肃蓝皮书
甘肃舆情分析与预测（2015）
著(编)者：郝树声　陈双梅　2015年1月出版 / 估价：69.00元

甘肃蓝皮书
甘肃文化发展分析与预测（2015）
著(编)者:周小华 王福生　2015年1月出版 / 估价:69.00元

甘肃蓝皮书
甘肃社会发展分析与预测（2015）
著(编)者:安文华　2015年1月出版 / 估价:69.00元

甘肃蓝皮书
甘肃经济发展分析与预测（2015）
著(编)者:朱智文 罗哲　2015年1月出版 / 估价:69.00元

甘肃蓝皮书
甘肃县域经济综合竞争力评价（2015）
著(编)者:刘进军　2015年1月出版 / 估价:69.00元

广东蓝皮书
广东省电子商务发展报告（2015）
著(编)者:程晓　2015年12月出版 / 估价:69.00元

广东蓝皮书
广东社会工作发展报告（2015）
著(编)者:罗观翠　2015年6月出版 / 估价:89.00元

广东社会建设蓝皮书
广东省社会建设发展报告（2015）
著(编)者:广东省社会工作委员会　2015年10月出版 / 估价:89.00元

广东外经贸蓝皮书
广东对外经济贸易发展研究报告（2015）
著(编)者:陈万灵　2015年5月出版 / 估价:79.00元

广西北部湾经济区蓝皮书
广西北部湾经济区开放开发报告（2015）
著(编)者:广西北部湾经济区规划建设管理委员会办公室
　　　　广西社会科学院广西北部湾发展研究院
2015年8月出版 / 估价:79.00元

广州蓝皮书
广州社会保障发展报告（2015）
著(编)者:蔡国萱　2015年1月出版 / 估价:65.00元

广州蓝皮书
2015年中国广州社会形势分析与预测
著(编)者:张强 陈怡霓 杨秦　2015年5月出版 / 估价:69.00元

广州蓝皮书
广州经济发展报告（2015）
著(编)者:李江涛 朱名宏　2015年5月出版 / 估价:69.00元

广州蓝皮书
广州商贸业发展报告（2015）
著(编)者:李江涛 王旭东 荀振英　2015年6月出版 / 估价:69.00元

广州蓝皮书
2015年中国广州经济形势分析与预测
著(编)者:庾建设 沈奎 郭志勇　2015年6月出版 / 估价:79.00元

广州蓝皮书
中国广州文化发展报告（2015）
著(编)者:徐俊忠 陆志强 顾涧清　2015年6月出版 / 估价:69.00元

广州蓝皮书
广州农村发展报告（2015）
著(编)者:李江涛 汤锦华　2015年8月出版 / 估价:69.00元

广州蓝皮书
中国广州城市建设与管理发展报告（2015）
著(编)者:董皞 冼伟雄　2015年7月出版 / 估价:69.00元

广州蓝皮书
中国广州科技和信息化发展报告（2015）
著(编)者:邹采荣 马正勇 冯元　2015年7月出版 / 估价:79.00元

广州蓝皮书
广州创新型城市发展报告（2015）
著(编)者:李江涛　2015年7月出版 / 估价:69.00元

广州蓝皮书
广州文化创意产业发展报告（2015）
著(编)者:甘新　2015年8月出版 / 估价:79.00元

广州蓝皮书
广州志愿服务发展报告（2015）
著(编)者:魏国华 张强　2015年9月出版 / 估价:69.00元

广州蓝皮书
广州城市国际化发展报告（2015）
著(编)者:朱名宏　2015年9月出版 / 估价:59.00元

广州蓝皮书
广州汽车产业发展报告（2015）
著(编)者:李江涛 杨再高　2015年9月出版 / 估价:69.00元

贵州房地产蓝皮书
贵州房地产发展报告（2015）
著(编)者:武廷方　2015年1月出版 / 估价:89.00元

贵州蓝皮书
贵州人才发展报告（2015）
著(编)者:于杰 吴大华　2015年3月出版 / 估价:69.00元

贵州蓝皮书
贵州社会发展报告（2015）
著(编)者:王兴骥　2015年3月出版 / 估价:69.00元

贵州蓝皮书
贵州法治发展报告（2015）
著(编)者:吴大华　2015年3月出版 / 估价:69.00元

贵州蓝皮书
贵州国有企业社会责任发展报告（2015）
著(编)者:郭丽　2015年10月出版 / 估价:79.00元

海淀蓝皮书
海淀区文化和科技融合发展报告（2015）
著(编)者:孟景伟 陈名杰　2015年5月出版 / 估价:75.00元

海峡西岸蓝皮书
海峡西岸经济区发展报告（2015）
著(编)者:黄端　2015年9月出版 / 估价:65.00元

杭州都市圈蓝皮书
杭州都市圈发展报告（2015）
著(编)者:董祖德 沈翔　2015年5月出版 / 估价:89.00元

杭州蓝皮书
杭州妇女发展报告（2015）
著(编)者:魏颖　2015年6月出版 / 估价:75.00元

河北经济蓝皮书
河北省经济发展报告（2015）
著(编)者:马树强 金浩 张贵　2015年4月出版 / 估价:79.00元

河北蓝皮书
河北经济社会发展报告（2015）
著(编)者:周文夫　2015年1月出版 / 估价:69.00元

河南经济蓝皮书
2015年河南经济形势分析与预测
著(编)者:胡五岳　2015年3月出版 / 估价:69.00元

河南蓝皮书
河南城市发展报告（2015）
著(编)者:王建国 谷建全　2015年1月出版 / 估价:59.00元

河南蓝皮书
2015年河南社会形势分析与预测
著(编)者:刘道兴 牛苏林　2015年1月出版 / 估价:69.00元

河南蓝皮书
河南工业发展报告（2015）
著(编)者:龚绍东　2015年1月出版 / 估价:69.00元

河南蓝皮书
河南文化发展报告（2015）
著(编)者:卫绍生　2015年1月出版 / 估价:69.00元

河南蓝皮书
河南经济发展报告（2015）
著(编)者:完世伟 喻新安　2015年12月出版 / 估价:69.00元

河南蓝皮书
河南法治发展报告（2015）
著(编)者:丁同民 闫德民　2015年3月出版 / 估价:69.00元

河南蓝皮书
河南金融发展报告（2015）
著(编)者:喻新安 谷建全　2015年4月出版 / 估价:69.00元

河南商务蓝皮书
河南商务发展报告（2015）
著(编)者:焦锦淼 穆荣国　2015年5月出版 / 估价:88.00元

黑龙江产业蓝皮书
黑龙江产业发展报告（2015）
著(编)者:于渤　2015年9月出版 / 估价:79.00元

黑龙江蓝皮书
黑龙江经济发展报告（2015）
著(编)者:张新颖　2015年1月出版 / 估价:69.00元

黑龙江蓝皮书
黑龙江社会发展报告（2015）
著(编)者:王爱丽 艾书琴　2015年1月出版 / 估价:69.00元

湖北文化蓝皮书
湖北文化发展报告（2015）
著(编)者:江畅 吴成国　2015年5月出版 / 估价:89.00元

湖南城市蓝皮书
区域城市群整合
著(编)者:罗海藩　2014年12月出版 / 估价:59.00元

湖南蓝皮书
2015年湖南电子政务发展报告
著(编)者:梁志峰　2015年4月出版 / 估价:128.00元

湖南蓝皮书
2015年湖南社会发展报告
著(编)者:梁志峰　2015年4月出版 / 估价:128.00元

湖南蓝皮书
2015年湖南产业发展报告
著(编)者:梁志峰　2015年4月出版 / 估价:128.00元

湖南蓝皮书
2015年湖南经济展望
著(编)者:梁志峰　2015年4月出版 / 估价:128.00元

湖南蓝皮书
2015年湖南县域经济社会发展报告
著(编)者:梁志峰　2015年4月出版 / 估价:128.00元

湖南蓝皮书
2015年湖南两型社会发展报告
著(编)者:梁志峰　2015年4月出版 / 估价:128.00元

湖南县域绿皮书
湖南县域发展报告No.2
著(编)者:朱有志　2015年4月出版 / 估价:69.00元

沪港蓝皮书
沪港发展报告（2015）
著(编)者:尤安山　2015年9月出版 / 估价:89.00元

吉林蓝皮书
2015年吉林经济社会形势分析与预测
著(编)者:马克　2015年1月出版 / 估价:79.00元

济源蓝皮书
济源经济社会发展报告（2015）
著(编)者:喻新安　2015年4月出版 / 估价:69.00元

健康城市蓝皮书
北京健康城市建设研究报告（2015）
著(编)者:王鸿春　2015年3月出版 / 估价:79.00元

江苏法治蓝皮书
江苏法治发展报告（2015）
著(编)者:李力 龚廷泰　2015年9月出版 / 估价:98.00元

京津冀蓝皮书
京津冀发展报告（2015）
著(编)者:文魁 祝尔娟　2015年3月出版 / 估价:79.00元

经济特区蓝皮书
中国经济特区发展报告（2015）
著(编)者:陶一桃　2015年4月出版 / 估价:89.00元

辽宁蓝皮书
2015年辽宁经济社会形势分析与预测
著(编)者:曹晓峰　2015年1月出版 / 估价:79.00元

南京蓝皮书
南京文化发展报告（2015）
著(编)者:南京文化产业研究中心
2015年10月出版 / 估价:79.00元

内蒙古蓝皮书
内蒙古反腐倡廉建设报告（2015）
著(编)者:张志华 无极　2015年12月出版 / 估价:69.00元

浦东新区蓝皮书
上海浦东经济发展报告（2015）
著(编)者:沈开艳 陆沪根　2015年1月出版 / 估价:59.00元

青海蓝皮书
2015年青海经济社会形势分析与预测
著(编)者:赵宗福　2015年1月出版 / 估价:69.00元

人口与健康蓝皮书
深圳人口与健康发展报告（2015）
著(编)者:曾序春　2015年12月出版 / 估价:89.00元

山东蓝皮书
山东社会形势分析与预测（2015）
著(编)者:张华 唐洲雁　2015年6月出版 / 估价:89.00元

山东蓝皮书
山东经济形势分析与预测（2015）
著(编)者:张华 唐洲雁　2015年6月出版 / 估价:89.00元

山东蓝皮书
山东文化发展报告（2015）
著(编)者:张华 唐洲雁　2015年6月出版 / 估价:98.00元

山西蓝皮书
山西资源型经济转型发展报告（2015）
著(编)者:李志强　2015年5月出版 / 估价:98.00元

陕西蓝皮书
陕西经济发展报告（2015）
著(编)者:任宗哲 石英 裴成荣　2015年2月出版 / 估价:69.00元

陕西蓝皮书
陕西社会发展报告（2015）
著(编)者:任宗哲 石英 牛昉　2015年2月出版 / 估价:65.00元

陕西蓝皮书
陕西文化发展报告（2015）
著(编)者:任宗哲 石英 王长寿　2015年3月出版 / 估价:59.00元

陕西蓝皮书
丝绸之路经济带发展报告（2015）
著(编)者:任宗哲 石英 白宽犁
2015年8月出版 / 估价:79.00元

上海蓝皮书
上海文学发展报告（2015）
著(编)者:陈圣来　2015年1月出版 / 估价:69.00元

上海蓝皮书
上海文化发展报告（2015）
著(编)者:蒯大申 郑崇选　2015年1月出版 / 估价:69.00元

上海蓝皮书
上海资源环境发展报告（2015）
著(编)者:周冯琦 汤庆合 任文伟
2015年1月出版 / 估价:69.00元

上海蓝皮书
上海社会发展报告（2015）
著(编)者:周海旺 卢汉龙　2015年1月出版 / 估价:69.00元

上海蓝皮书
上海经济发展报告（2015）
著(编)者:沈开艳　2015年1月出版 / 估价:69.00元

上海蓝皮书
上海传媒发展报告（2015）
著(编)者:强荧 焦雨虹　2015年1月出版 / 估价:79.00元

上海蓝皮书
上海法治发展报告（2015）
著(编)者:叶青　2015年4月出版 / 估价:69.00元

上饶蓝皮书
上饶发展报告（2015）
著(编)者:朱寅健　2015年3月出版 / 估价:128.00元

社会建设蓝皮书
2015年北京社会建设分析报告
著(编)者:宋贵伦 冯虹　2015年7月出版 / 估价:79.00元

深圳蓝皮书
深圳劳动关系发展报告（2015）
著(编)者:汤庭芬　2015年6月出版 / 估价:75.00元

深圳蓝皮书
深圳经济发展报告（2015）
著(编)者:张骁儒　2015年7月出版 / 估价:79.00元

深圳蓝皮书
深圳社会发展报告（2015）
著(编)者:叶民辉 张骁儒　2015年7月出版 / 估价:89.00元

深圳蓝皮书
深圳法治发展报告（2015）
著(编)者:张骁儒　2015年4月出版 / 估价:79.00元

四川蓝皮书
四川文化产业发展报告（2015）
著(编)者:侯水平　2015年2月出版 / 估价:69.00元

四川蓝皮书
四川企业社会责任研究报告（2015）
著(编)者:侯水平 盛毅　2015年4月出版 / 估价:79.00元

四川蓝皮书
四川法治发展报告（2015）
著(编)者:郑泰安　2015年2月出版 / 估价:69.00元

四川蓝皮书
2015年四川生态建设报告
著(编)者:四川省社会科学院
2015年2月出版 / 估价:69.00元

四川蓝皮书
四川省城镇化发展报告（2015）
著(编)者：四川省城镇发展研究中心
2015年2月出版 / 估价：69.00元

四川蓝皮书
2015年四川社会发展形势分析与预测
著(编)者：郭晓鸣　李羚　2015年2月出版 / 估价：69.00元

四川蓝皮书
2015年四川经济发展报告
著(编)者：杨钢　2015年2月出版 / 估价：69.00元

天津金融蓝皮书
天津金融发展报告（2015）
著(编)者：王爱俭　杜强　2015年9月出版 / 估价：89.00元

图们江区域合作蓝皮书
中国图们江区域合作开发发展报告（2015）
著(编)者：李铁　朱显平　吴成章　2015年4月出版 / 估价：79.00元

温州蓝皮书
2015年温州经济社会形势分析与预测
著(编)者：潘忠强　王春光　金浩　2015年4月出版 / 估价：69.00元

扬州蓝皮书
扬州经济社会发展报告（2015）
著(编)者：丁纯　2015年12月出版 / 估价：89.00元

云南蓝皮书
中国面向西南开放重要桥头堡建设发展报告（2015）
著(编)者：刘绍怀　2015年12月出版 / 估价：69.00元

长株潭城市群蓝皮书
长株潭城市群发展报告（2015）
著(编)者：张萍　2015年1月出版 / 估价：69.00元

郑州蓝皮书
2015年郑州文化发展报告
著(编)者：王哲　2015年9月出版 / 估价：65.00元

中医文化蓝皮书
北京中医文化发展报告（2015）
著(编)者：毛嘉陵　2015年4月出版 / 估价：69.00元

珠三角流通蓝皮书
珠三角商圈发展研究报告（2015）
著(编)者：林至颖　王先庆　2015年7月出版 / 估价：98.00元

国别与地区类

阿拉伯黄皮书
阿拉伯发展报告（2015）
著(编)者：马晓霖　2015年4月出版 / 估价：79.00元

北部湾蓝皮书
泛北部湾合作发展报告（2015）
著(编)者：吕余生　2015年8月出版 / 估价：69.00元

大湄公河次区域蓝皮书
大湄公河次区域合作发展报告（2015）
著(编)者：刘稚　2015年9月出版 / 估价：79.00元

大洋洲蓝皮书
大洋洲发展报告（2015）
著(编)者：喻常森　2015年8月出版 / 估价：89.00元

德国蓝皮书
德国发展报告（2015）
著(编)者：郑春荣　伍慧萍　2015年6月出版 / 估价：69.00元

东北亚黄皮书
东北亚地区政治与安全（2015）
著(编)者：黄凤志　刘清才　张慧智
2015年3月出版 / 估价：69.00元

东盟黄皮书
东盟发展报告（2015）
著(编)者：崔晓麟　2015年5月出版 / 估价：75.00元

东南亚蓝皮书
东南亚地区发展报告（2015）
著(编)者：王勤　2015年4月出版 / 估价：79.00元

俄罗斯黄皮书
俄罗斯发展报告（2015）
著(编)者：李永全　2015年7月出版 / 估价：79.00元

非洲黄皮书
非洲发展报告（2015）
著(编)者：张宏明　2015年7月出版 / 估价：79.00元

国际形势黄皮书
全球政治与安全报告（2015）
著(编)者：李慎明　张宇燕　2014年12月出版 / 估价：69.00元

韩国蓝皮书
韩国发展报告（2015）
著(编)者：刘宝全　牛林杰　2015年8月出版 / 估价：79.00元

加拿大蓝皮书
加拿大发展报告（2015）
著(编)者：仲伟合　2015年4月出版 / 估价：89.00元

拉美黄皮书
拉丁美洲和加勒比发展报告（2014~2015）
著(编)者：吴白乙　2015年4月出版 / 估价：89.00元

美国蓝皮书
美国研究报告（2015）
著(编)者：黄平　郑秉文　2015年7月出版 / 估价：89.00元

缅甸蓝皮书
缅甸国情报告（2015）
著(编)者：李晨阳　2015年8月出版 / 估价：79.00元

欧洲蓝皮书
欧洲发展报告（2015）
著(编)者:周弘　　2015年6月出版 / 估价:89.00元

葡语国家蓝皮书
葡语国家发展报告（2015）
著(编)者:对外经济贸易大学区域国别研究所　葡语国家研究中心
2015年3月出版 / 估价:89.00元

葡语国家蓝皮书
中国与葡语国家关系发展报告·巴西（2014）
著(编)者:澳门科技大学　2015年1月出版 / 估价:89.00元

日本经济蓝皮书
日本经济与中日经贸关系研究报告（2015）
著(编)者:王洛林 张季风　2015年5月出版 / 估价:79.00元

日本蓝皮书
日本研究报告（2015）
著(编)者:李薇　2015年3月出版 / 估价:69.00元

上海合作组织黄皮书
上海合作组织发展报告（2015）
著(编)者:李进峰 吴宏伟 李伟
2015年9月出版 / 估价:89.00元

世界创新竞争力黄皮书
世界创新竞争力发展报告（2015）
著(编)者:李闽榕 李建平　赵新力
2015年1月出版 / 估价:148.00元

土耳其蓝皮书
土耳其发展报告（2015）
著(编)者:郭长刚 刘义　2015年7月出版 / 估价:89.00元

亚太蓝皮书
亚太地区发展报告（2015）
著(编)者:李向阳　2015年1月出版 / 估价:59.00元

印度蓝皮书
印度国情报告（2015）
著(编)者:吕昭义　2015年5月出版 / 估价:89.00元

印度洋地区蓝皮书
印度洋地区发展报告（2015）
著(编)者:汪戎　2015年3月出版 / 估价:79.00元

中东黄皮书
中东发展报告（2015）
著(编)者:杨光　2015年11月出版 / 估价:89.00元

中欧关系蓝皮书
中欧关系研究报告（2015）
著(编)者:周弘　2015年12月出版 / 估价:98.00元

中亚黄皮书
中亚国家发展报告（2015）
著(编)者:孙力 吴宏伟　2015年9月出版 / 估价:89.00元

中国皮书网

www.pishu.cn

发布皮书研创资讯，传播皮书精彩内容
引领皮书出版潮流，打造皮书服务平台

栏目设置：

- □ **资讯：** 皮书动态、皮书观点、皮书数据、皮书报道、皮书发布、电子期刊
- □ **标准：** 皮书评价、皮书研究、皮书规范
- □ **服务：** 最新皮书、皮书书目、重点推荐、在线购书
- □ **链接：** 皮书数据库、皮书博客、皮书微博、在线书城
- □ **搜索：** 资讯、图书、研究动态、皮书专家、研创团队

中国皮书网依托皮书系列"权威、前沿、原创"的优质内容资源，通过文字、图片、音频、视频等多种元素，在皮书研创者、使用者之间搭建了一个成果展示、资源共享的互动平台。

自2005年12月正式上线以来，中国皮书网的IP访问量、PV浏览量与日俱增，受到海内外研究者、公务人员、商务人士以及专业读者的广泛关注。

2008年、2011年，中国皮书网均在全国新闻出版业网站荣誉评选中获得"最具商业价值网站"称号；2012年，获得"出版业网站百强"称号。

2014年，中国皮书网与皮书数据库实现资源共享，端口合一，将提供更丰富的内容，更全面的服务。

权威报告　热点资讯　海量资源

当代中国与世界发展的高端智库平台

皮书数据库 www.pishu.com.cn

　　皮书数据库是专业的人文社会科学综合学术资源总库，以大型连续性图书——皮书系列为基础，整合国内外相关资讯构建而成。包含七大子库，涵盖两百多个主题，囊括了近十几年间中国与世界经济社会发展报告，覆盖经济、社会、政治、文化、教育、国际问题等多个领域。

　　皮书数据库以篇章为基本单位，方便用户对皮书内容的阅读需求。用户可进行全文检索，也可对文献题目、内容提要、作者名称、作者单位、关键字等基本信息进行检索，还可对检索到的篇章再做二次筛选，进行在线阅读或下载阅读。智能多维度导航，可使用户根据自己熟知的分类标准进行分类导航筛选，使查找和检索更高效、便捷。

　　权威的研究报告，独特的调研数据，前沿的热点资讯，皮书数据库已发展成为国内最具影响力的关于中国与世界现实问题研究的成果库和资讯库。

皮书俱乐部会员服务指南

1. 谁能成为皮书俱乐部成员？

- 皮书作者自动成为俱乐部会员
- 购买了皮书产品（纸质书/电子书）的个人用户

2. 会员可以享受的增值服务

- 免费获赠皮书数据库100元充值卡
- 加入皮书俱乐部，免费获赠该纸质图书的电子书
- 免费定期获赠皮书电子期刊
- 优先参与各类皮书学术活动
- 优先享受皮书产品的最新优惠

3. 如何享受增值服务？

（1）免费获赠100元皮书数据库体验卡

第1步 刮开皮书附赠充值的涂层（右下）；

第2步 登录皮书数据库网站
（www.pishu.com.cn），注册账号；

第3步 登录并进入"会员中心"—"在线充值"—"充值卡充值"，充值成功后即可使用。

（2）加入皮书俱乐部，凭数据库体验卡获赠该书的电子书

第1步 登录社会科学文献出版社官网
（www.ssap.com.cn），注册账号；

第2步 登录并进入"会员中心"—"皮书俱乐部"，提交加入皮书俱乐部申请；

第3步 审核通过后，再次进入皮书俱乐部，填写页面所需图书、体验卡信息即可自动兑换相应电子书。

4. 声明

解释权归社会科学文献出版社所有

皮书俱乐部会员可享受社会科学文献出版社其他相关免费增值服务，有任何疑问，均可与我们联系。

图书销售热线：010-59367070/7028 图书服务QQ：800045692 图书服务邮箱：duzhe@ssap.cn

数据库服务热线：400-008-6695 数据库服务QQ：2475522410 数据库服务邮箱：database@ssap.cn

欢迎登录社会科学文献出版社官网（www.ssap.com.cn）和中国皮书网（www.pishu.cn）了解更多信息

皮书大事记

☆ 2014年8月，第十五次全国皮书年会（2014）在贵阳召开，第五届优秀皮书奖颁发，本届开始皮书及报告将同时评选。

☆ 2013年6月，依据《中国社会科学院皮书资助规定（试行）》公布2013年拟资助的40种皮书名单。

☆ 2012年12月，《中国社会科学院皮书资助规定（试行）》由中国社会科学院科研局正式颁布实施。

☆ 2011年，部分重点皮书纳入院创新工程。

☆ 2011年8月，2011年皮书年会在安徽合肥举行，这是皮书年会首次由中国社会科学院主办。

☆ 2011年2月，"2011年全国皮书研讨会"在北京京西宾馆举行。王伟光院长（时任常务副院长）出席并讲话。本次会议标志着皮书及皮书研创出版从一个具体出版单位的出版产品和出版活动上升为由中国社会科学院牵头的国家哲学社会科学智库产品和创新活动。

☆ 2010年9月，"2010年中国经济社会形势报告会暨第十一次全国皮书工作研讨会"在福建福州举行，高全立副院长参加会议并做学术报告。

☆ 2010年9月，皮书学术委员会成立，由我院李扬副院长领衔，并由在各个学科领域有一定的学术影响力、了解皮书编创出版并持续关注皮书品牌的专家学者组成。皮书学术委员会的成立为进一步提高皮书这一品牌的学术质量、为学术界构建一个更大的学术出版与学术推广平台提供了专家支持。

☆ 2009年8月，"2009年中国经济社会形势分析与预测暨第十次皮书工作研讨会"在辽宁丹东举行。李扬副院长参加本次会议，本次会议颁发了首届优秀皮书奖，我院多部皮书获奖。

皮书数据库
www.pishu.com.cn

更多信息请登录

中国皮书网
http://www.pishu.cn

中国皮书网
http://www.pishu.cn

皮书微博
http://weibo.com/pishu

中国皮书网的BLOG [编辑]
http://blog.sina.com.cn/pishu

皮书博客
http://blog.sina.com.cn/pishu

皮书微信
皮书说
